中国社会科学院　学者文选

周礼全集

中国社会科学院科研局组织编选

中国社会科学出版社

图书在版编目（CIP）数据

周礼全集／中国社会科学院科研局组织编选. —北京：中国社会
科学出版社，2000.10（2018.8 重印）
（中国社会科学院学者文选）
ISBN 978 - 7 - 5004 - 2843 - 5

Ⅰ.①周⋯　Ⅱ.①中⋯　Ⅲ.①哲学—文集②逻辑—文集③周礼全—
文集　Ⅳ.①B - 53

中国版本图书馆 CIP 数据核字（2000）第 47413 号

出 版 人　赵剑英
责任编辑　李树琦
责任校对　尹　力
责任印制　郝美娜

出　　　版　中国社会科学出版社
社　　　址　北京鼓楼西大街甲 158 号
邮　　　编　100720
网　　　址　http：//www.csspw.cn
发 行 部　010 - 84083685
门 市 部　010 - 84029450
经　　　销　新华书店及其他书店

印刷装订　北京市十月印刷有限公司
版　　　次　2000 年 10 月第 1 版
印　　　次　2018 年 8 月第 2 次印刷

开　　　本　880×1230　1/32
印　　　张　13.5
字　　　数　317 千字
定　　　价　79.00 元

出 版 说 明

一、《中国社会科学院学者文选》是根据李铁映院长的倡议和院务会议的决定，由科研局组织编选的大型学术性丛书。它的出版，旨在积累本院学者的重要学术成果，展示他们具有代表性的学术成就。

二、《文选》的作者都是中国社会科学院具有正高级专业技术职称的资深专家、学者。他们在长期的学术生涯中，对于人文社会科学的发展作出了贡献。

三、《文选》中所收学术论文，以作者在社科院工作期间的作品为主，同时也兼顾了作者在院外工作期间的代表作；对少数在建国前成名的学者，文章选收的时间范围更宽。

中国社会科学院

科研局

1999 年 11 月 14 日

目　录

编 者 的 话

周礼全先生（1921——　）是中国著名逻辑学家、哲学家。他先在西南联大哲学系学习，后在清华大学师从金岳霖先生，研究生毕业以后先后在清华大学哲学系、北京大学哲学系和中国社会科学院哲学研究所工作，曾任中国社会科学院哲学研究所学术委员会主任、研究员；国务院学位委员会哲学学科评议组成员；金岳霖学术基金会学术委员会主任；中国逻辑学会会长、名誉会长。

周礼全先生是我国传播现代逻辑的主要逻辑学家之一。他倡导逻辑为哲学服务，很早就向人们大力介绍和推荐哲学逻辑，特别是模态逻辑。模态逻辑是本世纪在经典逻辑基础上发展起来的重要逻辑成果，与此相关在 60 年代产生了可能世界语义学理论，这一成果对哲学产生了广泛而深远的重大影响。周礼全先生的《模态逻辑引论》是我国第一部论述模态逻辑的专著。该书不仅介绍了一些主要的模态系统，包括公理系统和自然演绎系统，而且运用可能世界语义学理论对模态算子进行了解释。他的工作对我国学者广泛深入系统地了解、掌握模态逻辑的系统，以及可能世界理论的运用，起到了极大的推动作用。

　　周礼全先生不仅从事现代逻辑的基础理论研究，而且一直关注和思考现代逻辑的应用问题。早在 50 年代，他就提出形式逻辑要结合自然语言，到了 80 年代以后，他明确提出应该在现代逻辑学、现代语言学和现代修辞学相结合的基础上进行自然语言逻辑的研究，把现代逻辑应用到自然语言的分析，建立新的逻辑系统，从而扩大和丰富逻辑理论的能量，为人们的日常思维和交际提供更为有效的工具。他的这一思想不仅在我国是开拓性的，而且在国际上也是富有创造性的。他主编的《逻辑——正确思维和成功交际的理论》是这一思想的具体实践探讨。在这部著作中，他提出了一个以意义、语境、隐涵、预设等范畴为骨干的语言逻辑体系，描述了一种成功交际的理论。他关于自然语言逻辑的思想在中国逻辑学界产生了广泛的影响。他指导培养的博士生则沿着这个方向做了非常具体和深入的工作，取得了重要的成果。

　　周礼全先生在逻辑史研究方面做出了重要贡献。他的《亚里士多德论矛盾律与排中律》、《亚里士多德关于推论的逻辑理论》等文章是我国学界最早的全面系统地、具有创造性地研究亚里士多德逻辑和哲学思想的成果。他的《模态逻辑引论》的最后一章"模态逻辑简史"非常精到地介绍了亚里士多德的模态逻辑、中世纪的模态逻辑和现代模态逻辑，并且评述了麦加拉—斯多阿学派、莱布尼兹、休谟和康德等人关于必然和可能的学说，堪称模态逻辑史的专著。其独到性和学术价值，可以与国际一流逻辑史著作相媲美。

　　周礼全先生在哲学研究方面也取得了十分重要的研究成果。他在《论概念发展的两个主要阶段》中考察了从亚里士多德到黑格尔对概念的论述，并在此基础上正面阐述了马克思主义的本质论、概念发展理论的基本特点。他区别了不同种类的定义，区分了抽象概念和具体概念，从而批判了当时把马克思主义研究简单化庸俗化的一些说法。他的《黑格尔的辩证逻辑》一书是研究黑格尔思想的重要成果，特别是其中关于主观性问题的研究是开拓性的，通过详细的论证，深入浅出地说明黑格尔思想体现的合理之处及其形式主义弊端。周礼全先生这些著作不仅是哲学研究的重要成果，而且是应用逻辑方法进行哲学研究的典范，其清晰性和严密性，一直被哲学界称道。

周礼全先生晚年定居美国，但是常常回国参加学术活动，和逻辑研究室一直保持通信，关心室里的学术活动和发展。他自己仍然在进行伦理学和元哲学的研究，常常把一些学术思想告诉他的学生，继续指导他们进行学术研究。

在周礼全先生 80 寿辰即将来临之际，我们编辑这本文集敬献给周先生。同时，我们希望读者不仅能够从中了解和研究周先生的理论思想，而且可以体会他的研究方法，感受他的治学风格。我们相信，读者从这本文集一定会受到极大的教益。

编者

2000 年 3 月于中国社会科学院哲学研究所

自　序

　　《文集》的编者希望我写一篇自序，我只得勉为其难。经反复考虑，我决定在自序中简述一下写出《文集》中各项著作时的社会气氛和我的思想背景。这是我在目前这种精神状态下能够勉力完成的，而且这也可能对读者了解《文集》中各项著作的意义略有助益。

　　《文集》中所收集的各项著作，除在个别地方作了一点纯文字上的改正外，都保持了它们发表时的原样。这是为了保存历史的真实性。当然，我在某个历史时期的思想感情，却不必也是我今天的思想感情。

（一）

　　我的学术兴趣，始于中学时期。

　　1937年春我考入湖南省立长沙高级中学（即第一中学）。我非常喜欢这所学校，它很有一些大学风范。学生思想非常活跃，自学课外知识之风很盛，自学组织很多。我上这所中学时，正是西安事变之后和"七七"抗战之前。生活书店的书籍，对长沙的青年学生颇有吸引力。我读了不少生活书店的"进步书",从通俗的小册子,到马列原著的译本。后来我又由阅读生活书店的书籍转到阅读商务印书馆的大学丛书和汉译名著。在读过的商务的书中,我真正理解的实在很少。记得1937年暑假,我从商务买了一本胡仁源翻译的康德的《纯粹理性批判》。每天下午我用两个小时读这本书。读了大约两周,我还在读它的长序。许多诘屈聱牙的译文,我几乎都能背诵,但却是不知所云。在商务的书中,有两部对我很有影响。一部是刘琦翻译的《逻辑》,原作者是枯雷顿。我现在猜想,大概就是 Crighton 著的 *Logic Inductive and Deductive*。另一部是冯友兰著的《中国哲学史》(两卷本)。上小学时,我读过《论语》、《孟子》、《古文释义》,并且还能背诵。有了这个古文基础,再加上冯先生浅显明晰的解释,我读《中国哲学史》在文字上是没有什么大困难的。当时我就想,等我在大学学习几年以后,我也可以写一本《先秦伦理学史》。我知道冯先生是清华大学哲学系教授。为了跟冯先生学习中国哲学,我考入了西南联大哲学系。

在联大一年级时,我偶然买得一本旧书,罗素著的 *Problems of Philosophy*(《哲学问题》)。罗素清晰的思想和严密的逻辑,令我赞叹不已。此书我细读过好几遍。有时我去翠湖散步也带着这本书。在风景如画的湖堤上,找一个僻静的茶座,一壶清茶,两碟南瓜子,一边饮茶,一边细读罗素这本书。陶然自得,境界高绝!

读过罗素这本书后,我才觉得我开始了解哲学为何物。这本书引起了我对西方分析哲学的兴趣,决定了我大学几年学习的方向。我把伦理学,特别是直观性较强的但论证性较差的中国伦理学,暂时搁置一旁。

我读大学时是40年代初期。这正是逻辑实证主义如日中天的时期，处于西南边陲的西南联大哲学系，也不能不受它的影响。联大图书馆十分简陋。但 *Language*，*Logic and Truth* （《语言、逻辑与真理》）、*The Logical Syntax of Language* （《语言的逻辑语形》）等著作在昆明还是能找到的。由于我当时对分析哲学的浓厚兴趣，我自然对逻辑实证主义也感到浓厚兴趣。

逻辑实证主义者认为：命题（语句）只有两种，一种是分析命题，另一种是综合命题。分析命题的真，是根据语言规则或逻辑规则得出的。综合命题的真，是根据它所指称的客观事物的情况得出的。形而上学的命题（语句）既不是分析命题，也不是综合命题，既不能根据语言规则或逻辑规则得出它的真，也不能根据客观事物的情况得出它的真。形而上学的命题没有可证实性，因而是无意义的（sinnlos）。

在联大哲学系，大致说来，年轻人比较重视或同情逻辑实证主义，而年长的教师则多数不喜欢或不理会逻辑实证主义。

在联大哲学系，也有一些人为形而上学辩护。他们认为：哲学（形而上学）命题是分析命题；哲学命题是通过逻辑分析法得到的。当时我不赞成这种看法，因为人们很难证明哲学命题是分析命题，也很难证明分析命题能起通常所说的哲学命题所起的那种作用。我承认，哲学命题的确不是逻辑实证主义所说的分析命题，也的确不是逻辑实证主义所说的综合命题。我把语句分为两大类。一类我叫做 S-语句，另一类我叫做 V-语句。S-语句就是科学语句，又可再分为分析语句和综合语句。V-语句就是价值语句（或评价语句）。我认为哲学语句是 V-语句。V-语句的确不具有 S-语句所具有的那种意义，但它却具有它特有的意义，也具有它特有的证实方法。因此，我虽然同意逻辑实证主义者对形而上学的某些分析，但我却反对他们关于形而上学的结论。我反对笼统地把形而上学命题说成是无意义的，我也反对取消形而上学。我这个看法，最早可能是受了 Ogden 和 Richards 的 *The Meaning of Meaning*（《意义的意义》）这本书的启发，后来又从 Morris 的 *Sign, Language and Behavior*（《指号、语言与行为》）得到某种支持。

我当时也喜欢说："高明的哲学，应像数学那样严密，应像诗那样美，应具有宗教那样激励人心的力量。"我这些蒙昧的模糊的思想，是想表明哲学（形而上学）同科学、文学和宗教之间的相同点和不同点。

（二）

1949 年春，北京解放。不久，北京就成立了社会科学联合会办事处，地点是东城金钩胡同。办事处组织了三个讨论组，参加人都是北京的学术界人士。其中一个讨论组是逻辑讨论组，这组的召集人是金岳霖先生。我参加了这个组。这个组有十几个人参加。年纪最长的是傅桐，他当时已有约 70 岁，比金先生还大 10 岁左右。另外两个组，可能是叫做哲学讨论组和政治经济学讨论组。

逻辑组的开会时间，是每星期天上午 9 点至 12 点。逻辑组总是准时开会，出席率也最高。

逻辑组讨论的问题，大致都是围绕"形式逻辑与辩证法的关系"、"形式逻辑的矛盾律与辩证法"、"形式逻辑与形而上学"等主题。讨论十分热烈，常常到了散会时间而不能散会。会上各种不同的意见发人深思，刺激我去找寻正确的答案。这个逻辑讨论组是我一生中最早参加的正式学术活动。

逻辑讨论组的活动进行了约两三年，大约在 1952 年秋天院系大调整以后解散。

1951 年秋，清华大学哲学系招收了解放后的第一班新生，同时也第一次开设了"辩证唯物主义"课程。哲学系决定：由金岳霖先生担任"辩证唯物主义"的课堂讲授，每周四小时；由我主持课堂讨论，每周两小时。

每次课堂讨论之前，我都拟好一个讨论提纲（即几个相互联系的问题）发给学生。我事先也充分考虑：对这些问题有多少可能的回答以及各种回答的优点和缺点。金先生有时也来参加课堂讨论。课堂讨论进行得活泼、热烈、深入，保持了清华哲学系那种喜欢辩论和坚持真理的传统作风。每次课堂讨论，都由我作出总结，表明我对这些讨论问题的看法。

这一年"辩证唯物主义"的教学工作，对我也是一次很好的学习，使我对"辩证唯物主义"中的问题有一个初步的系统了解。

解放后，我国实行向苏联一边倒的政策，一切都向"苏联老大哥"学习。根据苏联当时的经验，在教育方面我国进行了高等院校的大调整。1952 年秋，我从清华大学调到（新）北京大学哲学系的逻辑教研室工作。

北大逻辑教研室调集了南北八个大学的逻辑教师，一边进行教师的思想改造，一边进行逻辑课程的改革工作。每周至少开会一次，每次三至四小时。会上对形式逻辑课程的内容展开热烈的讨论。有些人强调形式逻辑课程的改革必须学习马列主义，也就是必须学习苏联的逻辑教本；另一些人则强调必须遵循亚里士多德的逻辑传统，也就是必须遵循传统逻辑；还有一些人则倾向于应用数理逻辑的某些观点和精神来处理形式逻辑课程中的问题。我基本上属于上述的第三类人。

为了形式逻辑课程的改革，为了提高我的教学能力，也为了追求知识，我必须深入学习马克思主义哲学，必须研究亚里士多德的逻辑著作，还必须细读近百年来西方那些有名的传统逻辑教本。

1952年秋，我被派去给北大一年级学生讲授形式逻辑。学生约三百多人，在一个大教室里上课。哲学系逻辑专业的高年级学生也去听我讲课，我还作为辅导员参加大一学生形式逻辑课的课堂讨论。

当时北大全校各个学科都在进行课程改革。改革的一条重要原则是"理论联系实际"。就形式逻辑这门大学必修课程来说，我是很赞成这条原则的。我当时认为：形式逻辑联系实际，就是应用形式逻辑的知识和技能去解决实际思维中的逻辑问题。实际思维，在一般情况下，总是在自然语言中进行的。因此，形式逻辑联系实际，就必须结合自然语言授予学生更丰富的逻辑知识，同时也必须在讲课中着重培养学生解决逻辑问题的能力。这个看法，在我自己的教学实践中取得了很好的效果。

1954年春，我主动请求退出讲课工作（当时上讲台讲课是一种莫大的光荣），而去同王宪钧等几位同事为逻辑教研室草拟逻辑课的教学提纲。以后几年，我有了较多的时间进行研究工作。

当时我有两方面的研究兴趣。一方面是对形式逻辑的哲学问题的兴趣，另一方面是对形式逻辑联系实际思维的兴趣。但是，就当时的情况说，争论最激烈的并且最急需解决的，是形式逻辑的哲学问题。因此，我的研究工作就集中在形式逻辑的哲学问题方面。

在当时的北大逻辑教研室，以及当时的中国逻辑学界，概念的问题是一个比较突出的问题。因此，我选择了概念问题作为研究课题。

不论从逻辑的角度还是从哲学的角度说，亚里士多德的概念理论都是很重要的。我知道，苏联当时许多关于概念的说法都来自列宁的《黑格尔逻辑学笔记》。因此。黑格尔的《逻辑学》也是很重要的。我花了很多时间阅读亚里士多德的《工具论》和《形而上学》，也花了很多时间阅读黑格尔的《逻辑》。当然我还花了很多时间阅读那些注释和阐述亚里士多德思想和黑格尔思想的文献。

1955年秋，我由北京大学调到中国科学院的哲学研究所。我从1954年到1957年反右以前这几年的研究工作产生了三项成果：《论概念发展的两个主要阶段》（论文）、《亚里士多德论矛盾律和排中律》（论文草稿）和《黑格尔的辩证逻辑》（专著草稿）。

《论概念发展的两个主要阶段》连载于1956年的《哲学研究》。这篇论文可归纳为三个部分：第一部分是亚里士多德的概念理论，第二部分是黑格尔的概念理论，第三部分是马克思主义哲学的概念理论。这三部分都是哲学史性质的工作。但相对来说，第三部分的原始材料是比较少的。这第三部分中，包含了许多我对马克思主义哲学的理解与发挥。严格地说，我有时是在论证马克思主义应如此说，而不是在阐述马克思主义是如此说。高明的读者应当是能够体会的。

这篇论文是对当时苏联和我国的哲学界和逻辑界的挑战。这篇论文最后一段说："作者希望：在诸多谬误的灰烬中能杂存着几粒真理的星火，由它们将燃起科学的深入的创造性的对马克思主义哲学的研究。"我所希望的星火燎原，当然还不是已经实现的存在。这是一种含蓄的批评，但这却是一种郑重的批评。

三年困难时期，大约是1962年，北京市哲学会召开第一届年会，需要有一些论文在会上宣读和讨论。我就把《亚里士多德论矛盾律和排中律》草稿改写成正式论文，并油印成册，在会上散发和宣读。又过了大约20年，这篇论文于1981年在《哲学研究》上正式发表。

《黑格尔的辩证逻辑》草稿经过修改，于1965年形成初稿，

1989 年由中国社会科学出版社正式出版。

《论概念发展的两个主要阶段》、《亚里士多德论矛盾律和排中律》和《黑格尔的辩证逻辑》这三项著作，就其发表的日期说，虽先后相隔三十多年，但它们都是 1954—1957 年这段时间的研究成果，而且它们之间有着密切的联系。

苏联和我国，从二三十年代起，就流行着许多对形式逻辑和辩证逻辑的错误看法，其根源都来自黑格尔的《逻辑》。黑格尔在《逻辑》中本来就说了不少糊涂话。后来某些人又变本加厉地宣传这些糊涂思想。十月革命后，苏联绝大多数哲学家竟把形式逻辑看作反对事物运动变化的形而上学，因而把形式逻辑和辩证逻辑看作两种互不相容的理论。我国也有许多哲学工作者缺乏判断能力，就跟着人云亦云。要纠正和清除这些关于形式逻辑和辩证逻辑的错误思想，就必须深入研究亚里士多德的矛盾律思想和黑格尔的《逻辑》。因为亚里士多德的矛盾律思想是形式逻辑的根本原理，黑格尔的《逻辑》则是辩证逻辑的主要经典，而且这两者又是互相牵涉的。

《论概念发展的两个主要阶段》这篇论文虽未直接提到形式逻辑和辩证逻辑，但是事实上这篇论文是以形式逻辑和辩证逻辑为理论依据的。

《论概念发展的两个主要阶段》是 1956 年发表的。这时，我国正提出"百花齐放、百家争鸣"的方针。这是我精神上十分慰快的时期。我在 1957 年 3 月为《论概念发展的两个主要阶段》作为专著出版所写的序言中说："此书完稿后不久，适逢苏联共产党召开二十次代表大会，会上对教条主义曾给以严厉的批判。我国党和政府，根据我国的具体情况，更提出'百花齐放、百家争鸣'的方针。这是中国人民在马克思主义指导下向科学进军的号角，这是人类文化已进入一个新时期的里程碑。当兹盛世，作为一个哲学工作者，衷心感奋，诚不能以言宣。谨以此书，作为我对这个伟大时代的第一个小小的献礼。"当时我是何等的欢欣鼓舞！何等的意气风发！也何等的幼稚天真！但曾几何时，反右的风暴竟从天而降。紧接着就是一个又一个的政治整肃运动，一直闹到1960年，全国人民都在饥饿和穷困中挣扎，才不得不叫"运动暂停"。

在这几年的反右运动中，千千万万热爱祖国、关心人民福祉、而且真诚帮助共产党整风的人们，竟被打成右派，妻离子散，家破人亡。在大鸣大放期间，我正埋头整理《黑格尔的辩证逻辑》草稿，才幸免于难。这一切活生生的事实，使我从天真的迷梦中惊醒，决心跳出哲学是非场，将我的全部时间和精力都投入没有阶级性的形式逻辑研究中。

在反右等一系列政治运动以后，不加分别地要求一切学术都直接为工农兵服务，反对大洋古和高精尖的学术研究。1959年初，在无可奈何的情况下，我提出编写一本适合广大工农兵群众阅读的《逻辑通俗读本》的计划。逻辑室通过了我这个计划。当我进行了几个月的准备工作后，又有人提出：这样的通俗书不应由我个人来写，而应由集体撰写。结果这本书由五位同事（包括我）分章来写，我被推为最后统稿人。这本书花了我前后约半年多的时间。

《逻辑通俗读本》写成后，曾征求了一些逻辑同行的意见，也征求了一些工农兵的意见。读者对这本书的反映颇佳。后来日本和蒙古出版了此书的译本。

1958年秋，我和哲学所一部分研究人员去河南七里营"滚泥巴"。"滚泥巴"就是去农村参加田间劳动。这是解放后我第一次到农村劳动。我这次下乡是领导指派的。劳动了三个月后，回到北京。我利用回北京后的几天休息时间写了一篇文章《形式逻辑必须在马克思主义指导下大力修正》，发表在 1959 年的《哲学研究》上。为什么我当时要写这么一篇文章，具体情况已不能记忆。很可能与《逻辑通俗读本》有关。

这篇文章分为四点：（1）贯彻辩证唯物主义认识论的原理；（2）从思维实际中来，又回到思维实际中去；（3）结合我国的语法修辞；（4）多讲逻辑谬误。这四点，实际上就是 1952 年秋至 1955 年我在北大逻辑教研室时的思想。

在北大进行的形式逻辑课程的改革中，除了强调理论联系实际外，还特别强调应用马克思主义哲学去指导形式逻辑。但对后一点，不同的人就有不同的理解。有些人把这理解为：在形式逻辑课程中大量讲授辩证唯物论。另一些人（包括我）则理解为：用马克思主义哲学的观点和方法去处理形式逻辑课程中的问题。在我这篇文章中，"贯彻辩证唯物主义认识论的原理"实际上只是一个空洞的普遍原则。它的具体意义就在于形式逻辑应"从思维实际中来，到思维实际中去"，就在于形式逻辑应"结合我国的语法修辞"和"多讲逻辑谬误"。

1960 年 2 月我被下放到山东省曲阜劳动一年，和农民同吃、同住、同劳动。这时全国农民都在忍受饥饿的折磨，山东又是重灾区。劳动一年之后，我除了经历劳动、饥饿和浮肿的锻炼外，还亲眼看到人民公社、大跃进、大炼钢铁等一系列政策的恶果，还亲眼看到广大农民生活的艰难困苦，还亲眼看到许多农村干部多吃多占和作威作福。

1960 年底，我带着几分浮肿和一身疲劳回到北京久别的家。

1961 年春节期间，我去上海探亲，住在亲戚家。手边没有专业文献，我就利用这段时间写成了《形式逻辑应尝试分析自然语言的具体意义》这篇论文。它后来发表在光明日报 1961 年 5 月的哲学副刊上。这篇论文表明我关于自然语言逻辑的思想走上一个新的阶段。这篇论文包含了以下几点：

（1）讲到不同意义的语句。这类似于奥斯汀（J.L.Austin）的语旨行为（illocutionary act）的思想；

（2）明确地提出了语境和具体意义。一个语句的语境，就是这个语句所在的环境，包括时间、地点、说话者、听话者、上下文等。一个语句的具体意义，就是这个语句在语境中的意义；

（3）强调结合语法修辞；

以上两点类似于格莱斯（H.P.Grice）的隐涵（implication）思想。

（4）明确提出要扩大逻辑基本词项，建立新的逻辑系统，即自然语言逻辑。

（1）至（4）的这些思想，主要是我从分析实际思维中得到的。但它们和国外同时期的自然语言逻辑颇有类似之处。

1961年9月，《哲学研究》发表了我的《〈论"所以"〉中的几个主要问题》。关于此事的基本情况，我在《怀念金岳霖师》一文中已经作了说明。现在我只想再补充一点：我为什么花那么多的气力去反对《论"所以"》的观点，甚至还反对《论"所以"》这篇论文的匆忙发表呢？

在苏联和我国，从20年代起，就有许多人把形式逻辑看作反对事物的运动变化的形而上学，形式逻辑受到严厉的批判和压制。50年代初，好不容易，形式逻辑才被承认是一门科学，才获得它的生存权。但金先生在《论"所以"》中却提出推理的历史性和阶级性。而且这篇论文中的某些概念又是不够明确的，某些论证又是不够谨严的，这就容易使人认为：既然推理是有阶级性的，那么，研究推理的形式逻辑也是有阶级性的。我在《〈论"所以"〉中的几个主要问题》中提出具体推理与推理形式的分别。具体推理（由于其所包含的具体内容的阶级性）是可以有阶级性的，但是推理形式却是没有阶级性的，研究推理形式的形式逻辑也没有阶级性。

形式逻辑有没有阶级性，是形式逻辑的生死存亡的问题。

金先生是我国逻辑学界和哲学界的老前辈。他的学术观点是有很大影响的。为了形式逻辑这门学科的健康发展，也为了维护金先生的名誉，我不得不公开表明我的观点。"吾爱吾师，吾更爱真理"。金先生是理解我的。

还有一点也值得一提。在金先生的《论"所以"》这篇论文稿发排以前，《哲学研究》编辑部曾委托我对它进行修改。我大约花了两三天时间，才完成这项任务。当然我只是从陈述的逻辑性方面进行修改，我没有改动原文的思想和论点。不知此事是否经过《哲学研究》的主编潘老的批准，也不知道金先生是否知道此事。

《〈论"所以"〉中的几个主要问题》发表以后，一个刊物约我写一篇关于推理的文章，并希望我对我国当时关于推理的各种说法进行评论。我没有完全接受这个刊物的意见。结果我写了一篇文章，专门阐述亚里士多德推理的逻辑理论。在这篇文章中，我根本没有提及我国当时关于推理的各种说法，只在这篇文章的最后一段说了两句一般性的批评："我们不应把亚里士多德奉为神龛中的一尊偶像，我们也不应把他当作阴沟里的一条死狗。"据我现在记忆，我之所以不愿意评论我国当时关于推理的各种说法，主要是因为我不愿意再次涉及金先生的《论"所以"》。由于此文没有满足该刊的要求，该刊把此文推荐给《光明日报》发表。

1961年夏，我被调去编写形式逻辑教科书。

中宣部和高教部在1961年联合成立了文科教材办公室，由大学和科研机关抽调了许多优秀的科教人员，组成了许多教材编写组。每组成员少则几个人，多则一二十人。编写组成员都集中住在颐和园附近的中央党校里，中央党校还为编写组人员办食堂。

形式逻辑编写组共九人，金先生是主编，其他成员都是由北京大学、人民大学和科学院哲学研究所抽调来的。

据说，中宣部和高教部的负责同志，眼看广大科教人员饿得面黄肌瘦，于是想到抽调一部分优秀人员，集中在一个地方编写大学文科教材，尽可能改善他们的伙食，使他们不至于饥饿成疾。这其实就是一种小规模的"抢救措施"。中央党校的学员中有一部分是各省市在职的领导干部，因而中央党校有时可以从地方政府得到一些额外的物质支援。把大学文科教材编写组人员安排在中央党校，就是希望能从中央党校得到一些额外照顾。但当时中央党校自身也十分困难，巧妇难为无米之炊啊！

组织文科教材编写组，还有另一个目的，就是培养科教人才。编写组成员是老中青三结合，而且还是不同单位的结合。这有利于学术思想的交流，有利于学术水平的提高。

形式逻辑教材编写组，每个星期总要开两三次全组讨论会，对教材各章节的内容进行深入的讨论。个人与个人之间的讨论也很频繁。这些讨论对所有成员都是有益的，确实起到了培养科教人才的作用。

文科教材办公室曾提出一个编写教材的标准："提高一寸"。新编写的教材的水平，应当比以前的教材的水平有所提高。假如毫无提高，则编写新教材就失去意义。但全国各高等院校教师的水平参差不齐。新编教材要能为大多数高等院校所接受，则新编教材就不能脱离大多数教师的水平。这是教材办公室提出"提高一寸"而不提出"提高一步"的用意所在。

形式逻辑教材的编写，是遵循"提高一寸"这个原则的。因此，《形式逻辑》这本教科书每章每节的水平，并不能代表其作者的学术水平，更不能代表编写组全体成员的学术水平。

《形式逻辑》教科书的初稿1963年完成。1965年，文科教材办公室又让我对全书作了一次修改。我又花了大约半年时间。

由于"文化大革命"的影响，《形式逻辑》教科书拖延到1979 年才由人民出版社出版。这本书对我国逻辑教学有相当大的影响。据说，以此书为蓝本所写的形式逻辑教科书竟然有几百种。

从《形式逻辑》教科书完成后至"文化大革命"开始这段时间，我的主要精力都投入研究模态逻辑和自然语言逻辑。

1966 年夏，"文化大革命"开始了！疯狂、野蛮、残忍，笼罩着全中国大陆。最初几个月，人心惶惶，人人自危，整天是学习，讨论，看大字报。清理阶级队伍以后，我和许多年长的知识分子就受到审查，进牛棚，参加体力劳动……

1970 年 5 月，中国社会科学院（当时叫中国科学院哲学社会科学部）的所有人员都被命令去河南息县五七干校，一边从事体力劳动，一边清查 516 反革命集团。1972 年 7 月，社科院全体人员又调回北京，继续搞清查运动。

1976 年 10 月，"四人帮"垮台了！国内政治形势开始好转。政治学习和其他政治活动明显减少。哲学所的图书室开始开放，也开始重新进口外文图书杂志。从这时起，我恢复了中断将近 10 年的专业学习和研究，如饥似渴地阅读外文文献中关于自然语言逻辑的资料。

（三）

1978 年，我国开始实行改革开放政策。中国的历史展开了新的篇章。学术研究的环境有了很大的改善，哲学研究的环境也有了很大的改善。我在学生时代培养起来的哲学兴趣，在压抑了几十年之后，又死灰复燃了。1978 年以后，我在学术上又有了两方面的兴趣。自然语言逻辑的兴趣是主流，哲学的兴趣是支流。我把大量时间和主要精力都投入对自然语言逻辑的研究。但作为休息和调剂，我有时也阅读一些哲学文献，思考一些哲学问题，甚至发表一些哲学的看法。

从 1978 年起我开始培养研究生。

1978 年 5 月，中国社会科学院哲学研究所举办全国第一次逻辑讨论会。会前，我家中有人患病，因而没有时间准备论文，也根本没有考虑在会上发言。但当我到会后，逻辑界的朋友们热切希望我作一个报告。我只得在会场上一边听别人发言，一边草拟我的发言提纲。后来我在会上作了约两三个小时的发言，题目是"形式逻辑和自然语言"，全部内容都是讲自然语言逻辑。听众对此很感兴趣。后来，有些对自然语言逻辑感兴趣的人联合起来，成立了"语言逻辑研究学会"。他们经常举办语言逻辑的学术讨论，还写出许多论文和一些专著。

我的这个发言，经整理后，后来发表在 1993 年《哲学研究》上。

这篇讲话，比《形式逻辑应尝试研究自然语言的具体意义》这篇论文有所前进。它表明，我已从个人摸索的孤立研究前进到与国际的研究合流。这篇发言已显现出我心目中的自然语言逻辑的一个雏形。

《哲学研究》发表的整理稿所依据的资料，只是一位听众的当场笔记和我那份十分潦草又十分简略的发言提纲。因此，整理稿难免有所误漏。但最使我感兴趣的是，在"（Ⅵ）带有感情色彩的语句（评价语句）"这一节中，出现了许多话。这些话看来确实是我当时讲的。但在 20 年之后的今天，我却已不能记忆，并且也不能理解了！例如，"'好者好之，恶者恶之'。'好者'、'恶者'是评价语词，'好之'、'恶之'是感情语词"。我当时是如何定义和理解"评价语词"和"感情语词"的，我现在已茫然不得其解。

但是，无论如何，语言的感情因素，是语言意义中的一个重要内容或重要方面。我们应当进行深入的研究。

"四人帮"垮台至1982年这段时间，不仅我自己在努力学习和研究模态逻辑和自然语言逻辑，同时我也在哲学所、一些大学和研究机构介绍和宣传模态逻辑和自然语言逻辑。有时我甚至奉劝一些专门研究正统数理逻辑的朋友去研究模态逻辑（自然语言逻辑也是一种非标准的模态逻辑）。因为，我认为，模态逻辑是一块尚未充分开发的处女地，容易产生丰硕的成果。为了自己学习，也为了宣传模态逻辑，我写了一本《模态逻辑引论》。此书在1985年由上海人民出版社出版。

《论A、E、I、O的逻辑意义》、《几种预设》、《介绍C.I.路易斯的意义方式》，是我在这段时间的讲演中的一小部分，它们都是听讲人根据自己的笔记整理而成。

1982年冬，我去美国安娜堡密支安大学作学术访问一年。我结识了好几位年长的哲学教授，也参加了他们的一些学术活动。但我主要的精力还是放在阅读和收集自然语言逻辑的文献上。我很喜欢安娜堡这座美丽舒适的大学城，我更喜欢密支安大学校园里那种宁静安详的气氛，它使人超脱尘世的扰攘，把全身心都投入艰深的学术研究中。

1983年底，我从美国回到北京，立即投入上级交下来的中国大百科全书哲学卷逻辑部分的编写工作。我被推定写著"逻辑"这一词条。经过反复考虑，我采取了一个历史观点的写法。我认为，一门学科的发生发展的历史，最能充分而具体地表明这门学科的性质。但也有个别同行不太赞成我这个写法。写"逻辑"这一长词条，花了我不少时间。阅读、审查、讨论和修改别人写的词条，也花了我不少时间。

1986年5月，中国社会科学院哲学研究所、北京大学哲学系和清华大学联合举办金岳霖先生逝世一周年和九十诞辰纪念会。会议前约半个月，会议组织者要求我准备在会上作一发言。当时哲学所正在评职称，上下午都开会。我几乎没有什么时间准备发言稿。好在金先生的《论道》和《知识论》我以前仔细读过，并且也听过金先生讲课。我利用晚上和周末的一些时间，在开会的前一天才匆忙准备好发言稿。

这个发言明确断定：就主要内容或整体来说，金岳霖的哲学体系是唯物主义的，并且具有不少朴素辩证法的因素。我这个看法，与解放后许多对金先生哲学的批判不同，也与金先生的自我批判不同。但我这个看法是严肃认真的，并非为老师文过饰非，并非溢美之词。

在这个发言中，我对金先生解放前的哲学体系提出了一些批评，特别对金先生解放后的哲学工作也提出了批评。我说："他高昂的政治热情，影响了他冷静的理智思考。"这句话中"影响了"三个字原为"模糊了"。后来我觉得"模糊了"的贬义太浓，才在最后打印时改过来。

纪念会的第二天，《光明日报》发表了我这个发言，但作了一点删节。后来，1987年《哲学研究》发表了这个发言的全文。

1987年，美国哲学会在旧金山召开年会，邀请我作为特邀发言人在国际组会上发言。会议组织者希望我讲西方哲学在中国的情况。后来我在会上作了四十分钟的发言，题目是"1978年以来中国马克思主义哲学的巨大变化"。这个发言，在一定程度上，表明了我对中国改革开放后的马克思主义哲学的态度，也表明了我对我国哲学界的希望。在发言的最后一段，我表示坚信：根据历史发展的规律，在不久的将来，中国哲学界必会出现真正的百家争鸣的局面。这是1957年反右后我第一次在哲学方面的正式表态。这个发言后来发表在美国 *Philosophy, East and West* 这个杂志 1988 年第 1 期。

　　1995 年夏，中国社会科学院哲学研究所举办金岳霖百年诞辰纪念会。许多老朋友鼓动我再写一篇纪念文章。于是我写了《怀念金岳霖师》一文，发表在《人物》杂志上。这篇文章"表达对老师的怀念，并弘扬老师的美德"。

　　《金岳霖同志的哲学体系》和《怀念金岳霖师》这两篇文章，一篇阐发老师的哲学，一篇弘扬老师的美德。作为金先生的学生，我写了这样两篇文章，倒是内心感到很安慰的。

　　1990 年秋，我去武汉参加中国逻辑学会的学术会议和金岳霖学术基金会第一届学术奖颁奖大会。会议期间，武汉大学哲学系邀请我去作一次学术讲演。我事先准备了一个简单的讲演提纲，题目是"语言、逻辑和哲学"。为了缩短讲演的时间，我临时删去了"语言"这一部分内容。至于我对听众宣布的讲演题目是什么，我已记不清楚。许多听众说，我讲演的题目是"哲学家的使命"。这也很可能，因为我讲演的主要内容确实是哲学家的使命，而且我也一直十分喜欢这个题目。在讲演中，我大致讲了以下内容：

　　（1）区别正统逻辑与自然语言逻辑。

　　（2）哲学是非常抽象和非常复杂的理论体系，必须借助逻辑这一工具，特别是自然语言逻辑这一工具。在这里，我批评了逻辑实证主义的逻辑观和哲学观。

　　（3）强调哲学是世界观，是安身立命的智慧。在这里，我提出了哲学家与哲学匠的区别。

　　（4）提出哲学是时代的火炬，哲学家的使命是对人类负责，对历史负责，而且对宇宙负责。在这里，我讲到柏拉图在 *Apolog* 里所描述的苏格拉底，我讲到康德的名言"在我上者有日月星辰，在我心中有道德规律"。我还讲了《大学》里的三纲领（大学之道，在明明德，在亲民，在止于至善）和八条目（格物、致知、诚意、正心、修身、齐家、治国、平天下）。最后，我讲张横渠有名的四句话："为天地立心，为生民立命，为往圣继绝学，为万世开太平。"当我朗诵这四句话时，突然感情激动，老泪纵横，不能自已。会议主持人以为我身体不适，就立即宣布散会，让我安静休息。

到会的听众，对我这种意外举动可能有各种不同的猜测。他们的猜测也可能各有一定的道理。但是，就我自己的直观感觉说，我对历史上那些伟大哲学家的崇高人格无限敬仰。对比之下，我对今天许多哲学工作者（包括我自己）就感到非常失望和惭愧。这种敬仰之心和惭愧之情的交织，震撼了我的心灵。有些爱护我的朋友说：这是我的失态。但我自己则说：这是我流露真情。

我的哲学兴趣，从 80 年代起就不断高涨。我在武汉大学哲学系的讲演，虽然是临时的"急就篇"，但也表现出我的哲学思想的主要趋向。我越来越感到伦理学的重要性。我倾向于回到儒家的观点，认为哲学在明明德，在亲民，在止于至善。我也越来越感到元哲学的重要性。元哲学以哲学为研究对象。元哲学的研究可以帮助我们了解哲学的根本性质、功能和使命。这对于我们理解、评价、欣赏和创造哲学系统都是重要的和必要的。今天世界和中国的哲学现状，是不能令人满意的。有些人以艰深文简陋，有些人以糊涂充高明……这就把哲学引向了邪路。我们应维护哲学的可理解性，我们应强调哲学的实践性。哲学应指导人生，促进人生的幸福，哲学应指导社会，促进社会的进步。哲学需要革命或革新。元哲学是推动哲学革命或革新的锐利武器。

80 年代后期，中国大百科哲学卷完成了，我也办理了离休手续。我终于盼来了实现我多年梦想的机会——集中全部精力写一本自然语言逻辑的书。这时，我已年近 70。为了早日写成这本书，我邀请了我的八位同事和朋友参加这项工作。参加者老中青都有，来自东南西北不同的学术单位。

1989 年 5 月在杭州行政学院，召开了我们这个写作组的第一次正式会议。在这个会议上，我报告了关于这本书的整个构想以及写作提纲。经过一星期的详细讨论，确定了全书各章节的主要内容、重点和要求，也确定了各章的执笔人。

后来在写作期间，我们又开了几次全体的会议，讨论执笔人提出的各章节的详细提纲。平时我们私下的讨论也很多。

1992 年 10 月，当我正忙着对我写的那几章最后定稿时，太平洋彼岸传来了我老伴瑞芝患重病的消息。这对我是一个晴天霹雳。我只得一面尽快结束写书的最后工作，一面办理去美国的手续。

这本讲自然语言逻辑的书于 1992 年底完成，人民出版社 1994 年出版，书名是《逻辑——正确思维和成功交际的理论》。从这个书名，就可以看出自然语言和交际在此书中所占的重要地位。

我在这本书的序言中说："我一方面有一种轻松感：多年宿愿，一旦实现，快何如之！但另一方面，我又有一种沉重的心情。我像一个年老体弱的登山者，经过长时间的艰苦攀援之后，仰望前程，离目标还是那么遥远！回顾来路，离出发点又还近在咫尺！好在科学是全人类的永恒的共同的事业，平生不了事，自有后人补。"这是此书刚完稿时我的心情，也是今天我的心情。我相信，自然语言逻辑是一门重要的有辉煌前景的学科，但我们前面也还有漫长的路程要走。

（四）

1992 年 11 月，我匆忙地赶到美国加州山景城家中。惊见瑞芝身体虚弱，颜容憔悴，全失昔日风采，我强为欢笑，但眼泪直往肚内流。从此以后，我就承担起看护病人和操持家务的全部工作。孩子们非常爱妈妈，但他们都远离加州，且工作缠身，只能经常打电话问候妈妈，或利用假日乘飞机来看望妈妈。

我很忙，很累，也很忧伤。孩子们和山景城的亲友，都担心我会被劳累和悲伤压垮。但爱情和道德有伟大的力量，我竟然能坚持下来，直到两年后我的小儿子由北京来到我们身边。

瑞芝患的是骨髓纤维化疾病，目前还是不治之症。患病后期，她转到斯坦福大学医院，得到最好的医疗和护理。但她竟于1994年10月25日溘然长逝。40年同甘共苦、同心同德的恩爱夫妻，一旦永诀，情何以堪！

瑞芝患病前，我和她曾有一个共同的美丽的梦：等我把《逻辑——正确思维和成功交际的理论》这本逻辑著作写完以后，我们将在北京或山景城团聚，幸福地安度晚年。她想去美国一所有名的大学，再读一门她喜欢的学科。我则希望能再活15年，重返哲学界，集中精力研究伦理学和元哲学。

但瑞芝不幸去世后，我顿觉一切皆空，万念俱灰。几年来，我虽遵瑞芝临终嘱咐，屡图振作，但收效甚微。尤其近来，我身体日益弱，精力日益衰，记忆和思维能力日益下坠。纵天假我以年，亦难在哲学上有所作为。天也！命也！聊乘化以归尽，乐夫天命复奚疑！

周礼全
1999年3月于美国加州山景城

·哲　　学·

论概念发展的两个主要阶段 [*]

——由抽象概念到具体概念

1. 引　　论

在我们许多同志所著的阐明辩证唯物主义的著作中，常常看到："概念反映事物的本质"这样的话；在我们许多同志所著的形式逻辑著作中，常常给概念这样的定义或说明："概念是反映事物的本质属性的思维形式"。在形式逻辑的教学中情形也是如此。

是否事物的本质属性就是事物的本质呢？是否任何概念都反映事物的本质呢？① 是否概念在它发展过程中的任何阶段都反映事物的本质呢？在这些著作中没有任何必要的说明。

我们用不着花费时间去证明这些同志是断定：任何概念都反映事物的本质，或概念在它发展过程中的任何阶段都反映事物的本质；但至少这些著作给读者的印象，确是如此。

事情已经严重到这样的程度，确实有许许多多的同志，包括从事哲学研究工作与具体科学研究工作的同志，竟以为"任何概

---

　　* 原载《哲学研究》1956 年第 3 期，第 4 期。原稿中有大量注释。此次编辑出于技术性的考虑，一般仅保留了直接引语的注释。

　　① 这里及以后所谈的概念，只限于真实概念，而不讨论虚幻概念的问题。

念都反映事物的本质"是马克思主义的原理。

前几年，有不少同志曾经在某种程度上误解了毛泽东同志在他的实践论中所讲的感性认识与理性认识这一马克思主义认识论原理，这些同志将毛泽东同志所说的感性认识与理性认识比附于巴甫洛夫的第一信号系统与第二信号系统。

这些同志之所以有这种错误看法，其原因之一，就是受了"任何概念都反映事物的本质"这一简单化、庸俗化的说法的毒害。

这一简单化、庸俗化的说法，不但在哲学本身上歪曲马克思主义的认识论原理，不但歪曲了马克思主义的经典著作，同时，也必然要给具体科学带来了严重的困难，阻碍了具体科学的蓬勃发展。

马克思主义所说的事物的本质是与事物的规律联系着的；认识了事物的本质，也就认识了事物的规律。心理学家总是要承认儿童及缺乏科学知识的成人是有概念的。但是，我们不知道心理学家如何能说明一切概念，尤其是儿童的概念，都是反映事物的本质的；我们不知道心理学家如何根据巴甫洛夫两个信号系统的学说去说明：在语词基础上产生和存在的一切概念都反映了事物的本质。

在形式逻辑中，严重的情形，亦复如此。

首先，在形式逻辑中，上述问题就都要碰到；除此以外，还有：

事物的属性，有本质与非本质属性的区别；如果一切概念都反映事物的本质或本质属性，那么，事物的非本质属性，概念就不能反映！如果说，我们的概念能反映事物的一切属性，那么，事物的一切属性就都应当是本质或本质属性了！因为不然的话，只是反映事物的本质或本质属性的概念就不能反映它们。

就分类方面说，我们总得分别科学的分类与非科学的分类；科学的分类是根据事物的本质或本质属性，而非科学的分类就不是根据事物的本质或本质属性。相当于一个在科学的分类下的事物类，就有一个概念，它反映这类事物的本质或本质属性；相当于一个在非科学的分类下的事物类，就有一个概念，它反映这类的非本质的共同属性。如果说，一切概念都反映事物的本质属性，那么，如何解释科学的分类与非科学的分类的区别呢？

就判断方面说，如果任何概念都反映事物的本质或本质属性，那么，是否一切判断也都是反映事物的本质或本质的联系呢？如果说是，那么，如何说明独称判断与特称判断是反映事物的本质或本质的联系呢？如果说：不是，那么，一切概念既然都是反映事物的本质，为什么一切判断又反而不是呢？

就推理方面说，也有同样的问题。

还有，事物的本质是与事物的现象相对，如果说一切概念、进而一切判断、推理，都反映事物的本质或本质的联系，那么，就不可能有概念、判断与推理反映事物的现象，那么，我们就不可能有关于现象的知识了！

种种等等。

在语言学的理论部分，说一切概念都反映事物的本质或本质属性，我猜想也同样会产生一系列的困难。

这许许多多的理论困难，都是起源于一切概念都反映事物的本质或本质属性这一错误看法，都是起源于简单化、庸俗化了马克思主义关于概念发展的科学原理。

为了使有关的具体科学从这种简单化、庸俗化说法的束缚下解放出来而蓬勃地向前发展，本文要论述马克思主义关于概念发展的原理，并集中在论述关于概念发展的两个主要阶段的原理。

概念是一个发展过程，概念发展过程中的两个主要阶段，就是抽象概念阶段与具体概念阶段，或说，就是抽象概念与具体概念。抽象概念是概念发展的低级阶段，它只反映抽象普遍性，抽象必然性，抽象同一性，它只反映事物的现象。具体概念是概念发展的高级阶段，它才、也就、反映具体普遍性，具体必然性，具体同一性，它才、也就、反映事物的本质。

2.亚里士多德论本质与概念发展

马克思主义经典著作家对于亚里士多德与黑格尔曾给予极高的评价，尤其对于他们辩证地处理思维范畴那一部分。

马克思称亚里士多德为"一位伟大的研究者"。① 对于黑格尔，马克思说："我倒公然承认我是这位大思想家的门人，而在论价值学说那一章，我还在这里或那里采用黑格尔特有的方法来卖弄。"②

恩格斯称赞亚里士多德说："古代希腊的哲学家都是天生的辩证论者；他们中间最渊博的学者——亚里士多德——已经研究了辩证法思维的最基本的形式。"③

恩格斯还常对亚里士多德与黑格尔相提并论地予以极高的称赞："两种哲学派别，带有固定范畴的形而上学派，带有流动范畴的辩证法派（亚里士多德、特别是黑格尔）。"④ "思维形态，思维规定之研究，却是非常有益和必要的；从亚里士多德以来，只有黑格尔一个人才有系统地做到了这点。"⑤ "辩证法直到现在还只被亚里士多德和黑格尔两个思想家比较精密地研究过。"⑥

---

① 马克思：《资本论》，第一卷，第37页。
② 同上书，第17页。
③ 恩格斯：《反杜林论》，三联出版社1954年版，第9页。
④ 恩格斯：《自然辩证法》，人民出版社1955年版，第167页。
⑤ 同上书，第201页。
⑥ 同上书，第23页。

列宁认为亚里士多德的形而上学"最突出的特征是一般到处都是辩证法的活的萌芽和探索。"①

关于黑格尔，列宁在他的黑格尔哲学笔记中不断地予以称赞；列宁还说："不研究与了解黑格尔的全部逻辑学，就不能完全了解马克思的资本论，特别是它的第一章。"②

亚里士多德是历史上第一个详细研究本质范畴，研究概念发展的伟大哲学家；他对上述问题的讨论主要的见于他的《论辩篇》，后《分析篇》，与《形而上学》。黑格尔则是马克思主义出现以前详细讨论本质范畴、讨论概念发展的最后一个伟大哲学家。黑格尔对本质与概念的讨论，则集中在他的逻辑学中。

亚里士多德是古代希腊的朴素辩证法的大师，而黑格尔却是近代唯心辩证法的顶峰。

无疑地，黑格尔是吸取了并发展了亚里士多德的辩证法精神；而马克思恩格斯则直接从黑格尔的唯心主义的外壳中，采取了他的辩证法的合理内核，根据近代科学的伟大成就，制定出完全科学的唯物主义的辩证法。

由于亚里士多德与黑格尔在历史上和马克思主义有如此密切的联系，又由于亚里士多德与黑格尔都有详细讨论本质范畴、概念发展的大量材料，我们要深入了解马克思主义关于本质范畴与概念发展的理论，就不可不对亚里士多德与黑格尔关于本质范畴与概念发展的看法有一概括的了解。我们几乎可以这样说：如果一个人对于亚里士多德与黑格尔关于本质范畴与概念发展理论缺乏基本的知识，那么，他就不可能深入地了解马克思主义关于本质范畴与概念发展的理论。

因此，让我在阐明马克思主义关于本质范畴与概念发展的理

---

① 列宁：《哲学笔记》，1954 年德文译本，第 294 页。

② 列宁：《黑格尔〈逻辑学〉一书摘要》第 144 页。

论以前，先对亚里士多德与黑格尔关于这些问题的看法作一概括叙述。我们不是对他们的看法作一全面的叙述，而只是从概念发展的两个主要阶段这个角度，去着重叙述他们对本质与概念发展看法中的那些合理成分，从而可以看出哲学史上这些合理的成分如何被批判地吸收在马克思主义的概念论里，从而可以帮助我们更深刻地了解马克思主义的概念发展两个主要阶段的理论。

（2.1）亚里士多德认为在一个命题中，一个宾词，就它与主词的关系说，可以是一个定义，或者是一个固有属性，或者是一个种，或者是一个偶有属性。这就是逻辑中有名的四种宾词的理论。我们不能孤立地说一个语词是哪一种宾词，我们只能说，一个宾词，就它与主词的关系说，是定义或固有属性或种或偶有属性。

既然亚里士多德认为：定义、固有属性、种、偶有属性，是四种不同的宾词，这就表明了亚里士多德是就语言方面来讨论它们；但是，实际上，亚里士多德的四种宾词的理论，也就是讨论客观事物方面一类事物所可能有的几种不同的属性间的分别。

本质与定义的关系，也就是这样的情形。亚里士多德说："定义是表示事物的本质的短语"。① 一方面他表示了：本质与定义是有区别的，定义是语言方面（或说思想方面）的，而本质却是客观事物方面的，却是事物的本质。另一方面，他又表示了，定义是表示本质的，定义是表示客观事物的本质的语言（或思想）形式。

由于定义是表示事物的本质，所以当亚里士多德说一个宾词、对于它的主词说、是一定义，实际上，他也就是说：这个宾词所

---

① 亚里士多德：《论辩篇》，第五章。

表示的属性，是这个主词所表示的那类事物的本质。所以，亚里士多德在很多地方将定义与本质混用。

既然亚里士多德所讲的定义，只是一个命题的宾词，只是一个短语或一个复合的语词，那么，亚里士多德所讲的定义，就不是一个命题；如果就思想方面说，亚里士多德所讲的定义，就只是一个概念，而不是一个判断。这样，亚里士多德所讲的定义，就不等于今天逻辑书上所讲的用一个命题或判断形式去表现的定义（definition），而是等于今天逻辑书上所讲的定义者（definiens）。这是一方面。但是，另一方面，亚里士多德所讲的定义，必然有一个相应的主词，必然有一个相应的命题，或一个相应的判断；因此，亚里士多德有时也说定义是一个命题或判断；有时也说定义是一个用一个短语去代替另一个语词，或用一个短语去代替另一个短语的形式。

（2.2）亚里士多德在讨论四种宾词时表示了：只能相对于一个特定的主词，我们才能说某一宾词是哪一种宾词。从客观事物方面说，这就是表示：只有相对于特定的一类事物，我们才能说某一属性是本质或固有属性或种或偶有属性。离开了特定的一类事物，孤立地说某一属性是本质或固有属性或种或偶有属性，都是毫无意义的，例如：我们不能孤立地说能劳动是本质，而我们只能说能劳动是人的本质。

亚里士多德首先将一类事物的属性分为特有的属性与非特有的属性。某一属性 P 是特定的某一类事物 S 的特有属性，如果，一切属于 S 类的事物都有 P 属性，同时，一切不属于 S 类的事物都没有 P 属性。

在 S 类的诸特有属性中，又有本质与固有属性的分别。

亚里士多德认为：定义是证明的基本前提，而定义本身却是不能证明的；所以，一切关于事物的其他的必然命题都必须从定义中推出。这是就语言方面或命题方面说的。就事物方面说，这也就是表示：本质就是这样一种特有属性，它能推出或派生出一切其他特有属性，但是，它自身却不能从任何其他特有属性中推出或派生出来。从本质推出或派生出来的特有属性，就是固有属性。

例如：三直线构成的平面图形这一属性，内角之和 = 180^0 这一属性，都是三角形的特有属性；但三直线构成的平面图形便是三角形的本质，而内角之和 = 180^0 却是三角形的固有属性；因为由三直线构成的平面图形这一属性（加上别的公理），就推出或派生出内角之和 = 180^0 这一属性。

（2.3）上面说过，事物的本质推出或派生出事物的其他一切特有属性，与此有关，亚里士多德认为事物的本质就是事物存在、变化的原因。

亚里士多德认为事物的原因有四种，即形式因、质料因、致动因与目的因。我们用铜塑一个人像，铜就是人像的质料因。塑铜像必按照一定的形式、比例，这形式、比例就是人像的形式因。A 劝 B 作某事，A 就是 B 作某事的致动因；A 是 B 的父亲，A 就是 B 的致动因。一个人为了健康，晚饭后散步一会儿，健康就是散步的目的因。

亚里士多德认为：形式因、致动因、目的因是事物的本质，而质料因却不是事物的本质，只是事物存在的一个条件。

事物的形式因，一般地说，就是事物的致动因或目的因。例如，打雷是云中之火被蘸灭所发的声音，云中之火被蘸灭是打雷的形式因，但同时，也是打雷的致动因。房屋是住人与藏食物的处所，住人与藏食物的处所是房屋的形式因，但同时，也是房屋的目的因。

由于亚里士多德的形式因，一般的说，就是致动因或目的因，而形式因就是亚里士多德所谓的形式，所以，形式因、致动因与目的因就是形式，而质料因就是与形式相对的质料。

亚里士多德所讲的事物的本质既是事物的形式因、致动因与目的因，而形式因、致动因与目的因既然就是形式；所以，亚里士多德所讲的事物的本质，归根到底，就是事物的形式。

亚里士多德认为：说某属性是事物的本质，是一抽象的说法，而说某属性是事物的某种原因，才是一具体的说法。例如：我们说住人与藏食物是房屋的本质，这是一抽象的说法，而说住人与藏食物是房屋的目的因，便是一具体的说法。

应当指出：亚里士多德所讲的原因，是不同于我们今天所讲的原因。我们今天所讲的原因，有一个必要条件，就是在时间顺序上原因不能后于结果，但是，亚里士多德所讲的原因在时间顺序上却可以后于结果。例如，亚里士多德认为健康是散步的原因（目的因）。亚里士多德所讲的原因比我们今天所讲的原因范围要宽，凡是能用以答复"为什么"这类问题的，他都叫做原因。亚里士多德所讲的原因，其实就是"理由"或"根据"。

所以，亚里士多德认为事物的本质是事物存在、变化的原因，也即是说，事物的本质就是事物存在、变化的理由。

（2.4）在亚里士多德的书中，就语言方面说，没有相当于规律的这个语词。但是，亚里士多德所讲的必然命题，其意义却相当于后来以及今天表示规律的命题或判断。

亚里士多德认为：必然命题要满足三个条件。第一个条件是普遍性，即是说，必然命题必须是全称命题，必须具有"所有 S 都是 P"这个形式。（令 S 表示主项，P 表示宾项。）第二个条件是必然性，即是说，必然命题的 S 与 P 间的联系是必然的；第三个条件是相称性，即是说，必然命题的 S 的外延与 P 的外延必须是相等的。

例如，二等边三角形其内角之和等于两直角这一命题，只满足第一与第二两个条件，而没有满足第三个条件。三角形其内角之和等于两直角这一命题，才满足了上面三个条件，因为二等边三角形的外延与其内角之和等于两直角的外延是不相等的，而三角形的外延与其内角之和等于两直角的外延却是相等的。前者不是亚里士多德所讲的必然命题，后者才是亚里士多德所讲的必然命题。

今天我们所讲的在宽的意义下表示事物的规律的命题或判断，只要具有普遍性与必然性就足够了；但是，在严格意义下的表示事物的规律的命题或判断，却需要在具有普遍性与必然性之外，还具有相称性。因之，亚里士多德所讲的必然命题，并不等于我们今天在宽的意义下的表示事物的规律的命题或判断，而只等于我们今天在严格意义下表示事物的规律的命题或判断。

由（2.1）与（2.2）我们知道：由定义与其相应的主词所构成的命题或判断，是具有普遍性、必然性与相称性的，因而，是一个必然命题；因而，也是一个在严格意义下表示事物的规律的命题或判断。

例如：月食（即月球失光）就是由于地球运行在月球与日球之间所引起的现象，它是一个由定义（由于地球运行在月球与日球之间而产生的现象）与其相应的主词（月食）而构成的命题，它具有普遍性、必然性与相称性；它是一个必然命题，它是一条在严格意义下表示事物的规律的命题或判断。

以上是就语言方面或思想方面说明：由定义与其主词所构成的命题或判断，是一个在严格意义下表示事物的规律的命题或判断。若就客观事物说，由于相应于语言方面的定义，在客观事物方面，就是事物的本质；所以，某事物有某本质，或说，某事物与其本质的联系，就是一条严格意义下的事物的规律。例如，月食是由于地球运行在月球与日球之间所引起的现象，就是一条严格意义下的事物的规律。

应当指出：固有属性与其相应的主词所构成的命题，也具有普遍性、必然性与相称性，也是一个必然命题。就客观事物方面说，某事物有某固有属性，或说，某事物与其固有属性的联系，也是一条严格意义下的事物的规律。

由（2.2）我们知道：事物的固有属性是从事物的本质中推出或派生出来的。既然如此，那么，由某事物有某本质这条严格意义下的事物的规律，就推出或派生出某事物有某固有属性这样的事物的规律；在这个意义下，事物有某本质，就是一条根本的严格意义下的事物规律。

（2.5）亚里士多德认为科学是要找寻事物存在与变化的原因，仅仅知道事物或事实是如何如何，并不就是科学。科学不仅要知道事物或事实是如何如何，而且，更重要的，是要知道事物或事实之所以是如何如何的原因。科学不仅要知其然，更重要的是要知其所以然。

亚里士多德认为科学研究的对象是四类问题：一、某事物与某属性是否有联系？二、什么是这种联系的理由？三、某事物是否存在？四、什么是这事物的本性？而这四类问题都是寻求事物的原因。

例如：当我们还不知道月球有或没有月食现象时，我们提出这样的问题："月球有或没有月食现象呢？"（即问题一）由于事物的存在必有其原因，同时，此原因如果存在，此事物必存在，上面的问题也就是问："使月球有月食现象的那个原因是否存在？"当我们知道使月球有月食现象的那个原因存在时，我们就要提出这样的问题："什么是使月球有月食现象的原因？"（即问题二）

同样的，当我们还不知道某事物是否存在时，我们提出这样的问题："某事物是否存在？"（即问题三）这就等于问："使此事物存在的原因是否存在?"当我们知道使这个事物存在的原因存在时,我们就问:"什么是此事物的本性?"(即问题四)事物的本性也就是事物的原因,所以,这就等于问:"什么是此事物的原因?"

科学既然是要寻求事物的原因,科学既然是反映事物存在与变化的原因的知识,而前面已说过,事物存在与变化的原因就是事物的本质,那么,很显然,科学要揭示事物的本质,科学就是表示事物的本质的知识。

我们也可以从另一个角度来说,科学是反映事物的本质的知识。

亚里士多德认为除少数由直接理性获得的直接判断或命题外,其余的判断或命题都是须要证明的。在这个意义下,亚里士多德说,科学知识就是有证明的知识。

照亚里士多德说,一个证明的前提中的中词就是结论的原因。所以,科学中的非直接性的判断或命题须要有证明,也就是说,科学是要找出这些判断或命题所表示的事物或事实的原因;也即是说,科学是要找出这些判断或命题所表示的事物或事实的本质。

(2.6)亚里士多德对于概念的形成,基本上采取唯物主义的看法。

亚里士多德认为:所有动物都有一种分辨事物的能力,这就是感官知觉。但是,许多动物都不能将感官知觉所获的映象保留下来,而只有人能将感官知觉所获得的映象保留下来,这就是记忆。由于人有记忆,对于同一事物有了多次映象以后,就产生了经验,也就产生了概念。

亚里士多德对于概念发展的看法,表现在他对语词定义与真实定义的关系的看法上。

亚里士多德认为有两种定义，一种是语词定义，另一种是真实的定义。①

一个语词定义，就是一组语词或一个短语，它说明另一个语词或短语的意义；或者说，一个语词定义，就是一个命题，它说明一个语词或短语的意义。所谓一个语词或短语的意义，就是这个语词或短语表示什么样的事物。例如：月食是月球失光，就是一个语词定义；我们用月球失光去说明月食这个语词的意义，去说明月食这个语词表示什么样的事物。

一个语词所表示的事物可以在客观世界存在，但也可以在客观世界不存在；也即是说，相当于一个语词，可以有客观存在的事物，但也可以没有客观存在的事物。例如，相当于月食这一语词，便有客观存在的事物，但相当于既是羊又是鹿的东西（goat-deer）这一语词，便没有客观存在的事物。

一个真实定义，就是一个表示事物存在的原因的命题，或者，就是一个表示事物的本质的命题。例如，月食（月球失光）就是由于地球运行在月球与日球之间而引起的现象，这是一个真实定义，它说明了月食发生、存在的原因，它说明了月食的本质。又例如：打雷（云中巨响）是由于云中之火被蘸灭所生的现象，这是一个真实定义。它说明了打雷发生、存在的原因，它说明了打雷的本质。

当一个语词所表示的事物在客观世界存在时，我们便可根据这个语词的语词定义所表示的一些事物的特性，认识到这个语词

---

①　亚里士多德关于定义的说法，有人认为共有四种定义，有人认为只有三种定义，看罗斯（Ross）著：亚里士多德：《前分析篇》与《后分析篇》，第634页至636页。

我们这里说有两种，并非说只有两种，而是本文只讨论两种定义，看《后分析篇》92b26—30；93b29—35。真实定义也可叫做因果定义。

所表示的事物。这样，我们就可以进一步深入地研究事物存在的原因。

亚里士多德认为：月食是月球失光，这是一个语词意义；这个语词定义说明了月食这个语词表示什么事物，也即是说：说明了月食这类事物有某种特性。这样，便可以使我们识别月食这类事物，更进一步研究月食这类事物发生、存在的原因。月食这类事物（即月球失光这类事物）的发生与存在，是否由于在月球与我们之间存在着某种不透明的物体？或者是由于月球的转动？或者是由于月球熄灭了？经过具体的研究，我们发现：以上这些都不是月食的原因，月食（即月球失光）的原因，是地球运行在月球与日球之间。

同样的，亚里士多德认为：根据打雷就是云中发巨响这个语词定义所表示的打雷这类事物的特性，我们便认识到了打雷这类事物，进而我们就进行研究打雷（即云中发巨响）这类事物发生、存在的原因；我们发现打雷（即云中发巨响）是由于云中之火被蘸灭。

一类事物的真实定义，就是说明这类事物存在的原因的命题。我们既然认识到了月食（即月球失光）这类事物的原因，因而，我们就得到一个关于月食的真实定义：月食（即月球失光）就是由于地球运行在月球与日球之间而引起的现象。我们既然认识了打雷（即云中巨响）的原因，因而，我们就得到了一个关于打雷的真实定义：打雷（即云中巨响）就是由于云中之火被蘸灭所发生的现象。

我们对事物的认识，就定义方面说，就是由一个表示事物的某些特性的语词定义，发展到一个表示事物的存在的原因的真实定义。

亚里士多德在这里是就语言方面说明：认识如何由语词定义

发展到真实定义。其实，就语言方面说是一个语词定义或一个真实定义，就思想方面说，就分别是一个表示事物的某些特性的概念或一个表示事物存在变化的原因的概念。

所以，亚里士多德这里所说的由语词定义到真实定义的发展，就思想或概念方面说，也就是由表示事物的某些特性的概念到表示事物的存在变化的原因的概念的发展。

事物存在变化的原因，就是事物的本质，事物的本质，就是一条事物的根本规律；所以，亚里士多德所说的由语词定义到真实定义的发展，就思想或概念方面说，也就是由表示事物的某些特性的概念到表示事物的本质与规律的概念的发展。

亚里士多德认为：真实定义是一个压缩的证明，是一个准证明（quasi-demonstration），而一个证明就是一个科学的推理。真实定义中表示原因的语词，就是证明中的中项，将一个真实定义展开，就是一个证明。通过一个证明，就可以得到一个真实定义。

证明是思维或知识的最高形式，而真实定义就是一个压缩的证明，所以，真实定义所表示的概念，就是思维或知识的最高成果。在这个意义下，亚里士多德就已经提出了概念（相对于语词定义的概念）是思维或知识的起点，概念（相对于真实定义的概念）又是思维或知识的终结。

这里我们需要指出：亚里士多德有时说定义是一个命题，有时他指出定义是一个宾词。无论如何，定义总必须是一个命题或在一个命题中。定义（真实定义）是表示事物的本质的，因此，我们在（2.2）中说，本质必须与某类事物联系起来，必须是某类事物的本质，孤立地说本质是无意义的。因此，我们从亚里士多德这里得到一个关于概念的看法：一个概念必须作为一个判断的宾项，才能说它反映事物的本质；一个概念必须在一个判断中，才能说它反映事物的本质。我们不能说一个孤零零的概念反映事物的本质。例如，能劳动这个概念，我们不能说它反映本质，它只有相对于人这个概念说，或只有在人是能劳动的这个判断中，我们才能说它反映人的本质。

（2.7）我们在上面是着重在叙述亚里士多德对本质与概念发展的看法中唯物的与辩证的成分；此地应当指出：他对本质与概念发展的看法，并不是完全正确的。

亚里士多德的整个哲学体系，是动摇于唯物主义与唯心主义之间，是动摇于辩证法与形而上学之间。他在对本质与概念发展的看法上，也显现出这种动摇情况。

亚里士多德认为事物的本质，就是事物的形式因、致动因与目的因，他否认质料因是事物的本质。形式因、致动因、目的因，归根到底，就是形式，而质料因就是质料。亚里士多德认为：形式是事物的本质，而质料只是被动地体现形式。

亚里士多德曾经正确地批判了柏拉图割离形式与质料，并抬高形式的看法。但他在本质与原因这个问题上，仍然是走了他所批判过的柏拉图唯心主义的老路。

亚里士多德对原因的看法，是带有外因论的成分；因之，他在解释事物运动、发展的最后泉源时，不是从事物自身中去寻求，而是捧出一个上帝来，作为事物运动的第一因。亚里士多德认为：事物的本质就是事物的原因，事物的本质是实现事物存在的目的，归根到底，也就是实现上帝的目的。

亚里士多德对于由语词定义发展到真实定义的看法，确是相当科学的；但是，由于当时科学水平的限制以及他自身思想方法的限制，他还不能具体地、详尽地说明概念的发展。他只是在讨论证明与定义的关系时，形式地接触到这个问题。因之，从今天科学的马克思主义的观点看来，那就是非常不够了。

3. 黑格尔论本质与概念发展

（3.1）黑格尔批评康德哲学中思想与事物间有一不可逾越的鸿沟，但是，黑格尔是从彻底的唯心论的观点来批评康德，扔掉了康德的独立存在的但又不可知的物自身，黑格尔认为思想不仅是我们的思想，同时还是事物的本身，对象的本质。这样，在黑格尔的哲学中，思想与存在达到了完全的统一。但是，这种完全的统一是唯心的统一；黑格尔认为那感官认识的对象如动物、星体是无独立存在的，第二性的，而思想乃是真正独立存在的，第一性的。这种思想与存在唯心的完全统一的理论，就是黑格尔的客观唯心论。黑格尔自称为绝对唯心论。

在黑格尔的体系中，由于思想与存在是完全统一的，思想范畴或逻辑范畴，也就是存在的范畴；思想范畴或逻辑范畴的发展，也就是存在的发展。同时，对于黑格尔说来，思想范畴或逻辑范畴，也就是认识中的范畴，思想范畴或逻辑范畴的发展，也就是认识的发展。思想范畴（或逻辑范畴）、存在范畴与认识范畴的完全统一，这就形成了黑格尔的逻辑学、本体论、与认识论三者的完全统一。我们应当记着，黑格尔的逻辑学、本体论与认识论的完全统一，是唯心的完全统一。

在黑格尔的唯心体系中，"自然"只不过是外在化的理念，"事物"只不过是思想的产物。所以，黑格尔所讲的"自然"，就不是真正的客观存在的自然，黑格尔所讲的事物，也不是真正的客观存在的事物。

既然，黑格尔所讲的事物，不是真正的客观存在的事物，那么，黑格尔所讲的事物的本质，也就不是客观存在的事物的本质。这是一方面。

但是，另一方面，由于黑格尔是个客观唯心论者，当他将客观存在的事物溶化为思想以后，他在构造他的唯心体系时，又不得不在某种程度上，照顾到客观存在的事物。因之，黑格尔在讲他的客观唯心论的事物时，也就在某种程度上猜中了客观存在的事物；黑格尔在讲他的客观唯心论的事物的本质时，也就在某种程度上猜中了客观存在的事物的本质。就是在这个意义下，恩格斯说："……以致在方法上与内容上说，黑格尔的体系，只是一种唯心地用头站着的唯物论"。① 列宁说："在黑格尔这部唯心论的著作中（指黑格尔的逻辑学，著作注），是最少的唯心论，最多的唯物论"。②

（3.2）黑格尔在他的逻辑学中对本质范畴有详细的讨论。黑格尔自称他的逻辑学是叙述思想范畴或逻辑范畴的发展的科学。黑格尔认为：思想范畴或逻辑范畴可分为三大阶段或层次。第一阶段或层次为有阶段（das Sein），第二阶段或层次为本质阶段（das Wesen），第三阶段或层次为概念阶段（der Begriff）。

逻辑范畴的发展，是由于逻辑范畴本身所包含的矛盾。在有阶段的范畴，就隐含着矛盾，但矛盾尚未显露出来。在本质阶段的范畴，就显露出矛盾，但矛盾尚未得到统一。在概念阶段的范畴，就将在本质阶段显露出来的矛盾统一起来。例如，在有阶段的范畴——有，就隐含着矛盾。空洞的毫无决定性的有，也就是无；但有并未显明地包含着无，而只是隐含着无。在本质阶段的范畴如肯定，就显明地包含一个对立面否定，我们肯定什么，同时，也必然要否定什么。又例如本质阶段的范畴——果，就明显地包含着一个对立面——因，因为没有无因之果，在概念阶段的范畴如普遍性、特殊性与个性体，它们就没有本质阶段的范畴的

① 恩格斯：《费尔巴哈与德国古典哲学之终结》，1955 年译本，第 23 页。
② 列宁：《黑格尔〈逻辑学〉一书摘要》，第 205 页。

那种有独立的对立性，而是一个统一体的三个环节。普遍性本身就是特殊化的普遍性，特殊性本身也就是表现普遍性的特殊性，普遍性与特殊性也必然存在于个体性；个体性也必然包含普遍性与特殊性。

（3.3）黑格尔认为本质的观点就是反映或反思的观点，所以，了解反映的意义对于了解黑格尔对本质的说法是极其重要的。反映本来是用来讲光线的。一条光线 A 射到镜面上，于是从镜面上反映回来一条光线 B。在这个现象里有两方面，一方面我们可以只直接认识到光线 B；另一方面，我们也可以进一步认识到 B 是由于 A 光线射到镜面上而反映回来的光线。认识到一个直接的现象 B 背后有一个根据 A，便是反映或反思的观点。

黑格尔又说：本质具有间接性。间接性与直接性相对。直接性就是直接给予的，尚未分析解释的，而间接性就是用另一物来解释直接给予的。在本质阶段，我们由认识现象到认识现象背后之根据，由第一进展到第二，由一物进展到另一物，就是间接性。

黑格尔又说：本质是自我关联。在本质阶段，我们的认识要由第一物进到另一物，此另一物即是第一物之否定，第一物之对方。这样，在本质阶段，一物必须与其对方相关联，这个对方，只是自身否定自身而成的对方。所以，在本质阶段，一物与其对方相关联，就是自我关联。

反映，间接性，自我关联，是从不同方面来说明本质的意义，但是，三者的意义基本上是同一的。

所以，不论黑格尔说本质是反映也好，或是说本质有间接性也好，或者说本质是自我关联也好，他的意思无非是说：本质的观点就是将现象分为两面，外面与内面，表现与力量，结果与原因，并且由现象的表面进到现象的后面。

（3.4）黑格尔所说的本质有两方面的意义。一方面黑格尔认为本质是反映，是间接性，是自我关联；是由第一进到第二、由一事物进到另一事物这种关联或关系。在这个意义下，黑格尔将一对互相对立的范畴如外面与内面，表现与力，结果与原因，叫做本质的范畴。本文（3.3）就是就这个意义来说明本质的。

但是，另一方面，黑格尔所谓本质，又是指关联或关系的一面，是指一对互相对立的范畴中的一个。在这个意义下，一对互相对立的范畴其中之一是本质，另一是现象（Erscheinung）。例如，对于外面与内面，外面是现象，而内面是本质；对于表现与力，表现是现象，而力是本质；对于本体与偶性，偶性是现象，而本体是本质；对于结果与原因，结果是现象，而原因是本质。

本质的这两方面的意义，虽是有密切联系的，但仍然是有区别的；后一方面的意义，对于本文有密切关系，下面还要加以说明。

（3.5）黑格尔曾说过：事物的本质，就是事物的共相或普遍性。但是，不是任何共相或任何普遍性，都是事物的本质。黑格尔举一个极端的例子：人有耳珠。[①] 具有耳珠，是人具有、而动物不具有的普遍性，但具有耳珠，不能说是人的本质。

黑格尔所说的事物的本质，是作为事物的根据、事物的规律、事物的原因、事物的内在矛盾那种的普遍性。

黑格尔认为：事物、现象的本质，就是它的根据（Grund）。黑格尔说："任何事物的真正本质，不在于说该物为自我同一或异于对方，也不在于说该物为肯定或否定，而在于表明一物之存在乃基于他物，而此他物即是与它自身同一的，即是它的本质。……根据即是内在的本质，而本质实质上即是根据。"[②] 黑格

---

①　耳珠即德文 Ohrlappchen。

②　黑格尔：《小逻辑》中译本，第204页；《黑格尔全集》，格罗开莱德文本，第8卷，第281页。

尔在他刚开始讲本质那一节又说："我们常认为哲学的职责或目的在于认识事物的本质，这意思只是说，事物不应当遗留在它的直接性里，而须指出它是间接地以别的事物为根据。事物之直接的存在，依此说来，就好像一个空壳或一个帷幕，在这里面或后面尚蕴藏着本质。"①

黑格尔这些话的意思，无非是说：我们仅仅知道一个事物或现象是如何如何，还不能说就知道它的本质；我们必须知道了事物为什么是如何如何，我们才算知道了事物的本质。我们仅仅知道事物或现象之然，还不能算知道它的本质，我们必须知道它的所以然，才算知道了它的本质。所谓一事物或现象的本质是它的根据，就是说，一事物或现象的本质，就是它存在的理由，就是它的所以然。

黑格尔还认为：事物或现象的本质，就是事物或现象中稳固的东西（die Bleibendes），共同的东西（die Einheit）而黑格尔又说：现象中稳固的东西，共同的东西，就是现象的规律。所以，黑格尔认为：现象的本质就是现象中的规律。日月星辰，朝夕运动变化，在它们诸多的运动变化中，有其稳固的东西，共同的东西，这就是它们的规律，也就是它们的本质。

黑格尔还认为：事物或现象的本质，就是事物或现象的原因。黑格尔说："但人们不会对于表面上的熟悉，对于只是感觉的现象感到满足，而要进到它的后面，认识它究竟是什么，把握它的本质。于是便加以反思，想要知道那异于现象的原因，那异于只是外面的内面。"②

黑格尔本质阶段的范畴，又分为三个层次，第一个层次是：

———————

① 黑格尔：《小逻辑》中译本，第188页；《黑格尔全集》，格罗开莱德文本，第8卷，第262页。

② 同上书，第34页；德文全集，第8卷，第79页。

本质当作存在的根据；第二个层次是：现象；第三个层次是：实在。原因与结果这对范畴就在实在这个层次里。

在原因与结果这对范畴前面的一对范畴，就是本体与偶性。原因与结果这对范畴就是由本体与偶性发展出来的。本体是绝对自身同一性，也即是自身根据于自身。而偶性是本体的表现。本体所以能表现自身为偶性，就是因为本体是一绝对的力量。当我们将本体当作一绝对的力量以表现为偶性时，本体就变为原因，而偶性便变为结果。

本体与原因，在亚里士多德哲学中，都是与本质有关的范畴；在黑格尔这里，情形亦复如此。

黑格尔在指出事物的本质就是事物的根据，就是事物的规律，就是事物的原因以外，黑格尔还具体指出：作为事物的本质的根据、规律与原因，就是事物中的矛盾。黑格尔说：矛盾是推动整个世界的规律或原则，是一切事物之真正本质。事物由于其自身中的矛盾，才超出它当下的存在，才过渡到它自身的反面，才扬弃其自身。

我们应当注意：黑格尔所说的事物，是他的客观唯心论意义下的事物，是物化了的思想；因之，黑格尔所说的事物中的矛盾，只是物化的思想的矛盾；所以，黑格尔说，事物的本质，就是事物的概念，就是矛盾发展着的概念。

（3.6）由以上的讨论，我们知道：黑格尔认为事物或现象的本质，就是事物或现象的根据，就是事物或现象的规律，就是事物或现象的原因，就是事物或现象中的矛盾。

当然，在黑格尔的哲学系统中，根据、规律与原因并不是完全等同的范畴，而是前者由于其自身的矛盾的推动，一步一步发展出后者来。我们在这里没有必要叙述黑格尔神秘的晦涩的范畴推演，为了本文的论点，我们只要指出黑格尔认为本质范畴必须包含根据、规律、原因以及内在矛盾这些范畴，并且也指出根据、规律、原因这些范畴的基本意义，就完全够了。

（3.7）黑格尔认为概念有两种：一种是抽象概念，又叫做形式的概念或知性的概念；另一种是具体概念，或者简单的叫做概念。抽象概念是属于知性（Verstand）的概念，而具体概念是属于理性（Vernunft）的概念。

抽象概念是凭借思想的分析作用或抽象作用而形成的，"或是由于凭借所谓抽象作用，丢掉了具体事物所具有的多种特性的一部分，而只举出一种特性，或者抹煞这些特性之不同处，而将多种特性概括为一。"① 但是，具体概念，便不能仅凭分析作用或抽象作用得到。具体概念的形成，是要用分析与综合统一的方法，将事物的各个成分，按照事物的原样，统一起来，不增加任何主观成分。所以，要想得到关于一个对象的具体概念，就"必须由这个对象去规定自己，不可自外面采取些名词来加给它。"②

抽象概念的形成，即是只从事物中抽出它们共同具有的性质，而排除它们各个特有的性质，那么，抽象概念就是表示一种排除了差异性的同一性，或排除了特殊性的普遍性。黑格尔将这种同一性叫做抽象的同一性或形式的同一性，或知性的同一性；将这种普遍性，叫做抽象的普遍性，或形式的普遍性，或形式的概括性。

例如：水果这个抽象概念，就只表示一切水果所共同具有的那些性质，而排除各种水果如樱桃、梨、葡萄……所各自具有的性质。动物这个抽象概念，就只表示一切动物所共同具有的那些性质，而排除各种动物如人、鱼、鸟，……所各自具有性质。黑格尔认为抽象概念，抽象的同一性，或抽象的普遍性，只是知性

---

① 黑格尔：《小逻辑》中译本，第193页。
② 同上书，第55页。

抽象的结果；实际上，同一性是与差异性结合着的，普遍性是与特殊性结合着的；水果只能与各种特殊的水果如樱桃、梨、葡萄结合着。黑格尔嘲笑说："在日常生活里，那会有人只要水果，而拒绝樱桃、梨、葡萄，因为它们只是樱桃、梨、葡萄呢？"[1]

具体概念的形成，是要用分析与综合统一的方法，将事物的各个成分，按事物的原样，统一起来。所以，具体概念，就不是表示排除差异性的同一性，而是表示包含着差异性的同一性，就不是表示排除特殊性的普遍性，而是表示包含着特殊性的普遍性。因为事物的原样，就是同一性中包含着差异性，普遍性中包含着特殊性。黑格尔说："概念、进而理念（即具体概念，作者注），诚然是与它们自身同一的，但是，它们之所以同一，只由于它们同时包含殊异于其自身"[2]。例如，事实上，没有不是各种特殊的、有差异的水果如樱桃、梨、葡萄……的抽象水果，没有不是各种特殊的、有差异的动物如人、鱼、鸟……的抽象动物。

这种包含着差异性的同一性，黑格尔叫做具体的同一性，这种包含着特殊性的普遍性，黑格尔叫做具体的普遍性（或真正的普遍性）。

事物的原样是同一性中包含着差异性，普遍性中包含着特殊性，而抽象概念只表示事物的同一性而排斥它的差异性，只表示事物的普遍性而排斥它的特殊性。所以，黑格尔说，抽象概念是抽象的，偏狭的，空洞的。与此相反，具体概念，是表示包含差异性的同一性，包含了特殊性的普遍性，是表示事物的丰富原样，所以，黑格尔说：具体概念是具体的，完整的，有丰富内容的。

有丰富内容的具体概念之明白展开就是判断与推理。黑格尔认为："概念之特殊化"就是判断。"概念的现实与明白发挥"就

---

① 黑格尔：《小逻辑》中译本，第17页。
② 同上书，第195页。

是推理。"推理就是概念与判断的统一"。①

　　例如，在财产这一个抽象概念中，就不包含财产法的条文。但是，在财产这个具体概念中，就包含了作为财产的特殊性的财产法的条文；因之，黑格尔说，从财产这个具体概念中，可推出财产法的条文。

　　抽象概念坚持同一性与差异性的对立，坚持着普遍性与特殊的对立，因而，抽象概念本身就没有包含对立的方面，没有包含矛盾。这样，抽象概念就不能过渡到其对立面。所以，抽象概念的特性，就是非此即彼。与此相反，具体概念本身是包含着差异性的同一性，是包含着特殊性的普遍性，具体概念本身包含着矛盾，是亦此亦彼。由于具体概念本身包含着矛盾，所以，具体概念能自己发展。在发展过程中，具体概念本身潜伏着对立成分，便得到了发挥和现实。黑格尔整个逻辑学中的范畴发展，就是具体概念的发展的例证。

　　黑格尔虽然给知性与属于知性的抽象概念以尖锐的批评，但是，他的意思只是指出：知性或抽象概念在认识真理时是不足够的，他并未完全否定知性或抽象概念在认识中的作用。黑格尔认为知性或抽象概念的特点在于它的坚定性（Festigheit）和确定性（Bestimmtheit），而知性或抽象概念之优点和存在权利也在于此。

　　知识是起于对当前对象作确定的区别，即是在理性或哲学或具体概念中，仍须要求思想之确定性。不过，具体概念的明晰，是有其异中之同，有其区别中的不可分离性，是特殊与普遍结合，差异与同一结合的明确性。又若从分析与综合来说，知性或抽象概念，只是将事物分析成各个成分，而理性或具体概念，却是用分析与综合统一的方法，将事物的各个成分，按事物的原样，统

---

　　①　黑格尔：《小逻辑》中译本，第289页。

一起来。

所以，黑格尔认为：知性或抽象概念虽是不足够的，仍然是必要的；理性或具体概念扬弃了知性或抽象概念，但知性或抽象概念仍然是理性或具体概念中的条件或必要成分。

（3.8）以上我们着重在黑格尔关于本质范畴，概念发展的合理成分的叙述，此地应当指出：

黑格尔哲学是客观唯心论，在黑格尔的哲学体系中，根本没有独立存在的客观事物，当然也没有独立存在的客观事物的本质。黑格尔所讲的事物与事物的本质，只不过是外化了的思想与外化了的思想的本质。

还有，黑格尔的本质阶段范畴的推演，以及范畴间的关系，不是按照客观事物方面的关系，而是按照他的神秘主义的辩证法。所以，黑格尔关于本质范畴的推演，很多地方是不可理解的胡诌。

黑格尔虽然极其深刻地指出抽象概念与具体概念的区别，虽然也指出抽象概念有其存在的权利，但是，黑格尔还不能科学地说明抽象概念与具体概念间的关系，以及抽象概念到具体概念之发展。

4．马克思主义本质论之基本要点

（4.1）马克思主义认为一切事物包括自然、社会与人类思维，都是不断在运动、变化、发展着的。恩格斯说："整个世界，从最小的东西到最大的东西，从沙粒到太阳，从原生生物到人，都处于永久的产生和消灭中，处于不间断的流动中，处于不休止的运动和变化中。"①

---

① 　恩格斯：《自然辩证法》，人民出版社 1955 年版，第 13 页。

所以，马克思主义是将事物看作一个运动、变化、发展着的过程；而"世界不是由现成事物构成的，而是一个各种过程的合成体。"①

运动、变化、发展着的事物，有许许多多的联系；它们内部有各种各样的联系，它们与外部其他事物，也有各种各样的联系，因而，运动着、变化着、发展着的事物，就构成一幅错综复杂的相互联系的图画。恩格斯说："如果我们留意地考察自然、人类历史或我们自己的精神活动，那么，我们首先见到种种联系及交互作用之无限错综的图画；在这中间，没有任何东西，保持原来的性质、场所及状态，万物皆动皆变，皆生皆灭。"②

马克思主义反对一切认为事物静止不变的理论。马克思主义反对柏拉图似的唯心论，这种唯心论认为：实在不变不动，万古常存，而运动、变化，只是实在的假相。马克思主义也反对17、18世纪的机械唯物论，这种唯物论认为：天体及天体的运行万古如一，许多物理现象间彼此孤立，物种永久不变。

马克思主义哲学这种科学的世界观，是总结了两千年来哲学与科学的成就，尤其是当时的科学的最新成就而创造出来的。在哲学方面，黑格尔从唯心主义观点提出了一切事物都是一个运动、变化、发展的过程，提出了事物在运动、变化、发展过程中的相互联系，致命地打击了形而上学思想。在科学方面，康德的星云说及其以后的发展，打破了天体及其运动万古如一的看法；细胞的发现与达尔文学说，证明了动物与植物间之联系，证明了一切有机物都是一个有联系的发展过程，因而打破了物种不变的谬论。能量转化证明了各种物理现象间的相互转化及联系，打破了各种

①　恩格斯：《费尔巴哈与德国古典哲学之终结》，人民出版社1955年版，第49页。

②　恩格斯：《反杜林论》，人民出版社1954年版，第9页。

物理现象间彼此孤立的谬论。

马克思这种由科学中总结出来的辩证唯物主义的世界观，又为以后科学的发展所完全证实。

（4.2）事物及世界即是运动、变化、发展的过程，那么，事物及世界如何能运动、变化、发展呢？即事物及世界运动、变化、发展的泉源何在呢？

马克思主义反对一切用超物质的原因，来说明事物及世界的运动、变化与发展。黑格尔用概念、理念的内在矛盾去解释世界及事物的运动、变化、发展。马克思主义是与黑格尔这种唯心辩证法完全对立的。马克思主义也反对用外因论的观点来解释事物及世界的运动的最后泉源。因为，照外因论的看法，一个事物的运动是由另一个运动的事物的推动，这样，逻辑地必然被迫最后承认一个在物质世界之外的第一推动者。亚里士多德与牛顿就是在这种无可奈何的情形下捧出神来，因而最后还是滚到唯心论的泥坑。

马克思主义认为：一切事物本身中都包含着矛盾。事物中所包含的又斗争又统一的两个方面或两个因素，就是事物中的矛盾。例如，资本主义社会中的资产阶级与无产阶级，就构成资本主义社会的一个矛盾。一方面资产阶级剥削无产阶级，无产阶级反抗、进而要推翻资产阶级；另一方面，在资本主义社会中，无产阶级与资产阶级又必须相依存在，没有无产阶级就没有资产阶级，没有资产阶级也就没有无产阶级。机械的运动就包含着时间和空间连续性和非连续性的矛盾。生命就包含着同化和异化的矛盾。社会历史，包含着生产力与生产关系的矛盾。人类认识，包含着人们无限认识能力与其实际上在人们中的现实之间的矛盾。

事物内部矛盾的斗争与解决，便推动事物的运动、变化与发展。时间与空间的连续性与非连续性的矛盾，就形成了机械运动。

同化和异化的矛盾，就推动了生命的运动与发展。生产力与生产关系的矛盾，就推动了社会的运动与发展。人的无限认识能力与其实际上在人们中的现实之间的矛盾，就推动认识的发展。

所以，恩格斯说："……对立的斗争与对立的解决，是一切发展的原因。"①

所以，毛泽东同志说："事物发展的根本原因，不是在事物的外部，而是在事物的内部，在于事物内部的矛盾性。"② "一切事物所包含的矛盾方面的互相依赖和互相斗争，决定一切事物的生命，推动一切事物的发展。"③

事物在它发展过程中，有许许多多的矛盾。事物在其发展过程中，有它的各个方面，各个方面又有各个方面的矛盾；也有它的各个阶段，各个阶段又有各个阶段的矛盾。几个矛盾可以形成一个总的矛盾，矛盾的一个方面也可以包含几个矛盾；一个矛盾会产生另一个的矛盾，一个矛盾也会影响另一个矛盾。事物的发展过程，是许许多多的矛盾所构成的一个错综复杂的有机联系的矛盾总体。

（4.3）事物由于其本身的矛盾，便不断地向前发展。事物在其发展过程中，便有许许多多的联系，这一属性和另一属性有联系，这一状态和另一状态有联系，过程的这一方面和过程的另一方面有联系，过程的这一阶段和过程的另一阶段有联系。同时，各种各样的联系之间又有各种各样的联系。一个事物的发展过程，就是一个各种各样联系的有机总体。

在事物的发展过程中的许许多多的联系中，有普遍性必然性联系与特殊性偶然性联系的分别。

---

① 《反杜林论》，1950 年俄文版第 328 页。
② 《毛泽东选集》，第 767—768 页。
③ 同上书，第 771 页。

普遍性必然性联系与特殊性偶然性联系的分别，是就有特定属性的事物类说的。① 对于某类事物是普遍性必然性的联系，对于另一类事物，也可以是特殊性偶然性的联系；反之亦然。所以，离开一有特定属性的事物类而说普遍性必然性联系与特殊性偶然性联系的分别，是无意义的。

某事物（即是属于某类的事物）在其发展过程中的普遍性联系，就是一切属于该类的事物都具有的那种联系。某事物（即是属于某类的事物）在其发展过程中的必然性联系，就是作为某类的事物不可能不具有的那种联系。

从一角度看来是普遍性的联系，从另一角度看来，就是必然性联系；反之亦然。

某事物（即是属于某类的事物）在其发展过程中的特殊性联系，就是这一事物本身所具有的联系，但又不是该类事物的普遍性联系。某事物（即是属于某类的事物）在其发展过程中的偶然性联系，就是这一事物所具有的联系，但又不是该类事物的必然性联系。

从一个角度看来是特殊性的联系，从另一个角度看来，就是偶然性联系；反之亦然。

某一个资本主义社会例如美国，在其发展过程中，由于商品生产与有支付能力的需求之间的矛盾，就会爆发经济危机。商品生产与有支付能力的需求之间的矛盾，与经济危机，这二者的联系，就是美国（作为一个资本主义社会来说）的普遍性必然性联系。

但是，美国这个资本主义社会，在表现这个普遍性必然性的联系时，又采取了它自己的特殊性偶然性的形式。例如，美国的

---

① 一类事物中可以有许多个别事物，但也可以只有一个个别事物。但是，只有一个个别事物的类与它所包含的那个个别事物仍然是有区别的。

商品生产扩大到某一个数量，有支付能力的需求缩小到某一个数量，经济危机从某些特定的企业开始进而蔓延到另一些特定的企业，等等。这些便是美国（作为一个资本主义社会来说）的特殊性偶然性联系。

事物在其矛盾发展过程中的普遍性必然性联系，就是事物的内在联系，就是事物的规律。

在事物矛盾发展过程中，有许许多多的规律，这些规律又形成许许多多的普遍性必然性联系，又形成许多更复杂丰富的规律。存在于某一事物的发展过程中的规律，很像一个错综复杂千丝万缕联系着的网。

（4.4）马克思主义认为：某事物（即是属于某类的事物）的本质，就是使某事物之所以是这样的事物的原因或根据。由于事物是一个过程，更准确点说，某事物的本质，就是使某事物之所以是这样的过程的原因或根据。

某事物在其发展过程中，有它的内部矛盾。某事物的内部矛盾，推动了某事物的发展，规定了某事物发展的过程。

在某事物矛盾发展过程中，就有许多普遍性必然性联系，这就是某事物矛盾发展过程中的规律；某事物是遵循着这些规律而发展的。

某事物的内部矛盾，某事物矛盾发展过程中的规律，是使某事物之所以是这样的发展过程的原因或根据。因之，某事物的内部矛盾，某事物矛盾发展过程中的规律，就是某事物的本质。

例如：在资本主义社会发展过程中，就有许许多多内部矛盾，社会性大生产与私人资本主义占有之间的矛盾，无产阶级与资产阶级间的矛盾，整个社会生产的无政府状态与个别企业之有组织性之间的矛盾，生产与消费之间的矛盾……在这些矛盾发展过程中，就有许许多多的相应的规律。资本主义社会这些内部矛盾及其规律，就是资本主义社会的本质。

马克思在他的资本论中，认识了资本主义社会的内部矛盾，认识资本主义社会矛盾发展过程中的规律，也就是认识了资本主义社会的本质。

在事物发展过程中的诸矛盾中，有根本的矛盾；根本的矛盾，就是派生或规定其他矛盾的那一或那些矛盾。在事物发展过程中的诸规律中，有根本的规律；根本的规律，就是派生或规定其他规律的那一或那些规律。

由于事物的根本矛盾是派生或规定其他矛盾的那一或那些矛盾，当我们认识到事物的根本矛盾时，我们也就必然认识到为此根本矛盾所派生或规定的那些矛盾，也就必然认识到为此根本矛盾所派生或规定的矛盾总体。由于事物的根本规律是派生或规定其他规律的那一或那些规律，当我们认识到事物的根本规律时，我们也就必然认识到为此根本规律所派生或规定的那些规律，也就必然认识到为此根本规律所派生或规定的规律总体。因此，我们认识到事物的根本矛盾或根本规律，从一方面看，是深刻的认识，从另一方面看，也就是丰富全面的认识。

相应于事物的根本矛盾与根本规律，事物有深刻的本质；事物的深刻的本质，就是派生或规定其他本质的本质。当我们认识到事物的深刻的本质时，我们也就必然认识到为此深刻本质所派生或规定的那些本质，也就必然认识到为此深刻本质所派生或规定的本质总体。因之，我们认识到事物的深刻本质，从一方面看，是深刻的认识，从另一方面看，也就是丰富全面的认识。

马克思主义本质这个范畴是与现象这个范畴相对的。我们在这里不拟对本质与现象的关系作全面的叙述；我们只相对于本文的需要，着重指出本质与现象这两个范畴的分别。

本质与现象的分别，可由两方面来说明。

就客观事物方面说，事物的本质，就是事物的现象的原因或根据，事物的现象，就是事物的本质的丰富表现。"本质体现为现象，现象包含着本质"。① 就主观认识方面说，人们首先认识事物的现象，再进而深入到认识事物的本质。

上面说过，事物的本质，就是事物的内部矛盾，就是事物的规律，就是事物的普遍性必然性联系，而事物的现象，就是由内部矛盾、规律、普遍性必然性联系所规定的事物发展过程中的丰富表现。

我们知道：任何的普遍性都寓于特殊性之中，都通过特殊性表现出来。任何的必然性，都隐藏于偶然性之中，都通过偶然性表现出来。

事物发展过程中的普遍性必然性联系，是隐藏于特殊性偶然性联系之中，是通过特殊性与偶然性联系而表现出来。同时，我们总是先认识到事物发展过程中的特殊性偶然性联系，再进而认识到普遍性必然性联系。所以，具体的说，事物发展过程中的特殊性偶然性联系，是事物的现象；认识到事物发展过程中的特殊性偶然性联系，是认识到事物的现象。

现在有一个问题：当我们对事物有、也只有一个亚里士多德所说的语词定义时，或一个黑格尔所说的抽象概念时，我们是认识到事物的现象呢？还是事物的本质呢？

在马克思主义经典著作中，没有谈到这个具体问题。但是我们根据马克思主义的原理，可以看出：马克思主义在这个问题上是与亚里士多德与黑格尔的看法是一致的。马克思主义认为：这时我们所认识的，只是事物的现象。

例如：我们只有一个关于月食的语词定义："月食"是月球失

---

① 列宁：《黑格尔〈哲学史〉一书摘要》，第8页。

光，或只有一个抽象概念，它只反映月球失光这一共同属性，或月球失光这一类事物。这时，我们还没有认识月球失光发生发展的原因与根据，还没有认识到月球失光的内部矛盾与规律。因之，我们这时所认识到的，只是月球失光这种现象。这时离认识月食的本质还远得很哩！

我们说：事物的本质，就是事物的内部矛盾，就是事物的规律，现在要问这三个范畴是不是完全等同的呢？马克思主义认为：不是的。

事物的本质、事物的内部矛盾与事物的规律，它们所表示的客观对象是同一的，但是，它们又是从不同的角度或方面来表示这个同一的客观对象。事物的内部矛盾，是着重从事物变化发展的泉源这个角度或方面，事物的规律，是着重从事物发展过程中两个不同属性的联系这个角度或方面；而事物的本质，却是着重从与现象相对这个角度或方面。

由于它们都是表示同一的客观对象，所以，我们可以说：事物的本质，就是事物的内部矛盾，就是事物矛盾发展过程中的规律。但是，又由于它们是从不同的角度或方面来表示这个同一的对象，所以，我们就不能说：它们是完全等同的。

列宁说：“规律是关系，……本质的关系或本质间的关系。”①“规律与本质，乃是同一性质的（同一次序的），或者更确切一点，同一程度的概念；这些概念表现着人对现象、世界等等认识之深入。”②

毛泽东同志说：“这种特殊的矛盾，就构成了一事物区别于他事物的特殊的本质。”③

---

① 列宁：《黑格尔〈逻辑学〉一书摘要》，第 111 页至 112 页。

② 同上书，第 109 页至 110 页。

③ 《毛泽东选集》，第 775 页。

列宁与毛泽东同志不说事物的本质与事物的内部矛盾或事物的规律是等同的。他们的提法是深刻而准确的。

由上面的叙述，我们可以看出马克思主义的本质论，是在辩证唯物主义的原则下，批判地吸取了从亚里士多德到黑格尔对本质看法中的合理成分。

亚里士多德提出了：事物的本质，就是事物存在与变化的原因，并且表示了（虽然不是明确的直接的表示）事物的本质与事物的规律是密切联系着的；他是第一个人确定了本质范畴的基本内容。但是，亚里士多德对原因的看法，还带着唯心主义与形而上学的成分。他还不能看出，事物存在与变化的根本原因，就是事物内部的矛盾；因而，他就不能在世界本身找出世界及事物变化的原因；因而，他不得不假定在世界之外有一个第一推动者——神。

黑格尔认识到亚里士多德对原因的看法的缺点。黑格尔提出了事物的内在矛盾。黑格尔认为事物变化发展的根本原因，就是事物的内在矛盾，从而他也就提出了：事物的本质，就是事物的原因，就是事物的规律，就是事物的内在矛盾。黑格尔对本质的看法是极其深刻的。但是，黑格尔是个客观唯心主义者，他所说的事物，只不过是外化了的思想；他所说的事物的内在矛盾，只不过是外化了的思想的内在矛盾。黑格尔，一方面，比亚里士多德辩证多了，但另一方面，他又比亚里士多德唯心多了。

马克思主义哲学扬弃了黑格尔说法中唯心主义与神秘主义的糟粕，吸取了他的辩证法的精华，从而确立了科学的关于本质的理论。

5. 马克思主义概念发展理论之基本要点

（5.1）思想、概念，是物质世界发展到一定阶段的产物。永恒运动着的物质，发展到了一定阶段，就有生物出现。生物发展演化的结果，就有高级动物出现，更进而有人类出现。人在劳动过程中，改造了自然，也改造了自己。于是，人们在生产劳动过程中，结成了社会，有了语言，产生了思想、概念。

所以，恩格斯说："它们（指思想意识——作者注）是人头脑的产物，而人自己则是自然的产物。"①

所以，列宁说："概念是作为物质的最高产物的脑髓的最高产物。"②

思想、概念，不只就它的产生说，是高度发展的物质的产物；思想、概念，就它的内容说，也是物质世界在头脑中的反映。我们有许许多多的概念，它们具有各种不同的内容；这不是我们主观任意的臆造，而是根据于客观物质世界的内容。

所以，马克思说："反过来，在我，观念不外是在人类头脑中变位了变形了的物质。"③

（5.2）人们对客观世界的认识，也是一个发展过程。人们的认识发展过程，是"由生动的直观到抽象的思维"，由认识具体的东西到认识抽象的东西。

感觉是认识的泉源与基础。

人们的感觉，不是人们的主观的臆造，而是物体、外界世界的印象；因而客观世界是可以认识的。世界上只有尚未认识的事物，但是没有不能认识的事物。

人们在实践过程中，在感觉的基础上，便产生一个认识过程中的质变，便产生概念。

概念是比感觉更深刻的认识。列宁说："最单纯的普遍化，概

① 《反杜林论》，第31页。
② 《黑格尔〈逻辑学〉一书摘要》，第130页。
③ 《资本论·跋》，第17页。

念（判断、推理等等）的最初和最单纯的形成，已经意味着人对于世界客观联系的日益深刻的认识。"①

概念一旦形成之后，并不就终止了它的生命；正如自然社会是一个辩证发展过程一样，概念也是一个辩证的发展过程。将概念看作一个辩证发展的过程，是马克思主义概念论的锁钥，也是了解马克思主义概念论的锁钥。

人类的认识是思想对客观世界之永远的、无止境的接近。人类的认识，是不断地由肤浅贫乏日趋于深刻丰富，这是认识发展的规律。概念的内容，也是不断地由肤浅贫乏日趋于深刻丰富，也是无止境地接近于客观事物的过程。

还有，客观事物是不断变化发展着的，概念要正确地反映客观事物的真相，就必须追踪客观事物的发展。概念的内容，就必须跟着客观事物的发展而发展。

几千年以来，原子的结构与性质，似乎没有变化或很少变化；但是人类对原子的概念，却经历着并且还在经历着一个变化发展的过程。两千年以前，希腊的朴素哲学家、科学家，就有了原子的概念；那是一个肤浅贫乏的概念。随着生产与科学技术的进步，人类对原子的概念，便不断地日益深刻与丰富。到了今天我们对原子的概念，已经深刻丰富到这样一个程度，我们已经能够利用原子能了。

马克思极其深刻地详尽地发现了资本主义垄断前期的规律，制定了极其科学的关于资本主义社会的概念。马克思、恩格斯去世以后，资本主义社会发展到它的垄断时期。列宁、斯大林又根据马克思主义的原理，研究了资本主义垄断时期的规律，正确地总结出资本主义垄断时期的规律，从而丰富了发展了马克思、恩

---

① 列宁：《黑格尔〈逻辑学〉一书摘要》，第143页。

格斯关于资本主义社会的概念。这样，科学的关于资本主义社会的概念，便追踪了资本主义社会的发展而发展。

（5.3）马克思主义关于概念发展的理论，在哲学方面，无疑的是批判地吸取了黑格尔的合理成分。但是，马克思主义关于概念的理论，却与黑格尔关于概念的理论，有着根本的对立。

对于黑格尔说来，客观事物是思想的结果；客观事物的发展，是按照思想的发展。但是，马克思主义却认为：客观事物是独立于思想之外；思想、概念的发展过程，是思想、概念日益正确地反映客观事物的发展过程。

马克思说："黑格尔陷入幻想，把实在理解为自行总结、自行深化与自行运动的思维之结果。"[①] 而事实上"在头脑中当作思想总体而出现的那样的整体，是思想着的头脑的一种产物，……真实的对象，在头脑只是思辨地、理论地对待它时，它同从前一样仍然保持它的独立性而留在头脑之外。"[②]

关于概念发展的理论，马克思在他讲政治经济学的方法时，有极明确、极扼要的叙述。

马克思说："从实在的具体的东西着手，从现实的前提着手，因而，例如在政治经济学上，从成为整个社会生产行为之基础和主体的人口着手，似乎是正确的。然而仔细研究起来，这是错误的，如果我抛弃了人口所由以构成的譬如阶级，人口是一个抽象。如果我不认识阶级所依据的因素如雇佣劳动、资本之类，阶级又是一句空话。而这些因素又以交换、分工、价格等为前提。譬如说资本，如果没有雇佣劳动，没有价值、货币、价格等等，它就什么也不是。因此，要是我从人口着手，那么，这是一个关于整体的浑沌表象，通过更加仔细的规定之后，我从分析中得出越来

---

① 马克思：《政治经济学批判》，人民出版社 1955 年版，第 163 页。

② 同上书，第 164 页。

越简单的概念；从表象中的具体达到了越来越浅显的抽象，直到我达到一些最简单的规定。于是行程从那里倒过头来，直到我最后再回到人口上。可是，这回它不是关于整体的一个浑沌的表象了，而是一个丰富的由许多规定和关系形成的总体了。第一条道路是政治经济学在它的产生过程中在历史上走了的道路。例如，17世纪的经济学家们总是从活生生的总体如人口、民族、国家、许多国家等等着手；但是他们结果总是通过分析而发现一些有决定意义的抽象一般关系，如分工、货币、价值之类。这些个别的要素一旦多少确定了和抽象出来了之后，从劳动、分工、需要、交换价值等简单的东西上升到国家，国际交换和世界市场的经济体系就开始了。后者显然是科学上正确的方法。具体之所以为具体，因为它是许多规定的总结，因而是复多的统一。因此，在思维中，具体表现为总结的过程，表现为结果而不是表现为出发点。虽然具体是真实的出发点，因而也是直观与表象的出发点。在第一条道路上，完整的表象升华为抽象的规定；在第二条道路上，抽象的规定在思维行程中走向具体之再生产。"①

马克思这一段所叙述的，不只是政治经济学的方法，而且是一般的科学的方法；也不只是一种方法，而且是认识论的普遍原理。现在我们仅就概念的发展这个角度来看马克思这个重要的指示。

马克思认为：客观存在的事物，是具体的事物；客观存在的具体事物，是一切认识的出发点。对于客观存在的具体事物，我们首先有浑沌的直观的表象。

我们不断地应用分析，便从表象中抽象出越来越简单的事物的规定，因而形成越来越简单的抽象的概念；直到我们抽象出最简单的事物的规定，因而形成最简单的最抽象的概念。

---

① 马克思：《政治经济学批判》，人民出版社1955年版，第162页至163页，德文1951年柏林版，第256页至257页。

　　由完整的生动的表象，升华为最抽象的概念，这是概念发展的第一个阶段。

　　当我们应用分析获得了许多最抽象的概念以后，我们的认识行程就要回过头来。我们就要由这许多最抽象的概念，一步一步地在思想中上升为一个越来越丰富深刻的概念总体或概念系统。这个概念总体或概念系统，就是客观事物的具体在思想中的再现。

　　这个概念的总体或概念系统，就是思想的具体，就是概念的具体，就是具体概念。

　　由最抽象的概念，一步一步上升为概念的具体，上升为具体概念，这是概念发展的第二阶段。

　　概念的发展，是由抽象到具体的发展。最抽象的概念是概念发展的起点，而不是概念发展的总结；具体的概念，却是概念发展的总结，而不是概念发展的起点。

　　由于马克思在这里是讲政治经济学的方法，因之，我们就缺乏充足的理由断定、我们也没有断定：马克思这里所讲的"最抽象的概念"是相当于亚里士多德所讲的语词定义，或相当于黑格尔所讲的抽象概念。但是，无论如何，马克思在这里所讲的概念由抽象到具体的发展，以及概念的具体或具体概念的性质，却是十分明白清楚的。

　　（5.4）恩格斯在自然辩证法中谈到抽象同一性与具体同一性的问题。恩格斯认为：具体同一性就是包含着内部差异与变化的同一性，而抽象同一性，就是没有包含着内部差异与变化的同一性，就是自身与自身同一的那种同一性。一个事物，就它是这样一个事物说，它是与自己同一的；这是抽象的同一性。但是，一个事物总是一个过程，在过程中，就有许多差异、阶段与变化。例如，一个细胞，就它是一个细胞说，它是始终同一的。但是，一个细胞，却是一个过程。在过程中，它不断吸取新的物质，排泄旧的物质，表现出前后阶段的差异与变化。所以，一个客观的具体事物，总是同一性中包含着差异与变化，总是一个具体同一性。

具体同一性是复多的统一，是多样性的统一。值得我们注意的是，恩格斯指出：即使是一个判断，如莲花是一种植物或玫瑰是红的，也是（或也反映）具体同一性。因为在上述判断中，主词与宾词是不同的；由不同的主词与宾词所构成的判断，是包含着差异性的同一性，是复多的统一，是具体同一性。

恩格斯这里所讲的，无疑的是批判地吸取了黑格尔关于抽象同一性与具体同一性的说法。黑格尔在讲到抽象同一性与具体同一性时，总是联系到抽象概念与具体概念，而恩格斯在这里也是联系到思维范畴与概念讲的。

因之，我们知道：马克思主义认为有反映抽象同一性的概论，也有反映具体同一性的概念；反映抽象同一性的概念，就是抽象概念；反映具体同一性的概念，就是具体概念。

斯大林的《马克思主义与语言学问题》这一著作，是有其不可磨灭的历史功绩的。斯大林说："不论人的头脑中会产生什么样的思想，它只有在语言的材料的基础上，在语言的术语和词句的基础上，才能产生和存在，完全没有语言的材料和完全没有语言的'自然物质'的赤裸裸的思想，是不存在的。"①

斯大林指出了思想与语言的必然联系。从这里，我们知道概念与语词也是必然联系着的。概念总是在语词的基础上产生和存在。

斯大林关于思想与语言的联系这个结论，是根据近代心理科学的成就，尤其是根据巴甫洛夫两个信号系统学说而作出来的。

---

① 斯大林：《马克思主义与语言学问题》，解放社版，第44页。

根据心理学的实验材料证明，我们在语词基础上产生的初步概念，也即是我们所说的抽象概念，是只反映事物的共同属性，或说，只反映抽象同一性。根据这个共同属性或抽象同一性，我们可以将事物分门别类，我们可以认识到一类事物。在抽象概念基础之上，经过人类长期实践，经过刻苦的科学研究，我们才能认识到事物的具体同一性，才能认识到事物发展过程中的规律与本质，才能得到关于事物的具体概念。

巴甫洛夫说得好："这种思维，首先创造了人类的一般经验，而最后又创造了科学。"① （重点是我加的）

（5.5）一个具体概念是许许多多的概念所构成的有机联系着的概念总体。

列宁说："河及这条河中的点滴，每一点滴的地位，它与另一些点滴的关系；它与另一些点滴的联系；它的运动方向、速度、运动路线——直的、曲的、圆的等等——向上、向下。运动的总和。概念，作为运动的各个方向，各个点滴（＝事物），各个'细流'等等的总计。"②

列宁用这个生动的比喻，说明了如何由许多概念的点滴，构成具体概念这一条运动的河流。

一个具体概念，即是反映事物的具体同一性，即是反映事物的发展过程，而事物的发展过程又是丰富的、完整的，所以，一个具体概念，也是丰富的、完整的。而一个抽象概念，既然只反映事物的抽象同一性，而没有反映事物发展过程中的差异与变化，所以，一个抽象概念，是贫乏的、偏狭的。

一个具体概念，反映了事物发展过程中的本质与规律，所以，是深刻的。而一个抽象概念，只反映事物的抽象同一性，只反映

---

① 《巴甫洛夫关于两种信号系统的学说》，中国科学院出版，第44页。
② 《黑格尔〈逻辑学〉一书摘要》，第104页。

事物的现象，所以，是肤浅的。

一个具体概念，反映了事物的发展过程，而事物的发展过程是包含着许许多多活生生的联系、过渡、矛盾。所以，一个具体概念中，也包含许许多多活生生的联系、过渡、矛盾；所以，一个具体概念，是在运动着的，是亦此亦彼。一个抽象概念，只反映事物的抽象同一性，而没有反映事物过程中的差异与变化。所以，一个抽象概念，就没有包含活生生的联系、过渡、矛盾；所以，一个抽象概念，是死的，是静止的，没有运动的，像幽灵一样，是非此即彼。

很多人不了解一个具体概念中包含着许许多多联系、过渡、矛盾这一马克思主义的理论，所以，下面还要说明一下。

一个具体概念，是一个由许许多多的概念所构成的有机联系着的概念总体，具体概念如实地反映了事物的发展过程。

在客观事物发展过程中，这一规定或属性是与另一规定或属性联系着的，因之，在具体概念中，就有与这些规定或属性相应的概念，并且这些相应的概念也就相应地联系着。

例如，在客观存在的资本主义社会发展过程中，资产阶级与无产阶级是客观地联系着的，没有无产阶级就没有资产阶级，没有资产阶级也就没有无产阶级。在反映资本主义社会发展过程的具体概念中，资产阶级这个概念也就与无产阶级这个概念同样的联系着。资产阶级这个概念的内容，就是占有生产资料、剥削雇佣工人所创造的剩余价值的人群，所以，资产阶级这个概念，就与作为雇佣工人的无产阶级这个概念有联系；同样，无产阶级这个概念，也与资产阶级这个概念有联系。

在客观事物发展过程中，这一规定或属性要过渡到另一规定或属性。因之，在具体概念中，就有与这些规定或属性相应的概念，并且这些相应的概念也就有相应的过渡。

例如，在客观存在的商品价值形态的发展过程中，首先由一物与另一物的交换，一物通过另一等价物而将它的价值表现出来；后来过渡到一物与多物交换，一物的价值通过许多等价物而将它的价值表现出来；又后来商品脱离了直接交换，一切商品都首先与一确定的等价物交换，即是多物与一确定的等价物交换，最后过渡到通过货币交换。

在反映商品价值发展过程的具体概念中，即价值这个具体概念中，相应的概念就表现相应的过渡。简单价值形态这个概念，就要过渡到扩大的价值形式这个概念，又过渡到一般的价值形式这个概念，最后过渡到货币价值形式这个概念。

具体概念的过渡如实地反映了客观事物的过渡，这就表明了思维的过程与客观事物的过程的一致性，这就表明了逻辑方法与历史方法的一致性。

在客观事物发展过程中，存在着许许多多的矛盾，因之，在具体概念中，也就要表现出这些矛盾。马克思主义认为："客观矛盾反映人主观的思想，组成了概念的矛盾运动。"① 就是这个意思。

例如，在客观存在的资本主义社会的发展过程中，存在着资产阶级与无产阶级的矛盾，这个矛盾反映在资本主义社会这个具体概念中，便形成概念方面的矛盾。这个概念方面的矛盾，就表现于下面这些概念：资产阶级剥削无产阶级，随着资本主义社会之发展，资产阶级对无产阶级之剥削日益残酷化。无产阶级反抗资产阶级，开头采取经济斗争的方式；后来随着无产阶级的日益赤贫化，随着无产阶级之日益壮大与日益觉悟，最后奋起革命，消灭资产阶级。

具体概念反映客观事物的矛盾而形成的概念方面的矛盾，并

---

① 《黑格尔〈逻辑学〉一书摘要》，第162页；《毛泽东选集》，第772页。

不是形式逻辑所说的逻辑矛盾；并不是"玫瑰不是玫瑰"，或"资产阶级不是资产阶级"或"无产阶级不是无产阶级"这种矛盾。

具体概念，反映事物的运动、变化、发展的过程；在事物的运动、变化、发展过程中，一属性要转变为另一属性，一事物要转变为另一事物。所以，马克思说："辩证法在现存事物的肯定的理解中，包含着否定的理解。"[①] 恩格斯说："每一确定或规定，同时是一否定。"[②] "辩证法不知道什么绝对分明的界线，不知道什么无条件的普遍有效的非此即彼，它使固定的形而上学的差异互相过渡，除了非此即彼，又在适当的地方承认亦此亦彼，并且把对立的东西调和起来。"[③]

（5.6）上面说过，具体概念反映事物的发展过程，但是，具体概念并非反映事物发展过程中的一切一切；并不是反映事物发展过程中无限杂多的特殊性偶然性，而是通过特殊性偶然性进到反映事物发展过程中的具体普遍性具体必然性；并不是反映事物发展过程中的无限丰富的现象，而是通过现象进到反映事物发展过程中的规律、本质与内在矛盾。

一个事物发展过程中的特殊性偶然性与现象，是我们不可能都加以认识的。小小的一粒豆荚，在它的发展过程，就有无限多的特殊性偶然性因素，就有无限丰富的现象。这是一方面。另一方面，这也是不必要的。我们认识了事物发展过程中的规律、本质与内在矛盾，我们也就基本上认识了事物的发展过程。

具体概念也不能一下就反映了事物发展过程中的全部的规律、本质与内在矛盾。具体概念本身也是一个发展过程。在一个事物发展过程中，有无限丰富错综复杂的规律性。具体概念对事物发

① 《资本论·跋》，第 18 页。
② 《反杜林论》，第 173 页，德文 1953 年柏林版第 174 页。
③ 《自然辩证法》，第 175 页。

展过程中的规律性的反映，是由简单到复杂、由部分到全体、由肤浅到深刻、由贫乏到丰富的过程。具体概念的日益丰富深刻的发展过程，也就是具体概念的日益具体化的发展过程，是永远不会终止的。

列宁说："认识是对自然的反映。但是，不是单纯的，不是直接的，不是总体的反映，而是一系列的抽象，定式化，概念和规律等等的形成过程，这些概念和规律等等（思维，科学＝"逻辑的理念"）是有条件地，近似地把握永久运动着和发展着的自然的普遍的规律性。……人不能完全地把握＝反映＝描出全部自然，它的"直接的总体性"；他创造出抽象、概念、规律、科学的世界图画等等，只能永久地接近于自然。"① 列宁此地对于整个的认识所说的，也可以同样地应用于认识一个事物发展过程的具体概念。

具体概念是一个日益具体的发展过程。具体概念日益具体，它就能日益正确地反映客观事物。具体概念虽然不能一下就完全反映客观事物，但它的发展倾向却是日益真实地接近于客观事物。

所以，列宁说："人的概念……在整体中，在过程中，在总计中，在倾向中，在泉源中却是客观的。"② "……认识与行动的过程把抽象的概念变为完备的客观性。"③

（5.7）讲到这里，也许有些同志就忍不住要起来反驳了。这些同志也许会说：列宁说过："概念发生自本质。"④ 列宁不是指出一切概念都反映事物的本质、规律吗？

我们的答复：没有，列宁没有说过一切或任何概念都反映事

---

① 《黑格尔〈逻辑学〉一书摘要》，第 146 页。
② 同上书，第 175 页。
③ 同上书，第 161 页。
④ 同上书，第 140 页。

物的本质、规律。

我们首先应当分别:"只有概念才反映事物的本质与规律"与"所有或一切或任何概念都反映事物的本质与规律"是两个不相同的断定。列宁无疑地是指出了:只有概念才反映事物的本质与规律,但列宁却从未说过:所有或一切或任何概念都反映事物的本质与规律。

我们要了解马克思经典著作的精神实质,我们就应当具体研究经典著作。列宁这些话出自他的黑格尔逻辑学笔记。黑格尔在他的逻辑学中用概念这个语词而又不附加任何说明时,他是指具体概念,而不是指抽象概念。而且上面这些话,都出自列宁关于黑格尔逻辑的概念阶段那段的笔记。这就无疑地说明列宁这里所说的概念,是沿用了黑格尔的原意。"概念发生自本质,而本质发生自存在",这句话是列宁引用黑格尔的原文,虽然列宁没有加上引号。很显然这里是指具体概念,而不是指抽象概念。

既然列宁这里所说的概念,只是具体概念,而不是抽象概念,那么,说列宁指出一切或所有或任何概念都反映事物的本质、规律,就是对列宁原意的歪曲。

这些同志也许又会说:毛泽东同志在实践论中不是说过凡是概念都反映事物的本质么?

我们的答复:不是的,毛泽东同志所说的不是这个意思。关于这点,在(8)那段中我们还要谈到。

6. 概念发展的具体过程

(6.1)我们前面已经说明了抽象概念与具体概念的性质及其区别,并在原则上说明由抽象概念到具体概念的发展。现在我们要根据马克思主义这些原则,更进一步来阐明概念发展的具体过程,由抽象概念发展到具体概念的具体过程。

　　每一个概念都有它一定的内容，我们要揭示一个概念的内容以及要分别两个概念内容的不同，我们必须借助于判断。

　　一个没有学过马克思主义的人，有一个关于人的概念；一个学过马克思主义的人，也有一个关于人的概念。我们要知道这两个关于人的概念有什么内容，有什么不同，我们就得问："人是什么？"前者也许会说："人是两足无毛的动物"；后者会说："人是能劳动的动物……"这样，他们关于人的概念的内容，便用相应的判断表示出来了。

　　具体概念，上面（5）那段中已经说过，是反映事物发展过程的规律，而反映规律的思想形式就是判断，所以，具体概念的内容，必包含判断。还不只此。具体概念，除反映事物的这一条规律或那一条规律外，还要反映事物的许多规律构成的总体。事物的许多规律所构成的总体，在思想上的反映，便是许多判断所构成的有机的判断系统。由有机联系的判断中之一个或几个过渡到其他，就是推理。所以，具体概念的内容中，还包含着判断系统，还包含着推理。

　　概念的内容中包含着判断、判断系统与推理，初听起来似乎有些奇怪。其实，一点也不奇怪，在我们日常生活，也总是这样说的。我们常说："要了解相对论这个概念，是不太容易的。"这里所说的相对论这个概念，其内容，就是爱因斯坦相对论书中所作的那一大堆判断及其所构成的判断系统与推理。我们常说："马克思主义关于资本主义社会的概念，是极其深刻的，丰富的。"这里所说的关于资本主义社会的概念，其内容就是马克思在三千页左右的《资本论》书中所作的那一大堆判断及其所构成的判断系统与推理，还加上列宁斯大林关于资本主义社会所作的那一大堆判断及其所构成的判断系统与推理。

　　因此，我们要表示概念发展的具体过程，要表示由抽象概念到具体概念的具体发展过程，我们就要用判断以及由判断所构成的判断系统与推理。

亚里士多德认为一个真实定义，就是一个压缩的证明或一个压缩的科学的推理。黑格尔认为一个具体概念的展开，就是判断与推理。在他们这些看法中，是闪耀着极其精辟的见解的。

马克思认为概念的具体，是复多的统一；恩格斯在讲到具体同一性时，举出判断为例；列宁在讲到普遍与特殊的统一时，也以判断为例。这些都绝不是偶然的。

（6.2）人是会运用语言语词的动物，语词又是与概念不可分地联系着。一个正常的会运用语言语词的人，便有许许多多的相应的概念。

一个语词多次与互相类似的个别事物联系地出现，就在我们大脑皮层中形成了一个暂时的联系，从而使我们能从这些类似的个别事物中，抽出它们的某个共同属性，而舍弃其他的属性。这就形成了一个反映这个共同属性的概念。

这样的概念，就是我们所说的抽象概念。

抽象与具体这两个语词，在历史上有许多歧义，为了避免混淆起见，这里加以简单的说明。

黑格尔常说：（甲）具体概念是最抽象的，也是最具体的。黑格尔又说：（乙）感觉是最具体的，但又是最抽象的，或知性的概念是抽象的。在（甲）中所谓抽象，是指经过抽象作用形成的，目不能见手不能触的。在（乙）中所谓抽象，是指孤立片面的、贫乏肤浅的、抽象同一性的……在（甲）中所谓具体，是指全面的、整体的、丰富的、具体同一性的……在（乙）中所谓具体，是指用目能见、用手能触的……

黑格尔所说的抽象概念的抽象，是（乙）中所说的抽象，而不是（甲）中所说的抽象。黑格尔所说的具体概念的具体，是

（甲）中所说的具体，而不是（乙）中所说的具体。即是说，抽象概念，就是孤立片面、贫乏肤浅、表示抽象同一性……的概念；具体概念，就是全面的、整体的、丰富的、表示具体同一性的……概念。

一般心理学中所说的抽象，是指经过抽象作用形成的，目不能见手不能触的；一般心理学中所说的具体，是指用目能看用手能触的东西。

形式逻辑中也提出抽象概念与具体概念（或抽象语词与具体语词）的分别。形式逻辑家关于这个问题的意见，不是完全一致的。但是，大多数形式逻辑家都把抽象概念了解为表示属性的概念，例如，人性，正义；而把具体概念了解为表示事物的概念，例如，人，正义的行为。

很显然，黑格尔所说的抽象概念与具体概念，不是一般心理学中所说的那种抽象与具体，也不是形式逻辑中所说的抽象概念与具体概念。

马克思主义所说的抽象概念与具体概念，是在唯物主义的观点上批判地吸取了黑格尔的用法。

因之，本文中所说的抽象概念，就是孤立片面、贫乏肤浅……的概念，就是反映抽象同一性的概念；本文中所说的具体概念，就是全面的、整体的、丰富的……概念，就是反映具体同一性的概念。

抽象概念，虽是孤立片面、贫乏肤浅的概念，虽是反映抽象同一性的概念，但是，它却是概念发展过程中必要的初级阶段。

（6.3）属性与事物不可分，属性是事物的属性，事物是有属性的事物。抽象概念反映事物的某个共同属性，通过抽象概念，我们就将具有这个共同属性的个别事物归为一类。因此，抽象概念在反映事物的这个共同属性的同时，也反映了具有这个共同属性的那一类事物。

抽象概念反映一类事物，由抽象概念到具体概念的发展过程，也就是对一类事物认识的深化过程。

现在让我们来研究客观世界上的某一类事物，为了以后说话方便起见，我们将这类事物叫做 O 类事物。

O 类事物是由许许多多的个别事物组成的。O 类中每一个个别事物都是一个发展过程，O 类事物也是一类共同的发展过程。[①]

对于 O 类事物，我们首先获得一个抽象概念。这个抽象概念反映 O 类事物的某个或某些共同属性，而这个或这些共同属性总是在我们实践过程中最容易认识的属性。

为了以后说话方便起见，我们将关于 O 类事物的抽象概念所反映的那个共同属性叫做 B^K。

O 类事物的发展过程，是有极其丰富的内容的。O 类事物不仅有许多孤零零的共同属性，而且还有许多共同属性之间的联系，而且许许多多的联系之间又是有机地联系着。O 类事物的发展过程，是一个由许许多多联系所构成的有机总体。但是，当我们对 O 类事物只有一个抽象概念时，O 类事物，就我们此时的概念认识说，却只是具有共同属性 B^K 的一类事物；每个属于 O 类的个别事物，就我们此时的概念认识说，却只是一个具有属性 B^K 的事物。

当我们对于 O 类事物获得了一个抽象概念以后，我们的认识并不停止；我们以 B^K 为识别 O 类事物之标识，还要进而加深对 O 类事物的认识。在实践过程中，我们就进而发现：在 O 类的

---

① O 类事物可以是资本主义社会这样一类事物，也可以是像细胞这样一类事物。O 类事物的发展过程可以很长，也可以很短。

一类事物，在一般情形下，是由许多个别事物构成的；但在特别的情形下，一类事物也可以只具有一个个别事物。

某一事物（即是某一个具有 B^K 的事物）的发展过程中，某一属性与另一属性有某种联系。

这种联系在我们思维中的反映，便是一个判断，这一判断具有下面的形式：

某一 S是 P（用 S 表示判断中的主项，用 P 表示判断中的宾项）。

这时我们对 O 类事物的认识，就比较丰富些了。

就客观事物说，这时我们的认识，就不只是反映一个孤零零的 B^K，而是反映 O 类中某一事物（即某一有 B^K 的事物）在其发展过程中某一属性与另一属性的联系。就主观思维形式说，这时我们的认识，就不是具有一个孤零零的概念，而是具有了一个有"某一 S是 P"这样形式的判断了。

我们对于 O 类事物的认识，还要继续前进。在实践基础上，我们进一步发现：O 类的某些事物在其发展过程中某一属性与另一属性有联系。这种联系，反映在思想上，便是一个具有下面形式的判断：

某些 S是 P。

就客观事物说，这时我们的认识，是反映了 O 类中某些事物在其发展过程中某一属性与另一属性的联系。就主观思维形式说，这时我们的认识，已具有了一个有"某些 S是 P"这样形式的判断了。

到这时为止，我们对于 O 类的认识，虽然已经丰富了些，但是，我们关于 O 类事物的概念，却仍然没有变化。我们虽然已经认识到某一或某些 O 类事物有某种联系，但是，这些联系，对于 O 类事物来说，仍然是特殊性的，还不是普遍性的。而我们对于 O 类事物的概念，总是要反映 O 类事物的普遍性。到此时为止，我们所认识到的 O 类事物的普遍性，仍然还只是一个 B^K，所以，到这时为止，我们对 O 类事物的概念，仍然是一个抽象概念。

我们对于 O 类事物的认识，还要前进。当我们在长期实践过程发现：我们所观察到的 O 类中的一切事物，在其发展过程中，都存在着某种联系时，我们便会自觉地或不自觉地运用一般的归纳方法，断定所有或一切 O 类事物在其发展过程中都有这种联系。

这样，我们便在思想上得到一个具有下面形式的判断：

所有 S 都是 P。

这时我们对于 O 类事物的概念，变得较为丰富较为深刻了。我们除认识 O 类事物的共同属性 B^K 以外，我们还认识到 O 类事物其他的共同属性，还认识到两个不同的属性之间的普遍性联系。

这时我们对 O 类事物的认识，已由抽象概念跃进到具体概念。但是，对于 O 类事物的具体概念，也是一个日益深化的过程。这时我们对 O 类事物的认识，虽已进到具体概念的阶段，但是，相对于具体概念发展的全过程说，此时我们所获得的具体概念，仍然是不够丰富深刻的。所以，我们将此时对 O 类事物的具体概念叫做初步的具体概念。

就客观事物说，初步的具体概念已经不是只反映一个孤零零的共同属性 B^K，而是反映一切 O 类事物在其发展过程中的两个不同的属性之间的普遍性联系了。就主观思维形式说，初步的具体概念已经不是只具有一个孤零零的概念，而是具有一个有"所有 S 都是 P"这样形式的判断了。

由关于 O 类事物的抽象概念跃进到初步的具体概念，是认识过程中的质变。这个质变使我们由直接经验知识跃进到科学知识。

当我们断定 O 类事物有某种普遍性联系，并经事实进一步证实以后，我们对 O 类的认识还要继续前进。我们还要研究是否只有 O 类事物具有此种联系，我们还要找寻 O 类所独有的那种普遍性联系。

经过长期实践，经过艰苦的研究，我们发现 O 类所独有的某种普遍性联系，此种联系在思想上的反映便是具有下面形式的判断：

所有而且只有 S 是 P，

或者

所有 S 就是所有 P。

就客观事物说，这时的概念是反映 O 类事物在其发展过程中所独有的某种普遍性联系；就主观思维形式说，这时的概念具有了有"所有 S 就是所有 P"这样形式的判断。

仅就两个属性的联系说，"所有 S 就是所有 P"所表示的联系，就是联系的最高形式了。仅就一个简单的判断说，"所有 S 就是所有 P"这个形式，就是判断的最高形式了。

这时我们对于 O 类事物的认识，虽然比较丰富深刻些了，但是，仍然是一个初步的具体概念。

但是，我们对于 O 类事物的认识，还是要继续前进。

O 类事物在其发展过程中，不只这一属性与另一属性有联系，这一属性要过渡到另一属性，而且这一联系又与另一联系有联系，这一联系又要过渡到另一联系，O 类事物的发展过程，是一个有着各种各样联系的有机总体。因之，我们在认识到 O 类事物发展过程中这一普遍性联系或那一普遍性联系之后，我们还要根据对这些普遍性联系的认识，在新的实践的基础之上，应用严格的科学方法（其中包括了自觉地或不自觉地应用了唯物辩证法，……归纳与演绎统一的方法），进而得到一个新的认识。这样，就将新获得的认识与已有的认识，一步一步地组成一个有机的总体。这样，就上升到认识 O 类事物发展过程中各种联系的有机总体。

这样，我们便又得到一个丰富深刻的具体概念。

由关于O类事物的初步的具体概念发展到丰富深刻的具体概念，也是认识过程中的质变。这个质变使我们由日常的科学知识，前进到严格的系统的科学知识。

就客观事物说，丰富深刻的具体概念，已经不只是反映O类事物发展过程中的这一普遍性联系或那一普遍性联系，而是反映O类事物发展过程的许多普遍性联系的有机总体。就主观思维形式说，丰富深刻的具体概念，已经不只是具有这一个普遍性判断或那一个普遍性判断，而是具有许许多多普遍性判断所构成的判断系统与推理了。

当我们关于O类事物得到一个丰富深刻的具体概念以后，是不是我们对O类事物的认识已经达到终点了？没有，我们对O类事物的认识，在有限的时间内，是永远也不会达到终点的。

O类事物的发展过程，是无限丰富的。首先，O类事物在发展过程中就有无限多的普遍性联系，这些无限多的普遍性联系之间又有无限多的普遍性联系；在有限的时间之内，我们是不能完全认识这些联系的。其次，O类事物又包含着许多低类，低类又包含着低类，最后包含O类的许多个别事物。一条或几条O类事物的普遍性联系，在O类的低类的特殊情况之下，又有特殊的表现；这样，一直下去。最后，O类的个别事物，在它的特殊的时间、地点、条件之下，又用特殊的方式表现O类的普遍性联系。由对特殊性联系的认识跃进到对普遍性联系的认识，又以普遍性联系的认识为指导，反回去认识普遍性联系在各种各样特殊性联系情况下的特殊表现，这样就一步一步地深化了与丰富了我们对普遍性联系的认识。这是一个无穷的循环往复的过程。因之，即是仅就有限的几条普遍性联系说，我们也不能在有限的时间以内认识它们的无限丰富内容。

因之，当我们获得一个关于 O 类事物的丰富深刻的具体概念以后，我们对于 O 类事物的认识还要无终止地继续前进，还要得到更丰富深刻的具体概念，它反映 O 类事物发展过程的更丰富深刻的普遍性联系的有机总体。

在这里，我们还要说明几点：

对于 O 类事物的概念的发展过程，是一个连续的过程。任何两个阶段之间，都有其过渡的阶段，也都有交融的情形。同时，在任何一个阶段中，也还可以分出许多小的阶段。我们在本段中，只划出概念发展的重要的阶段。

我们对 O 类事物的认识，总是同时认识它的许多个联系或许多方面的联系。当我们对某些联系的认识已经很深刻的时候，很可能我们对于另一些联系的认识，还是非常肤浅。我们对某些联系的深刻认识，与对另一些联系的肤浅认识，常常是错综地交织着。但是，无论如何，对 O 类事物的认识由浅入深的过程，基本上总是像我们所说的那样。

概念有真实的，也有虚假的；对于虚假的概念（如金银山的概念，圆方的概念），就没有发展的问题。因之，我们在引论的注中，就指出了我们所讨论的概念，是真实的概念，我们不考虑虚假概念的问题。但是，即使就真实概念说，在它的发展过程中，仍然有真实性与虚假性问题。认识的任务是要去伪存真。不过，因为本文是集中在讨论概念发展的两个主要阶段，而不是讨论概念发展的全部问题，所以，我们在叙述概念发展过程时，就略去了去伪存真的问题。

对于抽象概念、初步的具体概念与丰富深刻的具体概念的性质，以及由前者到后者的发展，我们在这里只作了一个总的说明。以下我们还要就普遍性、必然性、同一性、本质与规律、思维形式……等等方面分别地予以说明。

（6.4）由普遍性方面来说明概念发展的具体过程。

抽象概念只反映 O 类事物的某个共同属性 B^K；抽象概念没有反映 O 类事物发展过程中两个不同属性的联系，所以，抽象概念是反映抽象普遍性。

也许有人会说：B^K 是 O 类事物的共同属性，那么，B^K 是普遍于 O 类事物的；这不就是表示 B^K 与 O 类事物有一种联系么？

这种说法是错误的。当我们对于 O 类事物的概念还停留在抽象概念时，O 类事物，在我们概念中的反映，仅仅是那个共同属性 B^K。O 类事物，相对于我们这时的概念认识说，也仅仅是一类有 B^K 共同属性的事物，除此以外，并无别的。所以，当我们对于 O 类事物的概念还停留在抽象概念时，所谓 B^K 普遍于 O 类事物，也只是 B^K 普遍于 B^K 自身，所谓 B^K 与 O 类事物的联系，也只是 B^K 与 B^K 自身的联系。B^K 普遍于 B^K 自身；B^K 与 B^K 自身的联系，仍然是一个孤零零、空洞洞的 B^K，仍然不是两个不同属性间的联系。

当我们的认识，在抽象概念基础之上，前进到具有一个有"某一 S 是 P"这样形式的判断时，我们对于 O 类事物的认识，就不只是 B^K 了。这时我们已经认识到 O 类的某一事物在其发展过程中所具有的两个不同属性的联系。

一方面，这种联系是 O 类某一事物在其发展过程中的活生生的具体联系；另一方面，这种联系，对于 O 类事物来说，又不是普遍性的联系，而是特殊性的联系。所以，我们说，我们这时的认识，是反映了具体特殊性。

同理，当我们的认识，在抽象概念的基础之上，更前进到具有一个有"某些 S 是 P"这样形式的判断时，我们的认识也是反映了具体特殊性，不过，是较为丰富些的具体特殊性而已。

当我们对 O 类的认识，在抽象概念的基础之上，跃进到初步的具体概念时，情况就大不相同了。初步的具体概念，一方面，是反映O类事物在其发展过程中的活生生的具体联系；另一方面，初步的具体概念，又是反映O类一切事物都具有的联系或特有的联系，又是反映O类事物的普遍性联系或特有的普遍性联系。所以，我们说，初步的具体概念是反映具体普遍性。

但是，初步的具体概念还只是反映初浅的具体普遍性。

当我们的认识，在初步的具体概念的基础之上，前进到丰富深刻的具体概念时，我们对O类事物的认识，就丰富深刻了。

丰富深刻的具体概念不只反映O类事物的这一普遍性的具体联系，或那一普遍性的具体联系，而是反映了O类事物在其发展过程中各种各样的普遍性联系的有机总体。所以，我们说，丰富深刻的具体概念是反映丰富深刻的具体普遍性。

更丰富深刻的具体概念是反映更丰富深刻的具体普遍性。

所以，我们对于O类的概念的具体发展过程，由普遍性方面看，是由反映抽象普遍性，通过对于具体特殊性的认识，跃进到反映初浅的具体普遍性，再进到反映丰富深刻的具体普遍性，更进到反映更丰富深刻的具体普遍性。

（6.5）由必然性方面来说明概念发展的具体过程。

抽象概念只反映O类事物的某个共同属性B^K，抽象概念没有反映O类事物在其发展过程中两个不同属性的具体联系；当然，抽象概念就没有反映事物发展过程中两个不同属性的具体联系所具有的必然性。

如果说抽象概念反映一种必然性的话，那么，抽象概念只是反映B^K必然是B^K这种必然性。

自身必然是自身的必然性，是抽象必然性，所以，抽象概念反映抽象必然性。

也许有人又会说：O类事物必然有B^K，这不是表示两个不同属性的必然性联系么？

应当记住：当我们对于 O 类事物的认识还是只有一个抽象概念时，O 类事物在我们概念中的反映，还只是有 B^K 的事物，除此以外，没有别的。O 类事物必然有 B^K，对于我们这时的概念认识说，就只是等于：有 B^K 的事物必然有 B^K，也即是说，B^K 必然是 B^K。

当我们的认识，在抽象概念的基础之上，前进到具有一个有"某一 S 是 P"这样形式的判断时，我们对于 O 类事物的认识，就不只是反映一个 B^K 了，这时我们已经认识到 O 类的某一事物发展过程中的两个不同属性的联系。

这种联系，一方面，是 O 类某一事物在其发展过程中所具有的活生生的具体联系；另一方面，由于这种联系只是 O 类的某一事物所具有的；所以，这种联系，对于 O 类事物来说，只是一种偶然性的联系。某一个人或某些人活到二百岁，对于人类来说，只是一种偶然性，而不是必然性。

由于我们这时对 O 类事物的认识，一方面反映了事物在其发展过程中的具体联系，另一方面这种联系，又是偶然性的，所以，我们说：我们这时对 O 类事物的认识，是反映具体偶然性。

同理，当我们对 O 类事物的认识，在抽象概念基础之上，又前进到具有一个有"某些 S 是 P"这样形式的判断时，我们的认识，也是反映具体偶然性，只不过是较为丰富些的具体偶然性而已。

当我们对 O 类事物的认识，在抽象概念的基础之上，跃进到初步的具体概念时，情形就大不相同了。一方面，初步的具体概念反映 O 类事物在其发展过程中活生生的具体联系，另一方面，这种联系，对于 O 类事物来说，又是必然性的联系。所有人都会死，就是表示人必然会死，就是表示人与会死间的必然联系。

由于初步的具体概念，一方面，是反映事物在其发展过程中的具体联系；另一方面，这种联系又是必然性的；所以，我们说：初步的具体概念是反映具体必然性。

初步的具体概念，还只是反映初浅的具体必然性。

当我们的认识，在初步的具体概念的基础之上，更前进到丰富深刻的具体概念时，我们对 O 类事物的认识就丰富深刻了。

丰富深刻的具体概念，不只反映 O 类事物的这一必然性的具体联系，或那一必然性的具体联系，而是反映了 O 类事物在其发展过程中各种各样的必然性的具体联系的有机总体。所以，我们说：丰富深刻的具体概念是反映丰富深刻的具体必然性。

更丰富深刻的具体概念反映更丰富深刻的具体必然性。

所以，我们对于 O 类事物的概念的具体发展过程，由必然性方面看，是由反映抽象必然性，通过对于具体偶然性的认识，跃进到反映初浅的具体必然性，再进到反映丰富深刻的必然性，更进到反映更丰富深刻的具体必然性。

（6.6）由同一性方面来说明概念发展的具体过程。

抽象概念，只反映 O 类事物的某个共同属性 B^K，还没有反映两个不同属性的联系。B^K 与 B^K 自己是同一的；但是，这种同一性，只是自己与自己同一，不是包含着差异的同一。这种同一性，是抽象同一性。

抽象概念反映抽象同一性。

我们的认识，在抽象概念基础之上，通过一段对特殊性与偶然性联系的认识的过渡，便跃进到初步的具体概念。

初步的具体概念是反映两个不同属性的普遍性与必然性联系，初步的具体概念的内容中具有"所有 S 都是 P"这样的判断或具有"所有 S 就是所有 P"这样形式的判断。

一方面，S 与 P 是两个不同属性，这是 S 与 P 的差异性；另一方面，所有 S 又都是 P，这是 S 与 P 的同一性。因之，所有 S 都是 P 或所有 S 就是所有 P，是包含着差异的同一性，是复多的同一性，包含着差异的同一性、复多的同一性，就是具体同一性。

所以，初步的具体概念是反映具体同一性，但是，还只是反映初浅的具体同一性。

我们的认识还要发展到丰富深刻的具体概念。丰富深刻的具体概念，不是反映这一普遍性与必然性联系或那一普遍性与必然性联系，而是反映许许多多普遍性与必然性联系所构成的有机总体，因而，丰富深刻的具体概念是反映丰富深刻的具体同一性。

更丰富深刻的具体概念是反映更丰富深刻的具体同一性。

所以，我们对 O 类事物的概念的具体发展过程，由同一性方面看，是由反映抽象同一性，经过一段对特殊性与偶然性联系的认识，跃进到反映初浅的具体同一性，再进到反映丰富深刻的具体同一性，更进到反映更丰富深刻的具体同一性。

（6.7）由事物的本质与规律方面来说明概念发展的具体过程。

抽象概念只反映 O 类事物的某个共同属性 B^K。抽象概念只反映抽象普遍性、抽象必然性与抽象同一性。认识到抽象普遍性、抽象必然性与抽象同一性，不是认识事物的本质与规律，而只是认识事物的现象。

当我们对 O 类事物的认识，在抽象概念基础之上，前进到具有一个有"某一 S 是 P"这样形式的判断时，我们对 O 类事物的认识，就不只是反映一个抽象普遍性、抽象必然性与抽象同一性了，而是反映了 O 类的某一事物在其发展过程中的具体联系。上面说过，这种联系，是 O 类事物发展过程中的特殊性与偶然性的联系。O 类事物发展过程中的特殊性与偶然性的联系，是 O 类事物的现象。

所以，当我们的认识前进到具有一个有"某一 S 是 P"这样形式的判断时，我们的认识，是反映事物的现象。

同理，当我们的认识，在抽象概念基础之上，又进到具有一个有"某些 S 是 P"这样形式的判断时，我们的认识，也是反映事物的现象，不过是较为丰富些的现象而已。

当我们对 O 类事物的认识，在抽象概念基础之上，跃进到初步的具体概念时，情形就大不相同了。初步的具体概念是反映 O 类事物的发展过程中的普遍性与必然性联系。由 (4.4)、(4.5) 的讨论，我们知道，事物发展过程中普遍性与必然性联系，就是事物的规律，也就是事物的本质。

所以，初步的具体概念是反映事物的本质与规律。

但是，初步的具体概念，都还只是反映初浅的事物的本质与规律。

当我们的认识，在初步的具体概念的基础之上，更前进到丰富深刻的具体概念时，我们就认识到 O 类事物的丰富深刻的本质与规律了。

丰富深刻的具体概念，是反映丰富深刻的事物的本质与规律了。

更丰富深刻的具体概念，反映更丰富深刻的事物的本质与规律。

所以，我们对于 O 类事物的概念的具体发展过程，由事物的本质与规律方面看，是由反映事物的现象，跃进到反映初浅的事物的本质与规律，再进到反映丰富的、深刻的事物的本质与规律，更进到反映更丰富、更深刻的事物的本质与规律。

事物的本质与规律有无限丰富的内容。我们对于无限丰富的事物的本质与规律的认识，也是一个无限的过程，这就是列宁所说的："从现象到本质，从比较不深刻的本质到比较深刻的本质的深入的无限过程。"①

（6.8）由思维形式方面来说明概念发展的具体过程。

抽象概念只是反映一个孤零零的 B^K。抽象概念只是一个孤零零的概念，除此之外，它没有别的。

我们对 O 类的认识向前发展，于是便具有一个有"某一 S 是 P"这样形式的判断。有"某一 S 是 P"这样形式的判断，是一个独称判断。

我们对 O 类事物的认识再向前发展，于是便具有一个有"某些 S 是 P"这样形式的判断。有"某些 S 是 P"这样形式的判断，是一个特称判断。

我们对 O 类事物的认识，向前跃进到初步的具体概念。初步的具体概念的内容，是一个有"所有 S 都是 P"或"所有 S 就是所有 P"这样形式的判断。有"所有 S 都是 P"这样形式的判断，是一个全称判断。有"所有 S 就是所有 P"这样形式的判断，是一个严格的全称判断。

我们的认识，还要前进到丰富深刻的具体概念。

丰富深刻的具体概念的内容是一个由全称判断或严格的全称判断所构成的判断系统。这里面有判断到判断的过渡。判断到判断的过渡，就是推理。在丰富深刻的具体概念的内容中，就存在着判断系统推理的思维形式。②

更丰富深刻的具体概念的内容，是一个更丰富深刻的由全称判断或严格的全称判断所构成的判断系统。在这里也同样存在着推理的思维形式。

所以，我们对 O 类事物的概念的具体发展过程，由思维的具体形式看，是由只具有概念的思维形式，通过具有独称判断与特

---

① 列宁：《黑格尔〈逻辑学〉一书摘要》，第 191 页。
② 这里指的是科学的推理。

称判断思维形式的认识，跃进到具有全称判断与严格的全称判断的思维形式，更进到具有一个由许多全称判断或严格的全称判断所构成的判断系统与推理的思维形式。

一个抽象概念，在对客观事物的认识过程中，便会发展成为判断，又由低级的判断发展成为高级的判断，再发展成为判断与推理的系统。而一个具体概念的内容，就是一个全称判断或严格的全称判断或由它们所构成的判断与推理系统，就在这个意义下，我们说具体概念是由抽象概念一步一步构成的有机整体。

(6.9) 马克思主义认为概念的发展是一个无穷的过程，在这个过程中，就有许多阶段。前一阶段的概念，是后一阶段的概念的基础，后一阶段的概念，否定了或扬弃了前一阶段的概念，是前一阶段的概念的发展；前一阶段的概念，对于后一阶段的概念说，是较贫乏的，较肤浅的，较片面的；后一阶段的概念，对于前一阶段的概念说，是较丰富的，较深刻的，较全面的。

就在这个意义下，前一阶段的概念，对于后一阶段的概念来说，是较抽象的；后一阶段的概念，对于前一阶段的概念来说，是较具体的。所以，马克思主义认为概念的发展过程是一个由抽象到具体的过程。

虽然概念发展的过程，是一个由抽象逐渐具体的过程，但在概念发展过程中，却可以划出两个主要的阶段，就是抽象概念阶段与具体概念阶段，或说，就是抽象概念与具体概念。

7. 生动直观与抽象思维

(7.1) 列宁说："由生动直观到抽象思维"[1]，这是马克思主义

---

[1]　列宁：《黑格尔〈逻辑学〉一书摘要》，第134页。

认识论的原理。

但是，不少同志却将这句话误解了。

不少同志心里想：概念既然是抽象思维的形式，那么，任何认识，只要有概念、判断或推理参加，就应当是抽象思维了；那么，只有没有概念参加的认识，才是生动直观。

这显然是不正确的。

除了婴孩时期与一些特殊情形外，人的一切认识，都是有第二信号系统参加的，都是有概念参加的，都是有抽象思维成分参加的。如果一有概念参加的认识，就都是抽象思维而不是生动直观了，那么，除了婴孩时期与一些特殊情形外，人就没有生动直观，人只能有抽象思维。这样，列宁所说的"由生动直观到抽象思维"这个认识中的质变，只能是由婴孩时期到儿童或成人认识中的质变，而不能是成人认识中的质变，而不能是成人的认识由直接经验知识到科学知识的质变。

列宁说："黑格尔反对康德，本质上是完全正确的。从具体的东西，上升到抽象的东西，思维不是离开——如果它是正确的（注意）（而康德像一切哲学家一样讲到正确的思维）——真理，而是接近真理。物质的抽象，自然规律的抽象，价值的抽象等等，一句话，一切科学的（正确的、郑重的、不是胡诌的）抽象，都更深刻、更正确、更完全地反映着自然。从生动直观到抽象思维，从思维到实践——这就是认识真理、认识客观实在的辩证法道路。"[1]

黑格尔强调具体概念不是一般人所了解的那种贫乏片面的抽象概念，强调具体概念是客观的；由此黑格尔批评康德——概念虽是知识中的普遍必然因素，但是主观的——这种看法。就是在

---

[1]　列宁：《黑格尔〈逻辑学〉一书摘要》，第134页。

这点上，列宁认为黑格尔反对康德本质上是完全正确的。

由上面所引的列宁这段笔记与它的前后文，以及黑格尔的原文，很明显地我们可以看出列宁所说的抽象思维是获得具体概念、科学概念与科学规律的抽象思维。很显然可以看出列宁所说的由生动直观到抽象思维的质变，是由人的直接经验知识到科学知识的质变，而不是由婴孩到儿童或成人认识的质变，而不是由动物到人认识的质变。

现在让我们结合着（6）段中所讲的概念发展过程，来阐明列宁这个原理。

在我们获得一个关于 O 类事物的具体概念以前，我们的认识中，是有抽象概念、独称判断或特称判断参加，因而是有抽象思维成分参加。例如，当我们只认识到：这是苹果，或这个苹果是黄的，或这些苹果是黄的，这时在我们对苹果的认识中，是有关于苹果的抽象概念、独称判断或特称判断参加。但是，我们这时还没有认识到苹果的规律与本质，还没有获得反映苹果的规律与本质的具体概念或科学概念。

在我们还没有获得关于苹果的具体概念与科学概念以前的认识中，虽然已有抽象概念、独称判断或特称判断参加，已有第二信号系统与抽象思维成分参加，但是，在这时的认识中，我们的感官的直接感知，第一信号系统的活动，仍然起着极其重要的作用；对于这时的认识对象（如这个苹果，这些苹果）我们可以有生动的直观。

因之，在我们还未获得关于某类事物的具体概念或科学概念以前的认识，是属于生动直观的阶段。列宁所说的生动直观，就是指这个阶段的认识。

到了具体概念出现以后的认识，我们所认识的，已经不是某个或某些个别事物而是所有 S 都是 P，或所有 S 就是所有P，…… 而是事物的本质与规律。所有 S 都是 P，……事物的本质与规律，是不能用感官直接感知的，是不能有生动直观的。因此，在具体概念出现以后的认识，就超出了直接感知与生动直观的阶段，而进入抽象思维的阶段。

列宁所说的抽象思维，是指具体概念出现以后的认识。

我们说，在抽象概念出现以后到具体概念出现以前的认识，虽有抽象概念、独称判断或特称判断参加，虽然有抽象思维成分与第二信号系统参加，但仍然是属于生动直观的阶段，也许有些同志会觉得是牵强附会吧。其实，在认识论（不论是唯物主义的或唯心主义的）的用语中，大多数都是类似这样说的。别的哲学家不必谈了，我们只举出黑格尔为例。黑格尔认为他逻辑学中的有阶段，与本质阶段，是相应于心理学中的感觉，直观与表象（Vorstellung）的阶段。黑格尔还明白表示过：在直接的感觉的意识中，需要有质、量这些范畴参加。黑格尔甚至于将一般心理学中所说的清楚或明晰的概念，叫做抽象的表象或主观的表象。

（7.2）与抽象思维有关，很多人对于马克思主义所说的抽象或抽象作用或抽象力，也有不正确的理解。

一个语词，多次与类似的事物联系出现，在我们大脑皮层中便形成一种暂时的联系，这样，我们便能从这些类似的事物中，抽象出它们的某个共同属性。这种依附于语言的刺激的思想抽象或抽象作用或抽象力，我们叫它做语言的抽象。

关于语言的抽象，巴甫洛夫在他的两个信号系统学说中已有了原则性的说明；更具体详尽的说明，有待于有关的科学作进一步具体的研究。但是，无论如何，语言的抽象，是任何一个正常的、会语言的人都具有的，是任何没有严格的科学训练的人都具有的；这点是很明确的。

一个抽象概念的形成是需要、也只需要语言的抽象。

但是，一个具体概念，就不是仅仅凭借语言的抽象便可得到。

一个具体概念，就客观事物方面说，是反映事物的本质与规律；就主观思维形式说，是具有了全称判断或严格的全称判断或由它们所构成的判断与推理系统。因之，要获得一个具体概念，就需要应用一般的归纳方法或严格的科学方法，此外，还需要具备一定程度的有关的具体知识。

我们将具备上述条件的抽象或抽象作用或抽象力，叫做科学的抽象。

一个具体概念的形成，是需要科学的抽象。

科学的抽象是基础于语言的抽象，但又远远地超出了语言的抽象。

科学的抽象，不是任何正常的、会语言的人在任何问题上都能具有的。科学的抽象，只有在大量经验材料的基础之上，在一定程度的科学知识基础之上，运用一般的归纳方法或严格的科学方法，才能得到。

马克思在《资本论》的跋中说："……在经济形态的分析上，既不能用显微镜，也不能用化学反应剂，那必须用抽象力来代替这二者。"①

马克思这里所说的抽象力，是指科学的抽象，而不是语言的抽象。

列宁在他的黑格尔逻辑学笔记中所说的抽象，即由生动直观到抽象思维的那种抽象，也是科学的抽象，而不是语言的抽象。

很多同志在讲到语言在抽象中的作用时，总喜欢引马克思与列宁这些话；这些同志自觉地或不自觉地将马克思与列宁所讲的

---

① 马克思：《资本论》初版序，第 2 页。

抽象等同于语言的抽象，这是很不应当的。

8. 感性认识与理性认识

（8.1）毛泽东同志在他的《实践论》中创造性地阐发了列宁由生动直观到抽象思维的认识论原理，提出了由感性认识到理性认识的理论。我们在这里不拟全面地来阐明这个理论，而只是阐明感性认识与理性认识的基本性质，从而看出概念发展的两个主要阶段。

毛泽东同志的《实践论》这一经典著作，主要是阐明认识与实践的关系，感性认识如何在实践的基础上产生，又如何在实践的基础上，上升到理性认识；最后又由理性认识回到实践。实践论是为了批判当时党内的教条主义与经验主义，尤其是为了批判轻视实践的教条主义而作的，是为了给广大革命干部学习而作的。所以，在实践论中就没有、也毫无必要，去详细讨论感性认识与理性认识的具体内容，去讨论由感性认识如何一步一步地上升到理性认识的具体过程。

但是，毛泽东同志对于感性认识与理性认识的原则性的阐述，却是极其明确的。

毛泽东同志对于感性认识与理性认识的分别，基本上是由两方面来阐明。一方面是从认识的内容与对象，另一方面是从认识的具体形式。

从认识的内容与对象方面，毛泽东同志指出："论理的认识（即理性认识，作者注）所以和感性认识不同，是因为感性的认识是属于事物之片面的，现象的，外部联系的东西，论理的认识则推进了一大步，到达了事物的全体的，本质的，内部联系的东西，到达了暴露周围世界的内在矛盾，因而能在周围世界的总体上，在周围世界一切方面的内部联系上去把握周围世界的发展。"①

毛泽东同志从现象与本质，外部联系与内部联系，片面与全面来分别感性认识与理性认识，是有其深刻的意义的；但是，为了讨论我们目前的问题，我们只要简单的这样说就够了：理性认识是到达了关于事物发展过程的规律与本质的认识，进而是到达了关于丰富深刻的规律与本质的认识；感性认识是还没有到达关于事物发展过程的规律与本质的认识，感性认识只是认识事物的现象。

从认识的具体形式方面，毛泽东同志指出："认识的感性阶段，就是感觉和印象的阶段"，② "概念、判断和推理的阶段，……也就是理性认识的阶段。"③

不少同志将《实践论》中所说的感觉、印象，误解为只有婴孩才具有的、纯属第一信号系统的感觉知觉，又将《实践论》中所说的概念、判断与推理，误解为任何或一切的概念、判断与推理。

这是对《实践论》严重的误解。

毛泽东同志在《实践论》中所说的感觉、印象，是相当于列宁所说的生动直观，不是只有婴孩才具有的、纯属第一信号系统的感觉知觉，而是有第二信号和抽象思维成分参加的成人的感觉知觉。

《实践论》中所说的感觉、印象，毛泽东同志说得明明白白的，就是对事物的现象、外部联系、片面的认识；就是直接经验；就是（唯物主义的）经验论所讲的经验，或感觉经验。这里面有第二信号系统、抽象思维成分参加。

---

① 《毛泽东选集》，第285页。
② 同上书，第284页。
③ 同上书，第285页。

毛泽东同志还举出了初到延安的代表们对共产党的抗日民族统一战线政策的认识；举出了无产阶级在其实践初期对资本主义的认识；举出了中国人民在太平天国那个时期对帝国主义的认识；以及一个刚开始指导战争的人对于战争的认识；毛泽东同志指出这些都是感性认识，难道这些认识能够是纯属第一信号系统的感觉知觉吗？很显然不是的。

《实践论》中所说的概念、判断与推理，明明白白是反映事物的规律、本质的概念、判断与推理。而抽象概念、独称判断、特称判断以及由它们所构成的推理，就不是反映事物的规律与本质的概念、判断与推理。所以，毛泽东在《实践论》中所说的概念、判断与推理，不是抽象概念、独称判断、特称判断以及由它们所构成的推理，而是具体概念、全称判断、严格的全称判断以及由它们所组成的判断系统与推理。

毛泽东同志清清楚楚告诉我们，他所讲的概念，是"深刻的概念"，①也就是列宁所说的科学的概念。他所讲的概念、判断与推理，是"根据于实践基础而科学地改造过的东西"，②（重点是我加的），是"经过思考作用，将丰富的感觉材料加以去粗取精，去伪存真，由此及彼，由表及里的改造制作工夫，造成的概念和理论的系统。"③

从毛泽东同志所讲的感性认识与理性认识的分别来看我们对O类事物的概念的发展，情形就是这样：

关于O类事物的认识，在尚未达到具体概念以前，是只反映O类事物的现象，还没有反映O类事物的规律与本质，还停留在感觉、印象的阶段。因而，在尚未达到具体概念以前的认识，是

①　《毛泽东选集》，第284页。
②　同上书，第290页。
③　同上。

感性认识。

到了具体概念出现以后的认识，就不是反映 O 类事物的现象，而是脱离了感官的直接感知阶段，开始认识到 O 类事物的规律与本质。当我们认识到事物的规律与本质时，理性或理论的活动起着主要的作用。因之，获得具体概念的认识，是理性认识。在我们获得了初步的具体概念时，我们所认识到的是初浅的规律与本质。这时的认识，还是初浅的理性认识。到了我们获得了丰富深刻的具体概念时，我们所认识到的是丰富深刻的规律与本质。这时的认识，是丰富深刻的理性认识。

（8.2）毛泽东同志所讲的感性认识，相当于列宁所讲的生动直观，是列宁所讲的生动直观的创造性的阐发。毛泽东同志所讲的理性认识，相当于列宁所讲的抽象思维，是列宁所讲的抽象思维的创造性的阐发。

但是，我们应当注意：抽象思维有正确的，也有不正确的。列宁所讲的抽象思维，是科学的抽象思维，是正确的抽象思维。因之，我们不能将列宁所讲的抽象思维等同于任何抽象思维，因之，也不能将毛泽东同志所讲的理性认识等同于任何抽象思维。

还有关于两个信号系统的问题。由于在人的生动直观与感性认识中，是有第二信号系统参加的，因之，将第一信号系统与第二信号系统比附于列宁所说的生动直观与抽象思维或比附于毛泽东同志所说的感性认识与理性认识，这是错误的。这是一方面。

但是，另一方面，我们又不可忽略：在生动直观或感性认识中，虽有第二信号系统参加，但是第一信号系统，却是起着极其重要的作用。

9. 语词定义与真实定义

（9.1）两千年以前的亚里士多德，就提出两种定义、即语词定义与真实定义的说法。自此以后，哲学家与逻辑学家在这个问题上，曾进行过不少的论辩。

我们且不去清算在这些论辩中谁是谁非，孰得孰失，我们将相应于本文的需要直接阐明我们的意见。

定义是有两种：一种是语词定义，另一种是真实定义。

按照形式逻辑学中一般的说法，定义是一种特别的判断；这种判断的主项，我们叫它做被定义者。这种判断的宾项，我们叫它做定义者。由被定义者与定义者构成一个定义；被定义者与定义者的外延是相等的。

我们要表达任何思想，或表示任何事物，我们都得用语言，都得用语词。有时，我们还要对语言、语词有所表示，我们也得要用语言、语词。

我们说：人是能创造科学的。这里人这个语词所指的是活生生的人。

我们有时也说：人是两笔。这里人这个语词所指的是人这个语词。

为了避免含混，我们作这样的规定：如果一个语词不是表示别的事物而是表示这个语词自身，那么，我们就在这个语词上面加上‘　’。

现在我们用 D_S 表示被定义者，用 D_P 表示定义者。如果 D_S 这个语词只表示它自身而不表示别的事物的话，我们就将它写成‘D_S’。

语词定义就是这样一个形式：

‘D_S’就是 D_P。

一个语词定义是表明某语词与某属性或有某属性的事物间的关系；具体说，就是，某语词表示某属性或表示有某属性的事物。所以，语词定义的形式，更恰当地表达，应是：

'D$_S$'表示 D$_P$。

'五反'就是反对偷税漏税、反对盗窃国家资财、反对偷工减料、反对盗窃国家经济情报的运动。

或者：

'五反'表示反对偷税漏税、反对盗窃国家资财、反对偷工减料、反对盗窃国家经济情报的运动。

'月食'就是月球失光现象。

或者：

'月食'表示月球失光现象。

这些都是语词定义。

在一个语词定义中，D$_P$ 可以是一个简单的属性（即是说，不是一个包含了两个不同属性的联系的那种属性）或一个有简单属性的事物，但也可以是一个包含了两个不同属性的必然联系的复杂属性或有此复杂属性的事物。

但是，无论如何，我们总可以肯定：

当我们有一个语词定义，而此语词定义的 D$_P$ 又是一个上述意义下的简单属性时，我们就没有认识到一条客观事物的规律。如果说我们认识到一条规律的话，那么，我们只是认识到一条语言或语词方面的规律，而不是此语词所表示的客观事物的规律。

真实定义就是这样一个形式：

D$_S$ 就是 D$_P$。

D$_S$ 与 D$_P$ 必须：一方面，是同一的；而另一方面，又是有差异的。没有同一性，我们就不能说 D$_S$ 就是 D$_P$；没有差异性，我们就不会说 D$_S$ 就是 D$_P$，因为当 D$_S$ 与 D$_P$ 只有同一性而没有差异时，我们说 D$_S$ 就是 D$_P$，那就等于说毫无意义的 A 就是 A 了。D$_S$ 与 D$_P$ 的同一性，就是：凡是 D$_S$ 所表示的事物，都是 D$_P$ 所表示的事物，同时，凡是 D$_P$ 所表示的事物，也都是 D$_S$ 所表示的事物；

D_S 与 D_P 的同一性，就是 D_S 与 D_P 的相称性。D_S 与 D_P 的差异性，就是：D_S 与 D_P 表示两个不同的属性。

所以，一个真实定义是表明：某属性与另一属性间的相称的必然联系。

在一个真实定义中，D_P 也可以是一个上述意义下的简单属性，也可以是一个包含了两个不同属性间的必然联系的复杂属性。

不论 D_P 是一个上述意义下的简单属性也好，或者复杂属性也好，一个真实定义（D_S 就是 D_P）总是表示了两个不同属性间的相称的必然联系。因而，一个真实定义，总是表示了一条客观事物的规律。

一个语词定义的获得，只需要我们前面所说语言的抽象，但是，一个真实定义的获到，却需要我们前面所说的科学的抽象。

（9.2）任何一个概念，不论它是抽象概念或是具体概念，都必然有一个相应的语词定义。

概念总是在语词的基础上产生和存在，一个概念总是反映事物的共同属性或有此共同属性的事物。用与此概念相应的语词作'D_S'，用此概念所反映的共同属性或有此共同属性的事物作 D_P，我们就总可以有一个与此概念相应的语词定义。

但是，并不是任何概念都有一个相应的真实定义。

就客观事物方面说，一个抽象概念，只是反映孤零零的抽象普遍性、抽象必然性、抽象同一性；抽象概念没有反映两个不同属性间的必然联系，还没有反映具体普遍性、具体必然性、具体同一性，还没有反映事物的规律与本质。就主观思维形式说，一个抽象概念，只具有一个孤零零的概念，它的内容中还不具有一个严格的全称判断。

而真实定义，却是反映两个不同属性间的必然联系，却是反映事物的规律与本质；却是一个严格的全称判断。

所以，一个抽象概念，就没有一个相应的真实定义。

与抽象概念不同，初步的具体概念或在初步的具体概念阶段，就客观事物方面说，就反映了两个不同属性间的相称的必然联系，就反映了严格意义下的事物的规律与本质；就主观思维形式说，就具有了一个严格的全称判断。"所有 S 就是所有 P"与"D_S 就是 D_P"的意义是完全相同的，只不过所用的符号有些不同而已。

所以，相应于一个初步的具体概念，就有了一个真实定义。

我们的认识发展到了丰富深刻的具体概念，就客观事物方面说，就反映了许许多多的相称的必然联系，就反映了许许多多的严格意义下的事物的规律；就主观思维形式说，就具有了许许多多的严格的全称判断。

所以，相应于一个丰富深刻的具体概念，就有许许多多的真实定义。

由上面讨论，我们知道一个抽象概念，有、也只有一个相应的语词定义，而一个具体概念，就有、也才有一个或许多相应的真实定义。

所以，由抽象概念到具体概念的发展过程，就定义方面说，就是由语词定义到真实定义的发展过程。

任何一个正常的会用语言的人，都有许多相应的抽象概念，也都有许多相应的语词定义；但是，任何一个正常的会用语言的人，却没有同样多的相应的具体概念，却没有同样多的相应的真实定义。

（9.3）我们许多从事逻辑学工作的同志常常说：所有概念都反映事物的本质。这些同志所以得出这个错误看法，其原因之一，就是他们混淆了两种不同的定义。

亚里士多德曾经说过：定义表示事物的本质；后来的继承亚

里士多德传统的古典逻辑家也常说：定义反映事物的本质，这是一方面；另一方面，许多逻辑书中又常说：每一个概念都有一个定义。许多同志没有认识到前者所说的定义，并不是后者所说的定义；于是以为：既然定义是反映事物的本质的，而每一个概念又都有一个定义，那么，所有概念便都反映事物的本质了。

其实，反映事物的本质的定义，只是真实定义，而不是语词定义。亚里士多德说：定义表示事物的本质，是就真实定义说的，而不是就语词定义说的。一切概念都有一个定义，如果这个断定是真的话，这里所说的定义，只是就语词定义说的，而不是就真实定义说的。

由每一真实定义都反映事物的本质,而每一个概念都有一相应的语词定义,是不能推出:每一个概念都反映事物的本质这个结论的。

10. 结　　论

我们的论题是：概念发展有两个主要的阶段：抽象概念阶段与具体概念阶段，简言之，抽象概念与具体概念。

我们论证的主要进程，是这样的：

马克思主义，在概念发展这个问题上，无疑地是批判地吸取了亚里士多德与黑格尔的合理成分，因之，我们在（2）（3）两段里，就分别叙述了亚里士多德与黑格尔对概念发展的看法。又因为抽象概念与具体概念的分别，是后者反映了事物的本质与规律而前者没有，所以，我们在（2）（3）两段中，又叙述了亚里士多德与黑格尔关于事物的本质、规律、原因、抽象同一性、具体同一性、……的看法。

从（4）这一段开始，我们就进入正面阐明马克思主义关于概念发展的理论。

在（4）这一段中，我们阐明了马克思主义本质论的基本要点；在（5）这一段中，我们阐明了马克思主义关于概念发展理论的基本要点。

在（6）这一段中，我们根据马克思主义的原则，来说明概念发展的具体过程，来说明概念发展的两个主要阶段。我们从普遍性、必然性、同一性、本质与规律、思维形式等等方面，来说明抽象概念与具体概念的分别以及由前者到后者的发展。

在（7）这一段中，我们结合（6）段中所讲的，来说明生动直观与抽象思维的基本性质与它们的分别，从而又谈到两种抽象的分别。在（8）这一段中，我们也结合（6）段中所讲的，来说明感性认识与理性认识的基本性质与它们的分别。

因为将语词定义与真实定义混同，是使不少形式逻辑工作者误解概念问题的重要原因之一，所以，在（9）这一段中，我们谈到两种定义的问题。

根据以上的论证，我们达到了下面的结论：

就概念的内容或对象说：抽象概念，只是反映抽象普遍性、抽象必然性与抽象同一性，而具体概念，却是反映具体普遍性、具体必然性与具体同一性；抽象概念，只是反映某类事物孤零零的某个共同属性，而具体概念，却是反映某类事物发展过程中的不同属性间的联系，却是反映某类事物的丰富的发展过程；抽象概念，只是反映事物的现象，而具体概念，却是反映事物的规律与本质。

就思维形式方面说：抽象概念，只是一个孤零零的概念，只具有一个概念的形式，而具体概念的内容的展开，却是一全称判断、严格的全称判断或由它们所构成的判断系统与推理，因之，具体概念，却具有全称判断、严格的全称判断或判断系统与推理这些思维形式。

就生动直观与抽象思维说：在生动直观阶段，具有抽象概念参加的，只有当我们获得具体概念时，才进到抽象思维阶段。

就抽象或抽象作用或抽象力说：一个抽象概念的形成，只需要语言的抽象，而一个具体概念的形成，却需要科学的抽象。

就感性认识与理性认识说：当我们对一类事物只具有一个抽象概念时，我们对这类事物的认识，还是停留在感性认识阶段；当我们在抽象概念基础之上，进而获得一个关于这类事物的具体概念时，我们对这类事物的认识，才进入理性认识阶段。

就语词定义与真实定义说：一个抽象概念，只有一个相应的语词定义，而一个具体概念，却有一个或许多相应的真实定义。

从以上各个方面看，抽象概念与具体概念是有着质的不同。然而抽象概念与具体概念却又是统一的概念发展过程中的两个不同阶段。抽象概念是概念发展过程中的低级阶段，具体概念是概念发展过程中的高级阶段。抽象概念是具体概念的必要基础，具体概念扬弃了或否定了抽象概念，是抽象概念的发展。

概念发展的理论，是一个极其重要也极其复杂的问题，它牵涉到马克思主义的辩证法、认识论的全部问题；除此以外，它还牵涉到许多哲学史上的问题与许多具体科学的问题。作者深知，作者在论述这一理论时，难免是会有错误的。但是，作者希望：在诸多谬误的灰烬中能杂存着几粒真理的星火，由它们将燃起科学的深入的创造的对马克思主义哲学的研究。

黑格尔的辩证逻辑[*]

在西方逻辑的发展过程中，形式逻辑一直占据主导的地位。但在 18 世纪，却异军突起，出现了康德的先验逻辑，继而又出现黑格尔的辩证逻辑。它们是迥然不同于形式逻辑的理论体系。

黑格尔的辩证逻辑，是思维形式的辩证法，是以辩证的方法来研究思维形式在认识过程中的内容、联系和发展。

黑格尔的辩证逻辑，是一个辩证发展的理论体系。其中第一个范畴是最简单、最贫乏和最肤浅的范畴，但由于自身的内在矛盾，它就发展成为一个较复杂、较丰富和较深刻的范畴，最后发展成为一个最复杂、最丰富和最深刻的范畴。这很像投石于一个平静的湖面，最初激起的是一个简单的小波圈。由于自身内在的动力，它就扩展成为一个较大的、较复杂的和较丰富的波圈，最后扩展成为一个最大的、最复杂的、最丰富的并且包含以前所有波圈的波圈。这也像一串透彻晶莹的明珠互相辉映，每一个明珠都映现其他的明珠，并且映现其他明珠中所映现的其他明珠。

我们把黑格尔的逻辑体系叫做"辩证逻辑"，这是接受了目前

———————

　＊　这里选编的是《黑格尔的辩证逻辑》（中国社会科学出版社 1991 年第 2 版）中的一部分。出于技术性考虑，在编辑中删去一部分注释。

流行的说法。黑格尔本人并没有应用"辩证逻辑"来称呼他的逻辑体系。他有时把他的逻辑体系叫做"思辨逻辑",① 但在更多的时候,他就简称之为"逻辑"。

黑格尔的辩证逻辑,可以作广义的和狭义的理解。在广义的理解下,黑格尔的辩证逻辑就是他的《大逻辑》和《小逻辑》② 中所陈述的思想体系,即由有范畴最后发展到理念范畴的理论体系。在狭义的理解下,黑格尔的辩证逻辑,就是黑格尔逻辑书中《主观性》这一部分所陈述的理论体系。在《主观性》中,黑格尔从他的辩证法观点出发,系统地阐明了传统的形式逻辑所研究的各种概念、各种判断和各种推理在认识方面的内容、发展和联系。

现在我们要对黑格尔的辩证逻辑,特别《主观性》中的思想,作出几点概括的评论。

1. 逻辑、认识论和本体论的统一

黑格尔继承和发展了康德的先验逻辑,更彻底和更详尽地提出了(辩证)逻辑、认识论和本体论统一的思想。黑格尔把事物、认识和思想范畴都看作辩证发展的过程,并且认为这三个辩证发展的过程是统一的。这确实包含了许多深刻的思想,但同时也包含了一些荒谬的思想。

认识论是关于认识发展的理论,人们实际的认识发展是认识论所研究的对象。逻辑是关于思想形式的理论,人们实际思维中

---

① "*Die spekulative Logik*",《黑格尔全集》,弗罗门斯出版社 1928 年版,第 8 卷,第 53 页第 2 段。

② 《大逻辑》,是指黑格尔的《*Wissenschaft der Logik*》,即上述《黑格尔全集》的第 4 卷和第 5 卷。《小逻辑》,是指黑格尔的《*System der Philosophie*》的第一部分,即上述《黑格尔全集》的第 8 卷。

的思想形式是逻辑所研究的对象。本体论是关于一切存在（或事物）的根本性质的理论，存在的根本性质是本体论所研究的对象。

在认识论中，认识范畴发展的理论顺序是由简单的贫乏的肤浅的范畴发展到复杂的丰富的深刻的范畴。这基本上符合人们（个人和人类）实际认识的发展进程。在和认识论相结合的辩证逻辑中，逻辑范畴发展的理论顺序也基本上符合人们实际思维中思想形式的发展进程。

但是，对本体论来说，情况就很不相同了。本体论的研究对象，是存在（或事物）的根本性质。而存在（或事物）的根本性质，是存在作为存在必然具有的性质，是事物作为事物必然具有的性质，因而是任何存在和任何事物在任何时间都具有的性质。例如，质与量就是存在和事物的两个根本性质。任何存在和事物在任何时间总是既有质又有量。当然，存在和事物是不断变化的，它要由具有某个特定的质变化到具有另一个特定的质，要由具有某个特定的量变化到具有另一特定的量。但是，存在和事物在变化前后和变化中都是既有质又量的。作为存在和事物的根本性质的质和量没有变化，而变化的只是存在和事物所具有的某个特定的质和某个特定的量。

本体论是关于存在的根本性质的理论体系，本体论中关于存在的根本性质的范畴必须有一个理论顺序。例如，在黑格尔本人的《逻辑》中，就先出现质范畴，再出现量范畴，……再出现现象范畴，再出现实体范畴，……但是，作为本体论的研究对象的存在和事物的根本性质，却并不具有相应于本体论中范畴发展的理论顺序，却并不是先有质然后再有量，先有现象然后再有实体。

黑格尔从他的绝对唯心论出发，断定了（a）存在与思想的绝对同一，（b）（辩证）逻辑、认识论和本体论的统一，（c）认识论中和逻辑中范畴发展的理论顺序相应于实际认识和实际思维中思想形式发展的顺序。由此就必然推出：本体论中范畴发展的理论顺序相应于存在和事物的根本性质的发展顺序。这显然是一个荒谬的结论。

黑格尔本人对上述问题并不是想得很清楚的。事实上，他在把他的《逻辑》中的范畴作为本体论范畴来考虑时，他也只是断定：范畴发展的理论顺序相应于历史上各个不同的本体论体系出现的顺序。例如，他只是断定：以有为基本概念的巴门尼德的本体论体系，在历史上出现的顺序上，是先于以变为基本概念的赫拉克里特的本体论体系。他并没有断定：作为存在和事物的根本性质的有发生在作为存在和事物的根本性质的变之前。

黑格尔的逻辑、认识论和本体论统一的理论，是建立在绝对唯心论的基础上的。我们不应当一般地肯定黑格尔的"三者统一"的理论，我们只能批判地吸取其中某些合理因素。

2. 黑格尔的辩证矛盾

黑格尔提出了对立统一律作为他的辩证逻辑的根本规律，并且对亚里士多德的矛盾律提出了许多批评。我们想首先阐述亚里士多德的矛盾律，然后力图弄清黑格尔的对立统一律的含义，从而可以看出黑格尔对亚里士多德矛盾律的批评是否正确，也可看出对立统一律和矛盾律之间的真正关系。

亚里士多德的矛盾律有四个不同的含义。

（1）作为存在的根本规律的矛盾律是：

"同一事物，在同一时间和同一方面，不能既具有又不具有某属性。为了防止诡辩者的责难，还可进一步加上其他限制。"①

---

① 亚里士多德《形而上学》，1005，618—621。

"任何事物不可能同时既是又不是。"①

亚里士多德在阐述矛盾律时提出了三个限制，并且说还可加上其他的限制。我们想提请注意的是：矛盾律中所说的属性都是现实的属性，而不是潜在的属性。现实的属性和潜在的属性是有分别的。一棵橡树籽儿在一定条件下可以发展成为一棵橡树。但是，当一棵橡树籽儿还是橡树籽儿的时候，它并不就是一棵橡树，而只潜在地是一棵橡树或是一棵潜在的橡树；或者说，它现实地具有橡树籽儿的属性，而潜在地具有橡树的属性。混淆现实的属性和潜在的属性，是黑格尔和许多人误解矛盾律的一个重要根源。

(2) 作为思想的根本规律的矛盾律是：

"对于同一事物的两个互相矛盾的命题(或判断)不可能同时都是真的。"②

"对于同一事物，两个互相矛盾的肯定和否定不可能同时都是真的。"③

(3)作为认识的根本规律的矛盾律是：

"同一个人不可能在同一时间相信同一事物既是又不是。"④

(4)作为语义的根本规律的矛盾律是：

"如果'这个'是指谓某一事物，那么，人们就不能说它又指谓相反的事物。"⑤

矛盾律的四个不同的意义是互相联系的，而作为存在的根本规律的矛盾律是其他意义的矛盾律的基础。

矛盾律只断定：如果一个事物在某一时间和某一方面具有某属

---

① 亚里士多德《形而上学》，1006，a3。
② 同上书，1001，615—616。
③ 同上书，1062，a22—23。
④ 同上书，1005，b28—30。
⑤ 同上书，1062，a18—19。

性 A,它就不能在这个时间和这个方面又不具有属性 A,(请注意:这里所说的属性是现实的属性);矛盾律并不断定一个事物是否具有属性 A;也不断定属性 A 是什么内容;矛盾律也不否认同一事物在同一时间和同一方面既具有现实的属性 A 又具有潜在的属性非A(即潜在地又不具有属性 A)。

黑格尔的对立统一律断定:任何事物都有它的内在的矛盾和对立,矛盾和对立是事物运动、变化和发展的动力和泉源。

黑格尔说:"无论什么可以说得上存在的东西,必定是具体同一的,因而包含区别和对立于其自身。"①

"由于自身具有矛盾,事物才会运动,才具有动力和活动。"②

黑格尔应用了区别(Unterschied)、差异(Verschiedenheit)、对立(Gegensatz)和矛盾(Widerspruch)这些概念,来表示他的对立统一律中的对立。这些概念只有发展程度上的分别。黑格尔说:"区别要从差异变为对立,并进而变为矛盾。"③ 我们将不考虑这些概念的分别,而把它们统称为辩证矛盾。

重要的问题是:黑格尔的辩证矛盾的准确含义是什么。

黑格尔说:"……凡有限的事物都是自相矛盾的,并且由于自相矛盾而自己扬弃自己。"④

"……内在的、自己特有的自身运动,一般的冲动……就是,某事物在同一观点之下(in einer und derselber Rücksicht)既是它自身,又是它自身的缺少(der Mangel)和否定物。"⑤

---

① 《黑格尔的小逻辑》,商务印书馆 1950 年版,第 202 页第 3 段;《黑格尔全集》,弗洛门斯出版社 1928 年版,第 8 卷,第 280 页第 2 段。

② 《黑格尔全集》,弗洛门斯出版社 1928 年版,第 4 卷,第 546 页第 2 段。

③ 同上书,第 549 页第 2 段。

④ 《黑格尔的小逻辑》,商务印书馆 1950 年版,第 129 页第 1 段;《黑格尔全集》,弗洛门斯出版社 1928 年版,第 8 卷,第 191 页第 1 段。

⑤ 同上书,第 4 卷,第 547 页第 2 段。

黑格尔上面这段话显然是针对亚里士多德的矛盾律的。"在同一观点之下"相当于亚里士多德的"在同一时间和同一方面","既是它自身,又是它自身的缺少或否定物"相当于亚里士多德的"既是 A 又不是 A"。根据这个理解,黑格尔的对立统一律就是:事物的运动、变化和发展是由于它在同一时间和同一方面既是 A 又不是 A。因此,对立统一律所说的辩证矛盾应该也就是矛盾律所说的矛盾。

但是,如果我们深入研究黑格尔对辩证矛盾的具体论证,我们就会发现情况并非如此。

黑格尔关于辩证矛盾的具体论证,大致可分成下面几类:

(1)有包含着无,有和无是辩证矛盾。

(2)某种液体是酸,但又是盐基的。酸和盐基的是这种液体中的辩证矛盾。

(3)活着的人包含着死亡的种子(der Keim des Todes),活和死亡的种子是辩证矛盾。

(4)说一个人是父亲,则必有另一个人是子女。父与子是辩证矛盾。

(5)运动本身就是一个辩证矛盾。

黑格尔说:"某事物的运动,……因为它在同一时刻既在这里又不在这里,它在这个这里既是又不是。"①

现在让我们来看看黑格尔在(1)至(5)中所说的辩证矛盾是不是矛盾律所说的矛盾。

在(1)中,黑格尔认为,有和无是辩证矛盾的两面。但是,即使是按照黑格尔自己的说法,有范畴也只是隐在地包含着无(或者说,包含着隐在的无),有并不包含着显在的无(或有并不就是无)。假如有就是无,则不会有由有到无的转化。

---

① 《黑格尔全集》,弗洛门斯出版社 1928 年版,第 4 卷,第 547 页第 1 段。

用亚里士多德的话来说,这就是现实的有包含着潜在的无。现实的有和潜在的无,并不是矛盾律的矛盾两面。矛盾律所排除的矛盾两面,都是现实的属性。矛盾律并不反对具有现实的属性 A 的事物也具有潜在的属性非 A。正是亚里士多德首先应用潜在性到现实性来说明事物的变化发展。黑格尔吸取了亚里士多德这一思想,黑格尔辩证逻辑中范畴的发展都是由隐在(潜在)到显在(现实)的发展。

在(2)中,黑格尔认为,某液体中酸这一属性和盐基的这一属性是辩证矛盾的矛盾两面。(2)不同于(1);在(1)的辩证矛盾的矛盾两面中,一面是现实的属性,另一面是潜在的属性;在(2)中,辩证矛盾的矛盾两面都是现实的属性。

但是,酸和盐基的却不是矛盾律所涉及的(或排斥的)矛盾两面。矛盾律所涉及的矛盾两面是 A 和非 A 这样形式的两个属性。矛盾律所涉及的矛盾两面,只是"酸"与"非酸"、"盐基的"和"非盐基的"、"酸和盐基的"和"非(酸和盐基的)",而不是"酸"和"盐基的"。

在(3)中,黑格尔认为"活着的"和"死亡的种子"是辩证矛盾的矛盾两面。这里要看如何理解"死亡的种子"。如果"死亡的种子"理解为"死亡的可能性"或"死亡的潜在性",那么,(3)就像(1)一样,现实属性的活着和潜在属性的死亡并不构成矛盾律的矛盾两面。如果"死亡的种子"理解为人体的某个或某些部分已经或正在死亡,那么,(3)就像(2)一样,整个人的活着和其某部分的死亡并不是具有 A 和非 A 这样形式的两个属性,因而并不是矛盾律的矛盾两面。

(4)不同于(1)、(2)、(3),在(4)中涉及了语义的问题。黑格尔认为:"父"这个语词或概念的意义中包含了"子"这个概念,有父必有子;因此,父与子是辩证矛盾的矛盾两面。但是,矛盾律作为语义的根本规律,只要求一个语词或概念不能同时既表示 A 又不表示 A(或又表示非 A)。矛盾律只要求:"父"这个语词或概念不能同时既表示父又不表示父,"子"这语词或概念不能同时既表示子又不表示子。至于"父"这个语词或概念的意义中涉及子以及父与子事实上有血缘关系,这却不是矛盾律涉及的内容。因此,父与子这种辩证矛盾的矛盾两面,不是矛盾律的矛盾两面。

(5)不同于(1)、(2)、(3)、(4),"既在这里又不在这里"是同一时刻的情况,因而"在这里"和"不在这里"都是现实的属性。而且,就文字和表述方式说,"既在这里又不在这里,……既是又不是"就是或是非常类似于矛盾律的矛盾两面。

对于"在同一时刻既在这里又不在这里",我们应当作出一个严格的精确的分析,包括物理的、数学的和哲学的分析。现在假定:根据这个严格的精确的分析,在"同一时刻既在这里又不在这里"的意义是 H,那么,黑格尔那句话就应当表示为:

"一个运动的事物是 H"。

对此,我们只想表示两点意见:

(a)矛盾律根本不断定、也不排除一个运动的事物是或不是 H。矛盾律只断定和要求:如果一个运动的事物是 H,则它不能又不是H。

(b)如果"一个运动的事物是 H"这个命题或判断是真的和有意义的,则它必须遵守矛盾律。因为,如果它违反矛盾律,则必导致"一个运动的事物既是 H 又不是 H"。用黑格尔的原话说,则必导致"一个运动的事物既是(在同一时刻既在这里又不在这里),又不是(在同一时刻既在这里又不在这里)"。我们有什么理由说"一个运动的事物是 H"是真的,而不说"一个运动的事物不是 H"是真的呢?!就语义方面说,"一个运动的事物既是 H 又不是 H"则是一句无意义的话。

值得我们注意:在《大逻辑》中,在"某事物的运动……同一时刻既在这里又不在这里……"这句话的前面两段中,又有另外一句话:

"一切事物本身都是自在地矛盾的。"①

在《大逻辑》以后几年出版的《小逻辑》中,黑格尔说:

"例如,在天体的运动中,一个星球此刻在此处但又自在地在另处。"②

在以上两条引文中,黑格尔都加上了"自在地"("an sich")这一极重要的限制。黑格尔所说的"自在地",相当于亚里士多德所说的"潜在地"。这就表明,黑格尔辩证矛盾的矛盾两面"在此处"和"在另外"(或"在这里"和"不在这里")并不都是现实的属性。因此,(5)中的辩证矛盾也不是矛盾律所排斥的矛盾两面。

总而言之,从黑格尔关于辩证矛盾的具体论证来看,辩证矛盾并不是矛盾律的矛盾。而且对立统一律还必须遵守矛盾律。

亚里士多德在他的《形而上学》中,对矛盾律的正确性曾经提出详尽的和严密的论证,对古希腊那些反对矛盾律的诡辩曾经给予强有力的批驳。亚里士多德这些关于矛盾律的思想,我们认为是正确的或基本上是正确的。

3. 黑格尔辩证逻辑的唯心主义性质

黑格尔的辩证逻辑是唯心主义的,这表现在两个重要的方面。

(a)黑格尔辩证逻辑认为,思想与存在(概念与事物)是绝对同一的。它否认事物在思想之外的独立存在,否认作为思想对象和认识对象的客观事物是第一性的。相反地,它认为思想和概念是存在和事物的本质。

人的认识、概念和思想的发展,本来是人们在实践的基础上逐渐接近客观事物的过程。但是,黑格尔却认为,这是运动的概念自身发

---

① 《黑格尔全集》,弗洛门斯出版社 1928 年版,第 4 卷,第 545 页第 3 段。

② 同上书,第 8 卷,第 193 页。

展的过程。而且黑格尔还把思维过程看作"现实事物的创造主"①,还
"把实在理解为自我综合、自我深化和自我运动的思维的结果"②。

　　以上是黑格尔辩证逻辑在本体论和认识论方面的唯心主义论
断。在这方面,我们的哲学家曾经进行过大量的批判,但似乎还需
要准确地系统地根据黑格尔的原著作出更深入更细致和更有说服
力的批判。

　　(b)黑格尔的辩证逻辑,是一个关于思想范畴的理论体系。这
个理论体系的研究对象,是人们实际思想中的思想范畴及其辩证的
发展和联系。正确的理论体系必须根据并且符合它的研究对象。
但是,黑格尔的辩证逻辑却不是如实地根据它的研究对象,而是根
据他预想的辩证法图式。例如,就《主观性》来说,否定判断和特称
判断本来既应用于感性认识,也应用于知性认识和理性认识。但
是,黑格尔却硬说:否定判断只是感性认识的思想形式,特称判断只
是知性认识的思想形式。又例如,第二格和第三格本来就很难说由
哪一个发展到另一个。而黑格尔却硬说:由第二格辩证地发展到第
三格。全称推理、归纳推理和类比推理之间本来有一种复杂的关
系。而黑格尔硬说:由全称推理辩证发展到归纳推理,再辩证发展
到类比推理。

　　黑格尔辩证逻辑的理论体系严重歪曲了它的研究对象,这是黑
格尔辩证逻辑的另一个唯心主义性质。

　　黑格尔辩证逻辑的(a)、(b)这两种唯心主义性质,虽然是有联
系的,但又是有区别的。(a)是从一个理论体系所作出的哲学论断
说的,(b)是从一个理论体系和它的研究对象之间的关系说的。一
个理论体系在(a)这一意义下是唯心主义的,但它的许多其他内容

　　①　《马克思恩格斯全集》,人民出版社1972年版,第23卷,第24页。
　　②　马克思《政治经济学批判》,载《马克思恩格斯选集》,人民出版社1972年版,第2
卷,第103页。

却可以在(b)这一意义下又是唯物主义的。而且,一个理论体系在(a)这一意义下是唯物主义的,但它的许多其他内容却可以在(b)这一意义下又是唯心主义的。

4. 黑格尔辩证逻辑的形式主义

黑格尔辩证逻辑的形式主义,是或主要是在(b)意义下的唯心主义的一种特殊表现。据我所知,人们过去对此谈论很少。因此,我们认为有必要用一些篇幅来描叙和评论《主观性》的形式主义。这些叙述和评论在很大程度上也适用于黑格尔的全部《逻辑》。

《主观性》的背景思想

黑格尔在写作《主观性》时,根据他唯心主义的辩证法,形成了一些预定的背景思想。它们主要有下面几点:

(1)黑格尔要把他当时的传统逻辑中所有的思想形式(逻辑形式)都容纳在《主观性》中。

(2)他要在《主观性》中把所有的思想形式排列成一条龙,由第一个思想形式一步一步地辩证发展到最后一个思想形式。

(3)在《主观性》中,所有的思想形式都要组织在正—反—合的三一体中;《主观性》是一个大的三一体,下面嵌套着许多小的三一体。

(4)《主观性》中的思想形式之间要有互相对应的关系,而且《主观性》中的思想形式还必须和《逻辑》全书中的思想形式有互相对应的关系。

《主观性》的图式

黑格尔根据他预定的背景思想构造了《主观性》的理论体系。这个理论体系可用下面的图式来表示:

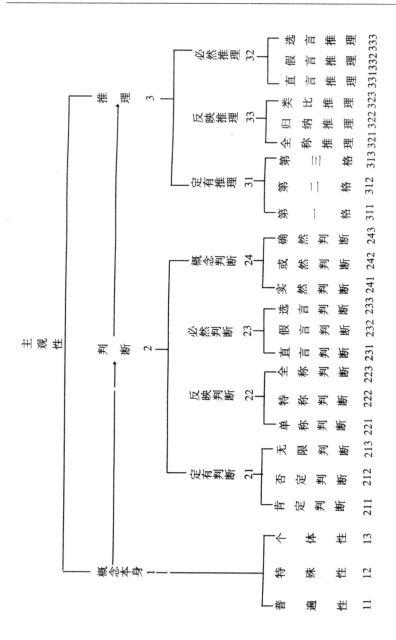

对于图式中的符号,我们作下面的解释:

(1):数字 1、2、3、4,表示思想形式的具体性质。F、G、H 表示任一思想形式,例如,F 可表示判断,也可表示定有判断,也可表示假言推理。L、M、N 表示任一个由 1、2、3、4 构成的一位、两位或三位的数字序列,例如,N 可表示一位数字序列 3,也可表示两位数字序列 23,也可表示三位数字序列 321,F_L 表示 F 这一思想形式具有性质 L,或表示具有性质 L 的思想形式 F,余类推。

(2)F_L 的括号下面有 G_M,这表示 G_M 是 F_L 这一辩证发展过程中的一个特殊的阶段或思想形式。

例如,必然判断 23 是判断 2 这一辩证发展过程中的一个特殊的阶段或思想形式;选言判断 233 又是必然判断 23 这一辩证发展过程中的一个特殊的阶段或思想形式。

(3):L 是 F_{LM} 所具的相对于 M 的具体普遍性,M 则是 F_{LM} 所具有的相对于 L 的具体特殊性。

例如,3 是第二格 312 所具有的相对于 12 的具体普遍性,12 则是第二格 312 所具有的相对于 3 的具体特殊性;31 是第二格 312 所具有的相对于 2 的具体普遍性,2 则第二格 312 所具有的相对于 31 的具体特殊性。

(4):$F_L \longrightarrow G_M$ 表示:由 F_L 辩证发展到 G_M。

例如,定有判断 21 $\longrightarrow$ 反映判断 23 表示:由定有判断 21 辩证发展到反映判断 22;无限判断 213 $\longrightarrow$ 单称判断 221 表示:由无限判断 213 辩证发展到单称判断 221。

(5):$F_{L1} \longrightarrow F_{L2} \longrightarrow F_{L3}$(L 可以空)表示:$F_{L1}$、$F_{L2}$ 和 F_{L3} 是一个正 $\longrightarrow$ 反 $\longrightarrow$ 合的三一体。

例如,概念本身 1 $\longrightarrow$ 判断 2 $\longrightarrow$ 推理 3 表示:概念本身 1、判断 2 和推理 3 是一个正 $\longrightarrow$ 反 $\longrightarrow$ 合的三一体。实然判断 241 $\longrightarrow$ 或然判断 242 $\longrightarrow$ 确然判断 243 表示:实然判断 241、或然判断 242

和确然判断243是一个正——反——合的三一体。

(6)：对于任何两个思想形式 F_L 和 G_M，如果 L ⊬ M 并且 L 中和 M 中都有 N，这就表示：F_L 与 G_M 在 N 这一性质上是相似的或对应的。

例如，直言判断231中和假言判断232中都有23，这就表示这两种判断在23这一性质上是相似的或对应的。第二格312中和概念本身1中都有1，这就表示这两种思想形式在1这一性质上是相似的或对应的。

为什么不说直言判断231和假言判断232在23这一性质上是相同的，而只说是相似的或对应的？这是因为：在直言判断中，23是相对于1的具体普遍性；而在假言判断中，23是相对于2的具体普遍性。

这个图式，除了概念判断这一部分外，是相当严整的、相当漂亮的。黑格尔的概念判断，实际上就是传统逻辑的模态判断。两千多年来的传统逻辑都承认模态判断，特别是康德的先验逻辑的判断体系中也有模态判断。黑格尔不能也不敢否认模态判断。还有，《主观性》图式中的判断体系是要和他的《逻辑》的其他部分相对应的。他的《逻辑》有三大部分，即有、本质和概念。图式中的定有判断是和《逻辑》中的有这一大部分相对应的；反映判断和必然判断是和《逻辑》中本质这一大部分相对应的。假如图式中没有概念判断，则没有和《逻辑》中的概念这一大部分相对应的判断。我想，主要是由于上面这两个理由，黑格尔就在《主观性》图式的判断体系中容纳了概念判断。但是，这却破坏了图式中判断部分的三一体性质，也破坏了判断体系和推理体系的互相对应。

《主观性》图式，是黑格尔根据他主观主义的背景思想，在研究了传统逻辑的各种思想形式之后，经过苦思而得出的他认为最佳的结果。但是，这个图式是跟传统逻辑中和实际思维中的思想形式格格不入的。当传统逻辑中和实际思维中的思想形式不符合他的图式时，黑格尔不是去修改他的图式，而是去修改传统逻辑中和实际思维中的思想形式的性质及其关系，以维持他的图式的严整。这就是黑格尔辩证逻辑的形式主义。为了说明这点，让我们较详细地画出图式中的推理部分：

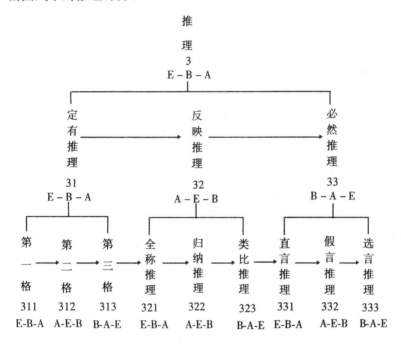

这里 E、B、A，分别是个体性、特殊性和普遍性的简写。E——B——A，是一个推理形式，E、B、A 分别地是这个推理形式中的小项、中项和大项，余类推。

图式的推理部分，从形式看，是完全体现了黑格尔的主观主义的背景思想：由一个推理形式"辩证发展"到另一个推理形式；都是三一体，大的三一体嵌套着小的三一体；各个三一体互相对应，并且各个推理形式也互相对应；……推理部分的图式是很严整的、很漂亮的。但是，正是由于主观主义图式的严整和漂亮，反而使它更脱离实际，更不符合传统逻辑和实际思维中的思想形式的性质及其关系。在这种情况下，黑格尔总是采取两种手法来维护他的图式的严整性。一种手法是：他随意改变他所使用的概念的意义，即他随意改变 1、2、3、E、B、A、辩证发展、三一体、……这些概念的意义。另一种手法是：他干脆歪曲和篡改思想形式本来的性质及其关系。

　　黑格尔为什么要硬说由第一格"辩证发展"到第二格，再"辩证发展"到第三格？这就是他要维护他一条龙的发展理论。为什么他要硬说第一格的形式是 E——B——A，第二格是 A——E——B 而第三格是 B——A——E？为什么他硬把传统逻辑的第三格作为他图式中的第二格而把传统逻辑的第二格作为他图式中的第三格？这一方面是为了使以 B 为中项的第一格、以 E 为中项的第二格和以 A 为中项的第三格构成一个三一体；另一方面是为了使第一格的 E——B——A、第二格的 A——E——B 和第三格的 B——A——E 分别地和反映推理中的三种推理的 E——B——A、A——E——B、B——A——E 相对应，也分别地和必然推理中的三种推理的 E——B——A、A——E——B、B——A——E 相对应，并且也分别地和定有推理的 E——B——A、反映推理的 A——E——B、必然推理的 B——A——E 相对应。黑格尔为什么要硬说由全称推理"辩证发展"到归纳推理，再到类比推理，也是由于同样的原因。这是黑格尔的推理体系的"秘密"，也是《主观性》的"秘密"。

　　我们并不否定、而且还充分肯定黑格尔辩证逻辑的基本思想：从认识论和辩证法的角度来阐明思想形式的内容、发展和联系。我们也承认黑格尔关于某些思想形式的具体论证是颇有见解的。但是，我们同时也要着重地指出，黑格尔辩证逻辑的唯心主义、特别是形式主义，是惊人的和罕见的。黑格尔是历史上第一个系统地阐述辩证法的伟大哲学家。这样一位辩证法的大师，由于不尊重事实和不尊重科学，终于走到辩证法的反面——荒唐的可笑的形式主义。这实在是一个值得我们深思和警惕的历史教训！

5. 精华和糟粕

黑格尔辩证逻辑是康德先验逻辑的继续和发展。不同于康德的先验逻辑，黑格尔辩证逻辑是从辩证法的角度来阐明思想规定性和思想范畴的性质、发展和联系。这是西方哲学史和逻辑史上第一个完整的逻辑和辩证法统一的理论体系，开拓了辩证逻辑这一新的研究领域。

黑格尔辩证逻辑也是辩证法和认识论统一的理论体系，它第一次系统地阐明了思想范畴和认识范畴的辩证发展。人们普遍地承认康德的《纯粹理性批判》是西方第一部完整的认识论。我们似乎也应当承认黑格尔的《逻辑》是西方第一部完整的辩证认识论。

这是黑格尔辩证逻辑的历史功绩。

就《主观性》的具体内容来说，黑格尔辩证逻辑也包含了许多合理的东西。例如，黑格尔辩证逻辑区别了概念的三个因素、即个体性、特殊性和普遍性，并且根据在认识过程中这三个因素的内容逐渐丰富和它们的结合逐渐密切来阐明概念由抽象到具体的辩证发展。黑格尔辩证逻辑还阐明了定有判断、反映判断和必然判断的性质和由前者到后者的发展。定有判断是以感性的个体为主项、以感性的简单性质为谓项的判断。定有判断只表示感性事物的存在。在认识过程中，定有判断要发展到反映判断。反映判断是以具有某一复合性质的个体为主项、以另一复合性质为谓项的判断。反映判断表示了那些超出感性范围的复合性质之间的关系。反映判断还要发展到必然判断。必然判断是以具有必然性质的事物（种或种下面的个体）为主项、以主项的内在性质为谓项的判断。必然判断表示了事物之间的必然联系。黑格尔辩证逻辑还提出了由单称判断到特称判断，再到全称判断的发展。以上这些都是《主观性》中合理的思想。

但是，总的来说，黑格尔的辩证逻辑，特别是《主观性》，是谬误与真理杂陈，糟粕和精华互见。我们的工作应当是：剥开谬误，发掘真理；剔除糟粕，吸取精华。

19 世纪，马克思和恩格斯在唯物主义的基础上批判地吸取了黑格尔辩证法中的许多合理的因素，从而创造了唯物辩证法。现在是 20 世纪 80 年代，我们应当在今天科学和哲学发展的水平上研究和评价黑格尔辩证逻辑，以探索和创立具有今天水平的辩证逻辑。

金岳霖同志的哲学体系[*]

　　本世纪 30、40 年代，金岳霖老师创造了他的哲学体系，其中包括本体论与知识论。《论道》一书是他的本体论，《知识论》一书是他的知识论，即通常所说的认识论。他的知识论是以他的本体论为基础的。

一

　　《论道》肯定现实世界是一个川流不息的运动变化的无穷历程。道是整个现实世界的总历程和总规律，也是现实世界中万事万物变动生灭的历程和规律。

　　在特定时空中的具体事物，总有许许多多的属性。属性分为共相与殊相。一块白玉、一匹白马与一堆白雪都是具体事物。一块白玉的白不同于一匹白马的白，也不同于一堆白雪的白，而且也不同于另一块白玉的白。这块白玉所特有的白，就是这块白玉的殊相。这块白玉和另一块白玉、一匹白马、一堆白雪所共同的

---

　　* 这是周礼全在金岳霖学术思想讨论会开幕式上的讲话，原载《金岳霖思想研究》，四川人民出版社 1987 年版。

白，就是这块白玉的共相。殊相表现共相，共相表现于殊相。共相是普遍的，而且具有典型性和完美性。

一个具体事物不只是一堆殊相和共相而已，还有一种不是殊相和共相而使这个具体事物成为这个具体事物的东西，这就是能。能类似于亚里士多德的质料，也类似宋儒的气，但又不完全相同。

白、玉、马、白玉和白马这些共相，都是现实于具体事物的属性。但是，也有许多属性却是在某个特定时空没有现实的，例如：恐龙、有一百边的饭桌、第五代计算机、共产主义社会。这些不现实或未现实的属性，就是在这个特定时间的可能。可能是可以有能而不必有能的"样式"。可能大致相当于通常所说的逻辑可能性。

把所有的可能析取地排列起来，就是式。式中包括了所有的可能。

式包括了所有的可能，也就是包括了所有的可以有能的"样式"，能必然要现实式中的一些可能，式中必然有一些可能要有能。因此，无无式的能，也无无能的式。

任何事物的变动生灭，就是能出入于共相或殊相；严格地说，就是能出入于式中的可能。能出入于式中的可能，是变化发展的任何事物的历程和规律，也是变化发展的整个现实世界的历程和规律。因此，道就是式与能；能出为道，入为道；居式由能，莫不为道。

式包括了所有的可能，能不能逃于式中的可能。因而任何殊相的生灭和事物的变动生灭，都必然遵守式。式是可能与可能的关联。式是必然的理，叫纯理。纯理是万事万物以至整个现实世界都必须共同遵守的规律。

万事万物的变动生灭，除了都必须遵守纯理外，都还要各自遵守或体现另一些规律。这些规律是共相与共相之间的关联。"人都是有死的"这一条规律，就是人这一共相和有死这一共相之间的关联。共相的关联叫做固然的理，简称理。

共相关联与共相关联之间又有关联，可能关联与可能关联之间又有关联。共相关联与可能关联之间也有关联。这样，就形成了共相关联与可能关联的错综复杂的关联之网。

在现实世界中，一方面有殊相的生灭，殊相的生灭也就是事物的变动生灭；另一方面又有共相的关联，也就是殊相生灭和事物变动生灭所体现和遵守的理。但殊相恰恰在哪个时间生灭，从而一个事物恰恰在哪个时间和以哪种特殊方式变动生灭，却又不是理所能完全决定的。殊相的生灭叫做势，因此，理有固然而势无必至。这里既肯定了现实世界的必然性，也承认了现实世界的偶然性。

理有固然，势无必至，是至尊无上的变的原则。

一个事物所现实的共相，对于这个事物说，就是性；对于其他的事物说，就是体。一个事物所具有的殊相，对于这个事物说，就是情；对于其他的事物说，就是用。

性与情是就一个事物的性质说的，体与用是就一个事物与其他事物的关系说的。性与体是一个事物的共相，情与用是一个事物的殊相。一个特定时空中的事物所具有的殊相，总不能完全地表现相应的共相。这就是情不尽性，用不得体。

现实世界是在时空上无穷的，已往是无穷的，将来也无穷的。因而现实世界没有一个始，也没有一个终。可以把已往无穷的极限叫做无极，把将来无穷的极限叫做太极。无极而太极，就是无穷的川流不息的变动生灭的现实世界。无极是未开的混沌，是理之未显和势之未发。无极是无，但又是万物万有之所从生。在现实世界发展的无穷历程中，由于共相的典型性和完美性，殊相就力求逐渐地充分表现共相，从而情（殊相）就力求逐渐地尽性

（共相），用（殊相）就力求逐渐地得体（共相），殊相生灭的势就力求逐渐达到共相关联的理。一切不合理的和不完美的事物都要逐渐淘汰，而一切合理的和完美的事物都要逐渐现实。这就是天演和道演。太极是现实世界发展的极至。在太极，则情尽性、用得体而势归于理。太极是至真、至善和至美。无极是道，太极是道，无极而太极也是道。

二

《知识论》认为，知识论是研究知识的普遍规律的理论。知识论不限于研究人类的知识，而是要研究任何种类的认识者的知识。知识不是认识者随意创造的，而是正确地表示了客观外界事物的知识。因此，知识论必须肯定有独立于人和任何认识者的客观事物和客观世界。

知识必须不是某个认识者所私有的，而是所有认识者所公有的。

知识论必须承认任何一类认识者都有它的正常的感觉知觉，并从此出发来建立这类认识者的知识，否则就没有一个可靠的出发点。假如一类认识者不首先肯定它不是在作梦，它就根本无法知道它究竟是在作梦，还是不在作梦。

在正常的感觉知觉中，外界事物就对认识者呈现出许多的殊相，这叫做所与。所与中这些殊相，也表现了许多相应的共相。所与中这些殊相和共相，也就是一个独立存在的外物的殊相和共相。这种独立存在的外物，叫做官觉外物。因此，在所与中，认识者不仅认识到许多的殊相与共相，而且也认识到独立存在的官觉外物。《知识论》强调：如果不承认在所与中认识者能认识到独立存在的官觉外物，则无法由所与中的殊相或共相推论出或构造出这样的外物。

认识者由所与中的殊相，就能抽象出殊相所表现的共相，从而形成意念。意念是抽象的与普遍的。

意念一旦形成之后，认识者一方面要应用这些意念去形容或摹状所与，另一方面又要应用它们去规范或安排所与。我们看见一个事物并认识到这是一匹白马，这就是应用白马这个意念去形容或摹状所看到的东西，这就是意念的摹状性。从另一方面说，这也是应用白马这个意念去接受或规范我们所看到的东西，把看到的东西安排或规范在白马这个意念中。这就是意念的规范性。

意念都既有摹状性，也有规范性。就意念的摹状说，意念有后验性；就意念的规范说，意念有先验性。

经验就是应用从所与中抽象出的意念去摹状和规范所与的结果。经验不是单纯的所与，但所与是经验的源泉和重要成分。

每一意念都和许多别的意念有关联。一个意念和它所关联的许多意念，就构成了这个意念的图案。意念图案是比较模糊的，也可能包含了一些本来不能包含的意念，甚至包含着一些有逻辑矛盾的意念。在认识发展过程中，认识者根据逻辑与经验，就要逐渐淘汰掉意念图案中那些本来不能包含的意念并使意念图案逐渐变得明晰。类似地，概念也有它的结构。概念的结构是明晰的，无矛盾的，并且包含了所有的它必须包含的意念（或概念）。概念是意念的典型，是意念发展的目标。

意思是由意念组成的，命题是由概念组成的。从语言方面说，表达意念和概念的工具是语词，而表达意思和命题的工具是语句。正如意念有它的图案和概念有它的结构一样，意思也有它的图案，命题也有它的结构。意思的图案和命题的结构就是一个思想系统。也正如意念和概念之间的关系一样，命题是意思的典型，在认识发展过程中，意思要逐渐向命题发展。

认识者应用意念或概念于所与就可以得到许多个别性的命题。

再应用归纳就可得到普遍的经验命题。如果这样的普遍的经验命题是真的，它就表示共相的关联，也就是表示固然的理，也就是表示客观事物的规律。

归纳原则是由许多个别性的命题得出一个普遍的经验命题的原则。归纳原则是接受和规范所与的总原则，因而也是形成经验的根本原则。归纳原则是经验之可能的必要条件，因而是先验的原则。

逻辑命题是可能与可能之间的关联，是任何殊相的生灭和任何事物变动生灭都必须遵守的。因此，逻辑命题不仅是经验之可能的必要条件，而且也是所与之可能的必要条件。逻辑命题是永真的命题。这就是说，只要有所与，不论殊相如何生灭，事物如何变动生灭，逻辑命题总是真的。在此意义下，逻辑命题是先天的。

先天的原则都是先验的原则，但先验的原则却不必就是先天的原则。这是各种自然科学和社会科学都必须遵守逻辑的理由。

《知识论》认为，一类认识者的所与，形成了这类知识者的特别世界。各类认识者的特别世界，是互不相同的。但意念和概念具有抽象性和普遍性，并且表示共相和共相关联，因而意念和概念是各类认识者所共同的。具有殊相的生灭和共相关联的本然世界，也就是《论道》中所说的无极而太极的世界，是各类认识者的共同世界。一类认识者的特别世界和共同世界就构成了这类认识者的自然世界或自然界。

本然世界虽是不可感觉知觉的，但却是通过具有抽象性的和普遍性的意念、概念、意思和命题而可知的。

三

以上只是粗略地叙述了《论道》和《知识论》这两本书中最

主要的思想，但由此也可看出金岳霖同志的哲学体系是一个严密的和完整的体系。

在金岳霖同志的哲学体系中，肯定了有独立于人和任何认识者的现实世界。现实世界不是人和任何认识者的感觉和思想的产物，而人和任何认识者却是现实世界发展历程中的产物。他也肯定了事物的不断变动生灭，肯定了事物之间的相互联系和事物的规律之间的错综复杂的联系。

金岳霖同志肯定了独立存在的现实世界是可以认识的，而且认识和知识有一个逐步发展的过程。一切认识和知识都来源于外界事物的所与和经验。但从所与中或经验中所得来的意念、概念和知识，又要返回去规范所与、形成新的经验和帮助认识者获得新的知识。他批判地吸取了西方的经验论、理性论和康德哲学中的许多合理的成分而避免了其中许多错误的东西。

金岳霖同志的哲学体系，基本上是唯物主义的，并且还具有不少朴素的辩证法因素。

当然，金岳霖同志的哲学体系中的思想并不都是正确的。除了一些逻辑上的失误外，他的哲学体系也还存在着许多值得讨论的问题。例如，《论道》中关于能的问题。能既然是不可感觉知觉的，也不可言说的，那么，怎样能够知道有能？在什么意义下说有能？《知识论》中的一个重要问题是：一类认识者如何由它的特别世界（即它的所与）过渡到本然世界？各类认识者的所与是互不相同的，如何由各类认识者互不相同的所与得出各类认识者共同的意念、概念、意思和命题？即使能得出这种共同的意念、概念、意思和命题，又如何能知道它们就是、或就表示本然世界的本来面目？这里仍然有一个如何由认识内容的此岸过渡到认识对象的彼岸的问题？《知识论》是以意念或概念的抽象性与普遍性作为由此岸过渡到彼岸的桥梁。看来这种作法不是很成功的，至少在分析和论证方面不是很充分的。对于这些困难的问题，我们应当进行深入而细致的研究。简单的粗疏的解答，是无补于事的。

四

金岳霖同志精通中国哲学与西方哲学，并且精通西方的现代哲学和现代逻辑。在他的哲学体系中，可以看到从赫拉克利特哲学到康德哲学中的许多合理的因素，也可以看到西方现代哲学中的许多精密的思想。但是，他的哲学的根本精神，还是中国哲学传统的。我倾向于认为，他的哲学是先秦老庄哲学和宋儒道学的创造性发展，这是融会了西方哲学的发展，是运用了严密的逻辑分析和逻辑论证的发展，并且也是向唯物主义的发展。

金岳霖同志在哲学方面取得了很大的成就，赢得我国哲学界的尊敬。由于金岳霖同志，也由其他的几位哲学家如冯友兰先生、汤用彤先生……等，中国哲学发展到了一个新的高度。

金岳霖同志通过他的著作和长期的教学工作，把严密的逻辑分析和逻辑论证的方法引入了我国，并在我国哲学界逐渐传播扩展。这是中国哲学发展过程中的一个重要的和积极的新因素，使中国哲学的面貌发生了显著的变化。金岳霖同志影响了他同一代的一些哲学家，也培育了后一代的许多哲学家。

金岳霖同志是我国最早介绍西方现代逻辑的人之一。他的《逻辑》一书，是一本很有影响的书。他极力提倡与长期讲授逻辑，在我国发展逻辑这门科学方面起了不可比拟的作用。我国有不少的逻辑学家，是出自他的门下。

五

金岳霖同志在学术上的成就，是和他的优良学风分不开的。

他富有追求真理与服膺真理的精神。他能够虚心听取他的同行甚至他的学生的批评。不管批评如何尖锐，言词如何激烈，只要批评得对，他就能欣然接受，而不影响私人之间的关系。他从不以不懂充懂，而且还常常公开承认自己在某些问题上的无知或知之不足。谦虚和诚实是难能可贵的，对于一个有了崇高威望的哲学家则更是难能可贵的。

解放以后，金岳霖同志努力学习马克思主义哲学，逐渐认识到他以前的哲学体系和逻辑理论中的缺点。但可惜他没有充分的时间和精力来修正这些缺点和提出新的正确的理论。他对他以前的哲学体系和逻辑理论，也曾有过一些过火的自我批评。他高昂的政治热情，影响了他冷静的理智思考。过火的自我批评，当然是不恰当的。但是，他能勇敢地自我否定，却又是他追求真理的表现。

今天我们纪念金岳霖同志 90 诞辰，我们应当学习他的哲学体系中一切正确的东西，尤其是他严密的逻辑分析和逻辑论证的方法。我们还应学习他精研中西各派哲学而博采众长的态度。我们特别应当学习他追求真理与服膺真理的精神，使这种精神在我们哲学界发扬光大，从而能创造出无愧于我们伟大祖国，无愧于我们这个伟大时代的辩证唯物主义的哲学系统。

《论"所以"》中的几个主要问题^{*}

　　金岳霖同志在《哲学研究》1960 年第 1 期发表了《论"所以"》一文。金岳霖同志首先把推论规定为相应于"所以"的推论，于是他认为，推论与蕴涵是不同的，推论是从断定前提到断定结论的过渡，推论是要求断定它的前提的，而蕴涵却并不要求断定它的前件。由于推论要求断定它的前提，而断定前提又是相对于认识的，而认识又是相对于一时代的科学水平、相对于阶级的，金岳霖同志便得出结论：不但具体的推论是相对于一时代的科学水平、相对于阶级的，而且推论形式也是相对于一时代的科学水平、相对于阶级的。最后，金岳霖同志还提到无产阶级的世界观和形式逻辑的联系，金岳霖同志认为："我们的'所以'既贯彻了马克思列宁主义的要求，辩证唯物主义的充足理由，又贯彻了形式逻辑的形式正确性，它的正确性是最高的正确性。"①

　　《论"所以"》对推论的性质以及推论与蕴涵的关系，提出了许多深刻的思想，也提出了不少科学史上的具体材料来论证推论

　　＊　原载《哲学研究》1961 年第 5 期。

　　①　《论"所以"》，《哲学研究》1960 年第 1 期，第 45 页第 3 段。以下凡引自此文，均只注明页数和段数。

的性质；在整篇文章中，强调推论形式与推论内容的联系，强调思维形式应从实际思维中来，又要回到实际思维中去，要求在形式逻辑中贯彻马克思主义的立场观点方法的热忱与愿望，跃然纸上。我认为这些对于我们今后的深入讨论，是会起积极的推动作用的。这是一方面。

但是，另一方面，我认为，《论"所以"》中的许多基本概念还是不够明确的，许多论证还是不够谨严的，因而，就不可避免地会导致一些混乱的甚至错误的结论。我认为这些应当通过讨论逐渐澄清，以便吸取金岳霖同志意见中的合理成分。

《论"所以"》是一篇长文，它涉及许许多多大大小小的问题，我不想作全面的讨论，因为那将是一个阻且长的漫游！我只想就其中几个主要的问题，提出一些意见，以就教于金岳霖同志与哲学界逻辑界的其他同志。

1．蕴涵的存在不靠人的认识吗？

（1.1）在讨论以前，我们应首先明确金岳霖同志所说的蕴涵的意义。金岳霖同志认为，正确的蕴涵是客观必然性的反映（20页3段）；正确的蕴涵如果完整地表达出来就是一个正确的假言判断（20页1段、2段、3段）。

正确的假言判断，我们可以把它分为两类。例如：

（A）如果金属是遇热膨胀的，而且水银是金属，那么，水银是遇热膨胀的。

（B）如果水银是金属，那么，水银是遇热膨胀的。

（A）与（B）都是正确的假言判断，它们的前件与后件之间都有必然联系，或者说，它们都有或都反映客观必然性，但是，它们是有分别的。这个分别在于前者的形式是：

（A′）如果所有 B 是 C，而且所有 A 是 B，那么，所有 A 是 C。

而后者的形式是：

（B′）如果所有 A 是 B，

　　　那么，所有 A 是 C。

在（A′）中，我们用任何具体内容代入 A、B、C 这些变项，其结果都是一个真判断。在（B′）中，我们用某些具体内容代入 A、B、C，其结果便得到一个真判断，但用另外一些具体内容代入 A、B、C，其结果便是一个假判断。

金岳霖同志所说的蕴涵反映客观必然性，是像（A）这种假言判断所反映的那种客观必然性，而不是像（B）这种假言判断所反映的那种客观必然性。金岳霖同志所说的蕴涵，是重言式的蕴涵，相应于重言式的蕴涵的推论应该是演绎推论。

（1.2）金岳霖同志认为，"蕴涵的存在是不靠认识的"（21 页 3 段）；"蕴涵不是人的蕴涵，它的存在也不靠人的认识"（24 页 2 段）；"蕴涵是客观地存在的，它的存在不靠我们对它的认识"（38 页 2 段）。

在金岳霖同志上面那些话中，"蕴涵的存在"这个语词包含着一个细致的但却是十分危险的歧义，现在让我们来作一些必要的分析。

（1.3）整个世界是一个物质性的世界，物质性的世界发展到一定的阶段，就产生了人，产生了思想。思想是高度发展的物质——人的大脑——的产物，思想的内容是客观事物的反映。

从认识论的角度看，世界上的一切事物可以分为两大类：一类是人的主观方面的思想，另一类是主观思想所反映的客观方面的对象。

所谓一个事物的存在，不论是一个客观方面的对象或是一个主观方面的思想，总是这个事物在特定的时间空间中出现。如何准确地说明一个思想在特定的时间空间中出现，这仍然是心理学与生理学应当继续研究的问题，但是，无论如何，我们总可以说，一个思想的存在，总是它在人的思想中出现，总是它作为人的思想中的一个部分或成分而存在。

客观的对象是思想反映的对象，是独立于人的思想而存在的，是不靠人的认识的。认为客观对象的存在是靠人的思想与认识，这就是主张"存在即被知觉或思想"，这是一种主观唯心主义。

但是，思想却是人的思想，任何一个思想的存在，必然要存在于人的思想中，必然为人所认识，因而，也就必然靠人对它的认识。认为有一种思想存在而又不靠人的认识，不是不靠这个人或那个人的认识，而是不靠任何人的认识，这就是主张有一种独立于人的思想而存在的客观思想，这就是一种客观唯心主义。

（1.4）蕴涵，照金岳霖同志的说法，是两个或两组判断或命题之间的关系。金岳霖同志说："'甲蕴涵乙'说的只能是：一个或一组判断或命题蕴涵另一个或另一组判断或命题。"（20 页 6 段）

目前一般接受的说法，如果判断或命题甲与判断或命题乙有合取关系，那么，甲与乙就形成一个合取判断或命题。如果判断或命题甲与判断或命题乙有析取关系，那么，甲与乙就形成一个析取判断或命题。同样的，如果判断或命题甲与判断或命题乙有蕴涵关系，那么，甲与乙就形成一个蕴涵判断或命题，或者说，就形成一个假言判断或命题。既然甲蕴涵乙是一个判断或命题，那么，甲蕴涵乙就是一个思想。

同时，金岳霖同志自己也说，"正确的蕴涵正确地反映了客观规律、客观事物或事实之间的必然联系"（19 页 4 段）；"正确的蕴涵是客观必然性的反映"（20 页 3 段）。这里所说的"反映"，是思想反映客观事物的反映。因而，照金岳霖同志自己的说法，蕴涵或者说甲蕴涵乙也应是一种思想。

既然蕴涵是一种思想，那么，蕴涵存在，就必然存在于人的思想中；出现于人的思想中，因而，必然为人所认识，必然靠人的认识。在这个意义下，主张"蕴涵的存在是不靠人的认识的"，就是主张有独立于人的思想与认识而存在的客观思想。应当说这是一种客观唯心主义。

以上是"蕴涵存在"的一个意义。

（1.5）但是，"蕴涵存在"还可以有另一个意义。

我们说：

（I_1）判断或命题甲与判断或命题乙有蕴涵关系。

这句话等于说：

（I_2）如果判断或命题甲是真的，那么，判断或命题乙就是真的。

说一个判断或命题是真的，就是说这个判断或命题所反映或表示的事物情况存在，因而（I_2）就等于说：

（I_3）如果判断或命题甲所反映或表示的事物情况存在，那么，判断或命题乙所反映或表示的事物情况就存在。

令判断或命题甲所反映或表示的事物情况为 F_1，令判断或命题乙所反映或表示的事物情况为 F_2，那么，（I_3）就等于说：

（I_4）如果 F_1 存在，那么，F_2 就存在。

在一般情形下，我们说："有 X"，就是等于说："X 存在"。我想大概就是由于这个原故，金岳霖同志又进一步把"判断或命题甲与判断或命题乙有蕴涵关系"说成：

（I_5）甲蕴涵乙存在（或者，蕴涵存在）。

（在这里金岳霖同志不只是用"存在"代替了"有"，而是更多地变动了语句的结构。）

上面所说的（I_1）、（I_2）、（I_3）与（I_4）是有一定程度的分别的。（I_1）与（I_2）是就判断或命题的真说的，而（I_3）与（I_4）是就事物情况的存在说的。但是，（I_1）、（I_2）、（I_3）与（I_4）却是等值的；就是说，它们是同真同假的，其中有一个真，则其余三个都真，其中有一个假，则其余三个都假。

（I_4）是表示两个事物情况 F_1 与 F_2 之间有必然联系。F_1 与 F_2 之间有（或没有）必然联系，是一个客观事实问题。如果事实上，F_1 与 F_2 有（或没有）必然联系，那么，不论人们认识或不认识它，承认或不承认它，它都是如此（或不如此）。在这个意义下，（I_4）是独立于人的认识的，不靠人的认识的。

既然（I_4）是独立于人的认识的，不靠人的认识的，而（I_1）、（I_2）与（I_3）又是同（I_4）等值的，那么，（I_1）、（I_2）与（I_3）也是独立于人的认识的，不靠人的认识的。由此，我们可以看出，由于真假与存在不存在的联系，不但事物情况的存在不存在是独立于人的认识的，而且判断或命题的真假也是独立于人的认识的。

既然（I_1）是独立于人的认识的，不靠人的认识的，而金岳霖同志又自觉地或不自觉地把（I_5）规定为（I_1），那么，在这个规定的意义下，（I_5）也是独立于人的认识的，不靠人的认识的；即是说，在这个规定的意义下，蕴涵存在是独立于人的认识的，不靠人的认识的。

（1.6）根据上面的讨论，我们可以看出，在（1.4）那段所说的"蕴涵存在"与在（1.5）那段所说的"蕴涵存在"是有极大的区别的。在（1.4）意义下的"蕴涵存在"是指蕴涵作为一个判断或命题或思想的存在，而在（1.5）意义下的"蕴涵存在"是直接地指判断或命题或思想的真，间接地是指判断或命题或思想所反映或表示的事物情况的存在。思想的存在，必须存在于人的思想中，必须存在于人的认识中，是靠人对它的认识的，因而，在（1.4）意义下说蕴涵存在不靠人的认识，是唯心主义的，特别是客观唯心主义的。思想所反映或表示的对象的存在，客观事物情况的存在，是独立于人的思想的，独立于人的认识的，不靠人的认识的，因而，在（1.5）意义下说蕴涵存在，是不靠人的认识，是唯物主义的。

金岳霖同志所说的"蕴涵存在"究竟是哪个意义呢？

金岳霖同志说："在断定了或思考出判断或命题之后，它们有相对独立性，它们蕴涵别的判断或命题与否不是断定者或思考者的事情。'地球是自转的'这一判断是人断定的，它蕴涵什么是根据客观事实而确定的。这根本不是人去蕴涵什么，更不是人去要它（原判断）蕴涵什么。"（21 页 1 段）他又说："蕴涵的存在是不靠认识的。这是客观性的最基本的内容。判断和命题当然是靠认识的，不认识它，不会去断定或者考虑它。但是，断定了或思考了一个判断或命题之后，它蕴涵什么？我们也许知道，也许不知道。知道也好，不知道也好，它是存在的。"（21 页 3 段）尤其是在金岳霖同志批判伽罗尔的时候，还谈到："提出命题的真假问题和真假问题是两件事。……这个真假问题是事实问题，实践问题，是命题与事实符合与否的问题。它不靠你的断定，更不靠断定的断定。"（38 页 1 段）

值得注意的是，金岳霖同志提到蕴涵的客观性，也提到命题的真假。由此更可看出他所说的"蕴涵存在"是（1.5）那个意义，而不是（1.4）那个意义。

根据（1.5）意义下的"蕴涵存在"，我们就容易理解金岳霖同志对于蕴涵与推论所提出的主张。

蕴涵存在或甲蕴涵乙存在，在（1.5）的意义下，是决定于客观事物情况 F_1 与 F_2 有必然联系，因而蕴涵的存在是不靠人的认识的。但是，推论的发生或作出，即是说，从断定甲到断定乙的过渡的发生或作出，却是决定于人（推论者）对甲的断定与对乙的断定以及从断定甲到断定乙的过渡，而这个断定与过渡都是人的认识活动。因而，推论的发生或作出却是靠人的认识的。所以，金岳霖同志说，"蕴涵不是人的蕴涵，它的存在也不靠人的认识，'所以'是人的过渡，推论是人作出来的。在过渡没有成为事实，推论没有发生的时候，推论就不存在。"（24 页 2 段）

虽然金岳霖同志所说的"蕴涵存在"，我认为，是用的（1.5）那个意义，但是，金岳霖同志陈述他的思想是不够准确的。首先，一般所谓"蕴涵的存在"是（1.4）那个意义，而不是（1.5）那个意义。既然金岳霖同志是用的（1.5）那个意义，他就应明确地提出（1.5）那个意义与（1.4）那个意义的重要分别。但是，金岳霖同志并没有这样作，这就会引起混乱。其次，金岳霖同志还有一些说法，事实上是用（1.5）那个意义，至少使人觉得他是用（1.5）那个意义。例如：他说："在具体的思维认识过程中不认识一个蕴涵，该蕴涵存在，因此该过程中有它，虽然认识主体没有认识它。在具体的思维认识过程中，不作出一个推论，该推论不存在。"（24 页 4 段）这里既然把蕴涵的存在与推论的存在相提并论，那么，它们的存在的意义，就是或就应当是同一的。而且这里还说在一个具体的思维认识过程中存在着这个蕴涵，这里所说的蕴涵存在，很显然是（1.4）那个意义而不是（1.5）那个意义。

历史上不少的客观唯心主义者，都是自觉地或不自觉地把思想的客观性混淆为客观的思想，从而虚构出一个既独立于物质世界又独立于人的思想的理念世界或共相世界。把上面（1.5）意义下的蕴涵存在混淆为（1.4）意义下的蕴涵存在，就会导致把思想的客观性混淆为客观的思想，就会陷入客观唯心主义。因而，我说，"蕴涵存在"包含着一个十分危险的歧义，这是值得我们十分警惕的。

2. 什么是历史上有根据的蕴涵?

历史上有根据的蕴涵是金岳霖同志所说的推论的一个条件，但什么是历史上有根据的蕴涵呢？金岳霖同志对这个概念的意义，是很少说明的。

（2.1）"历史上有根据的蕴涵"，如果展开成一句话，那就是"P历史上有根据地蕴涵Q"。对于这句话，可以从不同的方面提出问题。在这里我只提出这样的问题："P历史上有根据地蕴涵Q"是否意味着P蕴涵Q是正确的蕴涵呢？或者简单地说，是否意味着P蕴涵Q呢？

金岳霖同志说："上面所说的蕴涵是历史上有根据的蕴涵，是像正确地反映了客观规律的假言判断的前件中已经存在着后件那样的蕴涵。"（19页3段）

按金岳霖同志的说法，假言判断与蕴涵的不同，是在于、也只在于：当一个蕴涵被认识了而且被完全表达出来了，那么，一个蕴涵就成为一个假言判断。但是，一个蕴涵可以不被认识，也可以不完整地表达出来（20页1段）。由这点看，在正确的假言判断中前件与后件之间的关系，与在历史上有根据的蕴涵中蕴涵判断或命题与被蕴涵的判断或命题之间的关系，是完全相同的。这就是说，如果P历史上有根据地蕴涵Q，那么，P真则Q真，Q假则P假，这也就是说，"P历史上有根据地蕴涵Q"意味着P蕴涵Q是一个正确的蕴涵。

（2.2）但是，在另一地方，金岳霖同志又说："历史上有根据的蕴涵现在不一定都正确"（19页4段）；"这又可能是它（指推论。——周注）所依据的蕴涵不正确。"（23页3段）

　　由这两段话看，金岳霖同志又明确地断定了："P 历史上有根据地蕴涵 Q"意味着 P 涵蕴 Q 可以是不正确的。

　　(2.3) 又在一个地方，金岳霖同志说："下面提到的是历史上有根据的蕴涵。这些蕴涵中有的现在仍然正确，有的现在可能不正确了。尽管如此，它们在历史上仍然有根据，它们是根据当时的充足理由或科学水平而承认的。"(21 页 4 段)

　　这段引文的上半段，明确地肯定了："P 历史上有根据地蕴涵 Q"意味着 P 蕴涵 Q 可以是不正确的。但是，这段引文的下半段，情况就不同了。问题在于"它们是根据当时的充足理由或科学水平而承认的"这一句话。根据这句话，"P 历史上有根据地蕴涵 Q"，可以有下面两个意思：

　　(H_1) 根据当时的科学水平，P 是 Q 的充足理由。

　　(H_2) 根据当时的科学水平，有充足理由认为 P 蕴涵 Q。

　　(H_1) 与 (H_2) 是不相同的。

　　金岳霖同志谈到在古代关于地球中心说的充足理由时说："就古人所得到的根据说，他们是不是有充足的理由来断定太阳或月亮是'围绕着地球转的'呢，我认为他们当时的理由是很充足的。"(29 页 4 段) 后来他又说："重复着由东边上来，向西行进，再从西边下去的东西是绕着地球转的东西，太阳是重复着由东边上来向西行进再由西边下去的东西，所以太阳是绕着地球转的东西。这个推论是在古代的时候发生的，而我们认为在那个时候，它是正确的。显然它是在历史上有科学根据的。"(43 页 3 段)

　　值得注意的是，在古代作出的那个关于地球中心说的推论，前提与结论之间是一个正确的蕴涵，因而由上面金岳霖同志这些话可以看出，根据当时的科学水平 P（地球中心说的根据）是 Q（地球中心说）的充足理由就要求：①根据当时的科学水平认为 P 是正确的；②不仅根据当时的科学水平而且事实上，P 蕴涵 Q

（或 P 蕴涵 Q 是正确的）。

由此可以看出：如果根据某个历史时期的科学水平，P 是 Q 的充足理由，那么，就一定 P 蕴涵 Q 是正确的。如果后来发现事实上 P 不是 Q 的充足理由，错误是在于、也只在于，P 是不正确的。

所以，根据（H_1）这个解释，"P 历史上有根据地蕴涵 Q"，就是意味着：P 蕴涵 Q 一定是正确的。

但是，根据（H_2）的解释，情形又不同了。虽然根据当时的科学水平有充足理由认为：P 蕴涵 Q。但是，根据当时的科学水平所提出的理由可能事实上是不充足的，或者说是不正确的，因而，根据这些理由所认定的 P 蕴涵 Q，也可能是不正确的。

因此，根据（H_2）的解释，"P 历史上有根据地蕴涵 Q"又意味着：P 蕴涵 Q 可以是不正确的。

金岳霖同志所说的"历史上有根据的蕴涵"，有时要求这个蕴涵是正确的，有时这个蕴涵又可以是不正确的，金岳霖同志究竟指的是哪个意思呢?!

就《论"所以"》整篇文章看，我猜想，金岳霖同志所谓历史上有根据的蕴涵有较大的可能是（H_2）那个意义。但是，我认为，即使采取了（H_2）这个意义，也还是有困难的。这在（3）那段还要说到。

3. 关于推理的几个基本概念

为了以后讨论方便起见，我想对《论"所以"》中关于推论的几个基本概念作些分析，使其明确起来。基本上是按《论"所以"》中的原意，只是在必要的地方，我才略加引申与补充。

（3.1）逻辑书中所讲的推理或推论，是否断定了前提，这不

是没有争论的。有一个逻辑史家说过，亚里士多德所讲的三段论
（以 AAA 为例），都是下面这个形式：

　　如果　MAP，

　　　　　SAM

　　那么，SAP。

他说在亚里士多德著作中，从来没有出现过下面这样的形式：

　　　　　MAP，

　　　　　SAM，

　　所以，SAP。

他的话是否合乎事实，由于我没有细查亚里士多德全书，我没有
发言权，只是想来他不会是完全胡说的，至少在亚里士多德著作
中谈到推论形式时，比较多的是"如果……那么……"的形式，
这一点似乎是可以肯定的。

　　金岳霖同志一开始就把这个问题避开了，金岳霖同志把他
所讨论的推论限制到相应于"所以"的推论。问题是避开了，
但问题并没有解决。虽然如此，我也只能在金岳霖同志所限定
的范围内表示意见。以后我说的推论也都是相应于"所以"的推
论。

　　（3.2）金岳霖同志认为，推论就是"从一个或一组判断或命
题的断定到另一个或另一组判断或命题的断定这二者之间的过渡"
（21 页 5 段）。前一个或一组判断或命题叫做前提，后一个或一组
判断或命题叫做结论。

　　金岳霖同志又进一步说明，推论要求两个条件。"一个条件是
前提与结论之间要有根据的蕴涵关系。"（22 页 2 段）这里所说的
"有根据的蕴涵关系"就是"历史上有根据的蕴涵关系"。

　　推论的"第二个条件是断定前提的内容正确性"（22 页 3
段）。断定前提的正确性不等于前提的正确性，或者说，不等于前

提是正确的。推论者断定某个前提是正确的，但事实上，这个前提可以是不正确的。

金岳霖同志对推论的第二个条件的陈述是明确的，但对第一个条件的陈述却是不够明确的。这点我在（2）那段已经谈到了。在那里我说，P 历史上有根据地蕴涵 Q 最可能的解释是：根据当时的科学水平有充足理由认为 P 蕴涵 Q。我现在想表示，即使金岳霖同志采取了这个解释，也是有困难的。因为，这是与金岳霖同志自己给定的推论定义不合的。照金岳霖同志的定义，推论就是从断定前提到断定结论的过渡。这个定义只要求有过渡就行，并不要求这个过渡是合乎历史上有根据的蕴涵。如果推理要求这个过渡合乎历史上有根据的蕴涵，那么，由于一个推论者认为是正确的蕴涵不必是他的时代有根据的蕴涵，每一个时代就会有许多用了"所以"的思维活动不能认为是推论了！既然有许多用了"所以"的思维活动不是推论，那么，推论就与"所以"不等同了。但是，按照金岳霖同志自己所规定的意义，推论与"所以"却是等同的。

我不太理解，为什么金岳霖同志对前提与结论之间的关系要求这样一个条件，而不采取与他的第二个条件类似的态度，就是说，只要求推论者认为前提与结论之间有蕴涵就行了。

（3.3）由于推论者所断定的前提，可以是正确的也可以是错误的，也由于前提与结论之间的有根据的蕴涵关系，可以是正确的蕴涵关系，也可以不是正确的蕴涵关系，因此，推论就有正确与不正确的分别。

正确的推论，就是前提正确而且前提与结论之间有（正确的）蕴涵关系的推论。不正确的推论，就是前提不正确或者前提与结论之间没有（正确的）蕴涵关系的推论（23 页 2 段）。

（3.4）关于推论有三个基本概念：一个是具体推论，一个是推论形式，还有一个是推论内容。我想首先通过几个例子来明确这三个概念，然后再回头来看看金岳霖同志所定义的"推论"究竟是什么。

下面是两个具体推论：

① 所有动物都是会死的，　　② 所有金属都是导电的，

　　所有人都是动物，　　　　　所有银都是金属，

　　所以，所有人都是会死的。　所以，所有银都是导电的。

①是关于动物、人与会死的这些事物的具体推论，或者说，是包含了由动物、人与会死的这些概念所构成的具体推论。②是关于金属、银与导电的这些事物的具体推论，或者说，这包含了由金属、银与导电的这些概念所构成的具体推论。

如果我们把①、②这两个具体推论所涉及的特殊对象都用变项代替，相同的对象用相同的变项代替，结果便得到：

③ 所有 B 都是 C，

　　所有 A 都是 B，

　　所以，所有 A 都是 C。

③就是①与②这两个具体推论的推论形式。动物、人与会死的这些事物或这些概念，就是①这个具体推论的推论内容。金属、银与导电的这些事物或这些概念，就是②这个具体推论的推论内容。③这个推论形式同动物、人与会死的这些推论内容结合起来，就得到①这个具体推论。③这个推论形式同金属、银与导电的这些推论内容结合起来，就得到②这个具体推论。

由此可以看出，推论形式与推论内容是不同的，相同的或同一的推论形式可以和不同的推论内容相结合。例如，③这个推论形式可以和动物、人与会死的这些推论内容相结合，也可以和金属、银与导电的这些推论内容相结合。

我们也可以看出，推论形式与具体推论是不同的。推论形式是从具体推论中抽象出来的，在推论形式中，推论内容被排除了。在推论形式中，我们用变项，例如，A、B、C代替了推论内容，这就表示在推论形式中我们不考虑推论内容。A、B与C可以是这样的内容，但又可以不是这样的内容；可以是那样的内容，也可以不是那样的内容。只有当一个推论形式与某个推论内容相结合时，才是一个具体推论，或者说，只有当一个推论形式中的变项都代以表示确定事物的常项（例如，动物、人与会死的）时，这个推论形式才变成一个具体推论。

（3.5）上面我们说③是推论形式，其实，严格地说，③只是一个特殊的推论形式，只是三段论AAA这个推论形式，而不是一般的或普遍的推论形式。

显然，除了③这个特殊的推论形式以外，还有许多别的特殊的推论形式，例如：

④PEM，　　　　　⑤MAP，　　　　　⑥如果P，那么Q，
　SAM，　　　　　　SEM，　　　　　　　P，
　所以，SEP。　　　所以，SEP。　　　所以，Q。

⑦如果P，那么Q，⑧P或Q，　　　　　⑨P或Q，
　Q，　　　　　　　非P，　　　　　　　Q，
　所以，P。　　　　所以，Q。　　　　　所以，非P。

⑩SAP，　　　　　⑪SAP，
　所以，PIS。　　　所以，非SEP。

③、④、⑥、⑧、⑩、⑪都是正确的特殊推论形式，⑤、⑦、⑨都是不正确的特殊推论形式。⑩、⑪是一个前提的特殊推论形式，其余的都是两个前提的特殊推论形式。

以上这些特殊的推论形式，不论是正确的或是不正确的，不论是一个前提的或一个以上前提的，都有一个共同形式，这就是，

它们都是从一个或一组判断或命题的断定到另一个或一组判断或命题的断定这二者之间的过渡。① 用 A 代表任何一个或一组判断或命题，用 C 代表另一个或一组判断或命题，"……所以，××××"是表示"从……的断定到××××的断定这二者之间的过渡"，那么，这个共同形式就是：

⑫　A，

　　所以，C。

⑫是普遍的推论形式。普遍的推论形式是一切具体推论都具有的推论形式，特殊的推论形式是具有特定形式的前提与特定形式的结论的具体推论所具有的推论形式。

金岳霖同志关于推论的定义是：从一个或一组判断或命题的断定到另一个或一组判断或命题的断定这二者之间的过渡。从这个定义看，金岳霖同志所说的推论，就是我们上面所说的（普遍的）推论形式，就是：A，所以，C。

金岳霖同志自己说："'所以'这一思维形式要求两个条件"（22 页 3 段）；"蕴涵和'所以'是不同的思维形式。"（21 页 3 段）由这些话可以看出：金岳霖同志也承认他所说的"所以"或推论是指的推论形式，只不过他说的不是十分明确，只不过他没有明确提出普遍的推论形式与特殊的推论形式而已。

具体推论、推论形式与推论内容是三个不同的概念，对于我们以后的讨论是十分重要的。根据金岳霖同志对"推论"所给的定义看，他所说的"推论"应该是（普遍的）推论形式，但是，在《论"所以"》中，有时他又用"推论"去表示具体的推论。在

---

① 照金岳霖同志所给定的意义，判断是一个断定了的命题，因而，"断定一个判断"就等于说"断定一个断定了的命题"。这是不恰当的。但是，为了便于讨论，我也采取了金岳霖同志的说法，我也说"断定一个或一组判断"或"一个或一组判断的断定"。

以后的讨论中，我们要根据具体情况，分别地用具体推论或推论形式去代替他所说的"推论"，以免引起混淆。

4. 推论形式相对于时代的科学
水平吗？相对于阶级吗？

（4.1）金岳霖同志认为推论形式是相对于时代的科学水平的。他的论证的进程是这样的：他首先证明具体推论是相对于时代的科学水平的，再加上推论形式与推论内容的联系作为补充理由，他就进而断定：具体推论如此，推论形式也如此。

金岳霖同志说："推论这一活动是认识中的活动，是认识史中的活动"（27页5段）；"一个很重要的情况就是一时代的科学水平。推论有的时候是低于一时代的科学水平的，有的时候是超过一时代的科学水平的，但是，这些终究是少数，就绝大多数的推论说，它是相对于一时代的科学水平的。"（29页1段）

金岳霖同志指出，关于地球中心说的推论是哥白尼以前时代的推论，而不是哥白尼时代与哥白尼以后时代的推论（29页4段）；关于血液循环的推论，是勒文合克制造了与利用了强大的显微镜，在1688年才作出的推论，而不是1688年以前能作出的推论。在1628年哈微就不能作出这个推论（20页2段）。

金岳霖同志上面这些话，我认为是正确的。但是，我要指出一点，他上面这些话中的"推论"，都是指的具体推论，而不是指的推论形式，因而，他上面这些话，只能证明具体推论是相对于一时代的科学水平的，而不能证明推论形式也是如此。

金岳霖同志是明确地认识到这个问题的。因此，他后来又补充了别的理由。

金岳霖同志认为，推论形式和推论内容是结合着的。推论形式可以脱离这一推论内容或那一推论内容，但是，不能脱离所有的推论内容。推论形式和推论内容相结合就是一个具体推论。因而，一个推论形式的出现或发生或被作出，就必须应用了这个推论形式的具体推论出现或发生或被作出。这是第一个补充理由（24 页 3 段）。

金岳霖同志的第二个补充理由是："形式如何，主要地是由内容决定的。内容有某些一般的或基本的特点，形式也有该一般的或基本的特点。上面从一节到五节的讨论提出'所以'或推论（指具体推论。——周注）的三个一般的或基本的特点，这些特点，'所以'或推论形式也有。"（36 页 3 段）

根据上面这两点理由，金岳霖同志得出结论：既然具体推论或推论内容是相对于时代的科学水平的，那么，推论形式也是相对于时代的科学水平的。"推论或'所以'如此，它的形式也如此。"（36 页 3 段）

（4.2）我们要知道金岳霖同志这个论证是否正确，我们就得先知道他的论题——推论形式是相对于时代的科学水平的——是什么意义。

根据金岳霖同志的说法："'所以'或推论（发生或作出）是相对于一时代的科学水平的。……推论或'所以'如此，它的形式也如此"，我想有下面两个可能的意义。一个意义是：

（S_1）　一个应用了推论形式 Fk 的具体推论，只能在具有科学水平 Sk 的时代发生或作出，在一切其它不具科学水平 Sk 的时代都不会发生或作出。同样的，推论形式 Fk 也只能在具有科学水平 Sk 的时代发生或作出，在一切不具有科学水平 Sk 的时代都不会发生或作出。

在（S_1）这个意义下，不但金岳霖同志的论证是不正确的，而且金岳霖同志的论题也是不正确的。

推论形式与推论内容有统一性的一面，也有差异性的一面。推论形式虽然要同推论内容相结合而存在，推论形式虽然只能存在于具体推论中，但是，推论形式却可以同这一推论内容结合，也可以同另一推论内容结合，却可以存在于这一具体推论中，也可以存在于另一具体推论中。这一点金岳霖同志自己也是明白承认的。某一个特殊的推论形式虽然只能适合某个范围的认识内容，但是，在这个范围内，却可以有认识程度较深的认识内容，也可以有认识程度较浅的认识内容，因而，某一特殊的推论形式就可以和认识程度较深的推论内容相结合，也可以同认识程度较浅的推论内容相结合。

关于地球中心说的具体推论，它应用了推论形式 Fk。这个具体推论，虽然只能在具有科学水平 Sk 的时代发生或作出，但是，推论形式 Fk 却可以和另一具有不同认识程度的推论内容相结合，因而，Fk 就可以在另一个不具有科学水平 Sk 的时代发生或作出。关于血液循环的具体推论，它应用了推论形式 Fk。这个具体推论，虽然只能在具有科学水平 Sk 的时代发生或作出，但是，推论形式 Fk，却可以和另一个具有不同认识程度的推论内容相结合，因而，Fk 就可以在另一个不具有科学水平 Sk 的时代发生或作出。

再举一个更具体的例子吧。请看下面这个具体推论：

　　　　一切反动派都是纸老虎，

　　　　所有帝国主义都是反动派，

　　　　所以，所有帝国主义都是纸老虎。

这是一个具体推论，由于它的推论内容是一个深刻的认识，它只能在无产阶级革命时代，特别是毛泽东同志总结了中国与世界各国人民反对各国反动派和反对帝国主义的革命经验以后，才能作出或发生。但是，这个具体推论的推论形式却是：

一切 B 都是 C，

所有 A 都是 B，

所以，所有 A 都是 C。

这个推论形式是一般所谓 AAA 的推论形式。AAA 这个推论形式，不但在比今天科学水平低得多的 17、18 世纪大量应用，而且在比现在科学水平低得很多的古代也是大量应用的。亚里士多德距现在已经两千多年了，就是他正式地提出 AAA 这个推论形式。这个 AAA 推论形式，我想，人们还会继续应用下去。它也许要同人类长期共存。

由此可以看出，如果金岳霖同志在（S_1）这个意义下说推论形式是相对于时代的科学水平的，那么，他的主张就是不正确的。

（4.3）但是，"推论形式是相对于时代的科学水平的"还可有另外的意义，这就是：

（S_2）　　一个具体推论发生或作出，必须是在一个具有足够认识这个具体推论的科学水平的时代。同样的，一个推论形式 Fk 发生或作出或被应用，也必须是在一个具有足够认识 Fk 的科学水平的时代。

在（S_2）这个意义下，说推论形式是相对于时代的科学水平的，显然是正确的。因为，人们要应用 Fk 这个推论形式，就必须对于 Fk 有一定程度的认识，或者能够脱离具体内容普遍地认识 Fk 的正确性或者能够在与具体内容结合中认识 Fk 的正确性。这个对 Fk 一定程度的认识是相对于时代的科学水平的。在具有某个相应的科学水平的时代人们才能认识 Fk，从而能应用 Fk；在任何不具有这个相应的科学水平的时代，人们便不能认识 Fk 与应用 Fk。

在（S_2）这个意义下，如果否认了推论形式相对于时代的科学水平，那就是否认了推论形式的发生或应用同人对推论形式的认识之间的联系，那就是否认了人们对推论形式的认识的历史性。这显然是不正确的。

（4.4）（S_1）这个意义与（S_2）这个意义是有很大的分别的。用前面那个关于"一切反动派都是纸老虎"的具体推论为例。在（S_1）的意义下，推论形式 AAA 发生或作出所要求的或相对的科学水平，就是足够认识"一切反动派都是纸老虎"这个具体推论的科学水平；而在（S_2）这个意义下，推论形式 AAA 发生或作出所要求的或相对的科学水平，却是足够认识 AAA 这个推论形式的科学水平。足够认识"一切反动派都是纸老虎"这个具体推论的科学水平是不同于足够认识 AAA 这个推论形式的科学水平的。前者只是今天才具有而以前时代不能具有的这个科学水平，后者却不只是今天才具有的科学水平，而是从两三千年前的古代直到今天都具有的那个科学水平。在（S_2）这个意义下，能够承认这样的客观事实：许多基本的推论形式（如三段论、假言推理形式、选言推理形式以及假言与选言联合的推理形式），从两三千年前的古代直到现在都在不断地发生或作出，但是，在（S_1）意义下，就必得否认这个客观存在的事实。

在（S_1）意义下，推论形式所相对的时代科学水平与具体推论所相对的时代科学水平是同一的，但是，在（S_2）意义下，推论形式所相对的时代科学水平与具体推论所相对的时代科学水平是很不相同的。

（S_1）与（S_2）是两个非常不同的意义，前者是一个强的意义，在这个意义下，说推论形式相对于时代的科学水平是不正确的。而后者是一个弱的意义，在这个意义下，说推论形式相对于时代的科学水平是正确的。金岳霖同志究竟是采用哪个意义呢？

金岳霖同志说："所以或推论（发生或作出）是相对于一时代的科学水平的。……推论或'所以'（指具体推论。——周注）如此，它的推论形式也如此。"（36 页 3 段）从这些话看来，金岳霖同志是断定，至少使人觉得他是断定，推论形式所相对的时代的科学水平与具体推论所相对的时代的科学水平是同一的，即是说，金岳霖同志是采用（S_1）这个意义，而不是采取（S_2）这个意义。如果如此，那显然是不正确的了。

（4.5）金岳霖同志又提出推论形式是，或基本上是，有阶级性的。他对这个主张的论证同他对相对于时代科学水平的论证是相同的，他先论证具体推论是基本上有阶级性的，然后再提出推论形式与推论内容的联系作为补充理由，从而认为推论形式也是、或基本上是有阶级性的。

让我们先看看金岳霖同志如何论证具体推论是基本上有阶级性的。

金岳霖同志说："认识大都是生产斗争的认识或阶级斗争的认识。前者是对自然的认识，后者是对社会的认识。大致说来自然科学方面的认识和推论是没有阶级性的，社会科学方面的认识和推论是有阶级性的。"（31 页 1 段）

自然科学中的具体推论，大致说来，是没有阶级性的，这是一个无法否认的客观事实。这点金岳霖同志是明确认识到的。但是，在承认了这点之后，如何来证明具体推论又是基本上有阶级性的呢？

金岳霖同志说："我们仍然要记住自然科学中的'所以'和自然科学工作者的'所以'是两件不同的事情，前者没有阶级性，后者不一定没有阶级性。"（31 页 3 段）

金岳霖同志又指出："自然科学中的'所以'虽然没有阶级性，然而自然科学工作者关于自然科学所作出的推论不一定是没有阶级性的。"（31 页 4 段）他举了爱丁顿只承认微观世界的桌子的真实性，而不承认客观世界的桌子的真实性为例，还举了"自然讨厌真空"的例子，还举了教育工作者日常生活中的一些具体推论的例子。

我认为，金岳霖同志承认了自然科学中的具体推论没有阶级性以后，后来又提出的那些理由，对于证明具体推论基本上有阶级性是毫无帮助的。因为，那些理由都只是证明自然科学工作者在自然科学范围以外的具体推论是有阶级性的，或者关于自然科学的具体推论是有阶级性的。那些理由仍然不能证明包括自然科学中的具体推论与其他具体推论的整个具体推论是基本上有阶级性的。这点金岳霖同志也是十分明确认识到的。

于是，他说："我这里显然不是说所有的推论都有阶级性，这是不能成立的。我也不是说'所以'当中大部分是有阶级性的。……思想有主导和从属的差别，推论也有。主导的推论作用也是主导的。我们的问题是在推论中起主导作用的是有阶级性的推论呢还是没有阶级性的推论呢？如果事实是前者的话，那么，'所以'基本上是有阶级性的，如果事实是后者的话，那么，'所以'基本上是没有阶级性的。"（32 页 4 段）

金岳霖同志认识到，由数量多少来证明具体推论有阶级性是不可能的，他必须找寻一条新的道路。于是，他给"具体推论基本上有阶级性"一个新的意义，这就是：所谓具体推论基本上是有阶级性的，就是说，在具体推论中起主导作用的是有阶级性的具体推论。

在规定了这个意义以后，金岳霖同志就进而断定，在阶级社会中，统治阶级的思想是占统治地位的。在思想中占统治地位的也就是在推论或"所以"中起主导作用的，从而推出，在具体推论中，起主导作用的是统治阶级的具体推论。又根据统治阶级的具体推论是有阶级性的具体推论，从而又推出，在具体推论中，起主导作用的是有阶级性的具体推论。再根据他给的定义，就可得出，具体推论是基本上有阶级性的（33页1段至3段）。

金岳霖同志上面的论证是否能够成立呢？这似乎牵涉到不少的问题。例如，"统治阶级的思想是占统治地位的"是什么含义呢？统治阶级的思想究竟是在当时的社会意识（上层建筑中的一部分）中占统治地位呢？还是在当时人们的整个思想（包括反映自然或生产斗争方面的思想与反映社会或阶级斗争方面的思想）中占统治地位呢？这似乎又牵涉到究竟是关于生产的认识是基本的呢？还是关于社会的认识是基本的呢？这似乎也牵涉到生产力与上层建筑的关系问题。关于这些问题，我缺乏系统的研究，我没有发言权。但是，金岳霖同志既然对这些问题作出了判断，为了使人信服，金岳霖同志似乎应当作出、但是却没有作出严格的证明。

现在我们姑且承认，在上述意义下具体推论基本上是有阶级性的。但是，我们应当指出，由此并不能证明任何的具体推论都是有阶级性的，由此也不能否认、而且还得承认：大致说来自然科学中的具体推论是没有阶级性的。我们还要指出，即使承认了具体推论基本上是有阶级性的，也不能由此得出推论形式基本上是有阶级性的。要证明这点，金岳霖同志还得进行艰巨的工作。

于是，同他对于推论形式相对时代的科学水平的论证一样，金岳霖同志又提出了推论形式与推论内容或具体推论的联系这一方面的补充理由。

我认为，加上这些补充理由之后，仍然不能使金岳霖同志得到推论形式基本上是有阶级性的，这方面的道理，同前面讨论推论形式相对于时代科学水平时我所提出的道理是同样的，这里不想重复了。下面我只想独立地来证明推论形式是没有阶级性的。

（4.6）我们说某一事物 X 是有阶级性的，至少要求一个条件：X 对于不同的阶级的阶级利益有不同的利害关系，也就是说，X

适合于某一或某一些阶级的阶级利益，而不适合于另一或另一些阶级的阶级利益。这是有阶级性的一个必要条件，一切不具备这个条件的事物，都是没有阶级性的。

不论是普遍的推论形式"A，所以，C，"或者是特殊的推论形式，例如"MAP，SAM，所以，SAP"，推论形式总是人们根据已有知识寻求新知识的工具，同时，也是人们论证与说服的工具。即是说，推论形式是人们认识的工具，也是人们论证的工具。

各个不同的阶级的阶级利益是可以很不相同甚至对立的，但是，阶级是人的集团，人要生存，总是要认识外界事物，总是要与其他人互相交流，总是要论证说服。各个不同的阶级的认识内容与论证内容，也可以是很不同甚至对立的，但是，各个不同的阶级都需要认识与论证这一点却是各阶级共同的。

既然各个不同阶级，都需要认识与论证，既然推论形式是认识与论证的工具，那么，推论形式对于各个不同阶级的阶级利益就都是适合的，推论形式就不是适合于某一或某些阶级的阶级利益，而不适合于另一或另一些阶级的阶级利益的。

既然如此，那么，推论形式就是没有阶级性的。

以上是从一般理论上来说明我们的观点。再从事实上看，客观事实不正是如此吗？各个不同的阶级，都是要从断定某一个或一组判断或命题过渡到断定另一个或另一组判断或命题的，都是要用"A，所以，C"这一普遍的推论形式的。各个不同的阶级，也都是要从断定两个分别具有 MAP 与 SAM 形式的判断或命题过渡到断定一个具有 SAP 形式的判断或命题的，都是要利用推论形式"MAP，SAM，所以，SAP"的。我们无产阶级是要应用推论形式的，资产阶级、封建阶级与奴隶主阶级也是要应用推论形式的。假若不是如此，作为奴隶主阶级成员的亚里士多德就不会花那么大的精力去研究形式逻辑了，假如不如此，资产阶级、封建阶级与奴隶主阶级，就不会有形式逻辑了。

所以，我们认为，推论形式是没有阶级性的。我们认为，主张"推论形式是有阶级性的"是不正确的。

金岳霖同志有时说：推论形式是相对于阶级的，是有阶级性的。有时也说：推论形式基本上是相对于阶级的，基本上是有阶级性的。前者是一个强的意义，而后者是一个弱的意义。我想，我的准确意思应当是后者。

金岳霖同志说：推论形式基本上是相对于阶级的，基本上是有阶级性的，这里"基本上"是什么意义呢？金岳霖同志对此没有直接的说明。但是，我们可以从他对推论（即具体推论）基本上是有阶级性的那句话的解释，间接地了解"基本上"的意义。因此，"推论形式基本上是有阶级性的"这句话的意义是而且应当是："在推论形式中起主导作用的是有阶级性的推论形式"。很显然，在这个意义下说"推论形式基本上是有阶级性的"是不正确的。

我们已经证明了推论形式是没有阶级性的。既然如此，那么，有阶级性的推论形式就是不存在的。既然有阶级性的推论形式是不存在的，那么，"在推论形式中起主导作用的是有阶级性的推论形式"就是不正确的。这正如同说"在人的生活中起主导作用的是鬼神的力量"是不正确的一样。

（4.7）金岳霖同志也许要说："我所说的推论形式是人们实际思维中的推论形式，是与推论内容结合着的推论形式。在我所说的推论形式中，是包含断定这一成分的，而断定总是对于一个特定的具体判断或命题的断定。对一个特定的具体判断或命题的断定，基本上是有阶级性的，是相对于时代科学水平的。因此，推论形式也是基本上有阶级性的，相对于时代的科学水平的。你所说的断定，只是抽象的空洞的断定，事实上不存在你所说的那样

的抽象的断定。"（参看 33 页 5 段至 36 页 4 段）

我们的答复是：客观事物是具体的，在具体事物中，各个属性是有机联系着的；但是，人们却可以从具体事物中抽象出它的某一或某些属性加以研究，而得出关于这一或这些属性的普遍规律。黑格尔在唯心主义哲学家中应当算是一个十分强调具体的哲学家了，但他曾说：规律是抽象的。他这句话，并没有不适当地否定了规律的地位，而是适当地肯定了抽象的作用。列宁在《哲学笔记》中指出："当思维从具体的东西上升到抽象的东西时，它不是离开——如果它是正确的（注意）（而康德和所有哲学家都在谈正确的思维）——真理，而是接近真理。物质的抽象，自然规律的抽象，价值的抽象及其他等等，一句话，那一切科学的（正确的，郑重的，不是荒唐的）抽象，都更深刻、更正确、更完全地反映着自然。"①

当然，人们的认识，在获得许多抽象的普遍性规律的过程中，又要不断地把这些抽象的普遍性规律按照事物的原样综合起来，在思想中重现具体事物。但是，从具体事物中抽象出某一或某些属性加以研究而得出关于这一或这些属性的普遍性规律，却是科学的认识或理性认识中的必要的步骤。

在实际的具体思维中，推论形式与推论内容是结合着的，断定总是对特定的具体判断或命题的断定，也总是特定的人的断定，这确实是客观事实。但是，人们可以而且有必要从具体思维中抽象出推论形式加以研究，而不考虑它的推论内容，或所断定的内容。应当认识到，当我们从具体推论中抽象出推论形式时，推论形式本来就已经是抽象的了，既然如此，那么，为什么又要求在抽象的推论形式中包含断定的具体内容呢?! 要求具体的断定呢?!

----

① 《列宁全集》第 38 卷，人民出版社 1959 年版，第 181 页。

金岳霖同志自己也说过"这个脱离是必要的。没有这个脱离，去粗取精，去伪存真，由此及彼，由表及里的工作就无法进行，形式逻辑工作者需要这个脱离，这一点必须肯定。"（35页3段）

金岳霖同志一方面主张形式逻辑必须脱离推论内容而研究推论形式（这是正确的），而另一方面又主张在推论形式中必须包含断定的具体内容或推论内容（这是错误的），这不能不说是自相矛盾的。

金岳霖同志也许又会说：我从来不否认人们可以只研究推论形式，我只是认为，在推论形式中本来就已包含了所断定的内容。

这又回到推论形式这个概念的含义来了。金岳霖同志自己对推论形式的定义是："从一个或一组判断或命题的断定到另一个或一组判断或命题的断定这二者之间的过渡。"我们在（3）那段已经谈过，这个关于推论形式的定义就是：从 A 的断定到 C 的断定这二者之间的过渡；也就是：A，所以，C。在推论形式中，一个或一组判断或命题（A），另一个或一组判断或命题（C），都是判断变项或命题变项。一方面，它们是一般地指任何判断或命题，但是，另一方面，它们又不是指某个特定的具体判断或命题。因而，在推论形式中只包含一般地对判断或命题的断定，而不包含对特定的某个具体判断或命题的断定。

一般地对判断或命题的断定与对特定的某个判断或命题的断定是有分别的，前者不考虑判断或命题的具体内容，而后者却必须包含判断或命题的具体内容。一般地对判断或命题的断定，由于不考虑判断或命题的内容，是各阶级所共同的，因而，是没有阶级性的。对特定的某个具体判断或命题的断定，由于涉及到与阶级利害有关的判断或命题的具体内容，却不是各阶级所共同的，因而，是有阶级性的。

因此，我们认为，不但一般所说的推论形式是不包含断定的具体内容的，而且金岳霖同志自己所提出的推论形式也是不包含断定的具体内容的。因而，金岳霖同志所提出的推论形式也是没有阶级性的。

还有，我们要提出下面的疑问：假如在推论形式中包含了断定的具体内容，或者说，包含了具体的判断或命题，那么，推论形式，以 AAA 为例，就应当是：

空气是有重量的，　　或者:上层建筑是有阶级性的，　或者:……
有重量的是往下压的，　　哲学是上层建筑，　　　　　　……
所以,空气是往下压的。　　所以,哲学是有阶级性的。　　　……

这样，我们就不知道金岳霖同志如何分别推论形式与具体推论，如何分别推论形式与推论内容，如何说明不同的具体推论可以有同一的推论形式！

总结一下以上的讨论，我们的意见是：推论形式，在（S_1）意义之下，是不相对于时代的科学水平的，但在（S_2）意义之下，又是相对于时代的科学水平的；推论形式是不相对于阶级的，是没有阶级性的。

5. 关于⊨公式的问题

（5.1）金岳霖同志在论证了推理形式是相对于时代的科学水平与相对于阶级以后，提出了他认为惟一正确的推论形式的公式。

金岳霖同志说："就 MAP，SAM，所以，SAP 这样一个三段论说，我们的推论或'所以'的形式是⊨MAP，⊨SAM，∴⊨SAP。'⊨'这个符号中的一横表示科学水平，另一横表示无产阶级。一句话，马克思主义的真理只有一个，而'所以'是贯彻这个真理的。作为学说，它如实地反映了它的对象。"（41 页 2 段）

我们把金岳霖同志这个关于推论形式的公式叫做⊨公式。

金岳霖同志对╞公式的解释，我认为，是很不清楚的，我很希望他有机会能完整地严格地解释一下╞公式的意义。以下，我只能在假定的意义之下，对╞公式提出一些意见。

金岳霖同志为什么要提出╞公式，我猜想似乎有两方面的理由。一方面的理由是：╞公式如实地反映它的对象，另一方面的理由是：╞这个公式能够解决推论的必然性问题。关于后一方面的理由，是十分值得重视的。但是，我却倾向于认为，就推论的必然性着想，很可能得出与金岳霖同志原意相反的结论。我希望金岳霖同志能进一步准确地充分地陈述他对于推论必然性的论点，以便进一步展开讨论。我现在只想就╞公式是否如实地反映了它的对象提出我的看法。因为，我认为，╞公式是否如实地反映了它的对象，是第一性的问题。如果╞公式没有如实地反映了它的对象，那么，不论再提出任何其他方面的理由，╞公式仍然是不正确的，因而，仍然是不能成立的。

（5.2）要知道这个╞公式是否如实反映了它的对象，就应先知道╞公式所要反映的对象是什么。

金岳霖同志说这个╞公式是"我们的推论或'所以'的形式"（41 页 2 段）。这句话是有歧义的。一个意思是：╞公式是关于我们无产阶级的推论形式的公式，另一个意思是：╞公式是我们无产阶级关于推论形式的公式。这二者是有分别的。前者所反映的对象是无产阶级的推论形式，而后者所反映的对象是推论形式。推论形式包括了无产阶级推论形式与非无产阶级推论形式，无产阶级推论形式只是推论形式中特殊的一种。

现在我们假定╞公式所反映的对象是无产阶级的推论形式，即是说，是无产阶级所应用的推论形式，并且还假定╞公式的解释是：根据无产阶级的阶级性与相对于无产阶级时代的科学水平，从断定 A 到断定 C 的过渡。在这样解释下的╞公式，虽然仍有不少问题，但大致上是反映了它的对象的。

这样解释下的⊨公式，只是关于无产阶级推论形式的公式，而不是关于推论形式的公式。因而，一个思维活动如果不合这样解释下的⊨公式，就只能说它不合乎无产阶级的推论形式，或者不是无产阶级的推论，而不能因此就说它不合乎推论形式或者根本不是推论。但是，金岳霖同志却认为，一切不合乎⊨公式的思维活动，不但不是无产阶级的推论，而且根本不是推论。

金岳霖同志说："另一个例子是资产阶级右派的'推论'，不是我们的推论，因此它按推论形式的要求说，也不是推论。既然如此，'所以'也只是两个字而已，不是由前提到结论的过渡形式。"（42 页 2 段）

由这段话看，既然资产阶级右派的"推论"，由于它不合乎⊨公式的要求，不但不是我们无产阶级的推论，而且根本就不是推论，那么，金岳霖同志的⊨公式所反映的对象，就不是，也不能是我们无产阶级的推论形式，而是，也只能是一般的推论形式。

如果⊨公式所反映的对象是一般的推论形式（它既包括无产阶级的推论形式又包括非无产阶级的推论形式，或者说，它是无产阶级推论与非无产阶级推论的共同的普遍形式），并且假定⊨公式的解释是：根据无产阶级的阶级性与相对于无产阶级时代的科学水平，从断定 A 到断定 C 的过渡。

在这样解释下的⊨公式，我认为，不是如实地反映了它的对象，而是歪曲地反映了它的对象。因为，很显然它的对象——（一般的）推论形式——是没有包括"根据无产阶级的阶级性与相对于无产阶级时代的科学水平"这些性质的，这个道理我们在（4）那段已经说过了。

我们此处要再指出一点，把这样解释下的⊨公式看作关于（一般的）推论形式的公式，就必然导致否认一切非无产阶级有合乎推论形式的思维活动，就必然导致否认一切非无产阶级有推论。而且，根据同样的理由，也就必然导致否认一切非无产阶级有判断与概念。其最后结果，是否认一切非无产阶级有思维！

这样解释的⊨公式所导致的结论是荒谬的。马克思主义者是实事求是的，马克思主义者是不会承认这些荒谬的结论的，金岳霖同志自己，我想，也是不会接受这些荒谬的结论的。

因此，我认为，金岳霖同志的⊨公式，作为反映推论形式的公式，是不正确的，是不能成立的。

（5.3）金岳霖同志要求在⊨公式中包含无产阶级的阶级性与无产阶级时代的科学水平，金岳霖同志在《论"所以"》中第10段又提出"我们的'所以'既贯彻了马克思列宁主义的要求，辩证唯物主义的充足理由，又贯彻了形式逻辑的形式正确性，它的正确性是最高的正确性"。由这两点来看，我猜想金岳霖同志是想把现有的形式逻辑与唯物辩证法或辩证逻辑统一起来而建立一个统一的逻辑。

我认为，在形式逻辑中贯彻马克思主义的立场观点与方法，或者说，根据马克思主义的世界观去研究、修正与发展形式逻辑，这是一回事；把形式逻辑与辩证法或辩证逻辑统一起来而建立一个统一的逻辑，这是另一回事。前者无疑地是正确的，是我们必须坚持的。关于后者，我个人的学习与研究还没有达到这样一个程度，使我不能够表示确定的意见。虽然如此，如果有人企图建立一个统一的逻辑，作为一个学术上的探索说，我不但不想表示反对，而且我还认为那是一个可贵的努力。

但是，我却反对金岳霖同志这样的主张：金岳霖同志认为，他所提出的⊨公式是惟一正确的关于推论形式的公式，金岳霖同志认为，一切不包含无产阶级性与无产阶级时代的科学水平这些因素在内的关于推论形式的公式，都是客观主义的、资产阶级的。

金岳霖同志这个主张是不正确的，因为，不论一般所理解的推论形式或者金岳霖同志自己所定义的推论形式，都是没有阶级性的，都是在（S_1）意义下不相对于时代的科学水平的。而且，金岳霖同志这个主张还会是有害的。因为，由这个主张很容易推出：我们现有的形式逻辑关于判断形式的公式也是资产阶级的，这就可能引起或助长某种否定形式逻辑的不良倾向。

*　　　　*　　　　*

以上是我对《论"所以"》一文中的几个主要问题的意见，其他还有别的重要问题，例如，金岳霖同志对充足理由律的看法，我就不谈了。

金岳霖同志从前是我的老师，今天仍然是我的老师，他勇于追求真理，勇于自我批评的精神，是特别值得我们后辈学习的。也是由于这个原故，我特别愿意提出上述意见，作为问难。只是写来仓猝，我思考得还不够深入，表述得也不够准确，不知金岳霖同志以为有当否？

1978年以来中国马克思主义哲学的巨大变化[*]

一

以辩证唯物主义和历史唯物主义为基本内容的马克思主义哲学，主要是通过苏联在20年代初传入中国。由于马克思主义哲学被认为是指导无产阶级进行革命的根本哲学理论，公开反对它甚至对它的个别字句表示怀疑都被斥责为反动的或反革命的行为。对马克思主义哲学的这种非理性态度在"文化大革命"中达到了登峰造极的地步。

1978年，中国的政治形势发生了巨大的变化。从此，中国历史进入了它的一个新时代，中国哲学也开始了它的一个新篇章。

这时发生了两个极为重大的事件：

（1）对"两个凡是"的批判。在"文化大革命"中和此后的几年里，人们的思想受着下面教条的控制："凡是毛主席做出的决策，我们都坚决拥护；凡是毛主席的指示，我们都始终不渝地遵

———————————

　　* 这是周礼全1987年3月应邀在美国哲学会年会上的发言，原文为英文，发表于《东方和西方哲学》第38卷，第1期，1988年1月。中文首次发表于《思想战线》1989年第3期，陈静译——编者。

循。""两个凡是"给中国人民和中国的社会主义建设带来了灾难性的结果。为了贯彻正确的方针政策以建设具有中国特色的社会主义，1978 年在全国范围内掀起了一场批判运动。运动所依据的哲学理论是：社会实践是最终检验真理的惟一标准。实践理论确实是马克思主义哲学最重要的原理，不幸的是，1978 年以前它在我国的实际事务中（如果不是在口头上）一直被忽视了。

（2）开放政策的推行。同西方相比，中国的经济、科学和技术的发展还是相当落后的。为了加速中国的社会主义现代化，中国共产党和中国政府在 1978 年开始推行"对外开放"的政策，从而结束了中国长期以来的封闭隔离的状态。

批判"两个凡是"和推行开放政策，最初是出于政治和经济方面的考虑。但随着时间的推移，这两大措施也极大地推动了中国哲学的发展。

很明显，由实践理论可以推导出：第一，马克思主义哲学和马、恩、列、斯、毛的经典著作不是检验真理的终极标准；第二，马克思主义哲学及其经典著作也必须接受社会实践的检验，特别是接受当今世界实践的检验。

实践理论重新受到重视，这就廓清了对马克思主义的迷信，从而恢复了它作为一种哲学理论的地位。

由于开放政策的推行，随着从国外新引入的先进科学和技术，各种哲学观点和理论也从东欧、西欧、美国涌入中国。分析哲学、存在主义、结构主义、现象学、解释学等各种著作都成了中国哲学市场上的畅销货。这些来自国外的观点和理论极大地开阔了中国哲学家的眼界，不管它们赞同还是否定马克思主义哲学，都为创造性地研究马克思主义哲学提供了丰富资料。

随着对马克思主义哲学的态度的巨大改变，研究的方法也发生了巨大改变。过去，对马克思主义哲学的研究基本上局限于经典著作的训诂和解释。有些哲学论文，实际上不过是从马克思主义哲学的经典文献中任意摘录的一些零散词句的堆砌而已。现在，中国哲学家已不再沉迷于这种学究式的琐碎工作，而是力图根据当前的社会实践和新的科学知识来发展马克思主义哲学。

1978年以前，大多数研究马克思主义哲学的著作和论文都停留在常识的水平上，主要是凭借直觉而缺乏逻辑的严密性。作为广大干部和群众的日常生活和工作的指导原则和方法，这些通俗著作曾经起过好作用的。但现在，中国哲学家已不再满足于这样的著作，他们企图把自己的研究推进到更高的学术水平。他们十分注意概念的精细分析、论证的严密性和整体的系统性。逻辑，而不是直觉，在他们的研究中发挥着日益重要的作用。

二

上述这些重要改变的结果是：中国哲学家，在国外现代哲学观念的影响下，开始提出和讨论大量的新问题和新观点，几乎涉及马克思主义哲学的整个领域。对这些新问题和新观点的讨论和争辩已成为家常便饭，在学术会议和报刊上随时可见。下面将介绍其中一些最重要的争论问题。

辩证法 辩证法的最根本法则是对立面的统一和斗争的法则。这一法则断定：每一具体事物都有两个内在的对立方面，它们之间的斗争推动着这事物的变化和发展。现在，有些中国哲学家虽然一般地承认这一法则的正确性，但却倾向于怀疑它的普遍应用性。他们认为，这一法则蕴含了事物的无限可分性，而这不但在科学上是尚未证实的，而且事实上是不可能证实的。因此，他们建议，把这一法则的应用范围限于宏观世界，特别是社会现象和历史现象。

另一些哲学家从不同的角度提出了问题。他们认为，在许多情况下，一个具体的事物不是只有两个对立的因素，而是包含着两个以上的对立的又不可分地联系着的因素，这些诸多因素本身构成一个系统。推动事物变化和发展的，是整个系统中诸多因素的互相作用，而不是其中某两个因素的互相作用。在这些哲学家看来，有必要把系统这一概念补充到对立统一的法则中去。

认识论　马克思主义认识论的一个基本思想是反映论。过去的通常理解是：认识是客体在主体意识中的反映，客体及其属性是独立于主体而存在的。现在，许多中国哲学家感到，这种如此简单的理解并不是真正的马克思主义哲学的认识论。他们进行证明，主体的身体状况、参考系统、观察和实验所使用的工具等等在认识过程中都不可避免地会影响客体和它的属性。主体所认识的不是客体本身，而是受认识活动影响并为认识活动改变了的客体。过去的通常理解现在被认为是带有机械唯物论或朴素实在论的色彩。中国哲学家正在努力构造更令人满意的马克思主义哲学的反映理论。

历史唯物主义　对马克思主义历史唯物论的流行看法是，生产方式、生产关系以及二者之间的矛盾冲突是推动人类社会和历史前进的基本的决定因素。这些物质的因素构成一个社会的经济基础，而文化的因素，包括制度、意识形态等则构成它的上层建筑，上层建筑建立在经济基础之上，受经济基础的决定。

现在，一些中国哲学家提出，现实的、活生生的人才是马克思主义历史唯物论的出发点。现实的、活生生的人，就是进行社会活动和具有社会关系（其中包括生产活动和生产关系）的人。这些哲学家强调人在社会和历史发展中压倒一切的重要地位，他们认为，对马克思主义历史唯物论的流行理解忽视了这一点。

　　人道主义　这一问题近年来得到了广泛的热烈的讨论，我们应当给予较详细的叙评。从 50 年代末到 60 年代初，中国哲学家对人道主义接连不断地进行攻击。人道主义当时被斥责为资产阶级思潮或修正主义思潮。但在几年以后的"文化大革命"中，千百万人遭到极其残酷的、非人道的凌辱和摧残。怀着对"文革"中各种暴行的沉痛记忆，中国哲学家自然而然地倾向于重新评价人道主义。近年的讨论涉及到两个主要问题。

　　A. 人道主义与马克思主义是否相容？

　　对于这个问题，大多数中国哲学家的回答是：人道主义无疑是马克思主义的本质因素，其理由如下：

　　(1) 人道主义经历了一个历史发展的过程。资产阶级人道主义最初出现于 14 世纪。从 14 世纪到 16 世纪，资产阶级的人道主义提出了关于人的本性、选择自由和人的世俗生活的理论，以反对宗教的教条。大约在 18 世纪前后，为争取"自由、平等、博爱"和人的神圣权利，就开始了反对封建主义的斗争。19 世纪初出现了空想社会主义的人道主义，它由资产阶级人道主义脱胎而来，但它有一个新的内容，就是强调建立一个社会主义社会来保护所有人的权利。

　　(2) 马克思主义的人道主义在 19 世纪中期登上了历史舞台。虽然马克思、恩格斯直接从空想社会主义的人道主义中推出他们的人道主义理论，但马克思主义的人道主义却与它的空想社会主义先驱有着很大的不同。简而言之，马克思、恩格斯为社会主义社会的建立提供了科学的理论，而空想的社会主义社会则只是一个美妙的但不能实现的幻想。

　　(3) 因此，马克思主义的人道主义是人道主义的最高形式。

　　但在中国还有另一些哲学家反对上述观点。他们认为，人道主义决不能容纳在马克思主义中，并提出若干理由来支持自己的观点：

（1）人道主义本质上是资产阶级的。

（2）马克思、恩格斯在青年时代确实受到空想社会主义的人道主义思想的影响，但他们在创立历史唯物主义的理论之后，便放弃了空想社会主义的人道主义，因为后者所说的人是抽象的人，没有考虑具体的社会条件。·

（3）因此，尽管马克思主义的目的是要解放全人类，但它与人道主义毫无关系。

显然，第二种观点是根据一个任意的对"人道主义"的定义。现在，第二种观点在中国哲学家中和一般中国人民中只有很少数的追随者。关于人道主义与马克思主义是否相容的争论实际上已不成为问题了。

B. 社会主义的人道主义在马克思主义中的地位如何？

与问题 A 一样，这个问题也有两种不同的观点。第一种观点认为，社会主义的人道主义不是马克思主义世界观或马克思主义历史观的组成部分，它只是马克思主义伦理思想或道德规范的一个方面。

持这种观点的中国哲学家提出了下述理由：

（1）马克思主义的世界观所涉及的是世界的最普遍的性质和规律。它断言，在世界上，物质是第一性的，精神是第二性的；辩证法的几条规律适用于世界上所有事物。

（2）马克思主义关于历史的理论就是历史唯物主义，它从生产方式、生产关系以及二者之间的冲突斗争来解释历史。

（3）社会主义的人道主义，既没有提供关于世界的一般理论，也没有为历史提供一个唯物主义的解释。所以，社会主义的人道主义并不是马克思主义世界观或历史观的一个部分。

（4）因此，社会主义的人道主义，作为一种关于人的权利的理论，只能是马克思主义伦理思想或道德规范的一个方面。

第二种观点则认为，社会主义的人道主义既是马克思主义世界观的内容，也是马克思主义历史观的内容，其理由如下：

（1）社会主义的人道主义断言，实现人的权利、人的尊严和人的幸福是社会的最高目标，是世界历史发展的终极目的。因此，社会主义的人道主义是一种关于世界历史的理论，远远超出了伦理道德的范围。

（2）马克思主义的历史观和世界观，不仅对世界历史的发展提供了一个事实方面的说明，而且也对人类的各种价值作出判断。马克思主义历史观和世界观的一个明显特征，是它具有改造现存社会使之更加完善的动机，它想要建成这样一个社会，能够更加美满地实现人的权利、人的尊严和人的社会福利。

（3）因此，社会主义的人道主义，是马克思主义世界观和历史观的一个组成部分，已超出了马克思主义伦理思想或道德思想的范围。

关于社会主义的人道主义在马克思主义中的地位的争论还远远没有结束。到目前为止，争论的双方都还没有精确地和充分地陈述各自的论点。假如双方明确地定义了他们所使用的概念，严格地陈述了他们的论证，他们之间的对立也许并不像表面上所声称的那样尖锐。但是，争论双方的动机和企图是迥然不同的。其中一方竭力为社会主义的人道主义在马克思主义理论中提供一个显要位置，而另一方则要贬低社会主义人道主义的重要性。

与西方的情况不同，关于上述这些问题和观点的讨论在中国确是一种新的现象。各种论点虽然都是以马克思主义的名义提出并进行讨论的，但它们究竟正确与否，只能根据今后多少年的社会实践才能最后判定。不过，有一点是确定无疑的：讨论中所提出的各种论证，都正面地或反面地有助于中国哲学的发展。

三

就在批判"两个凡是"和推行开放政策的同时，中国共产党和中国政府号召人们坚持四项基本原则，即坚持社会主义道路，人民民主专政，共产党的领导，马克思主义、列宁主义、毛泽东思想。1982 年，四个坚持还写入了中华人民共和国的宪法，作为中国全体公民的义务。

中国哲学家似乎面临着两个不可调和的对立面：一方面，他们被要求根据当今中国的社会实践，特别是根据实现中国的社会主义现代化的需要，来发展马克思主义（包括马克思主义哲学）；另一方面，他们又必须坚持正统的马克思主义。许多中国哲学家认为，如果把要坚持的马克思主义理解为马克思主义的基本原理而不理解为马克思主义经典著作中的所有词句，那么，上述的这种表面上的不可调和就会消失。

但是，什么是马克思主义的基本原理呢？一般同意马克思主义的基本原理是：（1）为无产阶级或人民的利益服务；（2）唯物主义的立场；（3）辩证的方法。

某些中国哲学家甚至提出"实事求是"作为马克思主义唯一的实质。这个提法是如此灵活，使得任何有关的真理都能纳入马克思主义，而马克思主义的经典文献中的任何错误都能被修改掉。

1978 年以来，中国在建设具有自己特色的社会主义方面已取得很大的成就。现在，中国哲学家在他们的工作中享有比以前更多的自由。迷信马克思主义的时代已一去不复返了。马克思主义哲学被普遍认为是一个开放的体系，它将随着也必须随着社会和科学的发展而发展。我们有理由盼望，中国终将出现一个新的"百家争鸣"的时代；在"百家争鸣"的过程中，不可避免地将会出现许多新的杰出的哲学家和许多新的深博的哲学系统。

·逻辑和语言·

形式逻辑必须在马克思主义 指导下大力修正[*]

  两千年前的亚里士多德，从当时的具体科学与日常思维中，总结出了许多正确思维的形式及其规律，从而奠定了形式逻辑这门科学。降至中古世纪，哲学不幸沦为神学的奴婢，形式逻辑则沦为神学御用的工具。亚里士多德逻辑著作中那些朴素的唯物辩证因素被扼杀了，那些比较结合实际的内容被抛弃了。形式逻辑的研究与学习，便转到那些无聊的格式背诵去了。再降至资本主义时代，资产阶级的逻辑学者，更是有意识地使形式逻辑走上脱离实际的形式主义道路，因而，形式逻辑在他们手中便失去作为认识工具的作用。

  在两千多年来形式逻辑发展的历史中，总的说来，唯心主义观点与形而上学方法是占着重要的地位。历代优秀的逻辑家，虽然不断地对形式逻辑的内容有所修正与补充，但是，仍然没有从根本上改变形式逻辑的面貌。针对这种情况，列宁提出修正形式逻辑的任务。从此以后，我们逻辑工作者在这方面曾经作过不少

  * 原载《哲学研究》1959 年第 6 期。

的努力，但是，却不能说，我们已经取得了良好的成绩。今天在我国生产与科学文化全面大跃进的形势下，我们逻辑工作者应鼓足干劲与钻劲，为完成列宁所提出的任务而努力。

下面我们对如何修正形式逻辑提出四点意见。这些意见都是很不成熟的，希望通过讨论与批评能得到提高与改正。

1．贯彻辩证唯物主义认识论的原理

辩证唯物主义是客观事物最普遍规律的科学总结，各种各样的客观事物都遵循着辩证唯物主义的规律而运动、变化与发展。因而，反映各种客观事物的各门具体科学，就必须应用辩证唯物主义的观点与方法去观察事物，总结事物的规律。反映社会规律的各门社会科学应该如此，反映自然规律的各门自然科学也应该如此；同样的，反映正确思维规律的形式逻辑，也应该如此。

除此以外，形式逻辑还与其他科学有所不同。形式逻辑研究正确认识过程中的思维形式及其规律，形式逻辑是一种正确认识事物的工具。由于形式逻辑的研究对象的特殊性，形式逻辑更有必要贯彻辩证唯物主义认识论的原理。

在形式逻辑中贯彻辩证唯物主义的认识论原理意味着什么呢？我们认为：

（1）应根据马克思主义的反映论去说明各种思维形式及其规律的客观基础。形式逻辑的各种思维形式及其规律，归根到底，都是客观事物的规律在人们思想上的反映，人们通过亿万次实践将它们总结出来。凡是认为思维规律加于客观事物才有客观事物的规律，或者认为思维规律与客观事物的规律是两个互不相干的独立系列，这些都是唯心主义的说法，我们应加以彻底的而且深入的批判。

　　我们逻辑工作者，今天还只是在研究形式逻辑的四条根本规律，即同一律、矛盾律、排中律与充足理由律的客观基础方面作了一些工作。我们认为，我们逻辑工作者还必须对各种思维形式及其规律的客观基础方面作广泛而深入的研究工作。

　　（2）应根据马克思主义的认识论去说明各种思维形式及其规律在认识中的作用。例如，演绎推理是认识由普遍进到特殊或个别的思维形式与规律，而归纳推理却是由个别或特殊进到普遍的思维形式与规律。这是我们大家都知道与公认的。其他的各种思维形式，如各种判断、各种推理，也都有它们特殊的认识作用，我们都应予以说明。明确了各种思维形式及其规律在认识中的作用，才可以使我们在实际认识中有效地正确地应用它们。

　　在正确认识的过程中，我们不仅要应用形式逻辑的形式及其规律，而且，更重要的，我们还要应用唯物辩证法、辩证逻辑的规律。形式逻辑与唯物辩证法、辩证逻辑不但不相违背，而且形式逻辑只有在唯物辩证法、辩证逻辑的指导之下才充分地起着认识工具的作用。因此，说明形式逻辑在正确认识过程中的作用，同时也就是说明在唯物辩证法、辩证逻辑指导之下形式逻辑的认识作用。

　　夸大形式逻辑在认识中的作用，认为形式逻辑是惟一的认识方法，甚至还利用夸大了因而也是歪曲了的形式逻辑的规律去反对辩证法或辩证逻辑，去否认事物的联系与运动变化，这是一种形而上学的看法。但是，另一方面，割离形式逻辑与认识的联系，否认形式逻辑是认识的工具，否认或忽略形式逻辑的各种思维形式及其规律在认识中的作用，这也是一种形而上学的看法。我们应将这些形而上学看法从形式逻辑中清除出去。

　　（3）应说明形式逻辑的各种思维形式（及其规律）之间的内在联系与发展。认识是一个有机联系的发展过程，形式逻辑的思维形式及其规律是认识过程中的形式与规律。因之，形式逻辑的各种思维形式（及其规律）之间是有内在联系与发展的。在认识过程中，一个思维形式（及其规律）与另一些思维形式（及其规律）有联系，一个思维形式（及其规律）又要发展到另一些思维形式（及其规律）。例如，独称判断，在认识过程中，是与特称判断、全称判断有联系的，而且要由前者发展到后者。

我们不但要说明各种思维形式（及其规律）之间在认识过程的内在联系与发展，而且我们认为，形式逻辑整个体系中的进程，也应符合于认识的发展进程。认识是一个由肤浅到深刻、由简单到复杂、由抽象到具体的进程，形式逻辑整个体系，也应是这样一个进程。例如判断，相对于构成它的概念说，是较深刻、较复杂、较具体的思维形式；而推理，相对于构成它的判断说，又是较深刻、较复杂、较具体的思维形式；……因之，我们的形式逻辑整个体系的进程，应当是由概念到判断，再到推理……各种概念之间、各种判断之间、各种推理之间的进程，也应符合于认识发展的进程。

形式逻辑整个体系的进程符合于认识发展的进程，当然主要的是如实地反映思维形式的发展的问题，但是，同时也会给读者提供许多便利。

形式逻辑整个体系的进程符合于认识发展的进程，当然也就符合于读者认识发展的进程，当然也就符合于学习进展的规律。读者学习这样的形式逻辑，会感到容易得多，有兴趣得多。

黑格尔在其逻辑学的主观概念那段中，曾经提出一个与传统逻辑大不相同的说法，他提出了概念的三个因素，各种判断、各种推理之间的内在联系与发展。在黑格尔这些说法中，是存在着某些合理的因素的。恩格斯在《自然辩证法》中也提到这一点。但是，黑格尔是按照他的唯心的与神秘的辩证法以推演出各种思维形式（及其规律）之间的联系与发展，因而其中就有许多牵强附会、胡说八道的东西。马克思主义指导下的形式逻辑应与黑格尔的说法有根本的不同。我们应当根据客观存在的认识发展过程，去如实地说明各种思维形式（及其规律）之间的内在联系与发展，不容许任何附加与歪曲。

也许有人会担心，在形式逻辑中讲各种思维形式（及其规律）之间的联系与发展，其结果将是辩证逻辑而不是形式逻辑。或者有人会说：这是将形式逻辑辩证化了。

由于今天我们对辩证逻辑具体内容的研究，还是停留在一个初步探索的阶段，今天要来详细答复这个问题是有困难的。但是，我们认为：在形式逻辑中贯彻辩证唯物主义的观点与方法，是一条不可动摇的根本原则。辩证唯物主义要我们去研究事物的联系与发展；同时，形式逻辑的各种思维形式在认识过程又客观地存在着联系与发展；同时，更重要的，说明了形式逻辑的各种形式（与规律）的联系与发展，又有助于我们了解它们在认识过程中的作用，又有助于我们在认识过程中正确地去应用它们；既然如此，我们有什么理由不去说明它们之间的联系与发展呢?！

形式逻辑与辩证逻辑是两种不同的逻辑，前者是初级的逻辑，后者是高级的逻辑。但是，它们共同存在于一个统一的认识过程中，它们之间没有也不应有绝对分明的界限。因之，即使在形式逻辑中包含一些辩证逻辑的因素或成分，这也是很自然的，形式逻辑并不由此就变成了辩证逻辑。问题是在于这些因素或成分在形式逻辑中的比重。一方面我们认为：在形式逻辑中应说明各种思维形式及其规律的客观基础，应说明各种思维形式及其规律在认识过程中的作用，应说明各种思维形式（及其规律）的联系与发展，同时，形式逻辑整个体系的进程应符合于认识发展的进程。但是，另一方面，我们却认为：详细讲述各种思维形式及其规律

（或者说，各种初级思维形式及其规律）本身的性质，以及这些思维形式及其规律如何应用于实际思维，以使我们的思维能够明确、准确、前后一致、理由充足、……从而有助于我们获得正确的认识，才是形式逻辑主要的基本的内容。

因而，按照我们所说的那样去修正形式逻辑，其结果将是辩证唯物主义指导下的形式逻辑；辩证唯物主义指导下的形式逻辑，仍然是形式逻辑而不是辩证逻辑。假若有人硬说这样去修正形式逻辑就是将形式逻辑辩证化了，那么，我们认为，这样的辩证化是正确的，形式逻辑必须这样辩证化。

2. 从思维实际中来，又回到实际思维中去

一切科学知识，都是从客观实际中总结出来，又要回到实际中去，以解决实际中的问题。形式逻辑这门科学，也是如此。形式逻辑，应从人们的实际思维中总结出来，又应回到实际思维中去，以解决实际思维中的逻辑问题。

亚里士多德是形式逻辑的奠基人。但是，他没有、也不可能将当时人类正确思维的所有形式及其规律毫无遗漏地都总结出来了。同时，时间已经过去了两千多年，在这两千多年中，人类的生产与科学文化，已有了飞跃的发展。人们的思维，也比两千年前精确多了，复杂多了。只要我们翻开古人的著作与今人的著作对比一看，就会明显地看出人类思维在这两千多年中的巨大进步。因之，在今天人们的思维中，就一定存在着许多新的思维形式及其规律。这些新的思维形式及其规律，是前人所没有认识到、也不可能认识到的。

我们认为，我们逻辑工作者应对今天的实际思维作广泛而深入的调查研究工作，应研究今天科学中的实际思维，应研究今天

日常生活中的实际思维，应研究今天人们的说话与文章。我相信，我们一定能够有所发现的。凡是存在于今天的实际思维中，总结出来又能指导实际思维的东西，我们都应吸收为形式逻辑的内容，以丰富与发展我们的形式逻辑。

对于历史上逻辑著作中一切科学的东西，我们都要批判地加以吸取。马克思主义指导下的形式逻辑是一个大海，它要消融前人逻辑著作中一切合理的细流与点滴。对于亚里士多德以及一切古典逻辑家的著作，我们都应抱这样的态度。尤其是，对于我国历史上逻辑著作中的科学的东西，应加以充分地利用与发扬。这样，可以使我们的形式逻辑带有中华民族的气派。但是，吸收与批判的标准，仍然是根据于今天的实际思维。凡是符合于今天的实际思维、又能为今天的实际思维服务的东西，都应加以吸取；否则，就应扔弃，就应批判。

我们对于亚里士多德以及历史上一切逻辑家，都不要迷信，不要囿于他们的成规。我们生于今天这个伟大的时代，我们有科学的马克思主义作为研究形式逻辑的指导武器，只要我们刻苦钻研，我们必然要远远超过历史上一切伟大的逻辑家。

本世纪才蓬勃发展起来的数理逻辑，是逻辑的一个分支。它在思维形式及其规律的研究方面，取得了巨大的成绩。拒绝学习数理逻辑，拒绝在形式逻辑中吸取数理逻辑的研究成果，是一种顽固的态度。但是，我们也应认识到：从资产阶级学者手中发展起来的数理逻辑，是常常同一些唯心主义的哲学糅合在一起。因而，我们在吸取数理逻辑的科学成果的同时，也应注意批判掺杂在数理逻辑中的唯心主义成分。还有，数理逻辑是逻辑与数学结合的产物，因而，数理逻辑就带有它自己的特点与局限性。如何将数理逻辑中的科学成果吸取到研究十分丰富的一般思维的形式逻辑中来，还需要作一番咀嚼与消化的功夫。不加消化地将数理逻辑强加于形式逻辑的想法，我们认为是不正确的。

　　从实际思维中总结出来的各种思维形式及其规律，又应回到实际思维中去，以解决实际思维中的逻辑问题。毛主席在《整顿党的作风》这篇文章中说："我们党校的同志不应当把马克思主义的理论当成死的教条。对于马克思主义的理论，要能够精通它、应用它，精通的目的全在于应用。如果你能应用马克思列宁主义的观点，说明一个两个实际问题，那就要受到称赞，就算有了几分成绩。被你说明的东西越多，越普遍，越深刻，你的成绩就越大。"①毛主席这段话，是就马克思主义的理论联系实际问题说的。但是，这段话完全适用于一切科学，当然也适用于形式逻辑。

　　我们认为，今天我们的形式逻辑最严重的缺点之一，就是理论脱离实际。我们认为形式逻辑要联系实际，就应特别着重研究与讲述各种思维形式及其规律在实际思维中的应用，特别着重培养与提高人们解决实际思维中的逻辑问题的能力。要作到这点，最好的办法，是通过分析实际的思维。

　　实际思维是具体的，是复多的统一体。实际思维中包含有形式逻辑的成分，也包含有其他的成分，如唯物辩证法、辩证逻辑、具体的认识内容、语法修辞这些成分。形式逻辑的成分与其他的成分是有机地结合在一起的。还有，即使仅就形式逻辑的成分说，在一个实际思维中，也不只是应用一个思维形式及其规律，而常常是交错地有机地应用了好几个思维形式及其规律。一段说话，是一个实际思维；一段文章，是一个实际思维；一篇文章、一个报告、一个研究过程、一本书，也是一个实际思维。

　　我们可以举下面这个比较简单的实际思维为例：

　　"主观唯心主义认为一切东西都是主观的感觉或思维产生的。

――――――――――――

① 《毛泽东选集》，第3卷，第837页。

中国古代的唯心主义者陆九渊曾说过：'宇宙即我心，我心即宇宙。'另一个哲学家王阳明曾说过：'心外无理，心外无物。'他们都是说：主观的意识（心）是最真实的，所认识的不是什么外界的客观事物，而是自己的'心'。像这样的见解倒不是陆九渊或王阳明两个人的见解，这是古今中外一切唯心主义者共同的主张。"

"客观唯心主义，则从另一个角度来否认外界的客观事物的存在。例如，他们认为真实可靠的不是桌子本身而是桌子的概念。即是说，客观的桌子，只是我们自己的思维或概念或理念或绝对精神的产物。"

我们可以对这个实际思维加以分析。

这段文章中说：

"主观唯心主义认为一切东西都是主观的感觉或思维产生的。"（1）

（1）是一个定义。定义的主项与宾项可以互换，因而，由（1）可以得到：

凡是认为一切东西都是主观的感觉或思维产生的，都是主观唯心主义。（2）

由（2）利用概念的析取或析取判断的规律，再用联言判断的规律（即由 A 或 B 都是 C，可推出 A 是 C 而且 B 是 C；又由 A 是 C 而且 B 是 C，可推出 B 是 C）即可推出：

凡是认为一切东西都是主观的思维产生的，是主观唯心主义（或一种主观唯心主义）。（3）

但是，这段文章中又说：

"例如，他们（指客观唯心主义者）认为真实可靠的不是桌子本身，而是桌子的概念。即是说，客观的桌子，只是我们自己的思维或概念或理念或绝对精神的产物。"

由汉语"例如"与"即是说"的意义知道，这里是断定：

客观唯心主义，认为一切事物都是我们自己的思维或概念或理念或绝对精神的产物。(4)

根据"我们自己的思维"即是"主观的思维"，"一切事物"即是"一切东西"，又根据概念的析取与析取判断的规律，由（4）即可得出：

客观唯心主义（或者，至少有一种客观唯心主义），认为一切东西都是主观的思维产生的（或产物）。(5)

由（5）与（3），根据三段论规律，即可推出：

客观唯心主义（或者，至少有一种客观唯心主义）是主观唯心主义。(6)

这段文章的具体认识内容是关于哲学史的。根据哲学史的事实，客观唯心主义与主观唯心主义，虽然都是唯心主义，但是，客观唯心主义却不是主观唯心主义。通过上面形式逻辑的分析，又根据我们的哲学史知识（这种知识是形式逻辑所不能提供的），我们知道，这段文章是不合于哲学史的事实的。

同时，这段文章中也有这样一句话："客观唯心主义是从另一个角度来否认客观事物的存在。"这似乎是表示：这段文章本身也断定了客观唯心主义不是主观唯心主义。因此，这段文章既断定了客观唯心主义不是主观唯心主义，又断定了客观唯心主义（或者，至少有一种客观唯心主义）是主观唯心主义，这段文章本身也是自相矛盾的。

由上面这个简单的例子，就可看出，从具体的实际思维的各种成分中发现形式逻辑问题，是很不容易的；因此，通过对具体的实际思维的分析就能培养与提高我们的逻辑思维能力。同时，由具体的实际思维中得到的逻辑思维能力，就必然又能用于具体的实际思维，使我们在实际思维中能够自觉地进行严密的逻辑思维，能够敏锐地发现自己或别人的逻辑错误，从而纠正之。这样，就有助于我们正确地认识客观事物。

形式逻辑是一种思维的科学，也是一种思维的艺术或技术。要善于游泳，就要下水游泳；要善于指挥战争，就必须参加实际战争的指挥；同样的，要善于将形式逻辑应用于实际思维，就必须自觉地在实际思维中应用形式逻辑。在形式逻辑中分析具体的实际思维，本身就是一种自觉地应用形式逻辑的思维实践；只有通过它，才能最有效地培养与提高人们解决实际思维中的逻辑问题的能力。

3. 结合我国的语法与修辞

形式逻辑的形式及其规律是与语法的形式及其规律有着质的区别。形式逻辑的规律，是基础于客观事物的规律，因而，形式逻辑的基本内容，对于各个民族都是共同的。而语言的形式与规律，却是一个特定社会的习惯的产物，不同的民族便有不同的语言。将形式逻辑的形式及其规律等同于语言的形式及其规律，或者，认为形式逻辑的形式及其规律是基础于语言的形式及其规律，这是一种唯心主义的观点。这是一方面。但是，另一方面，我们又必须认识到，逻辑思维与语言是有密切关系的。逻辑思维的进行要借助于语言，逻辑思维的表现也要借助于语言；各民族共同的形式逻辑，要通过各民族的不同的语言来实现或表现。这样，就要求我们的形式逻辑结合我们的语言，具体地说，就要求我们在形式逻辑中研究与讲述每个思维形式及其规律在汉语中的各种表现形式。

例如，一个以 A 为主项以 B 为宾项的全称肯定判断，就有下面这些汉语形式：

凡（是）A 都是 B（凡是伟大的作品都是具有人民性的）。

一切 A 都是 B（一切伟大的作品都是具有人民性的）。

所有 A 都是 B（所有伟大的作品都是具有人民性的）。

任何 A 都是 B（任何伟大的作品都是具有人民性的）。

没有（一个）A 不是 B（没有一个伟大的作品不是具有人民性的）。

没有一个 A 是非 B（没有一个伟大的作品是不具有人民性的）。

A 而不 B 是没有的（伟大的作品而不具有人民性是没有的，没有伟大作品而不具有人民性的）。

有时，我们将全称量词与"都"全去掉，只说：

A 是 B（伟大的作品是具有人民性的）。有时，我们还将主词重复一次，例如：

人人动手，户户动员。

有时，我们也采取一些类乎条件判断的语言形式，例如：

凡（是）A 就 B（凡是伟大的作品就具有人民性）。

只要是 A 就 B（只要是伟大作品就具有人民性）。

只有 B 才是 A（只有具有人民性，才是伟大的作品）。

除非 B 不（或才）A（除非具有人民性不是〔或才是〕伟大的作品）。

……

熟悉思维形式的各种语言表现形式，对于进行实际思维是十分必要与有益的。熟悉了思维形式的各种语言表现形式，我们就能够迅速而准确地看出语言所表达的思想的逻辑关系与逻辑结构；在听人说话与阅读时，就能够通过别人的语言迅速而准确地了解别人的思想；在自己说话与写作时，就能富于变化地选择适当的语言形式表现自己的思想，既准确、又丰富多彩。

我们在应用语言表现思想时，不仅要合乎语法，而且，还要表现得鲜明、生动、漂亮、有激发人的力量、有丰富的暗示性……这就牵涉到修辞的问题。所以，我们认为，我们的形式逻辑不仅要结合汉语语法，还要尽可能地结合汉语修辞。

形式逻辑与修辞如何结合，包含了许多非常复杂的问题，是值得逻辑工作者与语法修辞工作者大力探索的一个新领域。在这方面，我们现在还提不出具体的意见。

但是，可以肯定，形式逻辑结合语法与修辞以后，在帮助我们的说话与写作方面，将会起重要的作用。毛主席曾经指示我们：写文章要准确、鲜明、生动。这里既有形式逻辑的问题，也有语法、修辞与其他方面的问题。形式逻辑工作者要在完成毛主席这个指示、要在端正我们的文风方面起应有的作用，就应使我们的形式逻辑结合汉语语法与修辞。

还有，我们的形式逻辑同我们的汉语语法与修辞结合以后，就会使全人类共同的形式逻辑在我国带有中华民族的气派。

4．多讲逻辑错误

了解什么是各种正确思维的形式及其规律，当然也就会了解什么是逻辑错误。但是，从学习与应用的角度来说，了解并熟悉人们常犯的各种逻辑错误，可以养成对逻辑错误的敏感，对于进行正确的思维有非常重要的意义。因此，我们认为，在形式逻辑中应多讲逻辑错误。

资本主义国家的逻辑书，常把逻辑错误集中在一章，抽象地讲逻辑错误的各种分类与看法。资产阶级的逻辑学家讲逻辑错误，不是为了使人们少犯逻辑错误，而是为了他们所谓"纯理论"的兴趣。这是根源于他们的理论脱离实际的观点的。

与此相反，我们的形式逻辑应该多讲逻辑错误。正如同我们要对今天实际思维中的正确思维形式及其规律作广泛而深入的调查研究工作一样，我们也要对今天实际思维中常犯的逻辑错误作广泛而深入的调查研究工作。凡是今天实际思维中常犯的逻辑错误，我们都应吸收到形式逻辑书中，加以深入的分析，而不应囿于旧逻辑书的范围。

同时，也不应将逻辑错误集中在一章，而应结合着多种正确思维形式及其规律去讲有关的逻辑错误。在某些逻辑读本或逻辑教学中，甚至可以从讲逻辑错误开始，再引到有关的正确思维形式及其规律。

逻辑错误，不应抽象地讲，而应如本文第二节中所说明的，结合具体的实际思维来讲。讲逻辑错误的直接目的，就是培养一种对逻辑错误的敏感。在错综复杂的实际思维中要迅速发现逻辑错误，是非常不容易的。例如，我们在第二节中所举的那个简单例子中的逻辑错误，就不是很容易看出的。至于那些更复杂的实际思维中的逻辑错误，如一篇文章、一本书中的逻辑错误，就更不容易看出了。我们认为，通过大量地深入地分析实际思维中的逻辑错误，就能培养与提高我们对逻辑错误的敏感。

在讲逻辑错误时，一方面应利用我们的报章、杂志、书籍中与日常说话中的材料，指出其中的逻辑错误。这样，可以使我们以后不再犯或少犯逻辑错误，对于我们是非常有益的。但是，另一方面，我们要尽量利用反面的材料，即帝国主义反动派的言论、唯心主义与修正主义的言论这些材料。这些反面材料中的最根本的错误，是立场观点与方法的错误；但是，这里面同时也存在大量的严重的形式逻辑错误。分析这些反动思想中的逻辑错误，不但能够培养与提高我们对逻辑错误的敏感，而且能够帮助我们揭示这些反动思想的荒谬，使我们的形式逻辑书中充分表现出马克思主义的战斗精神。

　　以上四点，是我们对如何修正形式逻辑的初步意见。这四点意见，并不是彼此孤立的，而是互相联系的。分开来说，只是为了使问题突出而已。本文第一节是说明在形式逻辑的理论部分应坚持辩证唯物主义的认识论原理。本文第二节是说明形式逻辑应从实际思维中来，又应回到实际思维中去，以解决具体的实际思维中的逻辑问题。这就是说明形式逻辑要联系实际，这也是说明形式逻辑要遵循辩证唯物主义的认识论原理。本文第三节说明形式逻辑应结合汉语语法与修辞，本文第四节说明在形式逻辑中应多讲逻辑错误，这些同样也是说明形式逻辑应当联系实际，因而，同样也是说明形式逻辑要遵循辩证唯物主义的认识论原理。所以，总的来说，修正形式逻辑的问题，就是在形式逻辑中贯彻马克思主义的指导的问题，就是在形式逻辑中立辩证唯物主义观点与方法、破唯心主义观点与形而上学方法的问题。我们倾向于认为，如果我们逻辑工作者联合起来，在以上四个方面共同努力，我们将会逐渐创造出一个马克思主义的、理论联系实际的，并且带有我国民族气派的形式逻辑。

形式逻辑应该尝试研究*
自然语言的具体意义

我在《形式逻辑必须在马克思主义指导下大力修正》这篇文章中曾经谈到，形式逻辑必须联系人们的实际思维，而人们的实际思维是复多成分的统一体；也谈到形式逻辑必须与语法修辞结合，而形式逻辑与修辞结合是一个值得大力探索的新领域。本文所提出的意见，可以看作上述那些思想的一个引申与发挥。

本文的看法，是原则性的，也是探索性的；至于对具体问题的深入研究，则有待于有关科学家今后相当长时期的共同努力。

1. 自然语言的具体意义

自然语言是人们在长期的社会生活中逐渐形成的语言。它在人们的社会生活中起着极其重要的作用。人们通过自然语言来表述客观事物的情况，断定事物是如何如何；人们也通过自然语言来表现自己对事物的态度，表现自己的坚信与疑惑，赞成与反对，

---

* 原载于《光明日报》1961 年 5 月 26 日。

尊重与轻蔑，爱与憎，欢乐与痛苦，……人们也通过自然语言来激动别人的行动，或者引起别人的某种行动，或者抑止别人的某种行动。

上述的三个方面（可以分析成更多的方面），就是自然语言的三方面的意义。表述客观事物的情况，是语言的表述意义；表现说话者对事物的态度，是语言的表现意义；激动别人的行动，是语言的激动意义。

一个教员在课堂上对学生说："北京在天津的西北。"或者"汽油是容易燃烧的。"这两句话都是或主要是表述客观事物的情况的；前一句话是表述北京与天津的空间关系，后一句话是表述汽油有容易燃烧的性质。这两句话都具有或主要具有表述方面的意义。

一个人独自工作到深夜，推窗看月，用惊叹的调子说："今夜月华如练。"这个语句是或主要是表现说话者对事物的态度的，也就是说，表现他对夜景的陶醉，或者表现他怀念友人之情。这个语句具有或主要具有表现方面的意义。

我们的宣传队写了一张标语："对帝国主义的侵略行动应进行坚决的斗争。"通过这个语句，我们是要或主要是要影响人民群众的行动，也就是说，要激起人民群众对帝国主义的坚决斗争。这句话具有或主要具有激动方面的意义。

一个（或一组）语句，常常不是孤立出现的，总是有它的上下文，总是同一些别的语句先后出现。一个（或一组）语句同它的上下文，有着有机的联系。一个（或一组）语句的上下文，我们叫它做这个（或这组）语句的语言环境。

一个（或一组）语句，除了有它的语言环境以外，还有它的语言以外的客观环境。一个（或一组）语句，总是由一定的人说的，总是在一定的时间与一定的地点说的，总是用一定的声调与姿态说的，总是针对一定的情况说的，也常常是对一定的人说的。这些就构成一个（或一组）语句的客观环境。

一个（或一组）语句的语言环境与客观环境，构成了一个有机整体，我们把它叫做这个（或这组）语句的具体环境。

一个（或一组）语句同它的具体环境有着有机的联系。一个（或一组）语句的意义，受它的具体环境的影响与制约。同样的一个（或一组）语句，在不同的具体环境中，就有不同的有时甚至相反的意义。

在某一个具体环境中，一个（或一组）语句，具有或主要具有某方面的意义，但是，在另一个具体环境中，它却具有或主要具有另一方面的意义。

同样是"汽油是容易燃烧的"这个语句，当一个教员在课堂上说这句话时，它具有或主要具有表述方面的意义。但是，如果在一个汽油库中，我们对一个正在抽烟的人说这句话，它却具有或主要具有激动方面的意义。这就是说，我们说这句话，是想制止那个人的抽烟行动。

同样是"今夜月华如练"这个语句，当一个人独自用惊叹的调子说这句话时，它具有或主要具有表现方面的意义。但是，当别人问我们："今夜天气如何？"我们说："今夜月华如练。"这句话却是具有或主要具有表述方面的意义。这就是说，这句话是或主要是表述天气的情况。

同样是"对帝国主义的侵略行为应进行坚决的斗争"这一个语句，当我们为了宣传工作把它写成标语时，它是具有或主要具有激动方面的意义。但是，当我们听到某人说："对帝国主义的侵略行为应采取审慎的态度"时，我们接着就说："不！对帝国主义的侵略行为应进行坚决的斗争！"这句话，在这个具体环境中，却是具有或主要具有表现方面的意义。这就是说，我们通过这句话表现我们对某人说法的反对态度，也表现我们对帝国主义的坚决态度。

不但同一个（或一组）语句，在不同的具体环境中，可以有不同方面的意义，而且，即使同一个（或一组）语句，在不同的具体环境中，都具有同一方面的意义，然而，它所具有的同一方面的意义，也可以不同。

在世界和平代表大会上，许多代表都说："侵略战争是罪恶行为。"这句话表述了侵略战争这种行为的性质，它具有或主要具有表述方面的意义。但是，同样这一句话出自不同阶级与阶层的代表之口，它的表述意义，却可以迥然不同。一个共产党人说这句话的表述意义，就与一个和平主义者或一个天主教徒说这句话的表述意义有根本性的差别。前者是根据于正确的科学的马克思列宁主义，而后者却是根据和平主义或天主教义。同样的，许多和平代表都说："要保卫和平。"这句话具有表现方面的意义，也具有激动方面的意义。但是，各个不同阶级与阶层的和平代表说这句话的表现意义与激动意义，就各有不同。共产党人表现的态度是最坚决的，对全世界人民群众的影响也是最深远的。

由于具体环境对一个（或一组）语句的意义产生非常复杂的影响，这就使一个（或一组）语句在某个具体环境中具有多方面的丰富的意义。毛主席在1946年对斯特朗的谈话中说："一切反动派都是纸老虎。"这句话不是孤立出现的，而是有它的具体环境。这句话在它的具体环境中，不仅表述了一条极其重要的客观事物的规律：反动派貌似强大，外表吓人，其实没有什么了不起的力量；而且，也通过这句话表现了毛主席对反动派在战略上的藐视；而且，也通过了这句话激发了中国人民与全世界人民的革命行动，坚定了他们对革命胜利的信心。

意义最复杂也最丰富的语言，莫过于诗的语言了。诗的复杂而丰富的意义，我们很难用其他语言予以完全的阐明。毛主席《送瘟神》这首好诗，许多人曾经作过解释；应当说，这些解释对于我们了解这首诗是有很大帮助的。但是，如果有人竟把某个解释看作这首诗复杂而丰富的意义的完全阐明，那就难免摸象之讥了。

一个（或一组）语句在它的具体环境中的意义，就是这个（或这组）语句的具体意义。一个（或一组）语句的具体意义，才是它的完全的真正的意义。一个（或一组）语句脱离了它的具体环境的意义，只是它的抽象意义。语言的抽象意义与语言的具体意义的关系，正像解剖了的死人肢体与活人肢体的关系一样。研究语言的抽象意义是必要的有益的。但还是不够的。如果说，研究语言的抽象意义，是语言意义的解剖学，那么，研究语言的具体意义，就是语言意义的生理学。语言意义的生理学，需要基础于语言意义的解剖学，却又远远超出了语言意义的解剖学。

2. 形式逻辑研究语言具体意义的必要性

既然一个（或一组）语句的具体意义，才是这个（或这组）语句的完全的真正的意义，那么，研究与掌握语言的具体意义的必要性，就十分明显了。

人的思想感情，主要是通过语言来表现的。了解了语言的具体意义，就能了解说话者的真正用意所在，就能了解说话者内心的深处的思想感情。这对于我们处理人的问题，处理人民内部矛盾与对敌人进行斗争，都是十分有益的。还有，人类的伟大精神创造——哲学、科学与文学，也都是通过语言来表现的。语言，一方面，是人们进行思想与交流思想的工具，但是，另一方面，当人们还不能自觉地掌握语言的意义时，语言又常常成为人们进行思想与交流思想的障碍。因而，了解与掌握语言的具体意义，不但可以帮助我们学习哲学、科学与文学，而且还是我们创造哲学、科学与文学的得力工具。

毛主席指出了说话与作文要准确鲜明生动。这是说话与作文的最高准则。可以肯定，研究语言的具体意义，就会提供有效的与具体的原则，来提高我们说话与作文的准确性、鲜明性与生动性。

翻译机器目前还只能翻译意义比较简单的语言，但是，我们要求它将来能够翻译意义更为复杂丰富的语言，如一篇哲学论文，一篇政治演说，一本小说，……我们倾向于认为，研究语言的具体意义，将会对翻译意义复杂丰富的语言提供有用的成果。

了解与掌握自然语言的具体意义，既然如此重要，这就要求有一门或几门科学来对它加以研究，而形式逻辑应首先来尝试这方面的研究。这是因为：就历史的情况说，对于语言意义的研究，从来就是形式逻辑的一个附属部分。在亚里士多德的著作中，就有不少关于语言意义的理论。后来的逻辑书，继承了这个传统，也包含了不少的讨论语言意义的东西。

语言的具体意义，一方面，牵涉到客观事物，另一方面，又牵涉到人的思想感情。而现有的形式逻辑所研究的对象，即思维的形式及其规律，就是人的思想感情中极其重要的部分。因而，就现有形式逻辑的基本性质说，形式逻辑同语言的具体意义的联系，也是十分密切的。

尤其是就形式逻辑的修正或发展说，研究自然语言的具体意义，更为必要。目前形式逻辑的根本缺点，就是理论脱离实际；形式逻辑的理论不能解决人们实际思维中的逻辑问题。要纠正这个根本缺点，形式逻辑的研究就应联系人们的实际思维；形式逻辑就不应只是孤立地研究一个概念、一个判断与一个推理的逻辑性质，而应进一步，在一大堆的概念、判断与推理的整体中，研究概念，判断与推理有机的逻辑性质；而且，还应更进一步，在人的实际思维中，也即是在人的思想感情的整体中，研究概念、判断与推理有机的逻辑性质。人们的实际思维，就其表现于语言说，就是语言的具体意义。因而，从逻辑角度研究自然语言的具体意义，应是今天我们修正或发展形式逻辑的重要方面之一。

3. 现有的形式逻辑的软弱性

从以亚里士多德著作为基础的古典逻辑到今天的数理逻辑，对于思维形式及其规律的研究，无疑地已有了很大的发展。但是，形式逻辑的研究对象基本上还是局限在语言表述意义的范围之内，对于语言的其他方面的意义，是不大注意或很少注意的。同时，即使仅就语言的表述意义说，形式逻辑也只是孤立地研究一个概念、一个判断与一个推理的逻辑性质而不是在一大堆的概念、判断与推理的整体中研究概念判断与推理有机的逻辑性质。形式逻辑的许多基本概念，还不能充分地反映自然语言的逻辑性质，这也就是说，还不能充分地反映人们实际思维的逻辑性质。

在自然语言中，也即是在人们的实际思维中，我们说：

"他的意见是错误的而且他的意见是严重错误的。"

现有的形式逻辑会把上面这句话（或这个命题或这个判断）分析为：

"他的意见是错误的 $\wedge$ 他的意见是严重错误的。"

"$\wedge$"在形式逻辑中是一个联断符号。用"p"、"q"代表两个命题，"$p \wedge q$"就是一个联断命题。"$p \wedge q$"的定义是：当 q 与 q 都真时，$p \wedge q$ 就是真的；当 p 与 q 中有一个假或两个都假时；"$p \wedge q$"就是假的。

　　根据联断的定义，"p∧q"的真假与"q∧p"的真假是完全等同的。在现有形式逻辑中，"p∧q"与"q∧p"是毫无分别的。因而在现有的形式逻辑中，

　　"他的意见是错误的∧他的意见是严重错误的"

与

　　"他的意见是严重错误的∧他的意见是错误的"

是毫无分别的。

　　但是，在自然语言中或实际思维中，

　　"他的意见是错误的而且他的意见是严重错误的"

却不同于

　　"他的意见是严重错误的而且他的意见是错误的。"

前一句话是妥当的，后一句话却是可笑的。

　　由此，我们可以看出，现有形式逻辑中联断的概念，没有充分地反映自然语言中"而且"的逻辑性质。

　　在自然语言中，与在实际思维中，我们说：

　　"他年纪虽然很轻，但是，他的知识很丰富。"

　　"他年纪很轻，他的知识很丰富。"

这两句话是有分别的，前一句话比后一句话有更多的意义。但是，现有的形式逻辑却将这两句话都分析为：

　　"他年纪很轻∧他的知识很丰富。"

这就说明，现有的形式逻辑中的联断概念没有充分地反映自然语言中"虽然……但是……"的逻辑性质。

　　据说在旧社会中有一个法官判案，他先写下判词：

　　"情有可原，理无可恕。"

后来受了被告贿赂，他拿起笔来，一字未改，只将这句话的次序颠倒一下，便成：

　　"理无可恕，情有可原。"

这两句话，在自然语言与实际思维中，分别是非常大的。在旧社会中，根据前一句话，被告要被判刑或判重刑；但是，根据后一句话，被告就可免刑或判轻刑。这真是先后之差，千里之别。

但是，这两句话，按照现有形式逻辑的分析，就分别是：

"情有可原∧理无可恕"

"理无可恕∧情有可原。"

这两句话在现有形式逻辑中是毫无分别的。这样，就把原来自然语言与实际思维中的重大分别完全抹煞了。

还有，有些形式逻辑家喜欢把自然语言与实际思维中的

"如果 p，那么 q"

分析成实质蕴涵

"p→q"。

这个分析也是不充分的。按照实质蕴涵"p→q"的定义，当前件 p 假时，"p→q"就是真的。但是，在自然语言与实际思维中，当前件 p 假时，"如果 p，那么 q"有时却是假的。例如，迷信的人说：

"如果张某过去相信上帝，那么，他就不会生这种绝症了。"

这句话，根据生理学、医学的科学规律，明明是假的。但是，如果把这句话分析成：

"张某过去相信上帝→他不会生这种绝症"，

那么，由于这个实质蕴涵的前件是假的（事实上张某过去不相信上帝），整个这句话，就变成真的了。

在自然语言与实际思维中，同时也在事实上，明明是假的语句，经过现有形式逻辑的分析，却变成了一个真的语句。这就说明了现有形式逻辑中的实质蕴涵同自然语言与实际思维的"如果……，那么……"有很大的差别。

以上仅就自然语言的表述意义方面说，现有形式逻辑的分析

就常常是不充分的。至于对于自然语言的具体意义的分析，现有形式逻辑就更加软弱无力了。

《世说新语》中有这样一个故事：年纪刚刚十岁的孔融去见当时的名人李膺。孔融说：“我先人孔子与您先人李老君，同德比义而相师友，所以，咱们是通家之好。”当时在座的客人都对孔融大加赞赏。后来又来了一个客人陈韪，听了这件事情后，便说：“小时聪明，大了未必成才。”孔融接着说：“想您小时一定聪明。”弄得陈韪十分尴尬。

在当时的具体环境中，陈韪说：“小时聪明，大了未必成才”，这句话一方面具有表述的意义，就是说，这句话否定了“小时聪明，大了必定成才”具有客观必然性，否定了这是一条客观规律。但是，另一方面而且是更主要的方面，这句话具有表现的意义，就是说，陈韪通过这句话表现了他对其他客人的看法的反对态度，表现了他对孔融的轻视与否定态度。

聪明的孔融十分了解陈韪这句话的具体意义，并巧妙地加以利用，于是接着说：“想您小时一定聪明”，以表示陈韪大而不成才，以表现他对陈韪的反讥。

陈韪与孔融这段对话的具体意义，陈韪与孔融是了解得十分清楚的，当时在座的客人也是了解得十分清楚的。就是今天一般人读了这个故事，也是了解得十分清楚的。

但是，现有的形式逻辑，脱离了当时的具体环境，只是抽象分析陈韪与孔融所说的那两句孤零零的话，于是认为：“大了未必成才”并不等于“大了必不成才”，也不等于“大了不会成才”。因而，陈韪的那句话并不意味着孔融大了不会成才，因而，也并不意味着对孔融的轻视与否定。同样的，从孔融的那句话，也推论不出陈韪大而不成才，因而，孔融的那句话，并不意味着对陈韪的轻视与否定。甚至有的形式逻辑家还抽象地作了各种各样的不切合当时情况的逻辑分析，从而断言：陈韪与孔融的说话都是不合逻辑的，都是不正确的。

抽象的分析，把形式逻辑家引入了歧途。很显然，这里不正确的，既不是高傲的陈韪，也不是聪明的孔融，而是软弱无力的现有形式逻辑。

我们说，现有形式逻辑，用来分析自然语言的具体意义或用来分析人们的实际思维，是软弱无力的。这话并不意味着现有形式逻辑的规律是不正确的，是错误的，而只是意味着现有形式逻辑的规律，对于分析自然语言的具体意义或人们的实际思维来说，是很不充分的。很不充分的不必就是不正确的。我们在前面提到了现有形式逻辑关于联断与实质蕴涵的概念。我们认为，现有形式逻辑中关于联断与实质蕴涵的概念以及其他一些逻辑概念，确是从人们的实际思维中科学地抽象出来的，它们是人们实际思维中的某些逻辑性质的真实反映。在这个意义上，现有形式逻辑的这些概念是正确的。但是，抽象出现有形式逻辑的这些概念时，舍弃的东西太多了，因而，距离实际思维太远了，因而，用它们来分析自然语言的具体意义与人们的实际思维，就不充分，就软弱无力。我们要求形式逻辑，对自然语言和人们实际思维的逻辑性质，作更丰富更充分的科学抽象。

4. 形式逻辑如何研究自然语言的具体意义

一个（或一组）语句的具体意义，是相对于它所在的具体环境的。正如莱布尼茨所说，世界上没有两片完全相同的树叶一样，世界上也没有两个完全相同的具体环境。同样一个（或一组）语句，在不同的时间地点出现，就有不同的意义。不但不同的人说同样的话，其具体意义不同，就是同一个人在不同的时间地点与情况之下说同样的话，其具体意义也是不同的。由于具体环境具有惟一无二的性质，在某个具体环境中的某一（或一组）语句的具体意义，也就具有惟一无二的性质。这里就产生了研究具体意义的可能性问题。

应当说明，我们说形式逻辑应研究自然语言的具体意义，并不是去研究特定的某一个（或一组）语句在某个特定的具体环境下惟一无二的意义，而是去研究那些确定自然语言的具体意义的普遍原则。诚然，具体环境是惟一无二的，因而，在某个具体环境中的某个（或某组）语句的具体意义，也是惟一无二的。但是，在这些惟一无二的具体意义中，却存在着确定具体意义的普遍原则。而且，这些普遍原则是可以研究可以掌握的。

我们许多有丰富群众工作经验的干部，在听到别人说一两句话以后，就能准确地了解这一两句简单的话后面所蕴藏的丰富意义，在听到不同的人说同样的一段话后，就能分别他们说话的不同意义。这就说明他们事实上已掌握了不少确定自然语言的具体意义的普遍原则，只不过他们对这些普遍原则的认识，还不是那么自觉，那么完全，那么深入，那么有系统而已。

普遍体现于个别之中，确定具体意义的普遍原则体现于个别的具体意义之中，因而，我们要认识那些确定具体意义的普遍原则，又必须通过一些对带有典型性的个别的具体意义的研究。但是，应当注意，这里我们仍然不是去研究特定的某个（或某组）语句的惟一无二的具体意义，而是通过它去研究与认识它所体现的确定具体意义的普遍原则。

确定具体意义的普遍原则，牵涉到许多具体科学的知识，例如，牵涉到社会历史的知识，心理学的知识，语法修辞的知识，……形式逻辑也不是去研究确定具体意义的所有原则或原则的所有方面，而是去研究那些确定具体意义的逻辑原则或原则的逻辑方面，也就是说，去研究那些有关思维形式的原则。具体地说，形式逻辑应或主要应研究下面两个方面：

（1）现有形式逻辑的规律，都是关于思维形式的规律，都是关于概念、判断与推理的规律。就语言的意义方面说，现有形式逻辑的规律，都是关于语言的表述意义方面的规律，或者说，都是关于表述语句的规律。但是，自然语言的具体意义，却牵涉到语言的表现意义与激动意义，或者说，却牵涉到表现语句或激动语句。此外，还牵涉到语言的客观环境。因此，形式逻辑要研究自然语言的具体意义，就必须研究出一些普遍原则，根据这些原则，我们可以把表现语句或激动语句都转变成表述语句。

我们认为，这是可能的。

语句的表现意义与激动意义，或者说，表现语句与激动语句，在原则上，都可以转变成表述语句。因为，说话者通过语言来表现自己的态度或激动别人的行动，这本身也是客观存在的事物情况，我们可以用表述语句来描述这些客观存在的事物情况。例如，陈韪说的那句话："小时聪明，大了未必成才"，是或主要是一个表现语句，但是，我们可以根据当时的具体情况把它转变为"陈韪轻视或否定孔融"这样一个表述语句。还有，一个人说出一个表现语句或激动语句时，总是间接地或曲折地包含了一个对某些客观事物情况的表述与断定。例如，我们前面谈到的"今夜月华如练"这个表现语句，它间接地包含了一个对夜景的表述与断定。因而，也可以从这个角度把一个表现语句或激动语句转变为一个表述语句。

我们也可以从一般语言学的角度来说明上面那个思想。一般语言学总是把语句分为直陈语句、惊叹语句、疑问语句与命令语句……在一段说话或文章中，常常会出现各种语句。形式逻辑应研究出一些原则，根据这些原则可以把各种语句都转变为表达判断的直陈语句。

以上是处理一个（或一组）语句与其语言环境的转变问题。至于一个（或一组）语句的客观环境，很显然是可以转变成表述语句的。因为客观环境就是客观存在的事物情况，我们可以直接地用表述语句把它描述出来。例如，上述《世说新语》那段文章，就基本上已把陈韪与孔融对话的客观环境描述出来了。

（2）现有形式逻辑的基本概念：否定、析取、联断、实质蕴涵，全称量词，同一，还不能充分反映自然语言或实际思维的逻辑性质。例如，我们在前面已经谈过实质蕴涵没有充分反映"如果……那么……"的逻辑性质，联断也没有充分反映"……而且……"与"虽然……但是……"的逻辑性质。同时，应用现有形式逻辑的其他基本概念也不能充分反映"如果……那么……"、"……而且……"、"虽然……但是……"的逻辑性质。

因之，我们应当修改现有形式逻辑的基本概念或者增添一些新的基本概念，使其能充分反映自然语言或实际思维的逻辑性质，例如，使其能充分反映自然语言或实际思维中的"如果……那么……"、"……而且……"、"虽然……但是……"等等的逻辑性质，以及其他的自然语言与实际思维的逻辑性质。

这样修正了的或发展了的形式逻辑，比现有形式逻辑，就在很大程度上能够更充分地反映与分析自然语言与实际思维的逻辑性质，对于一段文章或一段说话，我们就能说明其中任何一个语句表达了什么形式的判断，我们还能说明这些判断之间有机的逻辑关系，我们还能表明说话者说这段话的真正用意所在。

伯牙鼓琴，子期识其高山流水之志，伯牙引为知音。知音者识弦外之音，知言者解言外之意。其实，弦外无音，言外无意，音从弦出，意以言生，其所以谓外，只是由于我们不知音不知言而已。形式逻辑研究自然语言的具体意义，就有助我们成为知言者。

　　形式逻辑研究具体意义的逻辑规律，不可避免地会牵涉到一些边缘性的别的具体科学的知识，如心理学、语法修辞学……的知识，这是不足为怪的。我们不仅认为，形式逻辑应当先尝试研究自然语言的具体意义，我们也希望，其他有关的具体科学从它们已有的科学基础出发来尝试这方面的研究。随着有关各方面研究工作的发展与深入，很可能将来会形成一门独立的边缘性的科学，来专门研究自然语言的具体意义，并用它为我们的社会主义事业服务。

形式逻辑和自然语言[*]

1. 自然语言的指谓性和交际性

自然语言有两个基本性质，一个是指谓性，另一个是交际性。

自然语言中有许多语词，由语词根据语法形成许多语句，语词指称一个或一类事物。例如，"孔子"这个语词指称一个个别的人。"苹果"这个语词指称一类事物。"孔子是一位哲学家"和"苹果是富于营养的水果"这两个语句分别指称两个不同的事物情况。

自然语言是一个符号体系。自然语言中的符号是一些声音或笔划。这些声音和笔划怎么会指称事物呢？这是由于语言的应用者(人)在应用语言时有一个相应的思想。人们使用一个语词时就有一个相应的概念；人们在应用一个语句时就有一个相应的命题。

一个语词表谓一个概念，一个语句表谓一个命题。概念和命题都是思想。语词所表谓的概念反映语词所指称的事物。语句所表谓的命题反映语句所指称的事物情况。我们可以用下图表示语

言、思想和事物这三者之间的关系：

　　语言表谓思想，这是语言的表谓性。语言指称事物，这是语言的指称性。语言的表谓性和指称性统一起来，就是语言的指谓性。

　　语言是表达和传达思想感情的工具，是交流思想感情的工具。这是语言的交际功能，即语言的交际性。

　　语言的指谓性和交际性是密切联系的。语言的产生和发展是由于交际的需要，语言的指谓性是交际活动的重要条件。

2. 正统逻辑和自然语言逻辑

　　正统逻辑，包括传统逻辑和正统数理逻辑，只研究命题和命题之间的真假。正统逻辑认为，命题就是陈述句或陈述句所表谓的思想。如果客观世界有一个陈述句或命题所指谓的事物情况，则这个陈述句或命题就是真的，否则就是假的。

　　但是，我们认为，一个陈述句包含了两个因素。一个因素是断定这个言语行为，另一个因素是断定的内容或对象，即命题。我们认为，陈述句不等于命题。我们认为，正统逻辑只考虑断定的内容，即只考虑命题，而没有考虑断定这个言语行为。这可由下面两点得到证明：

（1）正统逻辑认为 $p \rightarrow q$ 和 $p \lor q$ 是命题，而 $p \rightarrow q$ 中和 $p \lor q$ 中的 p、q 也同样是命题。显然，$p \rightarrow q$ 和 $p \lor q$ 中的 p、q 不是被断定的思想，因而 $p \rightarrow q$ 和 $p \lor q$ 也不是被断定的思想。

（2）正统逻辑认为推理形式

$$\frac{\begin{array}{c}(p \lor q) \rightarrow r \\ (\neg p \land \neg p) \rightarrow \neg (\neg p \land \neg q)\end{array}}{r}$$

是常真式。但是，如果在这个常真式中加上几个"x 断定"即 $x \boxdot$"，就可得

$$\frac{\begin{array}{c}x \boxdot [(p \lor q) \rightarrow r] \\ x \boxdot [(\neg p \land \neg q) \rightarrow \neg (\neg p \land \neg q)]\end{array}}{x \boxdot r}$$

这个加上 $x \boxdot$ 的推理形式显然不是常真式。

由此可见：正统逻辑的常真式中不包含断定这一言语行为。

自然语言逻辑（也称自然逻辑）不同于正统逻辑。自然语言逻辑不仅要研究正统逻辑所研究的命题之间的真假关系，而且还要研究各种包含了言语行为和命题的语句，如陈述句、命令句和疑问句等之间的真假关系。例如：

$$\boxdot (x, p) \land \boxdot (x, q) \rightarrow \boxdot (x, p \land q)$$

$$\boxdot (x, p \land q) \rightarrow \boxdot (x, p)$$

$$\boxdot (x, p \rightarrow q) \land \boxdot (x, p) \rightarrow \boxdot (x, q)$$

$$\boxdot (x, p) \rightarrow \neg \boxdot (x, \neg p)$$

很显然，这些都是逻辑规律，而

$$\neg \boxdot (x, p) \rightarrow \boxdot (x, \neg p)$$

显然不是逻辑规律。至于

$$\boxdot (x, p) \rightarrow \boxdot (x, p \lor q)$$

也成问题。

命令句的公式

$$\frac{!\,(x,\,p)}{!\,(x,\,p\vee q)}$$

也成问题。例如，从"！把这封信送到邮局去"推出"！把这封信送到邮局去或扔到河里去"，从执行命令考虑，此公式不能成立。因为，如果

$$!\,p\rightarrow!\,(p\vee q)$$

成立，则

$$!\,p\rightarrow!\,(\neg p\vee q)$$

也成立。显然这是取消了命令！p。

3. 解决自然语言的多义性问题

数理逻辑通过形式化语言来研究推理形式。形式化语言具有单义性。而自然语言的语词是多义的，语句的结构也可以是多义的，因而自然语句可以是多义的。例如"白头翁"是多义词，"小李热爱科学胜过他爸爸"是多义句。

如果一个孤立语句是多义的，但在语境中它却不必是多义的。在大多数情况下，多义问题可以通过语境来解决。语境指语言环境，即上下文；也指客观环境，包括说话者、听话者、时间、地点等。说话者和听话者还包括他们当时的思想感情等等。

选义规则。对于含"这"、"那"、"我"等语词的语句，如"我感到很热"，要靠说话者以及说话的地点、时间等语境因素才能确定其意义。对于"一个白头翁在会上发言"和"一个白头翁在树林中飞"，仅靠这个语句本身就解决了多义的问题。"小李热爱他爸爸，但小李热爱科学胜过他爸爸"和"小李爸爸热爱科学，但小李热爱科学胜过他爸爸"，也可以由语句本身就解决多义问题。至于像 A、B 两人都知道 C 很笨，但 A 却对 B 说"C 真聪

明"，则要根据说话者与听话者共同的背景知识才能知道这句话的意义。

一个自然语句是多义的，就是这个自然语句可以表谓许多不同的命题和表达几个不同的言语行为。但根据语境，人们就能确定某个自然语句表谓哪个命题和表达哪种言语行为。因此我们可以把命题看作语境的函数。

解决自然语句的多义问题，有时必须进行一系列的推理。最简单的例子如：

"一个白头翁在会上发言。"

其推理过程是：

"白头翁只能指称一只鸟或一个白发老人。"

"鸟是不能在会上发言的。"

"白头翁是指称一个白发老人。"

"一个白头翁在会上发言"指称一个命题："一个白发老人在会上发言。"

多义与歧义不同。一个歧义语词或歧义语句，是在一个语境中就有两个或两个以上的意义。"父在母先亡"是歧义句，它与一般的多义句不同。

4. 预设（presupposition）

复杂问句："你戒烟没有？"对此不管作出肯定回答或否定回答，都断定了你以前抽烟。

"上帝是仁慈的"和"上帝不是仁慈的"，都断定了上帝存在。

这里所说的"断定"，也就是预设。

传统逻辑 A、E、I、O，数理逻辑表示为：

$$A \quad a\bar{b}=0 \qquad E \quad ab=0$$

$$\text{I}\quad \text{a}\text{b}\neq 0\qquad \text{O}\quad \text{a}\overline{\text{b}}\neq 0$$

可是当 a=0 时，则 A、E、I、O 之间的对当关系不能成立，这是因为传统逻辑预设 A、E、I、O 的主词存在，亦即预设 a≠ 0。

p 是 q 的预设，可以定义为：p 是 q 有真假的必要条件。即 (1) 如果 q 真则 p 真；(2) 如果¬q 真则 p 也真；(3) 如果 p 假则 q 无真假。

这里涉及一系列的推论。例如：

(A)"甚至金老也在会上发了言。"

由此可以推出：

(a) 金老在会上发了言。

(b) 别人在会上发了言。

(c) 说话者料想不到金老在会上发了言，或者说话者料想到而听说者没有料想到。

(b) 是 (A) 的预设，因而 (b) 假则 (A) 无真假。当然逻辑家对此也有不同的看法。有人认为 (b) 假则 (A) 假，即 (A) 能推出 (b)；也有人认为 (b) 假则 (A) 不恰当，但 (A) 还有真假。而 (A) 的真假要根据 (a)，即根据金老是否发了言这个事实决定。但是无论如何，当 (A) 真（当然 (A) 恰当）时可以推出 (b)。这对我们是很有用的。

不但陈述句有预设，命令句和疑问句也有预设。例如"把门关上！"预设门是开着的。"同志，你买什么？"预设有人要买东西。

根据预设理论，我们可以分析许多语句的逻辑意义或逻辑结构。例如：

(B)"哥德尔也没有证明这条数理逻辑定理，何况奎因。"

由此推出：

（a）哥德尔没有证明这条定理。

（b）奎因没有证明这条定理。

（c）说话者认为哥德尔在数理逻辑领域里比奎因更高明。如果奎因能够证明这条定理，则哥德尔能够证明，但是，如果哥德尔能证明这条定理，则奎因不一定能证明。

（a）和（b）是（B）的预设。

（C）"奎因没有证明这条数理逻辑定理，甚至哥德尔也没有证明这条定理。"

（C）等于（B）。

但是，应当注意，我们过去总是用正统逻辑的命题联结词￢、∨、∧、→等去刻画自然语句，这样做有时是不行的。例如"虽然p，但是q"，以往一般解释为"p∧q"。在命题逻辑中，根据合取交换律，合取式中的p和q位置可以交换，而"虽然p，但是q"中的p和q则不能任意互换位置，如果换了，意思就会有变化。

5. 意谓和意思

一个语句p的意谓，是语句p的指谓和言语行为的统一。例如，我们说一个陈述句"这是一支粉笔。"这个语句就是说话者断定了"这是一支粉笔"这一命题或这一事物情况。在这里，断定是言语行为，"这是一支粉笔"是指谓。我们说一个疑问句"这是一支粉笔吗？"的指谓，也是"这是一支粉笔"这一命题或这一事物情况，但这个疑问句的言语行为则是疑问而不是断定。

意思是一个比指谓和意谓更丰富的概念。说话者在一个语境中说出一个语句p的意思，是说话者在这语境中说出这个语句p时意图向听话者传达的思想感情。一个语句p的意思要利用语句p的指谓和意谓，但又超出语句p的指谓和意谓。

例如，在一个汽油库里，A 在抽烟，B 对 A 说："汽油是容易燃烧的。"即语句 p。

语句 p 指称一种客观事物情况；

语句 p 表谓一个思想内容，即命题'p'；

语句 p 意谓 B 说'p'的思想活动，即 B 断定'p'；

语句 p 的意思是：B 说 p 时传达给听话者的思想活动。

指称、表谓、意谓与意思，常常要依据语境来决定，要进行推理。特别是意思，往往要用较多些推理。还用上面的例子。

'p'   汽油是容易燃烧的。

'p_1'   不应当使汽油燃烧。

'p_2'   应当不做任何引起汽油燃烧的行动。

'p_3'   在汽油库抽烟是引起汽油燃烧的行动。

'p_4'   不应当在汽油库抽烟。

'p_5'   A 在汽油库抽烟。

'p_6'   A，你不要抽烟！

我们怎么知道 B 的意思呢？根据语境：

(1)'p_1'、'p_2'、'p_3'是说话者 B 的思想。

(2)'p_5'是语境中的客观事实（A 和 B 都认识到的）。

(3)'p_2' ∧ 'p_3' → 'p_4'，这是运用了道义模态逻辑推出来的。

(4)'p_4'到'p_6'是一个以'p_5'为预设的推理，是由道义语句到命令语句的推理。

以上过程就是根据语境，通过一系列推理得出语句的意思。对于隐喻，要根据语境才能知道它的意思，根据指谓、意谓都不能决定它的意思。

例如《史记·滑稽列传》中有一个淳于髡谏齐威王的故事："齐威王之时喜隐，好为淫乐长夜之饮，沉湎不治，委政卿大夫。

百官荒乱，诸侯并侵，国且危亡，在于旦暮，左右莫敢谏。淳于髡说之以隐曰：'国中有大鸟，止王之庭，三年不飞又不鸣，王知此鸟何也?'王曰：'此鸟不飞则已，一飞冲天；不鸣则已，一鸣惊人。'于是乃朝诸县令长七十二人，赏一人，诛一人，奋兵而出。诸侯震惊，皆还齐侵地。威行三十六年。"

这里所说的"大鸟"、"一飞冲天"、"一鸣惊人"，都是隐喻，它的意谓是指大鸟的飞与鸣，但它的意思，即淳于髡要传达给齐威王的思想活动与齐威王要传达给淳于髡的思想活动，显然不是这两语句的意谓，而是说的政治，即淳于髡谏齐威王不应该这样"沉湎不治"，而齐威王则表示一定要振作起来，将国家治理好。

6.带有感情色彩的语句（评价语句）

先举一个例子：

"政府军杀死了许多公社社员。"

"政府军处决了许多公社社员。"

"政府军惨杀了许多公社社员。"

这些语句，最重要的是体现了真假、善恶、美丑，亦即真善美与假恶丑，由此还可以导出：正义的、非正义的、进步的、反动的、革命的、伟大的、英明的，等等。

带有感情色彩的语词和语句，当然包括了谈话的感情态度，但是否还同时表示了一些事实呢？这是一个哲学问题。特别是对于善和美，在伦理学和美学上是头等重要的问题。但是可以这样说，感情色彩的语句或评价语句至少包含了一些说话者的感情态度，同时在许多情况下也包含了一些事实方面的东西。

"x好"，可以说"我喜欢x"。

"他的字写得好"，不等于"我喜欢他的字"。因为，人们常说："他的字写得好，但我不喜欢他的字。"

"好者好之，恶者恶之。""好者"、"恶者"是评价语词，"好之"、"恶之"是感情语词。

"为好好，为恶恶。"前一个"好"是感情，后一个"好"是评价；前一个"恶"是感情，后一个"恶"是事实。

这里有几点是重要的：（1）评价语句和感情有关。如"好者好之，恶者恶之"，"为好好，为恶恶"。（2）评价语句常导出命令语句。如"p 正确"推出"！p"。（3）人们把理智的内容和感情的内容混淆在一起，是人们不能取得成功交际的一个原因。但有时把理智内容和感情内容巧妙地融合在一起，却能达到成功的交际。

要善于区别一个语词或语句的感情部分和事实部分。在交际过程中，我们应当了解自己的思想感情，区分自己的言语活动中哪些是理智部分，哪些是感情部分。理智部分需要根据事实和理论一步一步地证明；感情部分也需要评价，看是不是合乎情理。同样，也需要去了解别人所说的东西，区别和评价他的理智部分和感情部分。有时候，我们要达到某种目的（正当的目的），如何应用感情的语句和理智的语句，这也是很重要的。

评价语句影响或推出道义语句，举晏子的一个例子：齐景公所养爱马暴病死。公怒，令人操刀肢解养马人，大臣们都不敢说话，聪明的晏子说："让我来剐他！"晏子拿了刀，问景公："古圣先王剐人从哪里剐起？"景公无言以对，过了一会儿，说"算了吧！这回饶他一死。"

晏子的话中有这么几点：

（1）"古圣先王剐人从何剐起？"是疑问句，有一个预设："古圣先王剐人。"不论景公说从哪里剐起，他都接受了这个预设。但这个预设事实上不能成立，所以景公不能作出回答。

（2）预设"古圣先王剐人"不成立，则可得出"古圣先王没有剐人"。

（3）"古圣先王不剐人是正确的"，进一步又可推出"我们不应当剐人"。

7. 成功的交际

说话者应用语言把自己的思想感情传达给听话者，从而使听话者产生某种思想感情，这就是交际。这里，我们只讲语言这种交际手段，即言语交际。当然，交际工具不只是语言。为了博得别人的同情，一个人表现出非常可怜的样子，例如哭泣，哭泣也是一种交际手段。

说话者应用语言传达自己的思想感情给听话者，从而使听话者产生了说话者所希望他产生的思想感情，这就是成功的交际。

从说话者的角度考虑，这里有两个问题：（1）如何应用语言把自己想要传达的思想感情传达给听话者；（2）如何使自己传达给听话者的思想感情，促使听话者产生说话者所希望产生的那种思想感情。这都不只是按照语言习惯正确运用语言的问题，而是要涉及语境，特别是要涉及说话者和听话者本身的情况，要进行一系列的推理。

另一方面，从听话者方面来考虑，听话者则要从说话者所说的话来了解说话者所传达的思想感情，了解话语的意谓和意思，并进行推理，在评价说话者所传达的思想感情的同时，把握说话者的真正的思想感情（说话者所传达的思想感情不必是说话者真正的思想感情）。

交际的成功与否，决定于在听话者方面是否产生了说话者所希望产生的思想感情。而说话者希望听话者产生的思想感情是各种各样的。有时我们想给予听话者以最明确或最大量的知识，在这种情况下，成功的交际就是通过语言，事实上给予听话者以最明确和最大量的知识。但有时我们也想给听话者最空洞或最少量甚至"零"的知识，在这种情况下，成功的交际就是事实上给予听话者以最空洞或最少量甚至"零"的知识。后一种情况，科学家特别是自然科学家（包括正统的逻辑学家）是忽略的。因为科学家们的交际总是要给听话者最明确最大量的知识，而政治家和宣传家则不完全是这样。"王顾左右而言他"，在特殊情况下"言他"而不是"言此"。例如：

（A）记者问："两国首脑讨论了什么问题？"

答：（1）"讨论了双方共同关心的问题。"

（2）"讨论了当前一些重大问题。"

（3）"讨论了中东问题。"

这三个回答所提供的讯息很不相同，（3）提供的讯息最多，而（1）提供的讯息最少。

（B）问："首相对于前天总统的谈话有什么看法？"

答："凡是总统谈话中正确的东西我都赞成。"

这个回答给予听话者最空洞最少量的知识。

政治家和宣传家要根据政治上的需要来选择恰当的回答。

人的思维在大多数情况下是通过自然语言进行的。我们认为形式逻辑要结合自然语言，国外也有人提出建立自然逻辑。现在的形式逻辑（包括正统的数理逻辑）所研究的逻辑形式还太贫乏。逻辑结合语言，是要研究丰富的自然语言中的逻辑形式，要结合语法修辞。研究成功的交际的规律，就是修辞，修辞就是为了说服对方。

自然逻辑是不是一门逻辑？这要看如何定义逻辑。如果说研究正确的推理形式就是逻辑，那么上面讲到的有些部分显然是逻辑，但关于成功的交际的那些规律看来不是。假如我们把亚里士多德的《工具论》看作逻辑，则有关交际部分也是逻辑。据说亚里士多德的《工具论》的阿拉伯文译本最初包括《修辞学》在内。况且，"逻辑"的概念也是发展的。一千年前，人们大概不会认为归纳逻辑是逻辑；一百年前，人们大概也不会认为递归论是逻辑。

　　形式逻辑应该向自然语言的逻辑逐渐发展，这是很有前途的。也许要经过几代人的努力，若干年后，大学中普遍作为必修课的形式逻辑，就不再是现在这种逻辑，而是自然语言的逻辑。

逻　辑

——正确思维和成功交际的理论*

1. 语言、意义和逻辑

1.1　指号

语言是一种特殊的指号系统。要了解语言的性质，我们必须先了解指号的性质。

一个事物 a 是另一个事物 b 的指号，当且仅当事物 a 表示事物 b。① 一个人脸上出现某种红斑就表示他患麻疹。公路边的路标牌上的 ϟ 就表示前面有弯路。"脸上的红斑"这些声音或笔画和"弯路"这些声音或笔画，就分别表示不同的客观存在的事物，即脸上的红斑和弯路。

事物 a 表示事物 b，或事物 a 是事物 b 的指号，并不仅仅涉及事物 a 和事物 b 之间的关系。只有当有一个解释者给予事物 a 一

---

* 周礼全主编：《逻辑——正确思维和成功交际的理论》，人民出版社 1994 年第 1 版。这里是根据 1996 年第 2 次印刷，所选部分是周礼全在该书中执笔的几个章节。

① 这里我们把"表示"作为一个直观的初始的概念。不同的学派可以对"表示"作出特殊的说明。

个解释，事物 a 才能表示事物 b，才能是事物 b 的指号。对于一个毫无医学知识的人，脸上的某种红斑就不是麻疹的指号。对于一个毫无交通规则知识的人，路标牌上的 ϟ 就不是前面有弯路的指号。对于一个不懂汉语的人，"脸上的红斑"和"弯路"就不是指号，而只是一些声音或笔画。因此，一个事物 a 成为事物 b 的指号，必须有一个解释者对事物 a 作出解释。因此，事物 a 表示事物 b 或 a 是 b 的指号，就不仅仅是 a 和 b 这两项之间的关系，而至少是 a、b 和解释者及其解释这三项之间的关系。

美国哲学家和逻辑家皮尔士（C. S. Peirce，1839~1914）是指号学的创始人之一。他从不同的标准对指号作了许多分类。现在我们介绍其中的一种分类，这种分类是语言逻辑家普遍引用的。

当事物 a 表示事物 b 时，事物 a 是一个指号，事物 b 是指号 a 所表示的对象。皮尔士根据指号 a 的性质（和存在）同被指号 a 表示的对象 b 的性质（和存在）这二者之间的关系，把指号分为图像指号（icon）、指引指号（index）和符号（symbol）。

图像指号是这样的指号，它和它所表示的对象在性质上有某种相似性。但当图像指号出现（存在）时，图像指号所表示的对象却不一定出现（存在）。

路标牌上的 ϟ 是图像指号，它和它所表示的对象（即弯路）在形状上有相似性。一张地图也是图像指号，它和它所表示的对象（即某地域的地貌）在空间关系上有相似性。一幅西洋宗教画中的海上一只船，也是一个图像指号，这只船和它所表示的对象（即教会）在功能上有相似性：船能帮助人渡海，教会能帮助人进入天国。不论路标牌上的 ϟ 或一张地图或西洋宗教画中的海上一只船，当它们出现（存在）时，它们所表示的对象都不一定出现（存在）。它们和它们所表示的对象之间并无客观上的必然联系。

指引指号是这样的指号，它和它所表示的对象并无性质上的相似性。但它的出现（存在）却和它所表示的对象的出现（存在）有客观上的必然联系，前者如果出现（存在），则后者必然出现（存在）。一个人脸上的某种红斑，是他患麻疹的指引指号。脸上的某种红斑和患麻疹这种病理现象这两者虽无性质上的相似性，但却有客观上的必然联系。某人脸上某种红斑的出现（存在），则此人必患麻疹，必出现（存在）麻疹这种病理现象。同样地，某山上有烟是此山上有火的指引指号。室内温度表的水银上升是室内温度上升的指引指号。

符号是这样的指号，它和它所表示的对象之间既没有性质上的相似性，也没有客观上的必然联系。"脸上的红斑"这些声音或笔画，就是一些符号。这些声音或笔画和它们所表示的脸上的红斑毫无性质上的相似性；这些声音或笔画的出现（存在）和脸上的红斑的出现（存在）也没有客观上的必然联系。同样地，"烟"、"弯路"这些声音或笔画也是符号。人们手臂上戴的黑纱是表示哀伤事情的符号。黑纱和哀伤事情之间既没有性质上的相似性，也没有客观上的必然联系。

根据皮尔士的说法，图像指号、指引指号和符号是三种不同的指号。这里我们要提请注意，一个事物是哪种指号，决定于这个事物表示什么对象，因而也决定于解释者对这个事物采取什么解释。同一个事物，由于对它采取的解释不同和它所表示的对象不同，就可以是不同种类的指号。

1.2 语言

1.2.1 语言的构成

我们所说的语言是人类的语言。动物如蜜蜂、蚂蚁是否有语言，不是我们考虑的问题。

语言是一个复杂的符号系统，它是由基本符号、语形规则和语义规则这三个部分或因素构成的。

（1）基本符号

语言这个复杂的符号系统，具有相当数量的基本符号。一种语言的基本符号，也就是这种语言的语词。语词可以是声音的、笔画的或其他别的东西。汉语中"人"这个语词，可以是一种声音，也可以是一些笔画。就声音说，"人"这个语词是由某些具有某种语音特性的音素构成的（在以后 1.2.3.1 中将有较详细的说明）。就笔画说，"人"这个语词是由某些具有某种形状的笔画构成的。这些具有某种语音特性的音素和这些具有某种形状的笔画，就是"人"这个语词的物理特征。根据一个语词的物理特征，我们就能确定一个事物是或不是一个语言中的某个语词。

汉语的基本符号是汉语中的语词，而不是汉语中的词组。词组是由一些作为基本符号的语词构成的。

（2）语形规则

每一个语言都有一些语形规则。语形规则是关于语词组合的规则，它规定什么样的语词组合是合式的（或合语法的），什么样的语词组合是不合式的。根据语形规则，一些语词就组成一个合式的词组，进而组成一个合式的语句。

（3）语义规则

一个语言是一个符号系统，一个语言中的语词、合式的词组和合式的语句必须分别指谓一个确定的对象。[①] 而这又是由于这个语言中的语词、合式的词组和合式的语句分别地有一个确定的解释。

一个语言的语义规则，就是对这个语言中的语词、合式的词组和合式的语句的解释。对一个语词或合式的词组的解释，规定

---

① 在前面我们说指号（包括指引指号、图像指号和符号）表示对象。语言是一种特殊的指号，即符号。我们把语言符号表示对象叫做语言符号指谓对象。

了这个语词或合式的词组表示什么事物；对一个合式的语句的解释，规定了这个合式的语句表示什么事态（或事物情况）。

基本符号（语词）、语形规则和语义规则是构成一个语言的三个因素。基本符号（语词）是构成语言的基本材料，没有基本符号（语词）就没有语言。语形规则规定语词的合式组合，没有语形规则就没有合式的词组和合式的语句。语义规则是对语言中的语词、合式的词组和合式的语句的解释。没有语义规则，语词、合式的词组和合式的语句就会无所表示，因而就不成为语词、词组和语句了！

语言可以分为自然语言和人工语言。自然语言是人们在长期的社会活动中逐渐形成的语言，它能表达和传达人们各种各样的思想情感和指谓各种各样的对象。人工语言是人们为了某种目的而创造的语言，它只能表达和传达人们某方面的思想情感和指谓某个确定范围中的对象。

语言也可分为口头语言和书面语言。口头语言的基本符号是具有某些特性的声音，符号和符号之间有时间上的先后顺序。书面语言的基本符号是具有某些特性的笔画，符号和符号之间有空间的先后顺序。

除了口头语言和书面语言之外，还有以手势为符号的手势语言和以触觉事物为符号的盲人语言等。

就自然语言和人工语言说，自然语言是基本的。人工语言不但不能像自然语言那样能表达和传达各种各样的思想情感和指谓各种各样的对象，而且人工语言最后总是要利用自然语言才能创立的。

就口头语言和书面语言说，口头语言是基本的。在历史上总是先有口头语言，然后才有相应的书面语言。书面语言是口头语言的派生物和代替物，而且口头语言的某些因素（如以后要讲的副语言成分）也是书面语言不能直接地和完全地代替的。

因此，口头的自然语言是各种语言中最基本的和最重要的语言。

1.2.2　语言的特性

语言的特性，有的语言学家列举出十几种。其中最重要的特性有下面这些：

（1）表谓性

语言是一符号系统，因而语言中的语词、词组和语句都指谓某种对象（事物或事态）。这就是语言的指谓性。和指谓性密切联系，语词、词组和语句都表达说话者的某种思想情感。这就是语言的表达性（参看 1.3）。语言的指谓性和表达性，统称为语言的表谓性。语言必有表谓性，这是由语言是一个符号系统直接导出的。

（2）交际性

语言的产生和应用都和交际活动密切相关。人们要协调行动，就要互相交流思想感情。要互相交流思想感情，就需要应用语言。语言是交际的工具。

（3）任意性

语言是符号系统。符号和它所表示的对象之间既无性质上的相似性，也无客观上的必然联系。在一个社会中，形成和应用某个语言是约定俗成的结果。两个不同的社会常常应用不同的语言，而且一个社会由于某种原因也可以修改甚至改变原来的语言。这就是语言的任意性。

（4）完全性

自然语言应用一定数量的语词。由一定数量的语词，根据语形规则和语义规则，就可形成无限数量的语句来指谓各种各样的对象和表达各种各样的思想情感。人工语言应用它的基本符号，根据它的语形规则和语义规则（解释），就可形成无限多的合式公式来表达某个范围的各种各样的思想情感和指谓这个范围的各种各样的对象。这就是语言的完全性。

语言的上述几种主要特性是互相联系的。语言如果没有表谓性，没有指谓事态和表达思想情感的功能，语言就不能有交际性，不能起交际的作用。语言如果没有任意性，语言就不能有完全性，就不能表达各种思想情感和指谓各种各样事态，从而也就不能有充分的交际性。

1.2.3 话语、语句和抽象语句

1.2.3.1 话语

自索绪尔（F.D.Saussure）以来，语言学家都区别语言和言语。语言是一个符号系统，言语则是人们应用语言传递讯息的活动。一个和言语密切相关的重要概念是话语。话语是在一个语境中说话者用来传递讯息所说出的一串语音或写出的一串笔画。话语可以具有一个语词、一个词组、或一个语句的形式。正如语句是语言的基本单位一样，具有一句语句形式的话语则是言语和话语的基本单位。我们以后说"一句话语"时，就是指具有一个语句形式的话语，我们以后说"话语"时，既可以指一句话语，也可以指由许多一句一句的话语组成的话语。由于应用笔画的书面话语是应用声音的口头话语的派生物和代替物，我们以后将着重讲述口头话语，只附带地对书面话语作一些简略的说明。

话语中的每一个语音，都具有四方面的性质，即音质、音高、音强和音长。

一个语音的音质，是由发音体、发音方法和共鸣器决定的。发音体、发音方法或共鸣器的不同，就产生不同的音质。

一个语音的音高，是由音波的频率决定的，也就是由发音体每秒振动的次数决定的。频率高的音波就产生高音，频率低的音

波就产生低音。

　　一个语音的音强，是由音波振幅的大小决定的。振幅大的音波就产生强音，振幅小的音波就产生弱音。

　　一个语音的音长，决定于发这个语音的时间。发这个语音的时间长，就是长音；发这个语音的时间短，就是短音。

　　根据音质、音高、音强和音长，我们就可对话语进行分析。

　　由语音的音质和音高，我们就可得出音位。音位是能在区别意义方面起作用的最小语音单位。语音"他"、"图"和"湖"仅音质方面就可分别分析为〔ta〕、〔tu〕和〔hu〕。而其中的 t、a、h 就是音位。这种仅由音质方面的不同而得出的音位叫做音质音位。一个语音的音高变化，叫做语音的调值。调值是非音质音位。我们也可以用调值来区别语音。例如"妈"、"麻"、"马"、"骂"，它们的音质音位相同，都是〔ma〕，但它们的调值即非音质音位却不同，因而是不同的语音。

　　根据语音的音位（音质音位和非音质音位）的不同，我们就能区别出一个语音是什么语词。在一个话语中的每一个语音确定是什么语词之后，我们还要找出这些语词在话语中的先后顺序。

　　一句话语所包含的一串语词以及它们之间的先后关系是这句话语的语词成分（verbal component）。

　　一句话语，除了有它的语词成分外，还有它的节律成分（prosody component）。

　　节律包含三个主要因素，即间歇、重音和语调。

　　在一句话语中的语词之间，常有长短不同的间歇。话语中语词之间的长短不同的间歇，表示出话语中语词之间不同程度的联系。

　　如果一句话语中某个语音比邻近的语音有较高的音高，常常也伴有较强的音强和较长的音长，那么，这个语音就是这句话语中的重音。一句话语中可以有几个重音，最重的重音是主重音，其余是次重音。

节律中最重要的因素是语调。话语的语调又是由两个因素组成的。语调的一个因素是话语中的语词、词组和整个一句话语的音高水平。通常的音高是一度到一度半。这叫做中水平音高。高于或低于中水平音高的，分别叫做高水平音高或低水平音高。语调的另一个因素是音高的运动方向。它可以是升调、平调、降调、升降调、降升调等。

一句话语的语调，就是这句话语中的语音的抑扬顿挫。

话语的节律，是附加在语词成分上的语音性质。话语中的节律并不影响话语中某个语词之为某个语词，也不影响语词之间的先后关系。因此，话语的节律，是话语中的非语词成分，而且也不会改变话语中的语词成分。

不少语言学家认为，在语词成分和节律成分之外，话语还有它的副语言成分（paralinguistic features）。一句话语的节律中的音高、音强和音长，都有它正常的变化范围。一句话语的发音（phonation），也有它正常的方式。话语的那些超出音高、音强和音长的正常范围的语言特点以及那些超出正常发音方式的语音特点，就是话语的副语言成分。

就音高说，一个人用高于正常音高的尖声说话或用低于正常音高的低沉声音说话，这种尖声或低声就是他说的话语中的副语言成分。在一句话语中，音高有它正常的变化。如果一个人用毫无音高变化的死板声调说话，这种死板的音调也是他说的话语中的副语言成分。

就音强说，一个人有时用强于正常音强的吼叫声说话或用低于正常音强的低悄声说话，这种吼叫声和低悄声就是他说的话语中的副语言成分。

就音长说，一个人有时用长于正常音长的拖长声音说话或短于正常音长的急促声音说话。这种拖长的声音和急促的声音就是他的话语中的副语言成分。

就发音方式说，一个人有时用一种不同于正常发音的鼻音或喉音说话，这种鼻音和喉音就是他的话语中的副语言成分。

上述这些副语言成分，有的语言学家不把它们看作独立的语音成分，而把它们看作节律本身的特殊变化。

我们认为，话语的副语言成分是话语中那些附加在节律成分上的、但又不是节律成分的语音性质。由于目前对副语言成分的研究还很不充分，我们还不能对副语言成分的特性作出严格的说明，也不能在节律成分和副语言成分之间划出一条严格的明确的界限。但是，我们认为，不同于节律成分（至少是目前所说的节律成分）的副语言成分是存在的。

需要指出，附加在节律上的语言性质，有时是说话者有意用来表达他的感情的，但有时又不是。一个健康人用断断续续的声调对人说话，这是他有意用来表达他对对方的冷淡。但是，一个生病的老人用断断续续的声调对人说话，却不是他有意表达他对对方的冷淡，而是由于他身体的虚弱。我们所说的副语言成分，只是有意用来表达感情的那些附加在节律上的声音性质。

有些语言学家把一个人说话时的面部表情和身体姿势也看作副语言成分。我们不赞成这种看法。因为，面部表情和身体姿势虽然是和话语同时发生的并且对话语的意义有重要的影响，但却不是语音的，而副语言成分是话语的语音性质。

话语除了本身具有语词成分、节律成分和副语言成分外，还必须出现在一个交际环境中，这就是说，还必须出现在一个语境中和交际活动中。话语同交际语境有不可分割的密切联系。但是，只有语词成分、节律成分和副语言成分，是话语本身的性质，是决定一句话语是一句什么话语的因素。话语出现在一个交际语境中，只是话语和语境、交际活动之间的关系。因此，相同的话语可以出现在两个不同的交际语境中，也就是说，分别出现在两个不同的交际语境中的两句话语可以是相同的话语。

1.2.3.2　语句和抽象语句

一句话语是由它的语词成分、节律成分和副语言成分所构成的有机整体。一句话语虽然总是出现在一个交际语境中，但是，如果我们不考虑或抽去话语所在的交际语境，我们就得到一句不在或脱离交际语境中的话语。如果我们再从一句话语中抽去它的副语言成分，我们就得到一个语句。一个语句是由话语的语词成分和节律成分所构成的有机整体。如果我们再从一个语句中抽去语句中的节律成分，我们就得到一个抽象语句。一个抽象语句是由话语的语词成分构成的有机整体，也就是说，是由话语中的语词以及语词间的先后顺序构成的有机整体。

我们在下面举几个例子来帮助了解话语，语句和抽象语句的分别。

例1，在《三国演义》中，孔明知道周瑜不是真正生病而是为了缺少火烧曹营战船所必需的东风而忧虑。孔明去看周瑜时用挑逗的声调说："天有不测风云，人有旦夕祸福。"

但鲁肃却以为周瑜真正病倒了。假如鲁肃去看周瑜时也说"天有不测风云，人有旦夕祸福"，他一定是用一种关切和安慰的声调说这句话的。

孔明所说的这句话语和鲁肃所说的那句话语，显然是在两个不同的语境中，因为说话者、时间、地点都不相同。而且这两句话还是用不同的声调说的，即是说，它们的副语言成分也是不相同的。因此，这两句话是不相同的话语。但是，这两句话语的语词成分和节律成分却是相同的，因而是两句相同的语句，当然也是两句相同的抽象语句。

　　例2. 在一次总结工作的会上，老李问："王莉去买机票吗？老张回答说："王莉去买机票。"

　　例3. 在一次分配工作时领队老吴说："王莉去买机票！"

　　以上老李的话语、老张的话语和老吴的话语各出现于不同的交际语境中，而且它们的节律也不相同。老李的话语具有疑问语句的节律，因而是一个疑问语句。老张的话语具有直陈语句的节律，因而是一个直陈语句。老吴的话语具有命令语句的节律，因而是一个命令语句。这三句话语不仅是三句不同的话语，并且也是三个不同的语句。但是，如果我们不考虑或抽掉这三句话语的语境、副语言成分和节律成分（包括语气词"吗"），它们就是相同的抽象语句。

　　我们现在把语词成分记为"A"，把节律成分记为"F"，把副语言成分记为"U"。因此，由语词成分构成的抽象语句，就是"A"；由语词成分和节律成分构成的语句，就是"FA"；由语词成分、节律成分和副语言成分构成的话语，就是"U（FA）"。

　　我们把在交际语境 C_R 中的话语"U（FA）"记为 C_R "（U（FA））"。这里的 C_R 中的 C 表示语境，R 表示交际中合作谈话的准则（参看第13章）。

　　由以上的表示方法可以看出：话语"U（FA）"是在交际语境中的话语 C_R "（U（FA））"的抽象，语句"FA"又是话语"U（FA）"的抽象，抽象语句"A"又是语句"FA"的抽象。反过来说，语句"FA"是抽象语句"A"和节律"F"构成的有机整体，话语"U（FA）"又是语句"FA"和副语言成分构成"U"的有机整体，在交际环境中的话语 C_R "（U（FA））"又是话语"U（FA）"和交际语境 C_R 构成的有机整体。

　　以上是讲口头语言，下面要简单地讲述书面语言。

　　书面语言是口头语言的派生物和代替物。口头语言和书面语言的根本区别，在于前者应用声音的符号，而后者应用笔画的符号。

　　口头语言中的一个语词，是由具有某些声音特性的音位构成的。书面语言中的一个语词是由具有某些形状特性的笔画构成的。口头语言的语词之间的关系，是时间上的先后关系。书面语言的语词之间的关系，是空间上的先后关系。这就是说，书面话语中的语词成分和口头话语中的语词成分一一对应，前者能充分地代替后者。

　　就话语的节律说，书面语言可以应用标点（如"。"、"？"、"！"等）、语气词（如"吗"、"呢"、"嘛"、"啊"等）或其它方式来代替口头话语的节律。例如，书面语言可以应用"老张去买机票吗？"中的语气词"吗"和标点"？"来代替口头语言中的疑问话语的节律；书面语言也可以应用"实实在在的"这些书写的语词来代替口头话语中有重音的"实在的"。但是，书面语言却没有办法来直接代替声音话语的各种各样的节律。至于口头话语的副语言成分，书面语言就更无法直接代替了。口头话语常常是说话者当面对听话者说出的，因而语境中的许多因素都是说话者和听话者能亲自直接感知的。但书面话语却没有这种便利。

　　总的来说，口头话语的许多成分是书面话语不能直接地完全地代替的。但是，书面语言也可以应用一些书面的话语来描述口头话语中的各种成分。例如，一个高明的文学家可以应用文字来描写某人说话的语境、副语言成分和各种节律。但这种文字上的描写总是间接的，而且不一定是完全的和充分的。人们总是更愿意自己看和听一个讲演的录像录音，而不愿意只看讲演稿和听别人对这个讲话情况的汇报，就是这个缘故。

　　在1.2这一节结束的时候，我们要回头来明确一下"语言"

这个术语的含义。"语言"可以有狭义的和广义的含义。狭义的语言，是一个抽象的符号系统。广义的语言，则既包括一个抽象的符号系统，又包括这个符号系统在交际语境中的应用。

在本书中"语言"这个术语，也有狭义的和广义的用法。例如，在本书 1.2.1 中，我们讲语言的构成，这里所说的"语言"是狭义的用法，是指一个抽象的符号系统。但本书 1.2 这一节的标题是"语言"。这里的"语言"不仅指抽象语句、语句，而且也指话语和在交际语境中的话语，这是"语言"的广义用法。因为话语不是狭义的语言，而是狭义的语言在交际语境中的应用。本书所说的抽象语句和语句，属于狭义语言的范围。本书所说的话语和在交际语境中的话语属于广义语言的范围。用索绪尔的术语说，本书中所说的抽象语句和语句属于语言的范围，本书中所说的话语和在交际语境中的话语则属于言语的范围。

1.3　意义

语言的意义，是一个古老和复杂的问题。20 世纪以来，语言的意义则成为哲学、逻辑学和语言学的中心问题之一。

关于意义，哲学家、逻辑家和语言学家提出了各种各样的定义。观念论者认为，语言表达式的意义就是和语言表达式相联系的观念。指谓论者认为，语言表达式的意义就是语言表达式所指谓的对象。行为论者认为，语言表达式的意义就是语言表达式所产生的刺激和所引起的反应。许多逻辑家认为，语句的意义就是语句的真值条件。有些逻辑实证主义者认为，语言表达式的意义就是语言表达式的用法。

关于意义的种类，哲学家、逻辑家和语言学家也提出许多看法。20世纪二三十年代，奥格登(C.R.Ogden)和理查兹（I.A. Richards）就提出描述意义和感情意义。后来，布勒（K.Buhler）

则提出描述意义、表现意义和唤起意义。雅可布森（R.Jakobson）则提出一个比布勒更复杂的说法。莫里斯（C.W.Morris）提出四种语句（ascriptor）和语句的四种用法，实质上是提出了语句的16种意义。奥斯汀（J.L.Austin）认为，言语行为可分语谓行为、语旨行为和语效行为。这实质上也是对意义种类的看法。格赖斯（H.P.Grice）则区别语句的述说意义和隐涵意义。

以上这些关于意义的定义和意义的种类的理论，都各有所见，但也各有所蔽。我们将从一个新的角度提出我们对意义的看法。

我们对意义的基本看法是：

（1）我们认为，一个语言形式（即通常所说的语言表达式）的意义，就是根据语形、语义和语用的规则和交际语境，语言的使用者应用这个语言形式所表达或传达的思想感情。

（2）我们把语言的形式分析为：抽象语句、语句、话语和在交际语境中的话语。然后我们分别地找出这四大类语言形式的意义。

（3）这四大类语言形式的意义，不是孤立的而是互相联系的，不是截然划分的而是较复杂的语言形式的意义中包含着较简单的语言形式的意义作为有机成分。我们把语言形式的意义分为四种或四层。

（4）从对四种或四层意义的分析中，我们可以看出：描述意义（或指谓意义）和感情意义并不是完全分离的。语句、话语和在交际语境中的话语，都既具有指谓意义也具有感情意义。只有抽象语句才仅仅具有指谓意义。

1.3.1　抽象语句的意义——命题

抽象语句是根据语形规则由语词构成的有机整体。抽象语句中包含了一些语词，其中有实词和虚词。

实词指谓事物，包括一个事物、一类事物、事物的属性或事物的属性的属性。"孔子"这个语词指谓一个确定的事物，"人"这个语词指谓一类事物，"红色"指谓一个属性。一个语词之所以能指谓事物，是由于语言的使用者对这个语词有一个解释，这个解释规定了这个语词表达某个概念，而这个概念描述了这个语词所指谓的事物的性质。

虚词本身不能直接指谓事物，但虚词和实词结合却能指谓事物。我们认为，虚词也表达概念。但虚词所表达的概念和实词所表达的概念相结合才能描述事物。在这个意义上，我们说虚词间接地描述事物。

总起来说，语词表达一个概念，并且根据所表达的概念，语词指谓事物。概念是属于语言使用者的思想方面的，但概念所描述的或语词所指谓的事物则是思想之外的客观存在。

一个语词的意义，就是这个语词所表达的概念。

和语词的情况类似，一个抽象语句表达一个命题。抽象语句所表达的命题，是由抽象语句中的语词所表达的概念构成的有机整体。正像一个概念描述事物一样，一个命题描述一个事态。事态可分为简单的和复合的。简单的事态就是某对象有某属性，复合的事态是由简单事态构成的。由于一个抽象语句表达一个命题，而这个命题又描述一个事态，一个抽象语句则指谓这个命题所描述的事态。

抽象语句所表达的命题，是语言使用者的思想，而命题所描述的（或抽象语句所指谓的）事态则是思想之外的客观存在。

相应于一个抽象语句，语言使用者必须在思想中具有这个抽象语句所表达的命题。但在客观存在中却可以没有这个抽象语句所指谓的事态。例如，相应于"鬼是红脸的"这个抽象语句，语言使用者必须在思想中具有鬼是红脸的这个命题，但在客观存在中却没有鬼是红脸的这个事态。

如果一个命题所描述的（或一个抽象语句所指谓的）事态存在，则这个命题（抽象语句）就是真的，否则是假的。

在前面我们把抽象语句记为"A"，我们现在把抽象语句"A"所表达的命题记为 A。

抽象语句"A"的意义，就是"A"所表达的命题 A。

我们这里所说的语词的意义（概念）和抽象语句的意义（命题），大致相当于传统逻辑所说的内涵，也大致相当于弗雷格所说的含义（Sinn）。我们这里所说的语词所指谓的事物和抽象语句所指谓的事态，大致相当于传统逻辑所说的外延，也大致相当于弗雷格所说的所指（Bedeutung）。

1.3.2　语句的意义——命题态度

一个语句，除了包含抽象语句，还包括附在抽象语句中的节律。抽象语句表达命题，节律（有时还包括语助词，如："吗"、"呢"等）则表达说话者对命题的态度（或对命题所描述的事态的态度）。

对命题的态度是说话者的一种附在命题上的感情，是说话者对命题的一种承诺。断定、疑问、要求、愿望、许诺等，都是对命题的态度。

例如，"王莉去买机票。"是一个直陈语句，它的节律表达了说话者对王莉去买机票这个命题或事态的断定态度。

"王莉去买机票吗?"是一个疑问语句，它的节律（包括语助词"吗"）表达了说话者对王莉去买机票这一命题或事态的疑问态度。

"王莉去买机票!"是一个命令语句，它的节律表达了说话者对王莉去买机票这一命题或事态的命令态度。

语句可以有多种多样的节律，因而可以表达多种多样的对命题的态度。我们这里所说的对命题的态度，大致相当于奥斯汀和塞尔所说的语旨（illocutionary force）。塞尔把语旨分为五大类（参看第 12 章"言语行为"）。我们则把对命题的态度分为三大类，至少在本书中主要只讲这三大类，即对命题的断定态度、命令态度和疑问态度，因为分别表达这三类对命题的态度的直陈语句、命令语句和疑问语句是绝大多数自然语言都具有的，而且这三类对命题的态度也是最基本的和最重要的。

一个语句"FA"中的抽象语句"A"表达命题 A。一个语句"FA"的节律"F"所表达的是对命题的态度，记为 F。一个语句所表达的思想感情记为 FA。FA 是由对命题的态度 F 和命题 A 所构成的有机整体。我们把 FA 叫做命题态度。

一个语句"FA"的意义，就是这个语句所表达的命题态度 FA。

1.3.3　话语的意义——意谓

话语"U（FA）"中除了包含语句"FA"外，还包含副语言成分"U"。语句"FA"表达命题态度 FA，副语言成分"U"则表达说话者附加在命题态度 FA 这种思想感情之上的思想感情。我们把副语言成分"U"所表达的思想感情记为 U。我们把话语"U（FA）"所表达的思想感情记为 U（FA）。U（FA）是由语句"FA"所表达的命题态度和副语言成分"U"所表达的思想感情 U 构成的有机整体。

例如，在一次评定一位部长的工作的会议上，发言者 a 说："部长的工作是有成绩的。"a 说这句话是应用一种响亮的明晰的声调。这就是 a 说的这句话语的副语言成分。这种副语言成分表达了明确性或坚定性这样的感情。

另一发言者 b 也说"部长的工作是有成绩的。"但 b 却是应用了一种低微的甚至有些含糊的声调。这就是 b 说那句话语的副语言成分。这种副语言成分表达了 b 的敷衍的无可奈何的感情。

a 说的那句话语和 b 说的那句话语，由于副语言成分的不同，就是两句不同的话语，这两句不同的话语表达了两种不同的思想感情。a 的话语表达的思想感情是：坚决地认为部长的工作是有成绩的，但 b 的话语表达的思想感情是：敷衍地认为部长的工作是有成绩的。

为了说话简便，我们把话语"U（FA）"所表达的思想感情 U（FA）叫做意谓。

一句话语"U（FA）"的意义，就是"U（FA）"所表达的意谓 U（FA）。

1.3.4 交际语境中的话语的意义——意思

交际语境中的话语是 C_R"（U（FA））"。话语"U（FA）"所表达的说话者的思想感情是 U（FA）。相应于交际语境 C_R，说话者也具有某种思想感情，即说话者对语境中的因素的认识，和说话者遵守交际规则（即合作准则）的意愿，我们把说话者相应于交际语境 C_R 的思想感情记为 C_R^*。

交际语境中的话语 C_R"（U（FA））"所表达的说话者的思想感情，是由说话者相应于交际语境 C_R 的思想感情 C_R^* 和话语所表达的思想感情 U（FA）（即意谓）所构成的有机整体。我们把这个有机整体记为 C_R^*（U（FA））。

在 C_R^*（U（FA））这个有机整体中，C_R^* 要对 U（FA）产生重要的影响。这主要表现在下面几方面：

（1）交际语境 C_R 和 C_R^* 能确定话语"U（F（A））"中的引词（indexicals）的意义。例如，在 1991 年 10 月 1 日，在哲学所的 901 房间老张对老李说："我明天在这个房间里等你。"这句话语中有引词"我"、"你"、"明天"和"这个房间"。根据交际语境 C_R 或 C_R^*，才能并就能决定"我"的指谓的对象是老张。"你"所指谓的对象是老李，"明天"所指谓的对象是 1991 年 10 月 2 日，

"这个房间"所指谓的对象是哲学所的 901 房间。相应地，根据交际语境 C_R 和 C_R^* 也才能并就能决定引词"我"、"你"、"明天"和"这个房间"所分别表达的概念。

（2）交际语境 C_R 和 C_R^* 能消除话语"U（F（A））"的歧义。一句话语"U（F（A））"有两个或两个以上的意义，这就是这句话语的歧义。歧义可以是语形的、语义的或语用的。

"李莉爱她的孩子甚于她的丈夫"。这句话语有语形的歧义。"毛毛在公园看见几个白头翁"。这句话语有语义的歧义。张三说："我明天将到会。"这句话语有语用的歧义。因为这句话语所表达的命题态度可以是：张三许诺他明天到会，也可以是张三预测或估计他明天到会。在大多数情形下交际语境 C_R 和 C_R^* 能够消除歧义。

但在一些特殊的情况下，交际语境却不能消除歧义。据说一个迷信者去问一个老和尚："我父母哪个先去世？"这个老和尚说："父在母先亡。"然后这个老和尚就闭目打坐再不说话了。老和尚这句话有语形的和语义的歧义，即这句话既可以表达命题：你父亲比你母亲先去世，也可表达命题：你父亲在你母亲之后去世。但根据老和尚这句话的交际语境 C_R 和 C_R^* 却不能消除老和尚这句话的歧义。

（3）由于语境 C_R 和 C_R^* 和话语"U（F（A））"相结合，就可产生一个不同于"（U（F（A）））"的意义的意义，甚至产生一个和"U（F（A））"的意义相反的意义。例如，老王说："李教授是一只老狐狸。"这句话语所表达的命题是：李教授是一只有四只脚的小动物。这明明是一句假话。但根据交际语境 C_R 和 C_R^*，即根据交际准则（说话者必须相信他所说的直陈语句），就可得出老王这句话所表达的命题不是：李教授是一个有四只脚的小动物，并进而得出老王这句话所表达的命题是：李教授是一个狡猾的人。

关于 C_R 同话语"U（F（A））"相结合或者 C_R^* 同话语的意谓

U（FA）相结合就可产生新的意义，我们在第 13 章"隐涵"将有详细的阐述。

我们把交际语境中的话语 C_R "（U（F（A）））"所表达的说话者的思想情感 C_R^* （U（F（A）））叫做话语的意思。

交际语境 C_R 中的话语 C_R "（U（FA））"的意义，就是它所表达的意思 C_R^* （U（FA））。

我们对话语的意义的分析是基于我们对话语的分析。话语可以分析为抽象语句、语句、话语和交际语境中的话语。相应地，话语的意义也可以分析为命题、命题态度，意谓和意思。

在命题、命题态度、意谓和意思这四种或四层意义中，后者比前者具体，是由前者和一个新因素所构成的有机整体；前者比后者抽象，是后者这个有机整体中的一个构成因素。只有意思才是语言交际中具体的、完全的和真实的意义。其他的意义，都只是语言交际中抽象的和部分的意义，都只是意思的构成因素。

1.4　语形学、语义学和语用学

莫里斯在他 1938 年《指号理论基础》中把指号过程区分为语用、语义和语形三个方面：语用方面是指号表达它的使用者的方式；语义方面是指号指谓它的对象的方式；语形方面是指号和指号之间的关系。莫里斯认为，语用学是关于指号和它的解释者（即使用者）之间的关系的研究；语义学是关于指号和它所指谓的对象之间的关系的研究；语形学是关于指号相互之间的形式关系的研究。

卡尔纳普在他 1942 年的《语义学引论》中提出类似莫里斯的看法。卡纳普认为语言是由多种表达式构成的。在一个对语言的研究中，如果我们明白地涉及了说话者或语言的使用者，那么这种研究就是属于语用学的研究领域；如果我们不考虑语言的使用者而只分析表达式和它的指谓之间的关系，那么这种研究就属于语义学研究领域；如果我们既不考虑语言的使用者，也不考虑表达式的指谓，而只考虑表达式之间的关系，那么这种研究就是属于语形学的研究领域。

莫里斯在他1946年的《指号、语言和行为》中改进了他1938年对语用学、语义学和语形学的说法。莫里斯说："语用学是指号学的这样的一个部分，它在指号出现的行为中研究指号的起源、应用和效果；语义学研究指号所具有的各种方式的意谓；语形学研究指号之间的种种联合，而不考虑这些联合的意谓，也不考虑这些联合和它们在其中出现的那种行为之间的关系。"①

莫里斯1946年的看法和他1938年的看法，大致有以下不同：

（1）在1938年莫里斯只是一般地考虑指号的性质。但在1946年他就比较具体地考虑自然语言的性质。

（2）在1938年莫里斯只笼统地讲到指谓（designate）；但在1946年他就对意谓（signification）作了细致的区分。他认为意谓有定位的、指谓的、评价的、规定的和形成的五种方式。这就是说，莫里斯1946年所说的语义学比他1938年所说的语义学包含了更明确和更丰富的内容。

（3）1938年莫里斯只是笼统地认为语用学研究指号表达指号使用者的方式。但1946年他就进一步指出语用学要在指号出现的行为中研究指号的起源、应用和效果。这里莫里斯所说的"指号出现的行为"、"指号的应用"和"指号的效果"大致分别地类似于后来奥斯汀所说的"言语行为"、"语旨"和"语效"。莫里斯1946年的语用学概念比1938年明确多了，也丰富多了。

（4）1938年莫里斯着重语形学、语义学和语用学之间的区别。但到了1946年他就着重语形学、语义学和语用学之间的联

① 莫里斯：《指号、语言和行为》，上海人民出版社，第262页。

系，并且强调语用学在指号学中占有特别重要的地位，他把语用学看作指号理论的基础。

莫里斯和卡尔纳普对语形学、语义学和语用学的说法，得到当时哲学家、逻辑家和语言学家的普遍赞同。但随着人们对指号理论的研究逐步深入，就发现语义学和语用学的区分还是不够明确的。

语言表达式，可以有字面的意义也可以有非字面的意义，可以有真值条件的意义也可以有非真值条件的意义。而非字面的意义和非真值条件的意义又可以分为许多种。因此，对于以语言表达式的意义为研究对象的语义学，人们就可以有几种广狭不同的理解。相应地，人们对于语用学也可以有几种广狭不同的理解。通常的情况是：如果一个语言逻辑家对语义学采取一个狭义的理解，他就会把别人认为属于语义学的许多内容都看作语用学的内容；相反地，如果一个语言逻辑家对语义学采取一个广义的理解，他就会把别人认为属于语用学的许多内容都看作是语义学的内容。

由于语义学和语用学这两个概念的不确定性，我们就很难确定地说出本书的哪些部分是属于语义学的和哪些部分是属于语用学的。但是，根据多数人通常的理解，大致说来，本书第二部分中的命题逻辑和谓词逻辑是属于形式语形学和形式语义学的；本书第二部分中的道义逻辑、认知逻辑、命令句逻辑和疑问句逻辑等则属于形式的（理论的）语用学的范围；本书第三部分属于描述语用学的范围；本书第四部分属于应用语用学的范围。所以，根据多数人通常的理解，本书的大部分内容或主要内容是属于语用学的范围。

1.5　逻辑

"逻辑"这个语词的含义在历史上有它的演变过程，逻辑这个学科在历史上也有它的演变过程。

2000 多年前，亚里士多德的《工具论》，是人们公认的一部权威性的逻辑经典。《工具论》中包含了下面六个部分：①《论辩篇》，研究辩证推理，研究对话和辩论的理论和技术；②《辨谬篇》，研究对话和辩论中的各种谬误；③《范畴篇》，研究各类语词及其意义；④《解释篇》，研究语言（名词、动词、语句）和思想之间的关系，研究各种命题之间的关系；⑤《前分析篇》，研究正确推理的普遍形式，包括直言三段论和模态三段论；⑥《后分析篇》，研究科学中的推理和构造科学理论的方法。

稍后于亚里士多德的麦加拉-斯多阿逻辑学派发展了命题逻辑，研究了意义理论。他们认为逻辑包括了辩证法和修辞学。

就现存的文献说，公元前 1 世纪，西塞罗（M.T.Ciceron）最早提出"逻辑"（λογιχη´）这个语词。

古罗马的逻辑家继承亚里士多德和麦加拉斯多阿学派的传统，他们所说的辩证法，是逻辑、辩论术和修辞学的统一体。

约 9 世纪的阿拉伯的巴格达逻辑家把亚里士多德的《工具论》、《修辞学》和《诗学》加上波斐利（Porphyrios）的《亚里士多德〈范畴篇〉导论》作为学生必读《逻辑九书》。

中世纪的逻辑家认为，辩证法（即逻辑）、语法和修辞学是互相紧密联系的"三艺"。

16 世纪的 F. 培根（Francis Bacon）批评亚里士多德传统的逻辑，并提出他自己的《新工具》。在他的《新工具》中，不仅包括发现的方法（即归纳方法）和思索的方法（即演绎推理的方法），还包括传递的方法。传递的方法就是准确地表达和传达思想的方法。

由以上的叙述，我们就可看出，西方的古代和中古的逻辑，是以对话和辩论的原则和技术作为一个重要研究对象的，是和当时的语法学、修辞学密切结合的。

中国古代和中古的名辩逻辑和印度古代和中古的因明，显然也是以对话和辩论的原则和技术作为主要的研究对象的。

现代逻辑是全世界范围的逻辑。

现代逻辑是以 19 世纪中期出现的数理逻辑为起点的。数理逻辑应用形式系统的方法来研究逻辑规律，进而又研究数学的方法和基础。数理逻辑是数学和逻辑交叉的学科，现已有一阶逻辑、集合论、证明论、递归论和模型论等重要分支。

20 世纪二三十年代，出现了模态逻辑。50 年代以后，又出现多种非标准的模态逻辑，如道义逻辑、认知逻辑、时态逻辑等。模态逻辑和非标准的模态逻辑，虽然都大量应用了数理逻辑的方法和理论，但它们的研究对象却不是数学的方法和基础，而是一些哲学领域中的重要概念的逻辑性质。如必然、可能、应当、知道、时态等的逻辑性质。因此，模态逻辑和非标准模态逻辑统称为哲学逻辑。

近 30 多年来，又出现了许多新的逻辑系统，其中包括自然语言的逻辑。自然语言逻辑，有人叫做自然逻辑，是以自然语言中的逻辑问题为研究对象；目前自然逻辑还处于草创阶段，但却是逻辑中很重要和很有发展前途的一个分支。

本书的内容，正如本书的副标题所表示的，是正确思维和成功交际的理论。

本书的第一部分即第 1 章是绪论，讲述语言、意义和逻辑以及这三者之间的关系。

本书的第二部分，包括第 2 章至第 10 章，介绍了许多逻辑系统。这里提供了许多正确推理的形式。正确推理的形式也就是正确思维的形式。因此，本书的第二部分是正确思维的理论。但是，第二部分中有些章，如"认知逻辑"、"命令逻辑"和"问题逻辑"，涉及了语旨行为，因而也涉及了言语行为和交际活动。

本书的第三部分和第四部分，都是关于交际活动的理论。第三部分是关于交际活动的普遍理论。第四部分则是关于谈话、讲演和辩论这三种特殊的交际活动的理论。

正确思维和成功交际是密切联系的。成功交际要应用正确思维，正确思维最终也要表现在成功交际中。正确思维的理论和成功交际的理论，也有大致类似的关系。

总的来说，本书的重点是成功交际的理论。

自然语言是交际活动中的主要工具，因而本书在讲述成功交际的理论时也以自然语言作为主要的研究对象。所以，本书是一本自然语言逻辑的著作。自然语言逻辑对于人们提高正确思维和成功交际的能力起着特别重要的作用。

从亚里士多德的《工具论》到现代逻辑出现以前的逻辑传统是：逻辑、语法和修辞总是相结合的，语形、语义和语用总是相结合的。但在现代逻辑出现以前，不论逻辑、语法或修辞，也不论语形、语义或语用的研究，都还处于一个较低的水平；因而传统逻辑的三结合只能是一个较低水平的三结合。

本书企图在现代的逻辑、语法和修辞的基础上，在现代的语形学、语义学和语用学的基础上，实现一个新的三结合。因此，从一方面说，本书是传统的。但从另一方面说，本书又是在现代逻辑基础上的一个新的努力。

2. 语　境 *

2.1　语义语境

语境是语言逻辑中的一个重要概念，但又是一个很难精确定义的概念。

---

* 原书第 11 章，这里改为 "2"。

　　语境概念，有一个发展的过程。最初提出的语境概念，是为了解决话语中引词的所指谓问题。话语中常会出现一些引词，如"我"、"你"、"这里"、"那里"、"今天"、"明天"等。一个引词的指谓中包含了说出这个引词这一活动，因而一个引词的所指谓要根据说出这个引词的活动才能决定。例如，在"我明天去开会。"这句话语中，就有引词"我"和"明天"。"我"的所指谓是哪一个人，要根据说出语词"我"这一活动的人来决定。"明天"的所指谓是什么时间，要根据说出语词"明天"这一活动的时间来决定。

　　话语中还有一些引词，它们的所指谓需要根据包含它们的话语的上下文才能决定。例如，在"前者是道德的问题，而后者是法律的问题。"这句话语中，"前者"、"后者"都是引词。它们的所指谓，要根据说出它们之前的话语才能决定。

　　最初的语境概念，只包含那些决定引词的所指谓的因素。但后来语言逻辑家又逐渐扩大语境概念，使语境不但能解决引词的所指谓问题，而且能解决抽象语句的所指谓问题。

　　在 D. 刘易斯所提出的语境概念中，包含了下面八种因素：

　　（1）可能世界

　　这是为了解决命题的真假问题，也就是为了解决语句的所指谓问题。因为命题是由可能世界到真值的函项。

　　（2）时间

　　这是为了解决包含时间引词的语句的所指谓的问题。

　　（3）地点

　　这是为了解决"这里"、"那里"这类语词的所指谓问题。

　　（4）说话者

　　这是为解决包含语词"我"、"我们"、"我的"、"我们的"的语句的所指谓问题。

（5）听话者

这是为了解决包含语词"你们"、"你的"、"你们的"的语句的所指谓的问题。

（6）被指的对象

这是为了解决包含语词"你"、"这"、"那"、"这些"、"那些"的语句的所指谓问题。

（7）上下文

这是为了解决包含语词"前者"、"后者"、"以上（下）提到的"的语句的所指谓问题。

（8）值域

值域是事物集合，事物序列。这是为了解决词项的所指谓问题。

不论是人们最初提出的语境和后来 D. 刘易斯提出的语境，都是为了解决引词和抽象语句的所指谓问题。语词和抽象语句的指谓和所指谓，是属于语言的语义方面。因此，我们把上述语境叫做语义语境。

2.2　语用语境

近三四十年来，语言逻辑家已由研究抽象语句的指谓和所指谓扩大到研究交际活动中话语所表达的命题态度、意谓和意思。语义语境只能解决指谓和所指谓问题，但不能解决命题态度、意谓和意思问题。因此，语言逻辑家就在语境中加入一些新的因素，即加入说话者和听话者的知识、信念和意图等新因素。

莱昂斯（J. Lyons）在他的《语义学》（1977，剑桥大学版）中说：在交际中谈话者要正确地说出一句话语或者正确理解一句话语，就必须具有下面六方面的知识：

（1）谈话者应知道他（她）在谈话中所担当的角色和他（她）

的社会地位。根据在谈话中所担当的角色，谈话者才能确定"我"、"你"、"他"这些语词的所指谓。根据社会的地位，谈话的参加者才能确定在一句话语中"部长"、"主席"、"博士"这些语词的所指谓。

（2）谈话的参加者必须知道谈话的地点和时间。知道了谈话的地点和时间，谈话者才能确定"这里"、"这个房间"、"今天"、"以后"等语词的所指谓。

（3）谈话者必须知道谈话的正式性程度。在郑重谈话、随便谈话或亲密谈话中，说话的方式和话语的意思就可以不同。

（4）谈话者必须知道应用什么语言媒介是合适的。书面话语比较正式，口头话语则比较随便。这两者在语法和词汇的使用上都有差别。谈话者具有谈话媒介方面的知识，才能正确了解话语的意思。

（5）谈话者必须具有关于谈话主题的知识。因为谈话的主题不同，同一个话语就可以有不同的意思。对谈话主题缺乏知识，就不能理解话语的意思。

（6）谈话者必须具有关于谈话场合的知识。在朋友间谈话的场合、在学术讨论的场合或在外交谈话的场合，同一句话语就可能有不同的意思。因此，如果谈话者缺乏对谈话场合的知识，就不能正确理解话语的意思。

莱昂斯所说的理解话语的意思必须具备的各种知识，实际上也就是语境中的各种因素。只有具备这些知识，说话者才能正确地应用话语去表达和传达自己的意思，听话者才能正确地理解别人所说的话语的意思。

这种有助于确定交际中话语所表达的命题、命题态度、意谓和意思并且有助于正确地表达、传达和理解的语境，我们把它叫做语用语境。因为，话语的意谓、意思、表达、传达和理解都是属于语言的语用方面的。

语用语境是比语义语境更宽的概念。语用语境中除了包含语义语境的各种因素外，还包含更多的内容。

语用语境中包含了说话者和听话者主观的认识。这就会产生一个问题：说话者的认识可能不同于听话者的认识，因而说话者的语境就可能不同于听话者的语境。为了保证说话者的语境和听话者的语境的共同性和为了保证话语的意思的正确的表达、传达和理解，有的语言逻辑家就把语境看作说话者和听话者互相知道、相信或接受的一组命题或一个命题集合。

说话者 S 和听话者 H 互相知道命题 A，当且仅当：

（1）S 知道 A

（2）H 知道 A

（3）S 知道 H 知道 A

（4）H 知道 S 知道 A

（5）S 知道 H 知道 S 知道 A

并且

（6）H 知道 S 知道 H 知道 A

……

这样的语境概念，从一方面说，是太强了，正确传达和正确理解话语的意思并不要这样强的语境（可参看下文）。另一方面，这样的语境又太笼统；它不能说明语境中的各种因素对话语所表达和传达的命题、命题态度、意谓和意思的具体影响。

2.3　语境 C_O、C_S、C_H 和 C_{SH}

在本书中，我们所说的语境是语用语境。语用语境中包含了语义语境作为它的一个部分。我们所说的语境，主要是一句话语或一段话语的语境，但有时我们也说一句话语中的一个子句、短语或语词的语境。

我们把语境分为四种，分别记为 C_O、C_S、C_H 和 C_{SH}。

一句话语"U（FA）"的语境 C_O，包含了下列各种因素：

（A）当前情境（即谈话时说话者和听话者能直接感知的事物和事态）：

（A1）说出"U（FA）"的时间

（A2）说出"U（FA）"的地点

（A3）"U（FA）"的说话者和听话者

（A4）其它的当前能直接感知的事物和事态，特别是说话者说出"U（FA）"时的面部表情、身体姿势等。

（B）上下文

谈话中在"U（FA）"之前或之后出现的话语。

（C）"U（FA）"涉及的事物和事态

这里可以包括当前说话者能直接感知的事物或事态，但也可以包括时间上或空间上遥远的事物和事态；可以包括现实世界的事物和事态，也可以包括想象的或虚构的事物和事态。

（D）说话者的情况

这里包括说话者的历史情况和目前情况，特别是说话者目前的思想感情情况。

（E）听话者的情况

这里包括听话者的历史情况和目前情况。特别是听话者目前的思想感情情况。

语境 C_O 中的（A）、（B）、（C）、（D）和（E）这五种因素都是客观存在的。（D）和（E）中虽然分别包括了说话者 S 和听话者 H 的思想感情，但 S 和 H 具有某种思想感情也是客观存在的事实。

C_O 可以看作一个命题集合，即指谓（A）、（B）、（C）、（D）

和（E）这五种因素的命题的集合。C_O 包含了命题，例如"说某句话语'U（FA）'的时间是 1990 年 12 月 28 日"，"说某句话语'U（FA）'的地点是哲学所 302 房间"、"说话人是张教授"、"海湾正在进行战争"、"说话语者 S 是一个诚实的人"、"听话者 H 是很聪明的"、"S 知道 H 相信命题 A"、"H 相信 S 知道命题 B"……

对于语境 C_O 中的那些客观存在的因素，说话者 S（或听话者 H）很难有完全的认识，S 和 H 更难有共同的完全的认识。因此，在语境 C_O 之外，我们还需要提出说话者 S 所认识的语境 C_S、听话者 H 所认识的语境 C_H 和 S、H 所共同认识的语境 C_{SH}。

C_S 是一个命题集合，其中的任一命题都是关于 C_O 中的因素的命题并且都是 S 所知道、相信或接受的命题。

C_H 也是一个命题集合，其中的任一命题都是关于 C_O 中的因素的命题并且都是 H 所知道、相信或接受的命题。

C_{SH} 也是一个命题集合，其中的任一命题都是关于 C_O 中的因素的命题并且都是 S 和 H 所共同地知道、相信或接受的命题。

应当注意，C_S 中可以有"H 相信命题 A"、"H 知道 S 相信命题 A"这样的命题。C_H 中可以有"S 知道命题 B"、"S 相信 H 知道命题 B"这样的命题。

语境 C_O、C_S、C_H 和 C_{SH} 这四个命题集合，常常是相交的，常常有一些命题同时是这四个命题集合中的分子。例如，C_O 中有"说某一话语'U（FA）'的时间是 1990 年 8 月 15 日"这一命题；如果说话者 S 知道这一命题，并且听话者也知道这一命题，那么 C_S、C_H 和 C_{SH} 中就也都有这一命题作为分子。而且，显然 C_{SH} 是 C_S 的子集，也是 C_H 的子集。

我们所说的语境，是一句话语或一段话语的语境，但也包括一个子句、短语或语词的语境。两句不同的话语，就有不同的语境；即使两句相同的话语，也有不同的语境。因为分别说出这两句话语的说话者、听话者、说话的时间、地点等是不可能完全相同的。当然，在分别说出两句话语的语境中，可以有并且常常有许多相同的命题作为分子。

在一次谈话中，语境 C_O、C_S、C_H 和 C_{SH} 总是不断地发生变化的。随着谈话时间的延长、谈话内容的增多和谈话者的思想感情的变化，语境就会跟着不断变化。正确地了解话语的语境及其变化，是正确地表达、传达和理解的必要条件和重要条件，也是成功交际的必要条件和重要条件。

在本章中，我们说明了语境概念在历史上的演变，先有语义语境概念，后来扩展到语用语境概念。我们也说明了语用语境又可分为 C_O、C_S、C_H 和 C_{SH}。本章的目的，是企图说明语境这一概念的复杂性和细微分别。但是，在本书中，我们常常只是笼统地说语境 C，语境 C 可以是 C_O、C_S、C_H 或 C_{SH}。读者可根据本章的理论和上下文自己作出正确的理解。

在本书中，我们常常说"交际语境"，而很少单纯说"语境"。这一方面是因为语境总是人们在交际活动中说出的一句或一段话语的语境；另一方面也是因为我们要强调交际或谈话的合作准则对话语意义的影响。

3. 隐　涵[*]

3.1　格赖斯的隐涵理论

格赖斯 1967 年在哈佛大学的系统讲演中提出了隐涵（implicature）的理论，后来先后公开发表了讲演中的两部分，即《逻辑

---

[*] 原书第 13 章，这里改为"3"。

和谈话》（1975年）和《对逻辑和谈话的几点说明》（1978年）。自此以后，隐涵理论就成为语言逻辑家的重要研究课题。

格赖斯认为，在人们的谈话中，说话者的话语所传达的意义可分为两个部分，一部分是话语的言说内容，另一部分是话语的隐涵内容。对于话语的言说内容，格赖斯没有作出严格的说明。大致说来，话语的言说内容就是通常所说的真值条件的内容。

例如：

（1）小王年纪很轻，但成就不小。

根据语词和语句的约定规则，（1）这句话语的意义是：

（2）a：小王年纪很轻∧小王成就不小。（这里的∧是逻辑的合取）

（2）b：（小王年纪很轻∧又成就不小）是令人感到意外的。

（2）a是对小王年纪很轻和小王成就不小这两个情况的联断。当这两个情况都真时，（2）a就是真的，否则是假的。（2）a是（1）这句话语的言说内容。

（2）b则不是（1）这句话语的言说内容，而是（1）的隐涵内容。

（3）他是英国人，因此他是勇敢的。

根据语词和语句的约定规则，（3）这句话语的意义是：

（4）a：他是英国人∧他是勇敢的。

（4）b：他是勇敢的这一情况是他是英国人这一情况的后果。

格赖斯认为，（4）a是（3）这句话语的言说内容，而（4）b则是（3）这句话语的隐涵内容。

格赖斯认为，话语的隐涵（即隐涵内容）有几种。他首先区别约定隐涵（conventional implicature）和非约定隐涵。

话语的约定隐涵，就是根据话语中的语词和语句的约定意义得出的隐涵。上面（1）这一话语有隐涵（2）b，而（2）b是根据（1）中的语词"但"的约定意义得出的隐涵，因而是（1）这句话语的约定隐涵。同样的，（4）b 是（3）这句话语的约定隐涵，因为（4）b 是根据（3）这句话语中的语词"因此"的约定意义得出的。

话语的言说内容和约定隐涵都是话语的约定意义。但言说内容是话语的约定意义中的真值条件的内容，而约定隐涵则不是话语的约定意义中的真值条件的内容。

话语的非约定隐涵，就是话语的约定隐涵之外的隐涵，也就是那些不是由于语词或语句的约定意义而得出的隐涵。格赖斯把非约定隐涵区分为谈话隐涵和非谈话隐涵。而谈话隐涵再区分为普遍性隐涵和特殊性隐涵。

格赖斯对意义的区分可用下图表示：

格赖斯的隐涵理论，主要是讨论非约定隐涵中的谈话隐涵。我们今后也将主要讨论谈话隐涵。

3.2　格赖斯的合作原则及其准则

谈话隐涵是合作交际中话语的隐涵，是根据合作原则及其准则得出的隐涵。因此，我们先介绍他的合作原则及其准则，然后再介绍他关于谈话隐涵的理论。

格赖斯认为，人们在谈话中总有一个共同接受的谈话目的。在谈话中的各个阶段，也可以有各个阶段的谈话目的。谈话的合作原则是：在一次谈话及其各个阶段中，谈话的参加者相应于谈话的目的和要求应当作出自己的积极贡献。遵守合作原则的谈话，就是合作的谈话。

在谈话的合作原则下又有许多体现合作原则的合作准则。格赖斯仿效康德的判断分类把合作准则分为量准则、质准则、关系准则和方式准则。

（1）量准则

（1）a：尽可能多地提供谈话目的所要求的信息。

（1）b：不要提供多于谈话目的所要求的信息。

（2）质准则

（2）a：不要说你相信为假的话语。

（2）b：不要说你缺乏充分根据的话语。

（3）关系准则

所说的话语必须是和谈话目的有关的。

（4）方式准则

（4）a：避免表达的模糊性。

（4）b：避免歧义。

（4）c：话语应简短（避免不必要的冗长）。

（4）d：话语应是有秩序的。

方式准则是关于说出话语的方式，其总要求是：话语应是明确的。

格赖斯的4条合作准则，总起来说，就是要求在谈话中说出的话语应当明确地提供真实可靠的、有关的最大量信息。

3.3 格赖斯的谈话隐涵

在说明了合作原则及其准则之后，格赖斯就据此来说明谈话隐涵的性质。

格赖斯说：

"一个说话者 S 说出话语 p（话语 p 隐涵了话语 q）是谈话地隐涵话语 q，当且仅当

（Ⅰ）S 被假设是遵守合作准则的或至少是遵守合作原则的，

（Ⅱ）要使 S 说话语 p 不和（Ⅰ）矛盾，就要求假定 S 认为 q，

（Ⅲ）S 认为（并且 S 料想听话者 H 认为 S 认为）：听话者 H 有能力推算出或者直观地了解（Ⅱ）。"①

格赖斯的谈话隐涵定义中的（Ⅲ）指出：S 谈话地隐涵 q 涉及 S 的认识能力，其中包括 S 对 H 的认识能力的认识能力。这点是正确的而且重要的。因为 S 谈话地隐涵 q 是 S 传达或意图传达给 H 的意思，因而要求 S 和 H 必须互相对对方的认识能力有正确的了解。

格赖斯的谈话隐涵定义中的（Ⅱ），可以有两个不同的解释。一个是主观解释，另一个是客观解释。（Ⅱ）的主观解释是：S 认为如果他说话语 p 而又不认为 q 就和他遵守合作准则（至少遵守合作原则）相矛盾。这里是 S 主观上认为会发生矛盾。（Ⅱ）的客观解释是：如果 S 说话语 p 而 S 又认为 q 就和 S 遵守合作准则（至少遵守合作原则）相矛盾。这里是客观上或实际上发生了矛盾，而不是 S 认为发生了矛盾。

（Ⅱ）的主观解释和客观解释是不同的，这就是说，S 可以在主观解释下谈话地隐涵 q，但却并不在客观解释下也谈话地隐涵 q，反之亦然。看来格赖斯是采取了客观解释，或者是把客观解释

---

① 为了可读性，翻译时对原文作了一点改动。

和主观解释混为一谈。

合作原则及其准则，是得出谈话隐涵的重要因素。各条合作准则不是互相孤立的，而是有不同程度的联系。不同的合作准则的强制力也不相同。在某些情况下，两条不同的合作准则不能同时都遵守时，则必须遵守其中强制力比较强的准则。为了说明遵守合作准则和合作原则的各种情况，格赖斯举出 A，B，C 三组实例。

A 组实例。在这组实例中，说话者不违反或至少不能肯定违反了任何合作准则。

（5）a 站在一辆熄火的汽车旁，b 向 a 走来。

　　a 说："我没有汽油了。"

　　b 说："前面拐角处有一修车铺。"

a 和 b 谈话的目的是：a 想得到汽油。根据 b 说的这句话语，又根据关系准则，b 这句话语必是和 a 想得到汽油有关的，就可得出：b 说这句话语时谈话地隐涵："拐角处那个修车铺还在营业并且有汽油卖。"

（6）a 说："斯密斯这些日子好像是没有女朋友。"

　　b 说："他近来常去纽约。"

b 说这句话语时，根据关系准则，b 谈话地隐涵：斯密斯有或可能有一个女朋友在纽约。

B 组实例。在这组实例中，说话者违反了一条合作准则，但这是由于这条合作准则同另一条更强的合作准则冲突。

（7）a 问："c 住在哪里？"

　　b 说："c 住在法国南部的一个地方。"

这里，b 只说 c 住在法国南部的一个地方，而没有说出 c 住在法国南部的准确地址。因此，b 的话语是违反量准则的。b 为什么要说出违反量准则的话语呢？这是因为 b 确实不知道 c 的准确地址。假如 b 说出一个准确地址，则会违反质准则，而质准则是比量准则更强的准则。由上面的推理，我们就可得出：b 的话语谈话地隐涵 b 不知道 c 在法国南部的准确地址。

C 组实例。在这组实例中，说话者明显地违反了某一条合作准则。但违反这条合作准则是为了得出一个谈话隐涵。这样的违反某条合作准则，格赖斯叫作利用某条合作准则。这里包括了利用量准则、质准则、关系准则或方式准则的各种情形。

利用量准则的情形：

(8) 一位哲学教授 a 为他的一个正在谋求哲学职位的学生 b 写了下面这样一封推荐信：

"尊敬的先生：

b 先生的英语是很好的，并且他一直准时听我的指导课。"

b 是 a 的学生，a 是知道 b 的详细情况的。但 a 在推荐 b 的信中却只说了那两句无关痛痒的话语。这显然是违反量准则的。a 之所以明显地违反量准则，就谈话地隐涵：b 在哲学方面一无是处。

利用质准则的情形：

(9) a 和 b 一直是亲密朋友，但最近 b 做了一件对不起 a 的事情。c 是知道这个情况的。a 对 c 说："b 是一个好朋友。"

a 和 c 都知道：a 这句话语不符合事实，是一句反话。因此，a 谈话地隐涵：b 很不够朋友。

(10) a 对 b 说："你是我咖啡中的奶油。"

显然这句话语是犯了范畴性错误的假话，因而也是违反质准则的话语。但是，a 是不会说出这样一句明显的假话的。因此，a 的这句话语是一个比喻；a 这句话语谈话地隐涵："你是我的骄傲和安慰。"

除了反话和比喻外，其它的许多修辞手法，也是通过违反质准则而得出的谈话隐涵。

利用关系准则的情况：

（11）在一个上流社会的茶会上，a 对 b 说："c 太太是一个老家伙。"经过一阵沉默之后，b 说："今年暑天气候很好。"b 显然是有意说出一句无关的话语。因此，b 谈话地隐涵：a 的话语是失礼的。

利用方式准则的情形，可以是利用歧义的、含混的或冗长的话语而得出的谈话隐涵。我们只举一利用冗长话语的例子：

（12）a 女士唱了一支歌之后，b 不说："a 女士唱了'甜蜜的家'。"，b 却说："a 女士发出了一组符合'甜蜜的家'这支歌曲的声音。"

b 说的这句话语显然是违反"不应冗长"这一合作准则的。但 b 所以说这句冗长的话语而不说"a 女士唱了'甜蜜的家'。"，就表明 b 谈话地隐涵 a 女士唱得很糟糕。

格赖斯还把谈话隐涵分为两种，一种是普遍性的谈话隐涵，另一种是特殊性的谈话隐涵。特殊性的谈话隐涵，是依赖于一个特殊的语境的谈话隐涵。普遍性的谈话隐涵，是独立于一个特殊的语境的谈话隐涵，也就是说，在正常的情况下都可得出的谈话隐涵。以上所举的 A、B、C 三组实例，都是依赖于特殊的语境的谈话隐涵，因而都是特殊性的谈话隐涵。关于普遍性的谈话隐涵，格赖斯举了下两个例子：

（13）a 说："b 今晚上要约会一个女人。"

格赖斯认为：a 说上面这句话语，在正常的情况下，谈话地隐涵 b 今晚要约会的女人不是 b 的妈妈或姊妹。

（14）a 说："b 昨天走进一所房子，发现大门后面有一只乌龟。"

格赖斯认为，a 说这句话语，在正常情况下，谈话地隐涵：这所房子不是 b 自己的房子。

　　格赖斯认为，说一句话语 p 而得出的普遍性的谈话隐涵 q，除了要根据合作原则及其准则外，还要根据话语 p 中的某些语词。例如，在（13）和（14）这两个例子中，就分别地根据"女人"和"房子"这两个语词。因此，格赖斯认为，普遍性的谈话隐涵和约定隐涵常常是很难区分的。

3.4　格赖斯隐涵理论的问题

　　格赖斯的隐涵的理论，特别是谈话隐涵的理论，确实是十分重要的，并且目前已成为语言逻辑的经典性文献。但是，它却有下列的缺点和问题。

　　（1）格赖斯对话语的言说内容和约定隐涵的区别，没有作出严格的说明。即使把言说内容解释为真值条件的内容，但真值条件的内容也可有不同的理解。格赖斯认为，话语"他是英国人，因而他是勇敢的。"有约定隐涵"他是勇敢的，是他是英国人的后果。"这个约定隐涵不是这句话语的言说内容。但人们也有理由认为，这个约定隐涵也是这句话语的真值条件的内容，因而也是这句话语的言说内容。

　　（2）格赖斯提出的谈话隐涵和非谈话隐涵的区别，也是有争议的。格赖斯认为，由合作原则及其准则得出的隐涵是谈话隐涵；由美学的、社会的或道德的原则和准则得出的隐涵则是非谈话隐涵。他认为，"说话必须是有礼貌的"是社会的道德原则，应排除在合作准则之外。

　　但是，人们有理由认为："说话必须是有礼貌的"也是一条合作交际的准则。因为说话没有礼貌，就不能进行或至少是妨碍进行合作的交际和谈话。而且有些谈话隐涵就是根据"说话必须是有礼貌的"得出的。例如，在谈话中，人们常用疑问话语来传达请求或命令，常用委婉含蓄的话语来传达信息。这就是根据或应用了"说话必须是有礼貌的"作为谈话的合作准则。这是一方面。

从另一方面说，在格赖斯所提出的合作准则中，有些也是美学的、社会的或道德的准则。格赖斯的质准则"不要说你相信为假的话语"，就是要求人们在谈话中不说谎话。这显然也应是一条社会的道德的准则。格赖斯的方式准则"话语不要冗长"和"话语不要含混"，显然也具有美学的性质。

（3）格赖斯的谈话隐涵的定义中的（Ⅱ），也是有问题的。我们在前面（3.3）已指出，格赖斯是采取一种客观解释或至少是把客观解释和主观解释混为一谈的。我们认为主观解释和客观解释是不同的。说话者 S 谈话地隐涵 q 是 S 依据他对话语 P、语境、合作准则（原则）和话语 q 这些因素之间的关系的认识，而不是或不完全是依据这些因素之间的客观的事实上的关系。

（4）格赖斯所讲的合作准则，都是关于应用直陈话语的合作准则，而没有考虑关于命令话语和疑问话语的合作准则以及它们的谈话隐涵。这是格赖斯隐涵理论的一个重大缺点。

针对上述这些问题或缺点，我们在下面将对格赖斯的隐涵理论作一些修正。我们将提出一组扩充的合作准则和一个新的隐涵定义。

3.5　合作原则和合作准则

我们仍沿用格赖斯的合作原则，但要对他的合作准则加以修改和扩充。

我们提出下面五条合作准则：

（Ⅰ）**真诚准则**（相当于格赖斯的质准则）

（Ⅰ.1）在一个交际语境 C 中，说话者 S 对听话者 H 说出一句直陈话语"U（⊢A）"时，S 必须相信命题态度"⊢A"所断定的事态是存在的，这就是说，S 必须相信命题 A 所表达的事态是存在的或命题 A 是真的。

（Ⅰ.2）在一个交际语境 C 中，说话者 S 对听话者 H 说出一句命令话语"U（! A）"时，S 必须相信命题态度! A 所要求的行动是 H 能完成的或能实现的。

（Ⅰ.3）在一个交际语境 C 中，说话者 S 对听话者 H 说出一句疑问话语"U（? A）"时，S 必须相信命题态度? A 所提出的问题是 H 能回答的。

（Ⅱ）充分准则（相当于格赖斯的量准则）

（Ⅱ.1）在一个交际语境 C 中，说话者 S 对听话者 H 说出一句直陈话语"U（⊢A）"时，S 必须相信命题态度⊢A 所断定的事态是 S 所能提供的最大量事态。

（Ⅱ.2）在一个语境 C 中，说话者 S 对听话者 H 说出一句命令话语"U（! A）"时，命题态度! A 所要求的行动必须是 S 要求 H 作出的最大程度的行动。

（Ⅱ.3）在一个交际语境 C 中，说话者 S 对听话者 H 说出一句疑问话语"U（? A）"时，命题态度? A 所要求的回答必须是 S 要求 H 作出的最大程度的回答。

充分准则中的（Ⅱ.1）是比较容易理解的。如果 S 说出一句直陈话语所断定的事态，不是 S 能提供的最大量事态，这显然不是合作的谈话。但对于充分准则中的（Ⅱ.2）和（Ⅱ.3），人们却并不一定都有明确的认识。

（Ⅱ.2）说明：一句命令话语所要求的行动应是 S 要求 H 作出的最大程度的行动。因此，如果 H 作出了超出命令话语的要求的行动就不是命令话语所要求的行动，这就不是执行命令而是违反命令。例如，a 对 b 说："你去批评 c 一顿！"假如后来 b 去痛骂了 c 一顿，或者在批评 c 一顿之后还要 c 写出公开的书面检查，这就是 b 违反了 a 的命令或至少是没有执行 a 的命令。

（Ⅱ.3）说明：一句疑问话语所要求的回答应是 S 要求 H 作出的最大程度的回答。因此，如果 H 作出了超出疑问话语所要求的回答，这就不是疑问话语所要求的回答，而是答非所问。例如，a问 b："小李是逻辑专业的研究生吗？"a 要求 b 作出的回答（也是最大程度的回答）就是："小李是逻辑专业的研究生。"或者"小李不是逻辑专业的研究生。"假如 H 回答说："小李是一位漂亮的姑娘。"或者"小李是最美丽的逻辑专业的研究生。"这些回答就超出了疑问话语所要求的回答范围，就是答非所问，至少是部分地答非所问。

（Ⅲ）相关准则（也就是格赖斯的关系准则）

在一个交际语境 C 中，说话者说出的话语必须是有助于实现谈话的目的的，这也就是说，说话者说出的话语必须是和谈话目的相关的。

（Ⅳ）表达准则（也就是格赖斯的方式准则）

（Ⅳ.1）在一个交际语境 C 中，说话者说出的话语必须是不含混的。

（Ⅳ.2）在一个交际语境 C 中，说话者说出的话语必须是无歧义的。

（Ⅳ.3）在一个交际语境 C 中，说话者说出的话语必须是不冗长的。

（Ⅳ.4）在一个交际语境 C 中，说话者说出的话语必须是有秩序的。

（Ⅴ）态度准则（格赖斯没有这条合作准则）

在一个交际语境 C 中，说话者说出的话语必须是有礼貌的。

态度准则是合作谈话必须遵守的。有礼貌的话语有助于谈话的顺利进行，有助于达到谈话的目的。无礼貌的话语则会妨碍谈话的顺利进行，甚至导致谈话的中断。即使在两种敌对的政治势力的政治谈判中或两个敌国的外交谈判中，说话者说出的话语，也应是尽量地有礼貌的。当然，在不同的场合表现礼貌的方式可以不同。

这五条谈话的合作准则，涉及谈话的两个不同的方面，一方面涉及话语所表达和传达的内容；另一方面涉及话语本身，或者说，涉及话语的表达方式。

真诚准则、充分准则和相关准则，都是关于话语的表达和传达的内容的准则。真诚准则要求话语所表达和传达的内容是 S 相信为真的或者是 S 相信 H 能完成的、或者是 S 相信 H 能回答的。充分准则要求话语所表达和传达的内容必须是 S 所能提供的最大量事态、或者必须是 S 要求 H 作出的最大程度的行动、或者必须是 S 要求 H 作出最大程度的回答。相关准则要求话语所表达和传达的内容必须是和谈话目的有关的。

表达准则是关于话语本身的，或者说，是关于话语的表达方式的。表达准则要求话语明确、简洁和有秩序。只有这样，才能正确地有效地传达说话者的思想感情，才能达到谈话的目的。

态度准则既涉及话语本身，也涉及话语的内容。有礼貌的话语不仅话语所应用的词句（包括声调）必须是有礼貌的，而且话语所表达和传达的内容也必须是有礼貌的。a 在车站碰见一个陌生人 b，a 用命令的口气对 b 说："我行李太多了，来替我拿一件小行李！"这句话语在词句方面是无礼貌的。老李在一个会场上问他的同事张小姐："您能否告诉我昨晚您是同谁约会了？"这句话语在言词方面是颇有礼貌的，但这句疑问话语所提出的问题内容却是失礼的。

五条准则虽然是分别地涉及谈话和话语的不同方面，但它们之间却有不同程度的联系。

就直陈话语说，充分准则显然是和真诚准则有密切联系的。

根据充分准则，说话者 S 说出一句直陈话语时必须提供 S 能提供的最大量的事态。但 S 所提供的最大量的事态也必须是 S 相信为真的（即 S 也必须遵守真诚准则），否则无助于实现谈话的目的。相关准则和真诚准则也有密切的联系。一句直陈话语所断定的事态虽然是说话者相信为真的，但如果不是相关的，就无助于实现谈话的目的。反之，如果一句直陈话语是相关的，但它所断定的事态却不是说话者相信的，这同样也无助于实现谈话的目的。真诚准则、充分准则和相关准则同表达准则和态度准则之间也有一定程度的关系。

以上是从直陈话语来说明五条准则之间的联系。从命令话语和疑问话语说，五条准则之间也有大致类似的联系。

五条准则是互相联系的、相辅相成的。但是，在某些具体情况下，一句话语却不能同时遵守这五条准则。例如，有时遵守了真诚准则就不能遵守充分准则，或遵守了态度准则就不能遵守表达准则。在这样的具体情况下，就有选择遵守哪条合作准则的问题。

五条准则之间有强弱的分别。大致说来，相关准则和真诚准则最强。当相关准则或真诚准则同其它准则冲突时，说话者通常应遵守前者而不遵守后者。

3.6　隐涵

在本章前几节中，我们指出了格赖斯的隐涵理论中的许多问题。现在我们要对他的理论作一些修改。

首先，我们认为，格赖斯所说的约定隐涵是一种仅仅根据语义规则或广义语义规则的意涵（entailment）。我们要把隐涵限制在应用了合作准则或语境这些语用因素而得出的意涵内。从这一点说，我们把格赖斯的隐涵缩小了。这是一方面。

但另一方面，我们在 3·4 中所说的合作准则，除了包括格赖斯的合作准则外，还包括了关于命令话语和疑问话语的合作准则，也还包括了美学的、道德的和社会的合作准则。因此，我们所说的隐涵，就不仅包括格赖斯的谈话隐涵，还包括他的非谈话隐涵。从这一点说，我们所说的隐涵，又比格赖斯的谈话隐涵扩大了。

下面我们要应用我们的概念、术语，来提出我们关于隐涵的定义。

在一个交际语境 C 中，说话者 S 向听话者 H 说出一句话 "U（FA）"并且 "U（FA）"的意谓中有命题态度 FA 时，话语 "U（FA）"隐涵命题态度 F^*B（F^* 可以同于或不同于 F，B 可以同于或不同于 A，但 F^*B 不同于 FA），当且仅当

（Ⅰ）S 遵守合作准则；

（Ⅱ）（a）S 认为，由命题态度 FA 加上合作准则能推出命题态度 F^*B；

或者

（b）S 断定了语境 C 中的因素 c_1，c_2，…，c_n 并且 S 认为由 FA 加上合作准则再加上 $\vdash c_1$，$\vdash c_2$，…，$\vdash c_n$ 能推出 F^*B。

（Ⅲ）S 认为，H 知道（Ⅰ）和（Ⅱ）。

关于上述隐涵定义，我们应注意几点：

（1）我们说 "'U（FA）'的意谓中有 FA"，这里 "U（FA）" 的意谓 U（FA）和其中的命题态度 FA 是脱离（或抽象掉或不考虑）语境的。但我们说 "话语 'U（FA）' 隐涵 F^*B"，这里的 F^*B 却是在交际语境中的并由交际语境得出的。

（2）格赖斯区分了遵守合作准则和利用合作准则。我们不作这种区分，我们把利用合作准则也看作是遵守合作准则。

（3）（Ⅱ）（a）就是格赖斯所说的普遍性隐涵，（Ⅱ）（b）就是格赖斯所说的特殊性隐涵。

（4）隐涵定义中的（Ⅰ）、（Ⅱ）和（Ⅲ）都是刻画 S 作出隐涵 F^*B 时的思想感情，其中包括 S 向 H 表达和传达隐涵 F^*B 这一意图。因此，隐涵定义中包含了"S 遵守"、"S 认为"这些短语。

（5）我们说"由命题态度 FA 再加上合作准则能推出命题态度 F^*B。"这是表示：仅仅由命题态度 FA 或仅仅由合作准则不能推出命题态度 F^*B，只有由 FA 和合作准则这二者才能推出 F^*B。因此，在交际语境 C 中，话语"U（FA）"隐涵命题态度 F^*B，不同于 FA 蕴涵 F^*B（或 A 蕴涵 B），也不同于 FA 意涵（entail）F^*B（或 A 意涵 B）。

（6）在上面隐涵定义中，我们说话语"'U（FA）'隐涵 F^*B。"但格赖斯和其他的一些语言逻辑家则说"……说话者 S 隐涵 F^*B。"我们认为，这两种说法实质上是等同的。有时我们也说"S 隐涵 F^*B。"或说"'U（FA）'隐涵 F^*B。"

下面我们举几个应用隐涵的例子：

例 1，a 对 b 说："现在几点钟了？"

　　　b 回答说："金教授正出门散步。"

这里谈话的目的是关于时间的。根据相关准则，b 说的这句话语应是关于时间的。再根据交际语境 C 中的因素 c_1，即金教授每天下午四点钟出门散步，就能推出：现在是下午四点。

这里的 b 说出的话语"U（FA）"是 b 用某种副语成分说出的"金教授正出门散步。"

FA 是命题态度⊢（金教授正出门散步）；b 所应用的合作准则是相关准则；b 所应用的交际语境 C 中的因素 c_1 是：金教授每天下午四点出门散步。F^*B 是命题态度：⊢（现在是下午四点）。

例 2，《史记》和《世说新语》中记载了一个故事：楚庄王即位三年，不理国事，还下令"敢谏者死"。一天，大臣伍举在朝廷上对楚庄王说："有一只鸟栖在土山上，三年不飞不鸣，这是怎么回事？"楚王回答说："此鸟不飞则已，一飞冲天；不鸣则已，一鸣惊人。"

伍举的那些话语，就其意谓说，是和在朝廷上的谈话目的不相关的。因此，根据相关准则，伍举说那些话语必有另外的意思。再根据伍举和楚庄王都知道的事实：楚庄王即位三年（语境因素 c_1），楚庄王不理国事（c_2），则可推出伍举的那些话语"U（FA）"隐涵：陛下三年不理国事，为什么。类似地，楚王那些话语则隐涵：我虽然在位三年没有发布政令，但不久我将有惊人的措施。

例3，一天 a 和 b 在谈论某些同事的人品，a 对 b 说："李教授是一只老狐狸。"

a 这句话语，就其意谓本身说，显然是假的，李教授是一个人，怎么会是一只狐狸？根据真诚准则，a 这句话语必有其他的意思。再根据相关准则，a 这句话语应是关于李教授的人品的；再根据交际语境中的因素，即关于语言中比喻用法的知识，就可推出 a 说的那句话语隐涵：李教授是个狡猾的人。

例4，在一次招待外宾的会上，老王说了许多很不恰当的话。a 用一种特殊的表情和声调悄悄地对 b 说："老王真聪明。"

这里谈话的目的是评论老王的言行。根据交际语境中的因素 c_1（即老王说了许多很不恰当的话），就可推出：a 的话语，就其意谓说，显然是假的。再根据真诚准则，a 不会说一句显然的假话，因而 a 的那句话语必有其他的意思。再根据交际语境中的因素 c_2（即 a 说话时的那种特殊表情），就可进一步推出：a 说的那句话语是反话，即 a 说的那句话语的意思是：老王真不聪明或真笨。

例5，在一个吃饭饭桌上，a 对 b 说："你能把醋瓶递给我吗?"b 听了这句话语后就立刻把醋瓶递给 a，而不是回答说："我能够。"

a 说的这句话语的意谓中有? A（即你能把醋瓶递给我吗?)，但由? A 再加上交际语境中的因素（即在吃饭桌上）和相关准则就可推出! B（即请你把醋瓶递给我!)。这里，a 的话语"U（? A)"（即"你能把醋瓶递给我吗?"）隐涵命题态度! B，即请你把醋瓶递给我!

上面 5 个例子都是隐涵的例子。但它们的情况却并不是完全相同的。

例 1 中的 FA 是:├─金教授正出门散步。不但话语"U（FA)"的意谓中有├─A，而且 C"(U（FA))"的意思中也有├─A，这就是说，当 S 在交际语境 C 中说这"U（FA)"这句话语时，S 是断定了命题 A。

但是，例 4 中的 FA 是:├─他真聪明。例 4 的话语"U（FA)"的意谓中虽然有 FA，但 C"(U（FA))"的意思中却没有 FA，这就是说，当 S 在交际语境 C 中说"U（FA)"这句话语时，S 没有断定命题 A。

例 2 和例 3 的情况类似例 4。例 5 的情况类似例 1。

例 5，在一点上，也不同于例 1，例 2，例 3 和例 4，在后四者中，FA 中的 F 和 F* B 中的 F* 是相同的，即都是├─。但在例（5）中，FA 中的 F 和 F* B 中的 F* 却是不同的，FA 中的 F 是?，而 F* B 中的 F* 却是!。

3.7　等级隐涵和子句隐涵

伽兹达（G.Gazdar）1979 年提出等级隐涵（scalar implicature）和子句隐涵（clausal implicature）的概念。这是格赖斯量准则的具体化。

3.7.1 等级隐涵

等级隐涵应用了等级这一概念。等级是一个序列 $< e_1$, e_2, …, $e_n >$，其中的 e_1, e_2, …, e_n 都是语词，它们分别地指称不同程度的某一属性，并且 e_i 比 e_j ($i<j$) 提供更多的信息，这就是说，对于任何两个不同语句 A (e_i) 和 A (e_j)，如果 $i<j$，则 A (e_i) 推出 A (e_j)，但反之不然。

例如，(所有、多数、有些) 就是一个等级。"所有"、"多数"和"有些"分别地指谓不同的数量，并且"所有"比"多数"提供更多的信息，"多数"又比"有些"提供更多的信息。同样的，(必须、可以)、(优秀的、良好的) 都是等级。

等级隐涵就是：如果说话者 S 说出一句直陈话语"U ($\vdash$A (e_j))"，并且 (e_1, e_2, …, e_n) 是一等级序列而 $i<j$，那么，S 就不相信 (或不知道) A (e_i)，或者 S 就相信 (或知道) $\neg$A (e_i)。

例1，老张说一句直陈话语："语法室有些人参加了讨论会。"据等级隐涵，老张就不相信 (或知道) 语法室所有人都参加了讨论会，或者老张就相信 (或知道) 并非语法室所有人都参加了讨论会。这里"有些"是等级中的 e_j，"所有"是等级中的 e_i，并且 $i<j$。

例2，老李说一句直陈话语："金老可能来了。"据等级隐涵，老李就不相信 (或知道) 金老事实上 (已经) 来了，或者老李相信 (或知道) 金老事实上没有来。这里"可能"是等级中的 e_j，"事实上"是等级中的 e_i。

例3，王教授说一句直陈话语："小李是一个成绩良好的学生。"据等级隐涵，王教授就不相信 (或知道) 小李是一个成绩优秀的学生，或者王教授就相信 (或知道) 小李不是一个成绩优秀的学生。这里"良好"是等级中的 e_j，而"优秀"是等级中的 e_i。

3.7.2　子句隐涵

子句隐涵，是把格赖斯量准则应用于复合直陈话语而得出的关于其中子句的隐涵。

子句隐涵是：

如果①说话者 S 说一句直陈复合话语"U（⊢A）"，"⊢A"中有子句"B"，而"⊢A"不能推出或预设"⊢B"，并且②S 没有说另一句直陈复合话语"U（⊢A′）"，"⊢A"和"⊢A′"在长度方面大致是相等的，并且是同样和谈话目的相关的，但"⊢A′"能推出或预设"⊢B"，那么，这就隐涵 S 不相信（或知道）B 是真的或是假的。

例1，说话者 a 说一句直陈复合话语"张三是主谋或李四是主谋。"这句直陈复合话语不能推出或预设它所包含的两个子句："张三是主谋"和"李四是主谋"而 S 又没有说另一句直陈复合话语"张三是主谋而且李四也是主谋。"后一句直陈复合话语和前一句直陈复合话语在长度上是大致相等的，并且都同样是相关的。而且后一句直陈复合话语能推出"张三是主谋。"和"李四是主谋。"因此，S 说"张三是主谋或李四是主谋"时，据子句隐涵，S 就不相信（或知道）张三是主谋，也不相信（或知道）李四是主谋。

例2，说话者 a 说："如果哲学所有车子接送，我就出席会议。"这个直陈复合话语，不能推出或预设"哲学所有车子接送。"也不能推出或预设"我出席会议。"而 S 又没有说另一个直陈复合话语"既然哲学所有车子接送，我就出席会议。"后一直陈复合话语和前一直陈复合话语在长度上是相等的并且是同样相关的。后一直陈复合话语却能推出"哲学所有车子接送。"也能推出"我出席会议。"因此，据子句隐涵，a 不相信（或知道）"哲学所有车子接送。"也不相信（或知道）"我出席会议。"

大致来说，等级隐涵是关于直陈简单话语的，而子句隐涵是关于直陈复合话语的。但是，有些直陈复合话语既可以根据子句隐涵得出某一隐涵，也可以根据等级隐涵得出这一隐涵。例如，上面的例1，我们也可以根据等级隐涵（把"或者"看作等级中的 e_j，把"而且"看作等级中的 e_i）得出：S 不相信（或不知道）张三是主谋，也不相信（或不知道）李四是主谋。

3.8　隐涵的特性和应用

在交际语境 C 中，S 说话语"U（FA）"时的隐涵，不是抽象语句"A"所表达的命题，也不是语句"FA"所表达的命题态度，也不是话语"U（FA）"所表达的意谓，而是由话语"U（FA）"加上合作准则或再加语境 C 才能推出的命题态度和意谓。这是隐涵的根本性质。

语言逻辑家通常认为隐涵有下列特性：

（1）可演算性

如果在交际语境 C 中，S 说话语"U（FA）"时有隐涵 F^*B，那么就有一个推理，其前提是"U（FA）"的意谓加上合作准则或再加语境 C，其结论是 F^*B。由于隐涵是应用了合作准则和语境 C 推出来的结论，人们通常把隐涵叫做语用推理。

在交际语境 C 中 S 说话语"U（FA）"时有隐涵 F^*B，并不一定 S 实际上有一个一步一步地推出 F^*B 的思维过程。S 可以直观地一下就得出 F^*B。但是，如果进一步分析，则 S 得出 F^*B 必根据一个语用推理。

隐涵必根据一个语用推理，在这个语用推理中一步一步地推出隐涵，这就是隐涵的可演算性。

（2）可消除性

隐涵依赖于合作准则和语境。因此，在一个交际语境 C_i 中，S 说话语"U(FA)"时有隐涵 F^*B；但在一个更大的或不同的交际语

境 C_j 中,S 说话语"U(FA)"时则不必也有隐涵 F^*B。这就是说,在这个更大的或不同的交际语境 C_j 中,隐涵 F^*B 被取消了。

(3) 不可分离性

在交际语境 C 中,S 说话语"U (FA)"时的隐涵 F^*B,只是依赖于话语"U (FA)"的意谓 U (FA),而不是依赖于话语"U (FA)"本身。因此,如果在一个交际语境 C 中 S 说话语"U (FA)"有隐涵 F^*B,那么,在这个交际语境 C 中,S 不说话语"U (FA)"而说另一句和"U (FA)"有相同意谓的话语"U (FC)"时就也有隐涵 F^*B。隐涵 F^*B 和"U (FA)"的意谓不可分离,这就是隐涵的不可分离性。

由上面隐涵的这些特性就可看出:隐涵是和蕴涵、意涵不同的。蕴涵和意涵是仅仅根据语形和语义规则得出的,是独立于合作准则,也独立于交际语境的。但隐涵则主要是根据语用规则得出的。语用规则是涉及合作准则和交际语境的。因此,隐涵是依赖于合作准则和交际语境的。在不同的交际语境中或应用不同的合作准则,同样一句话语就可以有不同的隐涵。

抽象语句"A"或语句"FA"蕴涵或意涵抽象语句"B"或语句"FB",是必然性的。话语"U (FA)"隐涵语句或命题态度 F^*B 则不是必须性的。在一个交际语境 C 中,找出一个话语的隐涵是一个归纳性质的过程。

隐涵是人们在交际活动中经常地和大量地应用的。隐涵不但可以使我们的语言表达和传达精练化,而且还可以表达和传达许多不便明说或直说的意思。但是,隐涵有可取消性,依赖于合作准则和语境。因此,在那些要求明确性和准确性的场合,例如科学论文和科学讨论、法庭审问和辩论、外交的谈判和条约,我们就不应当应用隐涵来表达和传达自己的思想感情,也不应当通过隐涵来理解对方所表达和传达的思想感情。

4. 预　设 *

4.1　预设理论的提出

许多年来，传统逻辑的教科书中就讲到复杂问语的问题。"你停止打老婆吗？"就是一个复杂问语。对于这个问语，不论你回答"是"或"否"，你都承认你打过老婆。复杂问语就涉及预设问题。

但是，正式把预设作为一个逻辑概念加以认真讨论的，却是弗雷格（G.Frege）。弗雷格在他的论文《含义和所指》中讨论了预设（Voraussetzung）的问题。他的主要思想有下面几点：

（1）名称可分为普遍名称和单独名称。单独名称（如"凯卜勒"）表示一个单一的对象，普遍名称（如"人"）则表示一类对象。单独名称又可分为简单的单独名称和复杂的单独名称。前者就是通常所说的专名，如"凯卜勒"；后者相当后来罗素所说的摹状词，如"那个发现行星运行轨道的人"。

（2）一个名称，不论是普遍名称或单独名称，都有它的含义和它的所指。一个名称的含义，就是这个名称的字面意义，就是懂得这种语言的人都了解的那个意义。一个名称的所指，就是这个名称所表示的对象。

弗雷格应用了一个有名的论证来说明单独名称也有它的含义。他认为（a）"晨星是晨星"和（b）"晨星是黄昏星"这两个论断是很不相同的。人们仅仅根据同一律就可得出（a）。（a）没有任何经验的内容。但是，人们却不能仅仅根据同一律就得出（b）。（b）表达了一些天文的经验知识。（a）和（b）之所以不同，就是由于（b）中的"晨星"和"黄昏星"这两个单独名称有不同的含

---

* 原书第 14 章，这里改为"4"。

义，虽然它们的所指是同一的（即都表示金星）。

（3）一个论断（即断定了的语句），也有它的含义和所指。一个论断的含义，就是这个论断所表达的思想，即通常所说的命题。而一个论断的所指，就是这个论断的真假值。

（4）一个包含了单独名称的论断的所指，是这个论断所包含的单独名称的所指的函项。因此，如果一个论断所包含的单独名称没有所指，则这个论断也就没有所指，即没有真假值。

例如，"凯卜勒死于贫困"这个论断中包含了"凯卜勒"这个单独名称。如果"凯卜勒"这个单独名称没有所指，即事实上没有凯卜勒其人，那么"凯卜勒死于贫困"这个论断也就没有所指，也就没有真假值，即既不是真的，也不是假的。

（5）一个单独名称有所指，不等于那个包含此单独名称的论断的命题内容。因为，假如"凯卜勒死于贫困"这个论断所表达的命题中包括了"凯卜勒有所指"这一内容，那么，否定这个论断（即这个论断的否定）就应当是"凯卜勒没有所指或凯卜勒不死于贫困"。这显然是荒谬可笑的。

（6）由上面（4）和（5）可得出：单独名称有所指不是包含此单独名称的论断所表达的命题内容，但却是这个论断有真假值的必要条件。在这个意义下，一个论断预设它所包含的单独名称有所指，即预设单独名称所表示的对象存在。

普遍地说，一个论断 A 预设 B，当且仅当 B 有所指（即 B 所表示的对象存在）是 A 有真假值的必要条件。

在弗雷格的《含义和所指》发表 13 年之后，罗素发表他的论文《论所指》，提出有名的摹状词理论，来反对弗雷格的预设理论。罗素认为，当一个摹状词没有所指时，包含这个摹状词的论断仍然有真假值，即可以是真的或假的。例如"那又圆又方的东西是方的"，"那又圆又方的东西是不存在的"。这两个论断中都有摹状词"那又圆又方的东西",而这个摹状词没有所指。但这两个论断都有真假值并且还都是真的。

罗素详细分析了下面的这个论断:

(a)"那个现在的法国国王是秃头的"。

罗素认为,(a)经过逻辑分析可得出:

(b)有一个事物是现在的法国国王∧至多有一个事物是现在的法国国王∧这个事物是秃头的。

虽然(a)的主词"那个现在的法国国王",在(b)中已不再出现,但(a)和(b)在命题内容方面却是相同的。(b)是一个具有三个支命题的联言命题。而第一个和第二个支命题就表示"那个现在的法国国王"有所指。这就是说,(b)的命题内容中包括了"那个现在的法国国王"有所指。因此,(a)的命题内容中也包括了"那个现在的法国国王"有所指。这是罗素对弗雷格的预设理论的第一点批评。

让我们再看:当"那个现在的法国国王"没有所指时(即那个法国国王不存在时),(b)是否也有真假值。

显然,当"那个现在的法国国王"没有所指时,(b)这个联言命题的第一或第二支命题就是假的,因而(b)就是假的。而(b)和(a)是具有相同内容的命题(即(b)和(a)是等值的),因此,当"那个现在的法国国王"没有所指时,(a)也是假的。

(a)是一个肯定论断。让我们再看(a)的否定论断,即(c)那个现在的法国国王不是秃头的。(c)可以有下面两个不同的含义或命题内容:

(c_1)¬(有事物是现在的法国国王∧至多有一个事物是现在的法国国王∧这个事物是秃头的)。

(c_2)有一事物是现在的法国国王∧至多有一个事物是现在的法国国王∧这个事物不是秃头的。

（c_1）中的否定是对三个支命题的否定，否定符号（即￢）是在整个命题的外面，这叫做外在否定。（c_2）中的否定只是对最后一个支命题的否定，否定符号是在命题的里面，这叫做内在否定。

当"那个现在的法国国王"没有所指时，（c_1）的括符中的第一个或第二个支命题就是假的，因而（c_1）的括符中的三个支命题就是假的，因而（c_1）就是真的。

当"那个现在的法国国王"没有所指时，（c_2）中的第一个或第二个联言支就是假的，因而（c_2）就是假的。

罗素通过上述例子说明：当一个摹状词没有所指时，包含这个摹状词的论断仍有真假值。这是罗素对弗雷格的预设理论的另一点批评。

罗素的摹状词理论发表以后，受到逻辑家和哲学家的普遍赞同。但40多年后，斯特劳森却对罗素的理论提出挑战。斯特劳森批评罗素的摹状词理论而支持弗雷格的预设理论。

斯特劳森对罗素摹状词理论的批评大致有下面两点：

（1）斯特劳森认为，一个语句不同于在具体语境中应用这个语句所作出的论断。语句只有含义，但没有所指，因而语句没有真假。只有论断才有所指，因而只有论断才有真假。

例如"那个司机是胖子"这个语句，就没有所指。只有在具体语境中应用这个语句所作出的论断才有所指。在某个时间和某一辆车上说这个语句（即论断），就是指老张是胖子。在另一个时间或另一辆车上说这个语句（即论断），就是指老李是胖子。

斯特劳森认为：罗素混淆了语句和论断，因而把对包含摹状词的语句的分析当作对包含摹状词的论断的分析。

（2）斯特劳森认为：当人们作出一个以摹状词为主词的论断时，总是认为这个摹状词是有所指的（即是存在的）。当一个摹状词没有所指时，人们就不会作出以这个摹状词为主词的论断。因此，一个摹状词有所指，是作出一个以此摹状词为主词的论断的必要条件，因而也是这个论断有真假的必要条件。因此，罗素的摹状词理论，从以摹状词为主词的论断说，是不正确的。

斯特劳森的预设理论，虽然基本上是发挥弗雷格的思想，但却引起了人们对预设问题的浓厚兴趣，从而使预设问题成为这几十年来语言－逻辑的一个重要研究课题。

弗雷格和斯特劳森也提到包含专名、摹状词、量化的名词和时间短语等论断的预设问题。后来语言－逻辑家又陆续提出约30种预设现象，使预设问题大大地丰富了和复杂化了。

4.2 什么是预设

4.2.1 语义预设和语用预设

在弗雷格和斯特劳森的预设理论中包含了两种成分。从一方面说，他们所讲的预设是一个论断的预设，而不是一个语句的预设。论断是说话者在一个交际语境中断定的语句。这是他们的预设理论中的语用成分。从另一方面说，他们在预设定义中，也明确地应用了真假和真假值这些语义概念。这是他们预设理论中的语义成分。后来有些语言逻辑家就从语义方面来定义预设，另一些语言逻辑家则从语用方面来定义预设。这就形成了两种不同的预设定义，或者说，就形成了两种不同的预设，即语义预设和语用预设。

关于语义预设，语言逻辑提出了几种不同的表述，但实质上是相同的。其中一种对语义预设的表述是：

语句 A 预设语句 B（或语句 B 是语句 A 的预设），当且仅当

（Ⅰ）A⇒B

并且（Ⅱ）$\neg$ A⇒B。

这里 "⇒" 是意涵（entail）

许多语言逻辑家都认为，这种语义预设要导致不能接受的后果。他们的论证是：

(1) $(A{\Rightarrow}B) \wedge (\neg A{\Rightarrow}B)$　　　　　　　语义预设定义

(2) $(A{\Rightarrow}B) \wedge (\neg A{\Rightarrow}B) \Rightarrow ((A \vee \neg A) \Rightarrow B)$　命题逻辑

(3) $(A \vee \neg A) \Rightarrow B$　　　　　　　(1),(2),命题逻辑

(4) $A \vee \neg A$　　　　　　　　　　　　命题逻辑

(5) B　　　　　　　　　　　　(3),(4),命题逻辑

从上面论证可以看出，如果接受语义预设的定义（即（1）），就能逻辑推出预设 B 是常真语句。但是，事实上预设不是常真语句。

对语义预设还有另一个致命的批评：如果预设是语义的，则预设必是不可消除的。但预设事实上是可以消除的。因此，预设不能是语义的，这也就是说，语义预设是不成立的。

目前多数语言逻辑家都认为，预设是一种语用现象。他们从语用的角度提出了不同的预设定义。斯塔纳克（R.C.Stalnaker）1974 年提出了下面的语用定义：

一个命题 B 是说话者在某一语境中的语用预设，当且仅当说话者假定或相信 B，假定或相信他的听话者假定或相信 B，并且假定或相信他的听话者认识到他有这些假定或相信。

斯塔纳克从语境中的说话者和听话者的假定和相信来定义语用预设。我们认为，这是一个较好的语用定义。

4.2.2　预设的定义

我们认为，预设是语用现象，因而预设就是通常所说的语用预设，而不是通常所说的语义预设。

预设现象是复杂多样的，因而要给出一个预设定义能概括所有预设现象的特性是颇不容易的。我们下面给出的预设定义，力图概括尽可能多的预设现象。

我们先提出一条预设规则，然后再应用预设规则来定义预设。

预设规则：

在交际语境 C 中，说话者 S 对听话者 H 说出一句话语"U（FA）"时，S 相信语词、短语或子句"B"所指的事物或事态存在并且相信 H 也相信"B"所指谓的事物或事态存在，如果

（Ⅰ）（1）"B"是直陈话语"U（⊢A）"中的专名、摹状词、量化名词（或名词短语）、或非重音部分（即非重音的语词、短语或子句），

或（2）"B"是由直陈话语"U（⊢A）"推出的话语中的专名、摹状词、量化名词（或名词短语）、或非重音部分，

或（3）"B"是疑问话语或命令话语加上真诚准则推出的语句中的抽象语句。

并且

（Ⅱ）S 相信"B"所指谓的事物或事态存在并且相信 H 也相信"B"所指谓的事物或事态存在，不同 S 说出话语"U（FA）"、S 遵守合作准则或 S 相信的交际语境 C 中的因素 c_1、c_2、…、c_n 相矛盾。

预设规则的（Ⅰ）中有（Ⅰ）（1）、（Ⅰ）（2）和（Ⅰ）（3）三部分。只要满足其中一部分，就满足了（Ⅰ）。我们把（Ⅰ）叫做预设规则的引发条件。（Ⅰ）（1）主要是处理直陈话语的预设的，（Ⅰ）（2）主要是处理一些特殊的直陈话语的预设的，（Ⅰ）（3）主要是处理疑问话语和命令话语的预设的。我们要确定一句话语有无预设和有什么预设，首先要看是否满足预设规则的引发条件（Ⅰ）。

预设规则中的（Ⅱ），我们把它叫做预设规则的排除条件。当一个语词、短语或子句"B"满足了预设规则的引发条件（Ⅰ）

时，我们还要进一步看"B"是否也满足预设规则的排除条件。只有当"B"既满足预设规则中的引发条件（Ⅰ），又满足预设规则中排除条件（Ⅱ），S才相信"B"所指谓的事物或事态存在并且相信H也相信"B"所指谓的事物或事态存在。

预设规则是人们在交际语境中说出一句话语时普遍遵守的语用规则。

我们应用预设规则就可作出下面的预设定义：

在交际语境C中，说话者S对听话者H说出一句话语"U（FA）"时，S预设语词、短语或子句"B"所指谓的对象或事态存在，当且仅当

（Ⅰ）根据预设规则，S相信"B"所指谓的事物或事态存在并且相信H也相信"B"所指谓的事物或事态存在；

（Ⅱ）S相信H知道（Ⅰ）。

我们上面的预设定义，除了大致包括斯塔纳克预设定义的全部内容外，此外还包括了更多的内容。斯塔纳克的预设定义太宽了，把一些通常认为不是预设的东西也包括在他的预设定义中。例如，在一个逻辑讨论会上，a对b说"奥斯汀的言语行为理论是重要的"这样一句话语。如果a和b互相知道彼此都相信上帝存在，那么，按照斯塔纳克的预设定义，"上帝存在"就应当是a说那句话的预设了！我们的预设定义中的（Ⅰ）中应用了预设规则，而预设规则确定了一句话语和预设之间的联系。这就排除了斯塔纳克预设定义的那种太宽情况。

在上面我们的预设规则和预设定义中，都应用了相信语词、短语或子句"B"所指谓的事物或事态存在和预设语词、短语或子句"B"所指谓的事物或事态存在这样的词句。为了简便，也为了便于阅读，我们以后要把它们分别简化为相信语词、短语或子句"B"为真和预设语词、短语或子句"B"为真。

4.3 直陈话语的预设

话语有三种基本类型，即直陈话语、疑问话语和命令话语。我们要列举一些实例以说明如何应用预设规则和预设定义来确定这三种基本类型话语的预设。由此也可以加深我们对预设规则和预设定义的理解。

4.3.1 直陈简单话语的预设

例1，在一个交际语境C中，说话者a对听话者b说出一句直陈简单话语"凯卜勒死于贫困"时，a预设"凯卜勒"为真。其理由是：

（1）"凯卜勒"是直陈话语"凯卜勒死于贫困"中的专名。

（2）a相信"凯卜勒"为真并且相信b也相信"凯卜勒"为真，不同a说出直陈话语"凯卜勒死于贫困"和a遵守合作准则相矛盾。因为，由a说出话语"凯卜勒死于贫困。"和a遵守合作准则推不出：a不相信"凯卜勒"为真或a不相信b相信"凯卜勒"为真。

（3）a相信"凯卜勒"为真并且相信b也相信"凯卜勒"为真，也不同a所相信的交际语境因素c_1，c_2，…，c_n相矛盾。（我们在这个例子中没有详细说出交际语境中有哪些因素，也没有说明a相信什么c_1，c_2，…，c_n。这就表示：我们假定了a所相信的c_1，c_2，…，c_n不同a相信"凯卜勒"为真并且相信b也相信"凯卜勒"为真相矛盾。在以后的举例中，我们也采用这个办法。）

（4）上面的（1）满足了预设规则的引发条件（Ⅰ）（1）。上面的（2）和（3）满足了预设规则的排除条件（Ⅱ）。因此，我们就可得出：根据预设规则，a相信"凯卜勒"为真并且相信b也相信"凯卜勒"为真。这就是说，由上面的（1）、（2）和（3）就可得出："凯卜勒"为真满足了预设定义的（Ⅰ）。

（5）在交际语境C中，a对b说"凯卜勒死于贫困。"时，a

必相信 b 知道 a 所用的语言及其语形、语义和语用规则（特别是预设规则）。因此，a 必相信 b 知道：根据预设规则，a 相信"凯卜勒"为真并且相信 b 也相信"凯卜勒"为真。这就是说，"凯卜勒"为真满足了预设定义的（Ⅱ）。

（6）由上面的（1）～（5），就可根据预设定义得出：a 预设"凯卜勒"为真。

在通常的情况下，直陈简单话语"凯卜勒死于贫困"的重音总是在谓语"死于贫困"上。但在某些交际语境中，重音也可以在主语"凯卜勒"上，而谓语"死于贫困"是非重音部分。例如，b 问 a："谁死于贫困?" a 回答说："凯卜勒死于贫困"。这里"凯卜勒"是重音，而"死于贫困"是非重音部分。在此情况下，a 就不仅预设"凯卜勒"为真，而且也预设"死于贫困"为真（即预设有死于贫困的人）。

例 2，在一个交际语境中，a 对 b 说出一句直陈简单话语"老张悔恨读了哲学系"。a 可以用不同的重音说这句话语。但无论重音在哪个语词或短语上，a 都预设专有名词"老张"为真。

如果重音在"悔恨"上，a 就不仅预设"老张"为真，而且也预设"老张读了哲学系"为真。

如果重音在"读了哲学系"上，a 就预设"老张"为真，也预设了"老张悔恨某件事情"为真，但 a 不预设"老张读了哲学系"为真。

例 3，在交际语境中，a 对 b 说一句直陈简单话语"上帝存在。"这里"上帝"是专名或摹状词。a 相信"上帝"为真并且相信 b 也相信"上帝"为真，满足了预设规则的引发条件（Ⅰ）（1），但却没有满足预设规则的排除条件（Ⅱ）。因为，如果 a 相信 b 相信"上帝"为真（即 a 相信 b 相信上帝存在），而又向 b 说"上帝存在"，则 a 没有向 b 提供最大量的事态，因而 a 违反了克分准则。这就是说，a 相信"上帝"为真并且相信 b 也相信"上帝"为真，是同 a 说话语"上帝存在。"和 a 遵守合作准则相矛盾的。

a 相信"上帝"为真并且相信 b 也相信"上帝"为真，既然不满足预设规则的排除条件（Ⅱ），则它就也不满足预设定义的（Ⅰ）。因此，在交际语境 C 中，a 向 b 说直陈简单话语"上帝存在"时，a 没有预设"上帝"为真。①

4.3.2　直陈复合话语的预设

直陈复合话语，就是具有"U（⊢（A→B））"、"U（⊢（A∨B））"、"U（⊢（A∧B））"和"U（⊢￢A）"形式的直陈话语。具有"U（⊢（A→B））"、"U（⊢（A∨B））"、"U（⊢（A∧B））"和"U（⊢￢A）"形式的直陈话语，分别叫做直陈假言话语、直陈选言话语、直陈联言话语和直陈否定话语。

找出直陈复合话语的预设的方法，和找出直陈简单话语的预设的方法基本相同。只是在找出直陈复合话语的预设时，我们常常需要应用子句隐涵作为排除条件中的内容。

例 1，在交际语境 C 中，a 对 b 说一句直陈假言话语"如果上帝是全知全能的，世界就应是十分美好的"时，a 预设"上帝"为真，也预设"世界"为真。因为"上帝"和"世界"都是专名或摹状词，它们都满足了预设规则的引发条件（Ⅰ）（1）。同时，a 相信"上帝"和"世界"为真并且相信 b 也相信"上帝"和"世界"为真，是同 a 说话语"如果上帝是全知全能的，世界就应是十分美好的"与 a 遵守合作准则或 a 相信交际语境中的因素 c_1，

---

① 有些语言逻辑家从预设和断定的区别这方面来说明直陈简单话语"上帝存在"的预设问题，他们认为：a 说"上帝存在。"这句话语时断定了上帝存在，因而 a 就没有预设"上帝"所指谓的东西存在。但是，为什么 a 断定的东西就不能是 a 预设的东西？最后还必须从合作准则方面来加以说明。

c_2，…，c_n 不矛盾的。由此就可得出：根据预设规则，a 相信"上帝"和"世界"为真并且相信 b 也相信"上帝"和"世界"为真。这就是说，a 预设"上帝"和"世界"满足了预设定义的（Ⅰ）。

同以前的说明类似，a 预设"上帝"和"世界"为真也满足了预设定义（Ⅱ）。

例 2，在交际语境 C 中，a 对 b 说直陈假言话语"如果有上帝，上帝一定是全知全能的。"时，a 不预设"上帝"为真。

a 说"如果有上帝，上帝一定是全知全能的。"这句直陈假言话语时，根据子句隐涵，a 并不相信有上帝。因此，a 预设"上帝"为真，就同 a 说这句直陈假言话语和 a 遵守合作准则相矛盾，因而就不满足预设定义（Ⅰ）。

例 3，在交际语境 C 中，a 对 b 说一句直陈联言话语"沈先生的长子是科学家并且李先生的长女是艺术家。"时，a 预设"沈先生的长子"和"李先生的长女"为真。

例 4，在交际语境 C 中，a 对 b 说一句直陈联言话语"沈先生有一个孩子并且这个孩子是科学家。"时，a 不预设"沈先生的孩子"为真（即不预设沈先生有孩子）。因为，假如 a 预设"沈先生的孩子"为真，那么，a 再说"沈先生有一个孩子。"就违反了合作准则（可参看 4.3.1，例 3）。

例 5，在交际语境 C 中，a 对 b 说一个直陈选言话语"这个奇迹是外星人创造的或上帝创造的。"不论重音在这句话语中的什么语词或短语上，a 都预设专名或摹状词"这奇迹"、"外星人"和"上帝"为真。

例 6，在交际语境 C 中，a 对 b 说"或者没有上帝或者上帝是全知全能的。"这句直陈选言话语时，a 不预设专名"上帝"为真。因为，据子句隐涵，a 并不相信"上帝"为真。这就是说，a 相信"上帝"为真，不满足预设规则的排除条件，因而也不满足预设定义的条件。

例7，在交际语境 C 中，a 对 b 说一句直陈否定话语"并非凯卜勒死于贫困。"时，a 预设专名"凯卜勒"为真。如果"死于贫困"是非重音部分，a 也预设"死于贫困"为真。

在同一个交际语境 C 中，直陈简单话语"凯卜勒死于贫困。"的预设和直陈否定话语"并非凯卜勒死于贫困。"的预设相同。由于这个情况，有些语言逻辑家就提出一种检查预设的方法：凡是在直陈肯定语句"⊢A"中和其相应的直陈否定语句"⊢¬A"中都断定其对象存在的语词或短语就是预设。这就是所谓否定检查法。

我们根据预设规则和预设定义来找出预设，也可得出否定检查法的同样结果，而且还避免了否定检查法的一些问题，还可以应用于疑问话语和命令话语。

例8，在交际语境 C 中，a 对 b 说"并非或者没有上帝或者上帝是全知全能的。"这一句直陈否定话语时，a 不预设"上帝"为真。

例8和上面例6的预设完全相同。

4.3.3 一些特别的直陈话语的预设

有一些特别的直陈话语，不少语言逻辑家都认为它们有某种预设。但他们对这种预设所作出的说明却各不相同。我们在下面将从我们提出的预设规则和预设定义来说明这些特别的直陈话语的预设。

例1，在交际语境 C 中，a 对 b 说出"老李停止打老婆了。"这句直陈话语。由这句直陈话语就可推出另一句直陈联言话语"以前老李打老婆并且现在老李不打老婆了。"我们甚至也可以说，前一直陈话语的意谓就是后一直陈联言话语的意谓。如果我们要求 a 说出"以前老李打老婆并且现在老李不打老婆了。"时，a 一定会把重音放在"现在老李不打老婆了"这个子句上,而"以前老李打老婆"是非重音部分。

"以前老李打老婆"是由"老李停止打老婆。"这句话语推出的话语中的非重音部分,因而满足了预设规则的引发条件(Ⅰ)②。

虽然,a相信"以前老李打老婆"为真并且相信b也相信"以前老李打老婆"为真,不同a说话语"老李停止打老婆。"合作准则或a所相信的交际语境中的因素 c_1, c_2, …, c_n 相矛盾。这就也满足了预设规则的排除条件(Ⅱ)。

因此,根据预设规则,a相信"以前老李打老婆"为真并且相信b也相信"以前老李打老婆"为真。这就满足了预设定义的(Ⅰ),显然也满足了预设定义的(Ⅱ)。

由以上说明就可得出:a预设"以前老李打老婆"为真。此外,a还预设专名"老李"和摹状词"老李的老婆"为真。

例2,在交际语境C中,a对b说"老王又掌权了。"这句直陈话语可推出另一句直陈联言话语"以前老王掌过权,后来有一段时间老王不掌权,并且现在老王掌权。"在这个联言话语中,前两个命题支是非重音部分。同前面例1的情况类似,a预设"以前老王掌过权,后来有一段时间老王不掌权。"为真。此外,a还预设专名"老王"为真。

例3,在交际语境C中,a对b说出"老王今年在科研上取得了更大的成绩。"由这句直陈话语可推出另一句直陈联言话语"老王以前在科研上取得了大的成绩,老王今年在科研上取得了大的成绩,并且老王今年在科研上取得的成绩大于他以前在科研上取得的成绩。"在这句联言话语中,第一个支命题是非重音部分。同前面例子类似,a预设"以前老王在科研上取得了大的成绩"为真。此外,a还预设专名"老王"为真。

例4,在交际语境C中,a对b说直陈话语"甚至金老也参加了联欢会。"由这句话语可推出另一句直陈联言话语"金老参加了联欢会，其他人参加了联欢会，并且金老比其他人更不容易参加联欢会。"在这句联言话语中，"其他人参加了联欢会"是非重音部分。因此，a预设"其他人参加了联欢会"为真。此外，a也预设专名"金老"和摹状词"联欢会"为真。

例5，在交际语境C中，a对b说直陈话语"即使明天天气不好，我也参加讨论会。"由这句话语就可推出另一句直陈联言话语"如果明天天气好，我来参加讨论会，如果明天天气不好，我也来参加讨论会，并且，明天天气不好我来参加讨论会的可能性比明天天气好我来参加讨论会的可能性小。"在这句联言话语中，"如果明天天气好我来参加讨论会"是非重音部分。因此，a预设"如果明天天气好我来参加讨论会"为真。此外，a还预设"我"和"讨论会"为真。

4.4　疑问话语的预设

疑问话语可分为三种，即选择疑问话语、是否疑问话语和特指疑问话语。下面我们将分别讨论这三种疑问话语的预设。

4.4.1　选择疑问话语的预设

选择疑问话语是有"U（？（$A_1 \vee A_2 \vee \cdots \vee A_n$））"形式的话语。例如，说话者S对听话者H说"这次飞机坠毁是由于机器故障，或由于人为破坏，或由于气候恶劣？"就是一句选择疑问话语。

在一个交际语境C中，说话者S对听话者H说出一个选择疑问话语"U（？（$A_1 \vee A_2 \vee \cdots \vee A_n$））"时，根据真诚准则，S相信"U（？（$A_1 \vee A_2 \vee \cdots \vee A_n$））"是H能回答的。这就表示：S相信"U（？（$A_1 \vee A_2 \vee \cdots \vee A_n$））"有可能回答。这也表示：S相信H相信"U（？（$A_1 \vee A_2 \vee \cdots \vee A_n$））"有可能回答，因为，如果H

能够回答"U（?（$A_1 \lor A_2 \lor \cdots \lor A_n$））"，则 H 就相信"$U$（?（$A_1 \lor A_2 \lor \cdots \lor A_n$））"有可能回答。

"U(?（$A_1 \lor A_2 \lor \cdots \lor A_n$）)"的可能回答是："$A_1$"，"$A_2$"，$\cdots$，"$A_n$"。S 相信"$U$(?（$A_1 \lor A_2 \lor \cdots \lor A_n$）)"有可能回答，就是 S 相信"$A_1$"，"$A_2$"，$\cdots$"$A_n$"中至少有一为真，但不知哪个或哪些为真。这就是说，S 相信（$A_1 \lor A_2 \lor \cdots \lor A_n$）为真。

同样的，H 相信"U（?（$A_1 \lor A_2 \lor \cdots \lor A_n$））"有可能回答，就是 H 相信（$A_1 \lor A_2 \lor \cdots \lor A_n$）为真。因此，由 S 相信"$U$（?（$A_1 \lor A_2 \lor \cdots \lor A_n$））"是 H 能回答的，就可得出 S 相信 H 相信（$A_1 \lor A_2 \lor \cdots \lor A_n$）为真。

因此，当在一个交际语境 C 中，S 对 H 说一句选择疑问话语"U（?（$A_1 \lor A_2 \lor \cdots \lor A_n$））"时，根据真诚准则，S 就相信"（$A_1 \lor A_2 \lor \cdots \lor A_n$）"为真，并且相信 H 也相信"（$A_1 \lor A_2 \lor \cdots \lor A_n$）"为真。这就满足了预设规则的引发条件（Ⅰ）（3）。

疑问话语的真诚准则是合作准则中最强的准则，而且也是一句疑问话语之为疑问话语的本质性条件。S 相信"（$A_1 \lor A_2 \lor \cdots \lor A_n$）"为真并且相信 H 也相信"（$A_1 \lor A_2 \lor \cdots \lor A_n$）"为真，是从 S 说选择疑问话语"$U$（?（$A_1 \lor A_2 \lor \cdots \lor A_n$））"和真诚准则推出的。因此，S 相信"（$A_1 \lor A_2 \lor \cdots \lor A_n$）"为真并且相信 H 也相信"（$A_1 \lor A_2 \lor \cdots \lor A_n$）"为真，就不会同 S 说选择疑问话语"$U$（?（$A_1 \lor A_2 \lor \cdots \lor A_n$））"和合作准则相矛盾，而且也不会同 S 所相信的交际语境中的 c_1，c_2，$\cdots$，c_n 相矛盾。

由以上的说明，就可得出：S 相信"（$A_1 \lor A_2 \lor \cdots \lor A_n$）"为真，也满足了预设规则的排除条件，因而也满足了预设定义的（Ⅰ）。

显然，S 相信"（$A_1 \lor A_2 \lor \cdots \lor A_n$）"为真，并且相信 H 也相

信"（A₁∨A₂∨…∨Aₙ）"为真，也满足了预设定义（Ⅱ）。

因此，在交际语境 C 中，S 对 H 说一句选择疑问话语时，S 预设"（A₁∨A₂∨…∨Aₙ）"为真。除此之外，S 还可以有其它的预设，这些其它的预设就是直陈选言话语"U（⊢（A₁∨A₂∨…∨Aₙ））"的预设。

例1，在一个语境 C 中，a 对 b 说一句选择疑问话语"杀人者是张立或王兵或李东吗?"a 预设"杀人者是张立或杀人者是王兵或杀人者是李东"为真。此外，a 还预设专名"张立"、"王兵"和"李东"为真，也可以预设"杀人者"为真（因为主词"杀人者"通常是非重音部分）。

4.4.2 是否疑问话语的预设

是否疑问话语的形式是"U（?（A∨¬A））"。是否疑问话语和选择疑问话语的不同在于：选择疑问话语中的疑问支（即 A₁，A₂，…，Aₙ）可以多于两个，而且两个疑问支之间没有矛盾关系；是否疑问话语中的疑问支则只有两个，而且这两个疑问支之间有形式的矛盾关系。我们可以把是否疑问话语看作选择疑问话语的特殊情况。

根据真诚准则，在一个交际语境 C 中，S 对 H 说一句是否疑问话语"U（?（A∨¬A））"时，S 相信"?（A∨¬A）"是 H 能回答的。由此推出：S 相信"（A∨¬A）"为真，并且相信 H 也相信"（A∨¬A）"为真。这就满足了预设规则的引发条件（Ⅰ）（3）。

和选择疑问话语的情况类似，S 相信（A∨¬A）为真并且相信 H 相信"（A∨¬A）"为真，也满足预设的排除条件，从而满足预设定义。

因此，在一个交际语境 C 中，S 对 H 说一句是否疑问话语时，S 预设"（A∨¬A）"为真。此外，S 还可以有其它的预设，这些其它的预设可按处理直陈选言话语的办法处理。

有些语言逻辑家认为，是否疑问话语"U（？（A∨¬A））"的预设（A∨¬A）是一个空预设。他们认为 A_1 和 ¬ A_1 是一对矛盾命题，因而是对事实无所断定的。这两个看法是不正确的。因为 A 和 ¬A 从语形角度看是两个互相矛盾的语句，但从语用角度看，S 说直陈话语"U（⊢（A∨¬A））"可以有某种预设，因而 S 仍有对某种情况的相信和断定。

例1，在语境 C 中，a 对 b 说是否疑问话语"凯卜勒死于贫困吗？"时，a 预设"凯卜勒死于贫困或凯卜勒不死于贫困"为真。此外，a 也预设"凯卜勒"为真。

例2，在交际语境 C 中，a 对 b 说一句是否疑问话语"有人能跳过四米吗？"时，a 预设"有人能跳过四米或没有人能跳过四米"为真。由这个预设，还可以得出 a 预设"人"为真。因为这里"人"是一个量化语词，满足了预设规则的引发条件（Ⅰ）（1），并且也满足了预设规则的排除条件，因而也满足了预设定义。

例3，在交际语境 C 中，a 对 b 说一句是否疑问话语"有外星人吗？"时，a 预设"有外星人或没有外星人"为真。但由这个预设再不能推出其它的预设。因为根据句子隐涵，a 不相信"外星人"为真，也不能相信"没有外星人"为真，因而 a 不预设"外星人"为真。这里的情况和上面例1和例2的情况不同。这里 a 预设"有外星人或没有外星人"为真，是一个货真价实的空预设。

4.4.3 特指疑问话语的预设

特指疑问话语不同于选择疑问话语和是否疑问话语。特指疑问话语中有一个问词和一个问域。特指疑问话语的形式是："U（？（x∈B，Ax））"。

"什么人是先秦的大哲学家？"是一句特指疑问话语。其中的问词是"什么"，问域是"人"或人这一个类。这句特指疑问话语可写成"U（?（x∈人，x 是先秦大哲学家））"。

在汉语中，问词是"什么"，问域则多种多样。问词和问域常常用一个词语表示，例如，"什么人"常常用"谁"表示，"什么地方"用"哪儿"表示，……因此，汉语中的特指疑问话语也可以叫做"什么疑问话语"。

在英语中，特指疑问话语中的问词，都是以 W 或 H 字母开头的。因此，英、美的语言逻辑家就把特指疑问话语叫做 WH 疑问句。

特指疑问话语"U（?（x∈B，Ax））"的可能回答是：b_1 是 A，b_2 是 A，…，而 b_i（i＝1，2，…）是 B 类中的分子。特指疑问话语"什么人是先秦的大哲学家?"的可能回答是：孔子是先秦的大哲学家，墨子是先秦的大哲学家，老子是先秦的大哲学家，庄子是先秦的大哲学家，……而孔子、墨子、老子、庄子……都是人类的分子。

在一个语境 C 中，S 对 H 说一句特指疑问话语"?（A（x），x 从 B 类中取值）"时，根据真诚准则 S 相信这句特指疑问话语是 H 能回答的。这就是说，S 相信在这句特指疑问话语的可能回答"b_1 是 A"，"b_2 是 A"，…中至少有一为真，但不知哪一或哪些为真。这就是，S 相信（"b_1 是 A" ∨ "b_2 是 A" ∨ "b_3 是 A" ∨…）为真，这也就是 S 相信 $\exists x (B(x) \wedge A(x))$ 为真。

同样地，由真诚准则也可推出 S 相信 H 也相信 $\exists x (B(x) \wedge A(x))$ 为真。

因此，S 相信 $\exists x (B(x) \wedge A(x))$ 为真并且相信 H 相信 $\exists x (B(x) \wedge A(x))$ 为真，满足了预设规则的引发条件（Ⅰ）（3）。

和选择疑问话语、是否疑问话语的情况一样，S 相信 $\exists x (B(x) \wedge A(x))$ 为真并且相信 H 相信 $\exists x (B(x) \wedge A(x))$ 也满

足了预设规则的排除条件，从而也满足了预设定义。因此，在语境 C 中，S 对 H 说特指疑问话语"?（A（x），x 从 B 类中取值）"时，S 预设"∃x（B（x）∧A（x））"为真，并且 S 也预设由"∃x（B（x）∧A（x））"推出"∃x（Bx）"和"∃x（Ax）"为真。

例 1，在交际语境 C 中，a 对 b 说一句特指疑问话语"什么城市是中国的大都市？"时，a 预设"有城市是中国的大都市"为真，也预设"有城市"和"有中国的大都市"为真。

例 2，在交际语境 C 中，a 对 b 说一句特指疑问话语"为什么项羽在鸿门宴上没有杀刘邦？"时，a 预设"有事物或事态使项羽没有杀刘邦"为真，也预设"项羽"、"刘邦"、"鸿门宴"为真。

特指疑问话语"U（?（x∈B，Ax））"，实质上就是"U（?（b_1 是 A∨b_2 是 A∨b_3 是 A∨…））"。因此，特指疑问话语就是选择疑问话语的一种特殊情况。

4.5　命令话语的预设

说话者 S 对听话者 H 说一句命令话语"U（！A）"，就是 S 要求 H 完成 A 这一行动。我们所说的命令话语将不考虑 S 和 H 的相对的社会地位，也不考虑 S 的要求是强制性的或是恳求性的。

我们把 S 说出命令话语"U（！A）"时（即 H 尚未进行 A 这一行动时），有关的事态记为 G，而把 H 完成 A 这一行动后的有关事态记为 G^*。

命令话语"U（！A）"可分为两类，一类"U（！A）"的 G 不同于 G^*，即 $G \neq G^*$；另一类"U（！A）"的 G 就是 G^*，即 $G = G^*$。前一类命令话语要求 H 改变 G 使成为不同的 G^*，后一类命令话语要求 H 使 G 保持不变。

我们以有关开门和关门的命令话语为例：

①"请开门！"　　　　G（门关着）≠G^*（门开着）

② "请不开门!"　　　G（门关着）＝G*（门关着）

③ "让门开着!"　　　G（门开着）＝G*（门开着）

④ "请关门!"　　　　G（门开着）≒G*（门关着）

⑤ "请不关门!"　　　G（门开着）＝G*（门开着）

⑥ "让门关着!"　　　G（门关着）＝G*（门关着）

就 G 和 G* 的相同与否来考虑，②等⑥，③等于⑤。

任何一句命令话语"U（！A）"都有它特定的 G 和 G*。H 完成"！A"这个命令或完成 A 这个行动，就是 H 通过他的行动使 G 成为 G*，（G* 可以不同于 G，也可以就是 G）。

根据真诚准则，在交际语境 C 中，S 对 H 说命令话语"U（！A）"时，S 相信 A 这个行动是 H 能完成的，也就是说，S 相信 H 通过他的行动使 G 成为 G*。因此，在交际语境 C 中，S 对 H 说一句命令话语"U（！A）"时，S 必相信"G"为真，并且相信 H 也相信"G"为真。

S 相信"G"为真并且相信 H 也相信"G"为真，是从命令话语"U（！A）"和真诚准则推出的，因而就满足了预设规则的引发条件（Ⅰ）(3)，就也满足预设规则的排除条件（Ⅱ）。

S 相信"G"为真并且相信 H 也相信"G"为真，既然满足了预设规则的引发条件和排除条件，也就满足了预设定义的（Ⅰ）；显然也满足预设定义的（Ⅱ）。由此就可得出，S 预设"G"为真。

例1，在交际语镜 C 中，a 对 b 说一句命令话语"请关门!"这里的"G"是"门开着"，"G*"是"门关着"。a 对 b 说"请关门!"这句命令话语，就是要求 b 通过他的行动使由门开着（G）成为门关着（G*）。这里 a 预设"门开着"为真。

4.6　预设和隐涵的关系

预设和隐涵之间有很密切的联系。不少语言逻辑家认为预设也是一种隐涵。但是，本书所说的隐涵和预设虽然有许多重要的共同性质，但也有许多不同的性质。

预设和隐涵的共同点有：

（1）预设和隐涵都不是仅仅根据语形规则和语义规则就可得出的，而是必须应用语用规则才能得出的。预设和隐涵都属于语言的语用方面，而不属于语言的语形和语义方面。

（2）预设和隐涵都有可计算性，它们都是语用推理或语用论证的结论。语用推理或语用论证是应用了语用规则的推理或论证。

（3）预设和隐涵都有可消除性。这就是说，在一个交际语境 C 中，S 说话语"U（FA）"时，S 预设或隐涵 F^*B，但在另一个更大的或不同的语境 C^* 中，S 说话语"U（FA）"时，S 却可以不预设或隐涵 F^*B。

预设和隐涵的不同点有：

（1）预设和隐涵所应用语用规则并不完全相同。隐涵所应用的语用规则是五条合作准则。预设所应用的语用规则是预设规则。在预设规则中，虽然也应用了合作规则中的合作准则，但预设规则中有些内容（如关于专名、非重音等内容），却是合作准则中没有的。

（2）就交际中的作用说，隐涵 F^*B 是 S 要传达给 H 的思想感情；但预设，即"B"为真，是 S 相信 H 已相信的事态，因而不是 S 要传达给 H 的思想感情。

（3）隐涵有不可分离性。这就是说，如果在一个语境 C 中，S 对 H 说话语"U（FA）"时，S 隐涵"F^*B"，那么，在 C 中 S 对 H 说任何另一句和"U（FA）"有相同意谓的话语时，S 仍然隐涵"F^*B"。

预设却没有不可分离性、非重点和语序。在同样一个语境 C 中，两个意谓相同但重音不同或结构不同的话语则可以有不同的预设。

(4) 在语境 C 中，S 说话语"FA"时 S 隐涵 F* B。这里的"B"可以完全不同于"A"。但如果在一个语境 C 中，S 说话语"FA"时，S 预设"B"有特指，则"B"必是"A"（或'A'）中的构成部分或由"U（FA）"应用真诚准则推出的话语的构成部分。

4.7　预设的应用

预设是一种重要的语用现象。预设理论是一个重要的语用理论。掌握了预设理论，一方面可以解决一些有关的语言逻辑的理论问题，另一方面也可提高我们应用语言和理解语言的能力。

亚里士多德的对当关系理论认为：全称肯定的 A 命题能推出特称肯定的 I 命题，全称否定的 E 命题能推出特称否定的 O 命题。关于这点，后来的逻辑家曾经提出反对的意见，因而引起了长时间的争论。亚里士多德之所以认为由全称命题能推出相应的特称命题，一方面是他明确地把 A、E、I 和 O 的主词限制在有指称的词项的范围中，另一方面也可能他下意识地考虑语言的交际方面和语用方面，即考虑到应用语言进行交际时的预设问题。无论如何，如果我们有一个正确的预设理论，我们就能够全面地正确地理解 A、E、I 和 O 的逻辑性质以及具有 A、E、I、O 形式的话语的逻辑性质，从而许多年来关于这个问题的争论就可以解决了。

人们通常说，修辞问句具有问号或疑问话语的形式，但实际上不是问句或疑问话语，而是表达一句直陈话语或命令话语的意谓。例如，一个中学的数学老师在课堂对一个正在笑的学生说："笑什么？"老师说这句话语实际上是表达和传达：没有什么好笑的和你不要笑。老师说的"笑什么？"这句话语就是通常所说的修辞疑问句。但如何从理论上说明修辞疑问句不是真正的疑问句或疑问话语呢？如果应用预设理论，我们就很容易作出以下的说明："笑什么？"具有特指疑问句的形式。但是，假如老师在课堂上说这句话语真是一句特指疑问话语，则老师必须预设课堂上有可笑的事情。但是，课堂上根本没有可笑的事情，老师也根本不相信课堂上有可笑的事情。因此，老师说的"笑什么？"这句话语，就不是一句真正的特指疑问话语。老师是企图通过"笑什么？"来表达和传达没有什么可笑的，进而表达和传达你不要笑！

以上两点说明了预设理论在解释语言现象方面的作用。

预设理论在表达自己的意思和理解别人所表达的意思方面也是十分有用的。我们在下面举几个巧妙利用预设的例子。

例1，战国时燕国国王一天十分愤怒，下令把某人 a 剐死，而 a 所犯的过失很小。大臣们明知国王命令不当，却不敢进谏。勇敢聪明的大臣晏子却站起来对国王说："由我来剐他。"晏子拿着刀走向 a。这时晏子忽然问国王："古圣先王剐人从何剐起？"燕王无言以答，想了一会儿后说："免了他罢！"

在这个故事中，晏子是应用了特指疑问话语的预设。这个特指疑问话语预设古圣先王剐人。无论燕王如何回答，他都必须说出或断定古圣先王剐人。由此他意识到古圣先王没有剐人的刑罚，再进一步意识到他不应当下命令剐人。

例2，三国时的大将军钟会去看望当时的名士稽康。稽康正在脱光衣服打铁，不理会钟会。当钟会看了一会儿正想离开时，稽康忽然问钟会："何所闻而来？何所见而去？"钟会回答说："闻所闻而来，见所见而去。"稽康的疑问话语预设了钟会是有所闻而来，也有所见而去。钟会回答不出或不想回答稽康的问题，因而就说出那个巧妙的答话。这个答话只是重述了稽康问话的预设而没有其他的内容。

例3，宋朝的几位哲学家在坐而论道时，一位哲学家问另一位哲学家："雷从何处起?"另一位回答说："雷从起处起。"这个回答和钟会的回答一样,只是重述问话的预设而没有其它内容。

例4,据说王安石的儿子很聪明。在他几岁时,他和几位长辈走到一个铁笼子前面,笼中关了两个动物。一位长辈问他:"笼中哪个是鹿? 哪个是獐?"他立刻回答说:"獐旁是鹿。鹿旁是獐。"王安石儿子的回答,主要是利用了问话的预设,但也利用了语境。问话"笼中哪个是鹿?"预设了笼中有动物是鹿。问话"笼中哪个是獐?"预设了笼中有动物是獐。由上面这些,就可推出:笼中有两个动物,其中有一个是鹿,另一个是獐。这就是"獐旁是鹿,鹿旁是獐。"

上面例2中的"闻所闻而来,见所见而去",例3中的"雷从起处起"和例4中的"獐旁是鹿,鹿旁是獐",都不是对问话的回答,而是对问话的回避。但是,这种利用问话的预设而作出的回避是机智的和漂亮的,在社交中和外交场合是常用的。

例5,一位年轻的厂长 a 去同一家公司的经理 b 谈生意,因而爱上了 b 的一位美丽聪明的女秘书 c。但 c 已结婚并且家庭生活非常美满。b 不便向 a 直说 c 的这个情况。有一天,a 对 b 说:"我接触的女士很多,但我从未遇见像您的女秘书 c 小姐这样美丽聪明的,这样令人倾倒的。"b 抓住这个机会就说:"你说的很对。c 女士的丈夫也常常这样说。"b 巧妙地利用了他的话语中的预设,以一种不令 a 难堪的方式使 a 知道 c 女士已有丈夫和一个美满的家庭。

预设是交际中经常运用的。但是,预设是语用的,依赖于合作准则,预设规则和语境。和隐涵一样,预设具有可消除性。因此,也和隐涵一样,预设不应在要求十分严格明确地表达思想的场合应用,例如在学术讨论、法庭诉讼、外交谈判与条约中就不应当应用预设。

5. 成功的交际*

5.1 语言交际图式

人们的一切社会活动，都是有意图（或有目的）的活动。人们的语言交际活动，是说话者 S 意图通过话语向听话者 H 传达他的思想感情，从而产生某一或某些后果的活动。

在语言交际中，说话者 S 总有一个最初的或最根本的意图，记为 I_1（E_1）。I 表示 S 的意图，E 表示 S 意图产生的后果。有了 I_1（E_1）之后，S 就要考虑如何实现这个意图。常常有这样的情况：S 要实现 I_1（E_1），就要先实现另一个意图，记为 I_2（E_2），并且要实现 I_2（E_2），S 又必须逐步实现一系列意图 I_3（E_3），…，I_{n-1}（E_{n-1}）。

S 还要考虑：要实现 I_{n-1}（E_{n-1}）这个意图，S 应向 H 传达什么思想感情和应用什么话语表达这种思想感情。我们用 I_n（E_n（M））表示 S 意图使 H 知道或认识 S 有思想感情 M。我们用"U（FA）"（M′）表示：表达 S 的思想感情 M′ 的话语"U（FA）"。

当 H 听到 S 所说的"U（FA）"（M′）之后，H 就知道或认识 S 有思想感情 M″，这记为 E'_n（M″）。

当 E'_n（M″）出现之后，即当 H 知道 S 有思想感情 M″ 之后，就会逐步出现一系列的后果：E'_{n-1}，E'_{n-2}，…，E'_1。

我们用图式表示如下：

I_1（E_1）$\rightarrow I_2$（E_2）$\rightarrow \cdots \rightarrow I_{n-1}$（$E_{n-1}$）$\rightarrow I_n$（$E_n$（M））$\rightarrow$ "U（FA）"（M′）$\rightarrow E'_n$（M″）$\rightarrow E'_{n-1} \rightarrow E'_{n-2} \rightarrow \cdots \rightarrow E'_1$

我们把上面图式叫做语言交际图式。

---

* 原书第 16 章，这里改为"5"。

语言交际图式中的"…→×××"表示"…的产生导至×××的产生"。语言交际图式中的 E_i（$i=1,2,\cdots,n$）是 S 主观意图产生的后果，E_i' 是客观上或事实上产生的相应于 E_i 的后果。客观上或事实上产生的后果 E_i' 可以就是 S 意图产生的后果 E，但也可以不是。

语言交际图式中的 M 是 S 意图使 H 知道或认识的 S 的思想感情。M′是 S 应用话语"U（FA）"所表达的 S 的思想感情。话语"U（FA）"所表达的 S 的思想感情 M′，可以就是 S 意图使 H 知道或认识的 S 的思想感情 M，但也可以不是。

S 有了 I_n（E_n（M））之后，S 就说出话语"U（FA）"（M′），即 I_n（E_n（M））→"U（FA）"（M′）。这是 S 的表达或表达过程。在表达或表达过程之后，再加上 E_n'（M″），即 I_n（E_n（M））→"U（FA）"（M′）→E_n'（M″）。这是 S 的传达或传达过程。

H 的理解或理解过程，大致说来，就是传达的逆过程。H 是由知道或认识"U（FA）"（M′），进而知道或认识 I_n（E_n（M））。这是 H 的理解或理解过程。

我们可以举《三国演义》中的故事来说明语言交际图式。

例1，当曹操的大兵压境之时，孔明渡江到东吴，见孙权举棋不定，便由鲁肃引其去见周瑜。孔明见周瑜时有一个根本意图：促使东吴抗曹。这个根本意图就是 I_1（E_1）。孔明认为要促使东吴抗曹，必须先说服周瑜赞成抗曹，因为周瑜掌握东吴的兵权而且又是孙权信任的人物。孔明意图说服周瑜赞成抗曹，就是 I_2（E_2）。孔明考虑：要说服周瑜赞成抗曹，必须用激将法。在孔明意图用激将法说服周瑜（即 I_3（E_3）之后，孔明就决定向周瑜传达曹操企图纳大乔、小乔为妾……这就是 I_4（E_4（M））。然后孔明就决定应用下列话语（这就是"U（FA）"（M′）。孔明说："愚有一计：……只须遣一介之使，扁舟送两个人到江上。操一得此两人，百万之众，皆卸甲卷旗而退矣。"孔明即时诵《铜雀台赋》云："……揽二乔于东南兮，乐朝夕之与共。……"以此表明曹操引百万之众，虎视江南，其实为大乔、小乔二女。

周瑜听了孔明的话语（"U（FA）"（M'））后勃然大怒，并且说："老贼欺吾太甚！""吾与老贼誓不两立！"这里包括了好几步。首先是周瑜准确无误地知道并且相信孔明所传达的思想感情，这就是 E'_4（M''），并且 E'_4（M''）＝E_4（M）。其次，周瑜果然被激怒了，这就是 E'_3，并且 E'_3＝E_3。周瑜坚决赞成抗曹。这就是 E'_2，并且 E'_2＝E_2。最后东吴决定抗曹，这是 E'_1 并且 E'_1＝E_1。

5.2 说话者 S 如何传达

关于 S 如何传达，有两个要点。一个是传达什么，也就是如何选择 E_n（M）。另一个是如何表达，也就是如何选择"U（FA）"。

S 所选择的 E_n（M）或 I_n（E_n（M）），必须是：I_n（E_n（M））实现以后，能导致实现 I_{n-1}（E_{n-1}），进而导致最后实现 I_1（E_1）。这也就是说，当 E'（M''）＝E（M）时，在 E'_n（M''）之后出现的 E'_{n-1}，…，E'_1 分别也就是 E_{n-1}，…，E_1。

这里还应注意：E_n（M）的内容中是否包含 E_{n-1}，E_{n-2}，…，E_1。

例 2，据说在 1957 年鸣放期间，有一位领导干部 a 会见了一位教授 b，他们谈到了鸣放问题。a 对 b 说："你也可以鸣放嘛。"a 有一个根本意图是整 b，即 I_1（E_1）。要实现 I_1（E_1），又必先使 b 在鸣放中有错误言论，即 I_2（E_2）。要实现 I_2（E_2）又必先使 b 参加鸣放，即 I_3（E_3）。为了实现 I_3（E_3），a 就决定向 b 传达 b 也可以鸣放这个意思，即 I_4（E_4（M））。这句话语并不表达和传达 I_3（E_3），至少是并不表达和传达 I_2（E_2）和 I_1（E_1）。后来 b 果然参加了鸣放，即 $E'_3 = E_3$，并且说了一些所谓错误言论，即 $E'_2 = E_2$，结果 b 被打成右派，即 $E'_1 = E_1$。

假如 a 所选择的 E_4（M）中不仅包括 b 也可以参加鸣放，而且也包括 a 意图 b 参加鸣放（E_3），a 意图 b 在鸣放中有错误言论，甚至包括 a 意图整 b，b 大概就不会参加鸣放了，这就是说，I_3（E_3）、I_2（E_2）和 I_1（E_1）就不能实现了。

a 的这种语言交际活动，是一种不道德的语言交际活动。我们应该谴责这种不道德的语言交际活动。但是，这个例子却生动地说明了如何选择 I_n（E_n），以实现我们在语言交际中的根本意图。

在语言交际活动中，S 决定了传达什么（即决定了 E_n（M））之后，S 就要考虑应用什么话语来表达他意图传达的内容，即 S 应选择"U（FA）"（M'）。

S 在选择"U（FA）"（M'）时，首先应使 M' = M。M' 是在交际语境 C 中的话语 C_R"（U（FA））"的意思。C_R"（U（FA））"的意思，是由话语"U（FA）"的意谓加上合作准则或再加交际语境 C 得出的，这里常常需要应用隐涵和预设。

S 选择"U（FA）"（M'）时，还应使 M' = M"。M" 是听话者对话语"U（FA）"（M'）的理解，进而是对 I_n（E_n（M））的理解。H 的理解决定于他的理解能力，包括他的文化程度、知识状况、语言知识和语言习惯等。因此，S 要使 M' = M"，S 就必须考虑 H 的理解能力。

5.3 听话者 H 如何理解

听话者 H 的理解，大致说来，是说话者 S 的传达的逆过程。

但由于说话者和听话者在语言交际活动的地位不同和目的不同，说话者 S 的传达和听话者 H 的理解就各有一定的特点。

在交际语境 C 中，H 要理解 S 所说的话语，应注意下面两点。

(1) H 应力图知道 S 的话语所表达的 S 的思想感情，即 H 应首先知道 $I_n (E_n (M))$。

H 要知道 $I_n (E_n (M))$，又必须首先找出 U (FA) (M')，即首先找出在交际语境 C 中的"U (FA)"的意思：这里需要应用"U (FA)"的意谓、合作准则和语境 C，需要应用隐涵和预设等。

其次，H 再根据"U (FA)"(M') 去找出 $I_n (E_n (M))$。这里应考虑 S 的表达能力，包括 S 的文化水平、知识状况、语言能力和语言习惯等。

(2) H 还应力图知道 $I_n (E_n (M))$ 背后的那些 S 不传达的意图，即 $I_{n-1} (E_{n-1})$，$I_{n-2} (E_{n-2})$，…，$I_1 (E_1)$ 中 S 不传达的意图。

5.4 成功的交际

我们要提出几个概念，即准确的传达、成功的传达、准确的理解和成功的理解。

如果 S 在他的传达中，使 $E_n (M) = E'_n (M'')$，则 S 的传达就是准确的传达。

如果 S 在他的传达中，不仅使 $E_n (M) = E'_n (M'')$，而且也使 $E_{n-1} = E'_{n-1}$，$E_{n-2} = E'_{n-2}$，…，$E_1 = E'_1$，则 S 的传达就是成功的传达。

如果 H 在他的理解中，知道了 $E_n (M)$，即 $E_n (M) = E'_n (M'')$，则 H 的理解就是准确的理解。

如果在 H 的理解中，不仅知道了 $I_n (E_n)$，即 $I_n (M) = E'_n (M'')$，而且也知道 $I_{n-1} (E_{n-1})$，$I_{n-2} (E_{n-2})$，…，$I_1 (E_1)$，则

H 的理解是成功的理解。

我们在本章所举的那个关于孔明的例子中,孔明的传达是成功的传达。因为孔明不仅使周瑜准确无误知道孔明应用那些话语所传达的思想感情(即 $E_n (M) = E'_n (M'')$),而且孔明一系列的意图都实现了,即 $E_{n-1} = E'_{n-1}$,$E_{n-2} = E'_{n-2}$,…,$E_1 = E'_1$。周瑜的理解,显然是准确的理解。但周瑜的理解却不一定是成功的理解,因为周瑜不一定知道孔明用了激将法。

我们在本章中所举的关于那位领导干部 a 的传达,是成功的传达。但那位教授 b 的理解虽然是准确的理解,但却不是成功的理解,因为 b 只知道 a 的话语所表达的意思,但却不知道 a 的话语背后的意图。

我们在第 3 章所举的关于伍举的例子中,伍举的传达是成功的传达,楚庄王的理解也是成功的理解。

我们在第 3 章所举的关于晏子的例子中,晏子的传达是成功的传达,齐王的理解是成功的理解。

成功的交际,通常是指成功的传达。S 的成功传达包含了 H 的准确理解,因为 S 的成功传达中包含了 S 的准确的传达,即包含了 $E_n (M) = E'_n (M'')$。而从 H 方面说,$E_n (M) = E'_n (M'')$ 就是 H 的准确理解。因此,成功的交际中包含了 H 的准确理解。

成功的交际有时可以包含 H 的成功理解。例如伍举和楚庄王的谈话,从伍举(S)方面说,是成功的传达,因而也是成功的交际;从楚庄王(H)方面说,也是成功的理解。

成功的交际,有时却不包含,甚至不能包含成功的理解。例如,那位领导干部 a 和那位教授 b 的谈话,从那位领导干部 a 说,是成功的传达,因而也是成功的交际;但从那位教授 b 说,却不是成功的理解。

准确的传达、准确的理解、成功的传达和成功的理解,都需要 S 或 H 掌握语形、语义和语用的知识和了解交际语境的情况。就传达说，S 将特别需要了解 H 本身的特点；就理解说，H 特别需要了解 S 本身的特点。

·逻 辑 史·

亚里士多德关于推论的逻辑理论[*]

亚里士多德（公元前 384 年至 322 年）是古代希腊最渊博的哲学家，同时也是古代希腊最伟大的逻辑家和西方逻辑科学的创始人。亚里士多德的逻辑学说，是从当时的具体科学和日常思维中总结出来的。在亚里士多德的时代，由于政治生活和哲学讨论的需要，辩论术的研究已具有很高的水平；在自然科学方面，几何学已经是一门相当发达的科学，其中应用了严密的演绎推论；在哲学方面，柏拉图直接地或间接地讨论了许多逻辑问题，例如，划分、定义和假设等问题。这些历史条件，更加上亚里士多德个人的勤奋和优异才能，便促成了西方逻辑第一部伟大著作的产生。

亚里士多德遗留下来的逻辑著作有下面七种：《范畴篇》、《解释篇》、《前分析篇》、《后分析篇》、《辩论篇》、《诡辩篇》、《形而上学》第 4 卷。公元前一世纪，安德朗里寇斯把前六篇辑为一书，后来逻辑家把它叫做《工具论》。

《范畴篇》主要是讨论语词 。《解释篇》主要是讨论命题。《前分析篇》主要是讨论推论。《后分析篇》主要是讨论证明即科

---

* 原载《光明日报》1963 年 3 月 22 日，3 月 29 日。

学的推论。《辩论篇》主要是讨论辩论的推论以及其他辩论的方法。《诡辩篇》主要是讨论逻辑谬误。《形而上学》第 4 卷主要是讨论思维的根本规律。

亚里士多德认为，逻辑主要是研究推论的，因而，推论理论是他逻辑理论中最主要的部分，语词理论和命题理论都是为了推论理论服务的，都是为推论理论准备条件。再就篇幅来说，在《工具论》中关于推论的讨论占有极大的份量。

本文只介绍亚里士多德关于推论的逻辑理论，其他关于语词、命题、归纳和思维的根本规律的理论，都不在本文介绍之列。

一

亚里士多德在《辩论篇》第一卷第一章中提出了一个推论的定义：“推论是一个论证，在这里某些东西被给定了，另外的东西必然地由前一些东西得出。”

在亚里士多德关于推论的定义中，第一个值得注意的问题，这是前提是否必须断定的问题。“某些东西被给定了”，这里的“给定了”是断定了呢？还是假定了呢？

“给定了”的希腊原文 τεθευτωυ，这个字既可以有断定了的意义，也可以有假定了的意义。因之，仅仅根据这个字的意义，是不能解决问题的，我们还必须根据别的材料。

亚里士多德认为，推论可以分为两种。一种是科学的推论（即证明），另一种是辩论的推论。它们是推论的两种特殊种类，推论是它们的普遍形式。因此，如果推论的前提是必须断定的，那么，这两种特殊的推论的前提，就必须都是断定的。如果有一种特殊的推论的前提不是断定的，那么，推论的前提就不是必须断定的。

科学的推论（即证明），是要得到真实的知识或真实的命题。很显然，科学的推论的前提是必须断定为真的。但是，辩论的推论的前提，却不是必须断定的。在辩论中，辩论的一方要用对方的主张作为前提进行推论，并且企图推出逻辑矛盾，从而否定这些前提或前提之一，从而否定对方的主张或主张之一。既然如此，那么，辩论的一方在进行推论时，就不是也不可能是断定这些前提的。〔参看本文三。〕

既然辩论的推论的前提不是都断定的，那么，推论的前提就不是必须断定的。

在亚里士多德关于推论的定义中，第二个值得注意的问题，就是推论的必然性问题。

亚里士多德认为，推论不是某一门科学所特有的工具，而是一切科学共同的工具，是一切科学都要应用的共同形式。不仅如此，推论还是各种各样的辩论都要应用的共同形式。因此，推论这个共同形式，就不能具有某个特殊认识领域的特殊性质。如果它具有了某个特殊认识领域的特殊性质，那么，它就不能应用于另一个特殊的认识领域。这就是推论这个共同形式必须脱离各个特殊认识领域的特殊内容的根本道理。

为了达到这个目的，亚里士多德在推论形式中应用了变项。例如，在下面这个三段论形式中：

如果所有 b 都是 c，所有 a 都是 b，那么所有 a 都是 c。a、b 与 c 都是变项。在某个特殊认识领域中应用这个推论形式时，就可以用这个特殊认识领域中的具体对象或内容去代换 a、b 与 c。

所谓结论必然地由前提得出，或者，前提与结论之间有必然性，就是说，不论人们用任何具体内容代换推论中的变项，当代换了的前提是真的时候，代换了的结论也是真的。

亚里士多德所研究的推论，是包含着变项的推论，而不是包含着具体内容的推论；因而，是今天我们所说的推论形式，而不是今天我们所说的具体推论。亚里士多德这个关于推论的概念是传统逻辑与现代逻辑普遍地接受的。

在亚里士多德关于推论的定义中，第三个值得注意的问题，就是结论必须不同于前提，作为结论的命题必须不同于作为前提的命题。

亚里士多德认为，推论是获得新知识的工具，因而，由推论的前提到结论必须是由已知到未知。如果作为结论的命题，就是作为前提的命题或命题之一，那么，通过推论我们就不能获得新知识。

亚里士多德把结论不同于前提作为推论的一个条件，他似乎不会承认"如果 p，那么 p"是一个推论形式，他似乎也不会承认"如果 p 而且 q，那么 p"是一个推论形式。这点很可能会引起习惯于现代逻辑的人的惊奇，但是，同时也值得习惯于现代逻辑的人的注意。

在《前分析篇》第一卷第一章，亚里士多德关于三段论又说了这样的话："三段论是一个语域，在这里某些东西被给定了，另外的东西必然地由前一些东西是如此而得出。"这里所说的"语域"，也就是论证，是指一串有联系的命题。

这段话与前面所引的关于推论的定义，除了前者的主词是三段论而后者的主词是推论这一点不同而外，其余是完全相同的。这里就发生一个问题：亚里士多德所说的推论是否就是三段论呢？这个问题是与上面这段话是不是一个关于三段论的定义有关的。如果上面这段话是一个关于三段论的定义，那么，由于这段话中的定义项（即"一个语域，……"）与推论的定义中的定义项（即"一个论证，……"）是完全相同的，推论应当就是三段论，推论与三段论就应当是等同的。

　　但是，亚里士多德在《前分析篇》第一卷第三十二章中说过："具有必然性的论证比三段论的范围要宽，凡是三段论都是具有必然性的论证，但是，凡是具有必然性的论证却并不都是三段论。"在同卷第四十四章，他又说：假言推论是具有必然性的论证，但是，却不能还原为三段论。由此可以看出，推论比三段论的范围要宽。三段论是推论中重要的一种，但是，三段论并不等同于推论。

　　亚里士多德所说的推论，大约相当于传统逻辑中的演绎推论，三段论是其中的主要部分，但是，此外还有假言推论与选言推论。

　　归纳，在亚里士多德著作中，主要有下面三种：一种是后来逻辑家叫做简单枚举法的归纳，一种是直觉的归纳，一种是完全的归纳。亚里士多德明确地表示过，完全的归纳是可以还原为三段论的，因而，是一种具有必然性的论证，是一种推论。简单枚举法的归纳与直觉的归纳，从亚里士多德的著作中可以间接地看出，不是具有必然性的论证，因而，不是推论。完全的归纳是一种极不重要的归纳，简单枚举法的归纳与直觉的归纳才是他的归纳的主要内容。因而，总的说来，亚里士多德认为归纳不是推论。在《工具论》中，亚里士多德常常把推论与归纳对立地提出，就表明这个意思。

二

　　亚里士多德的三段论理论，为传统逻辑所承袭，前者和后者基本上是相同的。因之，本文只着重介绍亚里士多德三段论理论中那些特别值得注意的内容。

　　亚里士多德认为，推论是由命题组成的。组成三段论的命题形式有下面四种：

（1）所有 a 都是 b（全称肯定命题），

（2）所有 a 都不是 b（全称否定命题），

（3）有些 a 是 b（特称肯定命题），

（4）有些 a 不是 b（特称否定命题）。

后来的逻辑家把全称肯定命题、全称否定命题、特称肯定命题与特称否定命题分别地简称为 A、E、I、O。

亚里士多德在表达四种命题时，除了应用上述语言方式外，他还另外应用两种标准的语言方式。例如，对于全称肯定命题，他除了应用"所有 a 都是 b"这个语言方式外，他还应用这两种标准的语言方式：b 属于所有 a，b 是表述所有 a 的。

命题又是由两个语词（即主词与谓词）组成的。在上述四种命题中，a 是主词，b 是谓词。对于命题中的语词，亚里士多德提出了下面三个限制：

命题中的语词，不能是那些表示不存在的事物的语词。例如，"山羊——牡鹿"就不能作为命题中的语词。

命题中的语词，也不能是那些表示个别事物的语词。例如，卡理亚这个表示某个人的名字，就不能作为命题中的语词。亚里士多德认为，三段论是获得科学知识的工具，而科学知识都是关于普遍的知识，而不是关于个别的知识。他还认为，命题的谓词的外延应当宽于主词的外延。表示个别事物的语词的外延是最狭的，因而，不适合于作为命题的谓词。他还要求，在三段论命题中的语词是既要能作主词又要能作谓词的。大概是由于这些理由，亚里士多德认为，那些表示个别事物的语词不能作为命题中的语词。

由于命题中的语词不能是表示个别事物的语词，亚里士多德的三段论中，就没有单称命题。因为，单称命题就是以表示个别事物的语词作为主词的命题。

命题中的语词，也不能是那些表示最普遍的类的语词。例如，"存在"这个语词表示最普遍的类，它就不能作为命题中的语词。亚里士多德认为，命题的主词的外延应当狭于谓词的外延。表示最普遍的类的语词的外延是最宽的，因而，不适合于作为命题的主词。他又要求，在三段论命题中的语词是既要能作谓词又要能作主词的。大概由于这些理由，亚里士多德认为，那些表示最普遍的类的语词不能作为命题中的语词。

亚里士多德三段论命题中的语词，必须是那些表示存在的但又不是最普遍的类的语词，例如，"人"、"动物"、"能学文法的"等等。这也就是说，对于亚里士多德三段论命题形式中的变项（如 a、b 与 c），我们只能用那些表示存在的但又不是最普遍的类的语词来代换。

亚里士多德关于命题中的语词所提出的限制，是对当关系与换质换位的条件。

亚里士多德认为，三段论是由三个命题用逻辑联词"如果……那么……"组成的。在《前分析篇》中所讲的三段论形式，都是用"如果……那么……"组成的。只有在讲到具体的三段论时，他有时才应用了"……所以……"

亚里士多德认为，要推出小词（a）与大词（c）的联系，就必须有一个中词（b）作为媒介。根据中词（b）与大词（c）的联系以及中词（b）与小词（a）的联系，我们才能推出小词（a）与大词（c）的联系。中词（b）与大词（c）的联系，形成一个前提。中词（b）与小词（a）的联系，又形成另一个前提。小词（a）与大词（c）的联系，就是结论。他认为，这里有三种情形：（1）中词（b）在一个前提中作主词，在另一个前提中作谓词，（2）中词（b）在两个前提中都作谓词，（3）中词（b）在两个前提中都作主词。由于中词在两个前提中位置的不同，就形成了下面三个格：

第一格	第二格	第三格
如果b——c	如果c——b	如果b——c
a——b	a——b	b——a
那么a——c	那么a——c	那么a——c

亚里士多德认为，三段论只有上面三个格。但是，很容易看出，中词（b）在前提中的位置还有下面这个可能情形：

如果 c——b　　b——a　　那么 a——c

这就是后来逻辑家所说的第四格，亚里士多德把它遗漏了。

第一个格都有几个正确的推论形式，传统逻辑把这些正确的推论形式叫做式。

第一格有下面四个式：

（1）如果所有 b 都是 c　　　（2）如果所有 b 都不是 c

　　　所有 a 都是 b　　　　　　　所有 a 都是 b

　　　那么所有 a 都是 c。　　　那么所有 a 都不是 c。

（3）如果所有 b 都不是 c　　（4）如果所有 b 都是 c

　　　有些 a 是 b　　　　　　　　有些 a 是 b

　　　那么有些 a 不是 c。　　　那么有些 a 是 c。

后来的逻辑家把上面（1）、（2）、（3）、（4）简写为 AAA、EAE、EIO、AII。第一个字母表示三段论的第一个前提，第二个字母表示三段论的第二个前提，第三个字母表示结论。

第二格有四个式，即 EAF、AEE、AOO、EIO。

第三格有六个式，即 AAI、IAI、AII、EAO、OAO、EIO。

亚里士多德认为，第一格是完全的三段论，第二格与第三格是不完全的三段论。他在《前分析篇》第一卷第一章中说：

"我所说的完全的三段论，就是这样的三段论，它除了已说出的前提外，再不需要别的命题作为前提，而得出结论的必然性就是显明的。我所说的不完全的三段论，就是这样的三段论，为了使它的必然性成为显明的，它还需要一个或更多的另外的命题作为前提，而这一个或更多的另外的命题是没有明白说出但又是能由已说出的前提必然地得出的。"

由这段话可以看出，亚里士多德认为，完全的三段论的必然性或正确性是自明的，是再不需要别的东西加以证明的。不完全的三段论的必然性或正确性却不是自明的，是需要根据完全的三段论来加以证明的。

根据完全的三段论（即第一格的四个式或两个式），来证明不完全的三段论（即第二格与第三格各个式），就是亚里士多德的还原问题。

还原方法主要有两种，一种是换位还原法，另一种是归谬还原法。换位还原法，我们可以通过下面例子来说明：

如果所有 C 都不是 b　有些 A 是 b　那么有些 a 不是 C

这是一个第二格的式（即 EIO）。我们可以把前提"所有 C 都不是 b"换位为"所有 b 都不是 C"。这样，上面那个第二格的三段论（EIO），就变成了下面第一格的三段论（EIO）：

如果所有 b 都不是 c　有些 a 是 b　那么有些 a 不是 c

上面那个第二格三段论与那个第一格三段论是等值的。如果其中有一个是正确的，那么，另一个也是正确的。我们已知第一格三段论 EIO 是正确的，因之，第二格三段论 EIO 也是正确的。

归谬还原法，我们可以通过下面例子来说明：

如果所有 c 都是 b（前提1）　有些 a 不是 b（前提2）那么有些 a 不是 c（结论）

这是一个第二格三段论（AOO）。它是不能用换位法而只能用归谬法来还原的。

要证明由前提1与前提2能推出结论，我们可以在前提1与前提 2 真的情形下，先假定结论是假的。

由结论"有些 a 不是 c"是假的，根据对当关系，就可推出"所有 a 都是 c"。再用它与前提 1 这两个命题作为前提，就可得出下面的第一格三段论：

如果所有 c 都是 b　所有 a 都是 c　那么所有 a 都是 b

这样，就推出了"所有 a 都是 b"。

但是，"所有 a 都是 b"与前提 2 矛盾，因而，"所有 a 都是 b"是假的。"所有 a 都是 b"又是由"所有 a 都是 c"与前提 1 推出的，因而，由"所有 a 都是 b"是假的，就可推出"所有 a 都是 c"是假的。再根据对当关系，就可推出"有些 a 不是 c"是真的。

这就证明了，在前提 1 与前提 2 真的情形下，"有些 a 不是 c"必然地是真的。这就证明了第二格三段论 AOO 是正确的。

由以上例子可以看出，归谬还原法实质上是用一个第一格三段论来证明一个与它等值的第二格或第三格三段论。

亚里士多德应用还原法证明了第二格四个式与第三格六个式。以外，他还证明了后来逻辑家所说的第四格的五个式。亚里士多德虽然没有提出第四格，但是，第四格全部的式却都包含在他的三段论体系中，因而，亚里士多德的三段论体系是完全的。

三

亚里士多德在《辩论篇》第一卷第一章中把推论分为四种，即证明、辩论的推论、强辩的推论与误用的推论。但是，在这四种推论中，却只有证明与辩论的推论，能够帮助人们获得正确的认识。

证明就是获得科学知识的推论，就是科学的推论。由于证明（即科学的推论）是要获得真实的普遍必然性的知识，证明的前提就有以下的特点：

（1）证明的前提必须是真实的。只有通过真实的前提，才能保证推出真实的结论。通过证明，人们是要得到真实的结论。因而，证明的前提必须是真实的。

（2）证明的前提必须是必然性的命题。一个命题"S是P"是必然性的，这不仅要求所有S都是P，S在任何时间都是P，而且还要求S本质地是P。所谓S本质地是P，就是说，或者P是S的定义中的成分（例如，线是三角形的定义中的成分），或者S是P的定义中的成分（例如，线是曲或直的定义中的成分）。

只有由必然性的命题，才能保证推出必然性的结论。通过证明我们是要获得必然性的科学命题，因之，证明的前提必须是必然性的命题。

（3）证明的前提必须是结论的原因。科学通过证明是要说明事物之所以然，说明事物的原因或根据，因此，证明的前提必须是结论的原因。亚里士多德还说，证明的前提必须是比结论更好地认知的。所谓"更好地认知的"，就是更根本的、更深刻的意思。这实质上也就是表示证明的前提必须是结论的原因。亚里士多德认为，事物的原因，是比事物本身更根本的，认识了一个事物的原因的知识，是比仅仅认识这个事物本身的知识更为深刻的。

（4）证明的最初前提必须是直接性的。一门科学中绝大多数命题，都是能够根据其他的命题加以证明的。对于这些命题，我们必须予以证明，才能确立它们的真实性。但是，在一门科学中，也有少数非常根本的问题，它们却不能根据其他的命题加以证明，而其他的命题却要根据它们加以证明。这些不能证明的命题，就是所谓直接性的命题。一门科学中的直接性命题，就是这门科学中的根本规律。因此，一门科学中的证明，必须用这些直接性的命题作为最初的前提。

亚里士多德认为，一门科学中的直接性命题（或者证明的最初前提）虽然是不能证明的，但是，却可以通过直觉的归纳来确立它们的真实性。

一门科学中的直接性命题（或者证明的最初前提），就是这门科学中的基本命题。亚里士多德认为，一门科学中的基本命题有下面三种：

（1）公理。公理是一切事物的普遍规律，是知道任何事物都必须遵守的原则，是一切科学的共同原则。矛盾律与排中律就是公理，因为它们是一切事物的普遍规律，是一切科学的共同原则。亚里士多德有时也把几门科学的共同原则，例如，两个等量减去等量其差相等，叫做公理。

公理是各门科学共同的基本命题。此外，各门科学还有它自己所特有的基本命题。

（2）假设。在一门科学所特有的基本命题中，那些断定这门科学所研究的基本对象的存在的命题，就是假设。例如，在古希腊当时的算术中，"单位是存在的"这个命题，就是一个假设。

（3）定义。在一门科学所特有的基本命题中，那些确定一个语词意义的命题，就是定义。例如，在古希腊当时的算术中，"单位是在量方面不可分割的东西"这个命题，就是一个定义。

一门科学中所有的语词，都需要予以定义。但是，只是对于那些表示一门科学的基本对象的语词，我们才作出相应的假设。在一门科学的证明中，我们根据关于基本对象的定义与假设，或者说，根据具有某种本质属性的基本对象的存在，来证明其他属性的存在。

在一门科学的证明中，仅仅有了最初前提或基本命题，还是并不够的。此外还必须要应用推论，才能推出其他的科学命题。亚里士多德认为，一门科学的证明中所用的推论形式，主要的就是我们前面介绍过的三段论，此外也要应用假言推论（包括归谬法）。亚里士多德明确认识到，证明需要应用假言推论，同时假言推论又不能还原为三段论。

亚里士多德关于证明的理论，是以他当时的几何学为典范的。欧几里德的几何学，大约是后于亚里士多德三四十年的产物，但是，大体上类似欧氏的几何学，在亚里士多德当时已经存在。只可惜已佚亡不传，这对于我们了解亚里士多德的证明理论，带来了一定程度的困难。

以上简略地介绍了亚里士多德的证明理论（即关于科学的推论的理论），下面我们要介绍他关于辩论的推论的理论。

在亚里士多德当时，辩论是用一种特别的方式进行的。

在当时的辩论中，辩论的一方就某个辩论题目不断地提出问题，辩论的另一方应不断地予以回答。我们把前一方叫做问方，后一方叫做答方。问方巧妙地提出一系列"S是P不是P"这样的问题。答方可以回答"S是P"，也可以回答"S不是P"。答方的每一个回答，就是答方的一个主张或一个断定了的命题。答方的回答就是问方论证的前提。问方只能用答方这些回答而不能用别的命题作为他论证的前提。如果问方能够由答方这些回答（即前提）推出逻辑矛盾，能够使答方陷于自相矛盾，那么，问方就胜利了，而答方就失败了。反之，问方就失败了，而答方就胜利了。

辩论的题目，总是那些当时尚无定论的问题。已有定论或极容易解答的问题，例如，"人们应不应当爱他的父母？""雪是白的不是？"是不适宜于作为辩论题目的。

辩论的题目，也总是那些当时尚无严格方法加以解决的问题，例如，"宇宙是不是永恒的？""人们应不应当追求快感？"由于辩论的问题是当时尚无严格方法加以解决的问题，辩论中所根据的出发点或原则，就只能是当时一般流行的意见；或者是根据所有人或多数人的意见，或者是根据某个哲学家或有名人物的意见。

　　辩论中所用的论证方式，既有推论也有归纳。关于归纳，亚里士多德在《辩论篇》中提出了一些值得我们注意的形式，但这不是本文所要介绍的对象。本文所要介绍的，只是辩论中应用的推论或者所谓辩论的推论。亚里士多德在《辩论篇》中，应用了许多辩论的推论形式。其中主要的是三段论（虽然这时他还未形成他的三段论体系）、假言推论与选言推论等。辩论的推论所用的推论形式与证明所用的推论形式是相同的。

　　由上面我们所介绍的辩论的基本情况，就可以看出，辩论的推论与证明（即科学的推论）有以下几点不同。

　　（1）证明的前提，是证明者必须断定的。与此相反，辩论的推论的前提，却不是辩论者必须断定的。问方推论时所用的前提，是答方的回答。答方的回答是答方所断定的命题，而不是问方所断定的命题。还有，问方在用答方的回答作为推论的前提时，是企图从这些前提推出逻辑矛盾，从而否定这些前提或前提之一，从而驳倒答方的主张。既然问方在应用某些前提进行推论时，其目的是在否定这些前提或前提之一，那么，问方就不是也不可能是断定这些前提的。

　　（2）证明的前提，都是真实可靠的必然性命题。与此相反，辩论的推论的前提，却是一般流行的意见。亚里士多德所说的"意见"，就是没有或者还没有找到确实的客观根据的命题。因而，辩论的推论的前提都是或然性的命题。

　　（3）证明的最初前提，都是根据直觉的归纳得到的直接性命题。但是，辩论的推论的前提，却是答方的回答，却是根据一般人的意见。

　　（4）证明的前提，除了必须必然地推出结论以外，还必须是结论的原因。但是，辩论的推论的前提，却只要求能够必然地推出结论，而不要求是结论的原因。

由以上说明，我们可以看出，证明（即科学的推论）与辩论的推论是不同的。它们之间的不同，在于它们的前提与结论性质的不同；至于它们所用的推论形式，却是相同的。因此，推论是它们的共同形式，它们是推论中不同的种类。

四

亚里士多德的推论理论，是古希腊文化中最伟大的成就之一。他阐明了推论（即演绎推论）的根本性质，正确地创造了许多关于推论的基本概念，肯定了推论在科学与辩论中的作用，并且还创造了一个十分严密完整的三段论体系。亚里士多德的逻辑理论（其中最主要的是推论理论），奠定了西方逻辑的基础。千百年来西方的逻辑家、哲学家与科学家，直接地或间接地从他那里吸取了丰富的营养。这里亚里士多德的逻辑理论不可磨灭的历史功绩。

但是，亚里士多德的逻辑理论，并不像某些唯心主义者所说的那样，穷尽了思维形式的全部真理。由于历史条件的限制与他本人观点方法的限制，亚里士多德的逻辑理论，还是有许多缺点的。他的推论理论的主要缺点，有下面这些：

亚里士多德虽然正确地认识到推论（即演绎推论）与归纳的分别，并且在原则上充分地肯定了归纳在认识中的作用，肯定了归纳是由个别到普遍，是获得科学的普遍性前提的方法，但是，他却没有详细研究当时已经存在的各种归纳形式及其在科学中的具体应用。这是第一个主要的缺点。

就推论（即演绎推论）本身说，亚里士多德也只研究了三段论，也只研究了谓词逻辑的一部分。他虽然也认识到假言推论与选言推论，但是，他却没有详细研究假言推论与选言推论的各种规律，他却没有研究命题的逻辑。而命题的逻辑正是推论理论中的基本部分。这是第二个主要的缺点。

在三段论理论中，亚里士多德也只研究了"事物——属性"形式的命题。他虽然也认识到关系命题及其推论的存在，但是，他也没有详细研究关系命题及其推论的各种规律。关系命题及其推论，例如，"A 大于 B"与"＜A 等于＜B"这样的命题及其推论，在当时的数学中就已大量应用。因而，亚里士多德的推论理论，对于当时的科学就已经是不充分的了。这是第三个主要的缺点。

在以"事物——属性"形式的命题为基础的三段论中，亚里士多德又排除了表示个别事物的单称命题。单称命题及其推论，对于科学与日常思维都是很重要的。因为，人们的认识，不论是科学或常识，都是由个别事物开始，又要返回来应用到个别事物。这是第四个主要的缺点。

亚里士多德推论理论的这些缺点，在历史发展过程中，得到历代优秀逻辑家的补正。稍后于亚里士多德的斯多阿——麦加学派相当详细地研究了命题的逻辑，提出了假言推论、选言推论与联言推论的许多形式及其规律。十六、十七世纪的培根以及后来的尤尔、海色尔与穆勒等人，根据当时兴起的实验科学，提出科学的归纳方法。大约由十七世纪莱布尼兹开始，在本世纪得到蓬勃发展的数理逻辑，把数学方法应用于逻辑科学中，大大地加大了逻辑研究的广度与深度。许多在亚里士多德著作中不曾涉及或尚未解决的问题，在数理逻辑中都得到了充分的深入的研究。亚里士多德的三段论体系，从纯形式方面说，已经可以归结为数理逻辑中更加抽象的谓词演算的一部分。

今天的逻辑科学，总的说来，已经大大地超过了亚里士多德的逻辑。但是，亚里士多德的推论理论，仍然保持其重要的价值。

这是因为：（1）亚里士多德的推论理论，比较接近于人们的实际思维，因而，在一般科学研究与日常思维中，仍有其实用的意义。（2）在亚里士多德的推论理论中，还有许多宝贵的东西，例如，模态推论，值得我们继续发掘。（3）亚里士多德是一个朴素的唯物主义逻辑家，是西方逻辑的创始人，他对以后逻辑科学的发展有深远的影响。历史是一条不能割断的长流，温故可以知新，谙古可以知今，了解了亚里士多德的推论理论，对于理解与解决我们今天所研究的逻辑问题，是会有很大帮助的。

近年来，我国某些逻辑工作者，围绕推论问题，曾经提出过一些看法。例如，有的同志提出：推论的前提是必须断定的。又有的同志提出：如果一个推论的前提是假的，那么，这个推论的形式就跟着是不正确的。还有的同志提出：演绎推论不能提供新知识。我们倾向于认为，如果我们能够深入地重温一下亚里士多德的推论理论，那么对于上述这些问题，亚里士多德不是已经提供了解决的钥匙，就是已经提供了重要的参考资料。从本文前面的介绍，这是很容易看出的。

我们认为，亚里士多德的推论理论以及他的其他逻辑理论，值得我们继续进行切实的深入的研究。在研究过程中，我们应当采取马克思列宁主义的批判态度，吸取其中正确的东西，批判其中错误的东西。把亚里士多德当作一条阴沟里的死狗，或者把亚里士多德奉为一尊神龛中的偶像，都是不正确的。

亚里士多德论矛盾律与排中律*

矛盾律与排中律，亚里士多德认为，既是存在的根本规律，也是思维的根本规律，既是本体论的根本规律，也是逻辑的根本规律，而且首先是前者。后来的逻辑书，或者提出三条思维的根本规律，这就是：同一律，矛盾律与排中律；或者提出四条思维的根本规律，这就是在上述三条规律之外，再加上充足理由律；亚里士多德无疑地曾经应用过同一律，例如，他说："B 是 B 自己。"① 但是，他却没有明确地提出同一律，更没有明确地提出充足理由律。据一些逻辑史家的考证，在亚里士多德的著作中只有这样一句话："任何真实的事物，必定在任何方面与它自身一致。"（47a8）类乎后来逻辑家所提出的同一律。虽然亚里士多德没有提出同一律，但是，他关于矛盾律与排中律的思想，显然是可以应用到同一律的。

亚里士多德关于矛盾律与排中律的讨论，集中在他的《形而上学》第四卷中。在他的《形而上学》第十一卷中，也有关于矛盾律与排中律的讨论。但是，据一些亚里士多德专家 的考证，第

---

* 原载《哲学研究》1981 年第 11 期，第 12 期。

① 《亚里士多德全集》，英文本，牛津版，68a19。以下凡引此书，只注页码。

十一卷是亚里士多德学生听讲时的简要笔记①。在亚里士多德的其他著作中，虽然也有一些地方讲到矛盾律与排中律，但是，却没有进行系统的讨论。

亚里士多德关于矛盾律与排中律的思想，是非常细密的与复杂的。本文企图对他的思想，作一番解释与整理；本文力图阐明原文中每章每节的思想，说明原文中各个论证之间的逻辑联系，并将原来纷然杂陈的论证，归为几类，从而明确每类与每个论证的逻辑性质。但是，在解释与整理时，又尽可能地忠实于原文的本意，尽可能地保存原文的顺序。

1. 亚里士多德对矛盾律与排中律的陈述

（1.1）亚里士多德关于矛盾律与排中律作了几种不同的陈述。

在《形而上学》第四卷的开头，亚里士多德花了不少篇幅，来说明存在作为存在所具有的属性，来说明存在的根本属性或实体属性。他认为，存在作为存在所具有的属性就是：

"在同一时间，在同一方面，同一事物不能既具有又不具有某属性。为了防止诡辩者的责难，还可进一步加上其他限制。"（1005b18—21）

在其他地方，他还说：

"任何事物不可能同时既是又不是。"（1006a3）

"同一事物不能同时既是又不是，或者，不能同时具有任何其他的两个相反的属性"。（1061b35—1062a1）

"一个事物不能同时既是又不是。"（996b29—30）

在上面这些陈述中，主词所指谓的是事物，而谓词所指谓的

---

① 参阅罗斯（Ross）著：《亚里士多德》，1944年第4版，第13—14页；《前分析篇与后分析篇》，1948年，英文版，第18页。

是属性或存在。这些陈述所断定的，是事物具有某属性或事物的存在。因此，这样陈述的矛盾律，是存在与事物的规律。

在《形而上学》第四卷中，当亚里士多德说明矛盾律与排中律是存在或事物的根本规律以后，他接着就明确地指出，矛盾律与排中律又是推理的规律（1005b6—7）。在《形而上学》第三卷，他也表示了同样的思想（995b7—10，996b26—30）。由此可以看出亚里士多德是把矛盾律与排中律看作思维的根本规律。

在其他地方，他还说：

"两个互相矛盾的命题（或判断）不能同时都是真的。"（1011b13—14）

"对于同一事物的两个互相矛盾的命题（或判断）不可能同时都是真的。"（1011b15—16）

"对于同一事物，两个互相矛盾的肯定与否定不可能同时都是真的。"（1062a22—23）

"两个互相矛盾的两个命题（或判断）不是同时都真。"（1063a21—22）

"对于同一事物，两个互相矛盾的命题（或判断）不能同时都是真的，两个互相对立的命题（或判断）也是如此。"（1063b15—18）

"对于任何事物的肯定与否定，必有一个是真的。"（143b15）

在这些陈述中，主词所指谓的是命题（或判断），而谓词所指谓的是真假，这些陈述所断定的是命题（或判断）的真假，因此，这样陈述的矛盾律与排中律是思维的规律。

下面还有一些陈述，与上面那些陈述是颇有不同的。

"任何一个人不可能相信同一事物既是又不是。"（1005b23—24）

"同一个人不可能在同一时间相信同一事物既是又不是。"

（1005b28—30）

"在两个互相矛盾的谓项之间，没有第三者，我们必须或者肯定或者否定某个主项有某个谓项。"（1011b24—25）

"如果对于任何事物，我们必须或者肯定它，或者否定它，那么，肯定与否定就不可能都是假的。"（1012b11—13，参看1051b1—5）

上面这些陈述所断定的，是人的相信，是人对事物的肯定与否定。人的相信，人对事物的肯定与否定，都是人的认识活动。因此，这样陈述的矛盾律与排中律，是认识活动的规律。

作为思维规律的矛盾律与排中律与作为认识活动规律的矛盾律与排中律，是有一定程度的区别的。亚里士多德却没有明确地提出，也没有明确地认识到这二者的区别。

值得注意的，亚里士多德除提出上述三种陈述以外，还提出另一个思想。他认为，每个字应有一个确定的意义。如果一个字表示人，那么，这个字就不能同时又表示非人，或同时又不表示人（1006b11—35，1062a14—15）。他说：

"如果'这个是'表示某一个事物，那么，人们就不能说它又表示相反的事物。"（1062a18—19）

亚里士多德还隐约地指出，每个字有一个确定的意义这个原则，同矛盾律与排中律实质上是相同的，虽然看来似乎不同（1062a5—19）。

由此可以看出，亚里士多德又把矛盾律与排中律陈述为语义的规律。

（1.2）亚里士多德认为：思维与认识的规律同存在与事物的规律是统一的；存在与事物的规律必然表现为思维与认识的规律，思维与认识的规律必须合乎存在与事物的规律。

亚里士多德认为，一个肯定判断是断定：事物是如此；而一个否定判断是断定：事物不是如此。如果事实上事物具有某属性（即是如此），那么，肯定判断就是真的，而相应的否定判断便是假的。如果事实上事物不具有某属性（即不是如此），那么，否定判断便是真的，而相应的肯定判断便是假的（1011b25—27，参看1051b3—5）。因此，如果同一事物，在同一时间，同一方面，不能既具有又不具有某属性，不能既如此又不如此，那么，肯定判断与相应的否定判断就不能同时都是真的。因此，作为存在与事物的矛盾律与排中律，与作为思维与认识的矛盾律与排中律是统一的。

以上是亚里士多德关于存在（或事物）的规律与思维（或认识）的规律的统一性的非常根本的思想。在《形而上学》第四卷中，他就是根据这个统一性的思想来进行论证的。在他看来，证明了存在与事物方面的矛盾律与排中律，也就证明了思维与认识方面的矛盾律与排中律。同时，反之亦然。因此，他有时由证明存在与事物方面的矛盾律与排中律，来证明思维与认识方面的矛盾律与排中律；有时，他又由证明思维与认识方面的矛盾律与排中律，来证明存在与事物方面的矛盾律与排中律。例如，他说：

"如果肯定与否定不可能同时都是真的，那么，同一事物就不可能同时具有两个相反的属性，除非这两个相反的属性各属于事物的不同方面，或者，一个属于事物的一个特殊的方面而另一个不加限制地属于事物。"（1011b20—23）

这就是由证明思维与认识方面的矛盾律与排中律，来证明存在与事物方面的矛盾律与排中律。

关于思维与认识方面的矛盾律与排中律同存在与事物方面的矛盾律与排中律这二者的统一性，亚里士多德还有一个思想。他说：

"如果两个相反的属性不能在同一时间属于同一事物（这里还

必须加上我们常加的那些限制），如果两个互相矛盾的意见是相反的，那么，同一个人就不可能在同一时间相信同一事物既是又不是。"（1005b26—30）

亚里士多德这一段话，如果用更为完整与严格的语言陈述出来，就是：

同一个事物不可能在同一时间具有两个相反的属性（这里还必须加上那些常加的限制）。

一个思维者（人）具有某一个意见，就是人这个事物具有某个属性。

思维者（人）在同一时间具有两个互相矛盾的意见，就是人这个事物在同一时间具有两个相反的属性。

因此，同一个人不可能在同一时间具有两个互相矛盾的意见。这也就是说，同一个人不可能在同一时间既相信事物是如此又相信事物不是如此。

亚里士多德在这里是把思维者（人）看作一个存在的事物，而把人具有某个意见或思想看作人这个事物的一个属性。这样，他就把思维与认识方面的矛盾律与排中律，看作存在与事物方面的矛盾律与排中律的一个特殊情况，他就证明了这二者的统一性。

亚里士多德这个思想，虽然在《形而上学》第四卷中只是简略提及，但是，这却是哲学上一个非常重要的论证，值得我们充分的注意。

2. 对于矛盾律与排中律，不能有真正的证明而只能有反面的证明

（2.1）亚里士多德认为：要求对一切命题（或判断）都加以证明，这是不可能的。因为，要求对一切命题或判断都加以证明，

就必然会产生两种情况：（1）用 B 来证明 A，又用 C 来证明 B，再用 D 来证明 C，……这样下去，就陷入无穷后退；（2）用 B 来证明 A，又用 C 来证明 B，……又用 N 来证明 M，最后又用 A 来证明 N。这样，就陷入循环论证。无穷后退与循环论证，都是错误的，都不是证明。因此，要求对一切命题（或判断）都加以证明，其结果反而不可能有证明。要求对一切命题（或判断）都加以证明，是无知的表现（72b5—73a20，1006a5—10，1011a8—10）。

既然并非一切命题（或判断）都是能够证明的，那么，就必须有一些命题（或判断）作为证明的出发点，而它们是不能证明的，也不需要证明的（1011a12—14）。

既然必须有一些不能证明的命题（或判断）作为证明的出发点，那么，还有什么命题（或判断）像矛盾律那样自明，那样适合作为出发点呢（1006a10—12）？

矛盾律是所有原则中最确实无误的原则。它既是我们最确知的原则，理性上最有根据的原则（1005b13—14，参看：71b33—72a5），它也是最普遍的原则，各种事物共同遵守的原则。矛盾律不是假设，就是说，不是一种特殊科学的原则。我们有任何知识，这就要求我们知道事物是如此；这就要求，如果事物是如此，那么，它就不能同时又不是如此。因此，矛盾律是我们理解任何事物时所必须遵守的公理。我们必须遵守矛盾律，我们才能开始对某种特殊事物的研究（1005b14—17，72a15—22）。

如果一个人不遵守矛盾律，那么，他就同时相信一个事物既是如此又不是如此。这样，他就同时主张了两个相反的意见。证明总是断定某个意见的正确性与相反的意见的荒谬性。如果断定了某个意见，同时又断定了与它相反的意见，那么，就不可能有证明。因此，一切证明都是以矛盾律为其最后根据的，矛盾律是一切公理的出发点（1005b25—34）。

既然矛盾律是最普遍、最确实无误的原则或公理，是一切证明的最后根据，是一切证明的出发点，那么，我们要证明矛盾律，就必须同时假设了矛盾律。因此，矛盾律是不能证明的（1006a5—19，1062a1—5）。

（2.2）虽然矛盾律与排中律，是不能证明的，更准确些说，是不能有一个真正的证明，但是，我们却可以对矛盾律与排中律有一个反面的证明（1006a12—13，1062a1—2，1062a30—32）。

真正的证明与反面的证明是有区别的。在一个真正的证明中，证明者要自己提出一个或一些命题（或判断）作为论据，由这个或这些论据得出所要证明的论题。但是，如果辩论对方提出了一个或一些命题或判断，证明者用对方所提出的这个或这些命题（或判断）作为论据，从而得出自己所要证明的论题，这就是反面的证明（1006a15—18）。

我们的主张是：事物不能同时既是又不是如此；而反对者的主张是：事物既是又不是如此。因此，在开始论证时我们就不能要求反对者断定事物是如何如何，因为，这样我们就会被认为是犯了假设论题的错误了。但是，我们却可以要求反对者说一些对他们自己又对别人都有意义的话。这是必要的。因为，如果反对者所说的话是无意义的，那么，辩论双方就不能理解，而且反对者自己也不能理解；这样，他们就没有说什么，他们就不能同我们辩论了。既然反对者要同我们辩论，反对者所说的话，就必须是有意义的。一旦反对者承认了这点，一旦反对者说出一些有意义的话，那么，我们就有了一些确定的东西作为出发点，我们的反面的证明就成为可能了。由于这个出发点是由反对者提供的，因而这个出发点是应该由他们负责，而不应该由我们负责的。而且，如果反对者承认了语言必须有确定的意义这一点，那么，他们就是承认了有些不需要证明的东西（1006a18—23，1012b5—8，1062a5—29）。

语言有确定的意义这个命题（与判断）同矛盾律看起来似乎不同，但实质上是同一的。反对者提供了"语言有确定的意义"作为出发点，我们就能证明我们的论题：同一事物不能同时既是又不是（1062a5—11）。

反对矛盾律与排中律的人，可以分为两种。一种人是真正的思想上感到困惑的人，另一种人是为了辩论而辩论的人。对于这两种人，我们都可以从语言有确定的意义出发，进行辩论。但是，那些为了辩论而辩论的人，他们拒绝承认事物是如何如何，拒绝承认事物有确定的属性；对于他们，我们就只能以他们所说的话有确定意义这个事实作为出发点，来进行辩论。但是，对于那些思想上真正感到困惑的人，我们还应当着重去解决他们所感到的困惑，消除使他们感到困惑的原因。这样，他们是容易被说服的（1009a5—22，1063b7—14）。

3．三类具体的论证

（3.1）亚里士多德在《形而上学》第四卷中提出了许多具体的论证，我们可以把这些具体论证归为三类：（1）语义方面的论证：这类论证，是从语言有确定的意义出发，来证明矛盾律与排中律；（2）逻辑方面的论证：这类论证是根据反对者的主张，逻辑地推出反对者的主张是错误的，从而逻辑地推出矛盾律与排中律是正确的；（3）事实与实践方面的论证：这类论证是指出，反对者的主张或由反对者的主张推出的命题（或判断）是不合乎事实的，不合乎人们与反对者自己的行动与实践的。

在《形而上学》第四卷中，这三类论证是混然杂陈的，互相牵连的。但是，这三类论证的性质，却是不同的。因此，我们在下面要尽可能地把这些具体论证按其性质归为三类。由于在原文中各种论证的互相牵联，在归类时我们又尽可能地照顾原文的完整。因而这个归类又不是十分严格的。

4. 语义方面的论证

语义方面的论证提要：

亚里士多德根据语言有确定的意义，来证明事物不能既是如此又不如此，来证明两个互相矛盾的命题（或判断）不能都是真的也不能都是假的。

一个语句中的联系词"是"与"不是"，谓词如"人"与"非人"，联系词与谓词联合起来，如"是人"、"不是人"、"是非人"，都各有确定的意义。根据这些语词的意义与定义，我们就不能说一个事物同时既是人又不是人，我们就不能说一个事物同时既是如此又不是如此。定义表示事物的本质。根据人的定义——人是两足动物，如果一个事物是人，它就必然是两足动物，它就不可能又不是两足动物，不可能又不是人。

一个事物的本质，是这个事物必然具有的属性。一个事物的偶性，是这个事物可有可无的属性。因此，如果一个事物既是 a 又不是 a，那么，a 就不是这个事物的本质，而是这个事物的偶性。反对者说一切事物都既是如此又不如此，他们是将一切属性都降为偶性，而取消了本质。取消了本质，也就是取消了实体。但是，偶性又必须依存于实体，因而实体与本质是不能取消的。

一个命题有确定的意义，命题的真假也有确定的意义。根据命题的真假的意义，与肯定命题和否定命题的意义，一个肯定命题的真就是相应的否定命题的假，反之亦然。因此，我们不能说一个肯定命题与相应的否定命题（或者，两个互相矛盾的命题）同时都真；也不能说它们同时都假。

（4.1）亚里士多德认为：既然反对者提出一个主张，事物既是又不是，既然反对者要同我们辩论，那么，反对者所说的每一句话与每一个字，都必须有确定的意义，都必须指谓一个确定的事物。如果他们所说的话没有确定意义，那么，不但辩论的对方无法理解，而且他们自己也无法理解。这样，他们就没有说什么，因而辩论就成为不可能了（1006a19—25，1012b5—8，1062a5—17）。

（4.2）一句话中的联系词"是"与"不是"，应当各有确定的意义。"是"表示一个意义，而"不是"表示一个与"是"恰恰相反的意义。因此，如果反对者说："事物既是又不是"，那么，他们就否定了他们所肯定的，"不是"就取消了"是"，"是"就取消了"不是"。一个字本来表示了一个意义，但是他们又说这个字不表示这个意义，就是不可能的。因此，"是"字表示某个意义，它就不能又不表示这个意义。因此，反对者不能说："既是又不是。"（1006a29—31，1062a16—19）

（4.3）一句话中的谓词，也应当有确定的意义。例如，谓词"人"就应当有一个确定的意义。如果"人"的确定的意义是：两足的动物，那么，说一个事物是人，就是说，这个事物是两足的动物（1006a31—34）。

（4.4）假如一个字有好几个不同的意义与定义，但是，只要它的意义与定义是有穷的，这就无关紧要了。对于一个字的每一个不同的意义与定义，我们可以用一个不同的字去表示。例如，假如"人"这个字有好几个不同的意义与定义，那么，我们就用"两足的动物"去表示其中的一个意义与定义，而用其他的字去表示其他的意义与定义（1006a34—1006b5，1062a15—17）。假如一个字有无穷多的意义，那么，这样的字就不能用来辩论。一个字有无穷多的意义，那么，它就不能确定地有某一个意义。不能确定地有某个意义，就是没有意义。一个没有意义的字，不但别人不可能理解，就是应用这个字的本人，也不可能理解（1006b5—11）。

（4.5）联系词"是"与"不是"，各有一个确定的意义：谓词如"人"，也有一个确定的意义。因而联系词与谓词联合起来，也有一个确定的意义。"是人"的意义，就不可能同于"不是人"的意义（1006b12—15）。

（4.6）我们不能说，一个事物是人又是非人，除非我们所谓"人"，由于歧义，就是别人所谓"非人"。但这里只是用了两个不同的名称去表示同一个事物，这不是我们所讨论的问题。我们所讨论的问题是：事实上一个事物能否既是人又是非人。假如"人"的意义与"非人"的意义是同一的，那么，"是人"的意义与"不是人"的意义也是同一的，"是人"的意义与"是非人"的意义也是同一的。这正如同"衣"的意义与"服"的意义是同一的一样。但是，前面已经说过"人"与"非人"、"是人"与"不是人"、"是人"与"是非人"这些语词的意义，却不是同一的，它们不是表示同一的事物。因此，按照我们前面的定义——人是两足的动物，如果一个事物是人，它必然就是两足的动物。说一个事物必然是如此，就是说，它不可能不是如此。一个事物必然是两足的动物，它就不可能又不是两足的动物，因此，我们就不能说，同一个事物同时既是人又不是人，我们不能对于同一事物同时既肯定又否定（1006b18—35，1062a19—23）。

（4.7）不仅"人"、"是人"有确定的意义；同样地"非人"、"不是人"、"是非人"也有确定的意义。我们知道"是白的"的意义与"是人"的意义是不同的。"是人"与"是非人"之间的对立，比"是白的"与"是人"之间的对立更大，因而"是人"的意义与"是非人"的意义更应当是不同了，"是人"所表示的事物与"是非人"所表示的事物更应当不同了。如果有人说，"是人"与"是非人"有同一的意义，那么，这就会导致万事万物混同为一这个荒谬的结论。因此，"是人"与"是非人"或"不是人"就不可能具有同一的意义。因此，反对者在答复我们的问题时，就不能说：一个事物既是人又是非人；就不能说：一个事物既是人又不是人（1006b35—1007a9，1006b15—18，1062a23—29，1007b18—1008a3）。

（4.8）当我们问："这个事物是人吗？"反对者回答说："这个事物是人又不是人。"反对者这句话的意义是："这个事物是人，同时，又是白的、大的。"反对者认为，白的、大的，……这些属性与人的属性是不相同的，因而白的、大的，……这些属性是属于"不是人"范围。反对者这种回答是错误的。因为，我们问的是：这个事物有或没有人的定义所指谓的那些属性，也就是说，这个事物有或没有人的本质。我们不是问这个事物有或没有人的偶性。白的、大的……这些属性都是和人的定义无关的属性，因而都是人的偶性。即使人有许多这样的偶性，回答问题的人也用不着说出来，何况人的偶性是无穷多的，说不完的。把人的偶性用来回答问题，就是否定"人"这个词的定义，就是违反了辩论的规则（1007a9—19，参看2b28—37）。

（4.9）说一个事物"是人又不是人"，这就是取消了"人"这个词的定义，就是取消了人的实体与本质，这就是认为一切属性都是偶性。因为，所谓一个事物的定义或本质是a，或者一个事物本质地是a，就是说，这个事物必然是a，不能不是a。因此，如果一个事物具有人这种本质，或者说，如果一个事物本质地是人，那么，这个事物就必然是人，就不可能又不是人。现在我们的反对者说："这个事物既是人又不是人。"这就表示了，人不是这个事物的本质，而是这个事物的偶性。反对者主张任何事物都既是如此又不如此，这就对于任何事物都不可能有一个定义，这就取消了本质与实休，而将一切属性都降为偶性（1007a20—32）。

亚里士多德认为：主张一切命题都是指谓偶性的，或者说，主张一切命题中的词项都是指谓偶性的，这是不正确的，因为偶性必然依存于实体。如果一切命题都是指谓偶性的，那么，就没有实体了，偶性就无所依存了。指谓偶性的命题（或判断），只能有下面两种：一种如"白色的是有文化的"（或者，"有文化的是白色的"）；另一种如"苏格拉底是白色的。"前一种命题，并不表示：白的这个偶性是有文化的这个偶性的偶性（或者，有文化的这个偶性是白的这个偶性的偶性）；而是表示：具有白的这个偶性的实体，具有有文化的这个偶性（或者，具有有文化的这个偶性的实体，具有白的这个偶性）。这也就是说，白的这个偶性与有文化的这个偶性，都依存于同一个实体——人。因此，前一种指谓偶性的命题要求有一个实体作为偶性的依据。后一种命题，显然是表示：苏格拉底这个人是实体，而白的是苏格拉底这个人的偶性。我们不能再说：苏格拉底的白色这个偶性，还具有别的偶性。因为，离开苏格拉底这个人，苏格拉底的白色这个偶性同其他的偶性就不能联系在一起，就缺乏统一性。因此，后一种指谓偶性的命题，也要求有一个实体作为偶性的依据。既然不论是前一种或后一种指谓偶性的命题，都必须要求有实体，那么，就不是一切语词都指谓偶性，而必须有一些语词指谓实体。既然如此，那么，互相矛盾的两个语词，就不能同时用去指谓同一个事物。

（4.10）反对者主张事物既是如此又不如此，因此，在答复我们的问题时，他们既不是答"是"，也不是答"否"，而是答"既是又否"；而且他们还必须更进一步否定"既是又否"，还必须答

"既不是又不否"。这样，他们就没有说什么了，他们就不能同我们辩论了。因此，如果他们所说的话是有确定意义的，他们就不能答"既是又否"，因此，事物就不能既是又不是（1008a30—34）。

（4.11）既然每一个字与每一句话都有确定的意义，那么，一个命题的真或假，也应是确定的（1012b6—7）。所谓一个命题是假的，就是说，事物是如此而这个命题却说它不是如此，或者，事物不是如此而这个命题却说它是如此。所谓一个命题是真的，就是说，事物是如此而这个命题也说它是如此，或者，事物不是如此而这个命题也说它不是如此。因此，不论一个命题是说事物是如此，或者说事物不是如此，这个命题必须或者是真的或者是假的（1011b25—28，1012a2—5）。说事物是如此，这是一个肯定；说事物不是如此，这是一个否定。否定命题所否定的，正是肯定命题所肯定的。例如，"这不是白的"这个否定命题所否定的，正是"这是白的"这个肯定命题所肯定的（1012a15—17）。根据命题的真假的意义，也根据肯定与否定命题的意义，肯定命题的真就是相应的否定命题的假，而肯定命题的假也就是相应的否定命题的真。因此，在两个互相矛盾的命题之中，也就是在肯定命题与相应的否定命题之中，必有一个是真的，另一个是假的。不可能两个都是真的，也不可能两个都是假的（1012b5—13）。

5. 逻辑方面的论证

亚里士多德的逻辑方面论证提要：

由反对者的主张之真，就能推出反对者的主张之假。这就证明了反对者的主张是假的，就证明了矛盾律与排中律是真的。

亚里士多德认为，由反对者赫拉克利特的主张——事物既是如此又不如此，或者，两个互相矛盾的命题同时都真就能推出：所有命题都真；再能推出：与反对者的主张互相矛盾的那个命题也真。这就推出了反对者的主张是假的。他认为，由反对者阿那克萨哥拉的主张——万物互相混杂，或者，两个互相矛盾的命题都假，就能推出：所有命题都假；再能推出：反对者的主张本身也是假的。假如反对者说：所有命题都真，但与他们主张相矛盾的那一个命题却是假。亚里士多德指出，只要有一个命题是假，就会有无穷多的命题是假，因而就不能说所有命题都真。假如反对者说：所有命题都假，但他们的主张却是真。亚里士多德指出：只要有一个命题是真，就会有无穷多的命题是真，因而就不能说所有命题都是假。

反对者认为，说"事物是如此"是假的，说"事物不是如此"也是假的，而只有说"事物既是如此又不如此"才是真的。亚里士多德指出：如果说"事物是如此"是假的，说"事物不是如此"也是假的，那么，由两个假的命题组成的联系命题"事物既是如此又不如此"也必然是假的。反对者说："事物既是 a 又不是 a。"亚里士多德指出，我们可以用"既是 a 又不是 a"代入 a，便得"事物既是（既是 a 又不是 a）又不是（既是 a 又不是 a）"。这就可推出"事物不是（既是 a 又不是 a）"。这就可推出"事物既是 a 又不是 a"是假的。

（5.1）赫拉克利特主张：事物既是如此又不如此，因而否定了矛盾律。亚里士多德认为，由赫拉克利特这个主张，必然导致所有命题（或判断）都是真的这个结论。因为，肯定命题（或判断）是断定：事物是如此，而否定命题（或判断）是断定：事物不是如此，如果事物既是如此又不如此，那么，一切肯定命题（或判断）与一切否定命题（或判断）就都是真的了。任何一个命题（或判断），总或者是肯定命题（或判断），或者是否定命题

（或判断）。既然一切肯定命题（或判断）与一切否定命题（或判断）都是真的，那么，一切命题（或判断）就都是真的了（1012a24—25）。

如果一切命题（或判断）都是真的，那么，与"所有命题（或判断）都是真的"相矛盾或反对的命题（或判断）也应当是真的。对于两个互相矛盾的命题（或判断）P 与非 P 说，如果非 P 是真的，那么，P 就是假。因此，既然与"所有命题（或判断）都是真的"相矛盾的那个命题（或判断）是真的，那么，"所有命题（或判断）都是真的"这个命题（或判断）就是假的了（1012a15—17）。如果说一切命题（或判断）都是真的，那么，"一切命题（或判断）都是假的"也是一个命题（或判断），因而也应当是真的了；如果说一切命题（或判断）都是假的，那么，"一切命题（或判断）都是假的"也是一个命题，因而也应当是假的了（1063b34—35）。

（5.2）亚里士多德认为：如果赫拉克利特的断定"同一事物在同一时间既是如此又不如此"是真的，那么，这就要导致这个断定本身是假的。因为，"同一事物在同一时间既是如此又不如此"这个命题（或判断），是由一个肯定命题（或判断）与一个否定命题（或判断）组成的。赫拉克利特的断定是认为肯定命题（或判断）并不比否定命题（或判断）更为真实些。既然如此，那么，赫拉克利特的主张"事物是既如此又不如此"，就并不比相反的断定"事物不是既如此又不如此"更为真实些（1062a35—1062b6）。

（5.3）阿那克萨哥拉反对排中律，他认为在两个互相矛盾的谓项"a"与"非 a"之间，有一居间的第三者。他认为，事物是一混杂体，在任何事物之中，都混杂有任何其他的事物，因而我们既不能说一个事物是 a，又不能说它是非 a。例如，由于事物是混杂体，它就既不是善也不是不善，既不是甜也不是苦。亚里士多德认为，由阿那克萨哥拉的这个理论，就会得出肯定命题（或判断）与否定命题（或判断）都是假的，就会得出一切命题（或判断）都是假的（1007b26，1012a25—28，1063b27—30）。如果一切命题（或判断）都是假的，那么，"一切命题（或判断）都是假的"，也是一个命题（或判断），因而也应当是假的。但是，如果阿那克萨哥拉承认，有的命题（或判断），例如他自己所断定的这个命题却是真的，那么，由于有了一个命题是真的，"一切命题（或判断）都是假的"这个命题（或判断）就应当是假的。因此，阿那克萨哥拉的主张是假的（1012b17—18，1026b7—11，1063b33—34）。

（5.4）如果反对者（如赫拉克利特）断定"一切命题（或判断）都是真的"，但是，与他们这个断定相矛盾的那个命题（或判断），却是一个例外，却是假的；如果反对者（如阿那克萨哥拉）断定"一切命题（或判断）都是假的"，但是，他们那个主张本身，却是一个例外，却是真的；那么，亚里士多德指出，按照这种说法，前一种反对者必须承认，不仅那个与他们的断定相矛盾的命题（或判断）是假的，而且还有无穷多的命题（或判断）也是假的；后一种反对者就必须承认，不仅他们那个断定是真的，而且还有无穷多的命题（或判断）也是真的。因为，如果一个命题（或判断）"p是真的"，那么，"p是真的"这个命题（或判断）也应当是真的，同时"'p是真的'是真的"这个命题（或判断）也应当是真的，……这样，就有无穷多的命题（或判断）是真的。同样，如果有一个命题（或判断）是假的，那么，就会有无穷多的命题（或判断）是假的。既然有无穷多的命题（或判断）是假的，那么，"所有命题（或判断）都是真的"这个断定就是假的了。既然有无穷多的命题（或判断）是真的，那么，"所有命题（或判断）都是假的"这个断定就是假的了（1012b18—23）。

（5.5）亚里士多德指出，赫拉克利特的断定实际上就是："一切事物都是真的，同时，一切事物都是假的。"上面已经证明了"一切事物（命题或判断）都是真"是不可能的，"一切事物（命题或判断）都是假"也是不可能的。既然如此，赫拉克利特同时断定了这两个不可能的命题（或判断），也应当是不可能的（1012a29—1062b2）。亚里士多德指出：如果说"事物是如此"是假的，说"事物不是如此"也是假的，那么，为什么说"事物既是如此又不如此"反而是真的呢？如果说"事物既是如此又不如此"是真的，或者比只说"事物是如此"较少错误一些，也比只说"事物不是如此"较少错误一些，那么，事物就必有某种确定的属性。既然事物有确定的属性，事物就不能既是如此又不是如此（1008b2—5）。

（5.6）亚里士多德认为，否认了矛盾律，就会导致既不能肯定又不能否定，就会导致否认排中律。他指出，如果反对者主张同一事物既是人又是非人，那么，由此就可推出同一事物就既不是人又不是非人。因为，我们可以或者把"不是人"看作"是人"的否定，把"不是非人"看作"是非人"的否定，或者，把"既不是人又不是非人"看作"既是人又是非人"的否定。既然肯定与否定同时都真，既然"同一事物既不是人又不是非人"是"同一事物既是人又是非人"的否定，那么，"同一事物既不是人又不是非人"也应是真的。"同一事物既是人又是非人"是对矛盾律的否定，而"同一事物既不是人又不是非人"是对排中律的否定（1008a3—8）。

6. 事实与实践方面的论证

亚里士多德在事实与实践方面的论证提要：

亚里士多德指出，假如事物既是如此又不如此，万事万物就混同为一了！因为，如果事物 a 是非 a，那么，事物 a 就更应当是非 b。根据"事物既是如此又不如此"这个原则，事物 a 就又应当是 b。任何事物就都是任何事物，千差万别的事物就不存在了！他指出，这个结论是不合事实的。因为，假如千差万别的都混同为一，人们就不应对事物有所选择了。但是，人们与反对者自己的行动证明，他们对事物却是有所选择的。

反对者否定了排中律。他们认为，在两个互相矛盾的属性或事物之间，有一居间的第三者。亚里士多德指出，这是不符合事实的。变化总是由 a 变到非 a，或由非 a 变到 a。但是，在两个互相矛盾的属性或事物之间的第三者，既不是 a，又不是非 a，因此，这个居间的第三者就不能变化，因而，这个不能变化的第三者是不存在的。

普罗泰哥拉斯认为，事物对每个人的显现都是真实的，人是万物的尺度。亚里士多德提出，普罗泰哥拉斯这个主张与"事物既是如此又不如此"这个主张，是出于同一根源的。这两个主张是同真同假的。

有些真正感到困惑的反对者之所以提出"两个互相矛盾的属性同时都真"，是由于他们看到两个矛盾或相反的属性从同一个事物产生。亚里士多德指出，同一个事物不能同时现实地具有两个矛盾或相反的属性，同一个事物只能潜在地具有两个矛盾或相反的属性，或者，潜在地具有某个属性而现实地具有一个与它相矛盾或相反的属性。事物的变化，就是由潜在地具有的属性变为现实地具有的属性。还有另一些真正感到困惑的反对者，看到事物可以有不同的显现，同时，而又以为又找不到一个标准，来解决哪些显现或者哪些人的感觉是真实的。因此，他们就认为，一切显现都同样是真实的，事物既是如此又不如此；他们就认为，在感觉中的事物是经常运动变化的，而运动变化的事物没有确定的属性。

亚里士多德首先指出，事物的运动变化，并不表示没有确定的事物和确定的属性，相反地变化还要求有确定的事物与属性。因为，事物的变化，总是某个事物变到另一个事物，总是由事物具有某个属性变到具有另一个属性，假如没有确定的事物与属性，假如事物既是如此又不如此，那么，事物就不能由这样变到那样，事物就不能运动变化了！事物就都是静止不变了！他还指出，事物量方面的变化不同于事物质方面的变化。即使承认事物的量常变，但是，事物的质却是稳定的与确定的。

亚里士多德还指出：不能把事物的显现或人们对事物的感觉等同于事物真实的属性，事物的所有显现与人们对事物的所有感觉并不都是真实的，只有在某些条件下的感觉才是真实的。他还指出，人们的感觉与被感觉的事物，是有分别的。前者是依附于感觉者（动物）的，后者却是独立于感觉者而存在的，是引起感觉的东西。

亚里士多德认识到，要说服那些为了辩论而辩论的反对者是不可能的。因为，他们一开始就否定了矛盾律，这就摧毁了一切论证的基础。对于这些人他指出，反对者主张事物的一切显现都是真实的，就必须承认一种相对性。这就是说，事物的显现，只有相对于那个感到这个显现的人，相对于那个感到这个显现的时间，相对于那个感到这个显现的感官，相对于这个显现出现的那些条件，才都是真实的。这就是说，事物的显现是相对于人的感觉与意见的。既然事物的显现是相对于人的感觉与意见的，而反对者又认为事物的显现都是事物真实的属性，那么，事物的真实属性，也就是相对于人的感觉与意见的，那么，没有人的感觉与思想，事物就不存在了！这是明显地不合事实的。

（6.1）亚里士多德认为：如果对于同一事物，两个互相矛盾的命题（或判断）同时都是真的，如果对于同一事物，可以既肯定它有某属性又否定它有某属性，那么，就会导致一个荒谬的结论：万事万物都混同为一，同一事物就会同时是一只船，一堵墙与一个人（1007b18—22）。

反对者主张事物 a 是非 a（或者，事物 a 不是 a）。既然如此，那么，反对者就得承认，事物 a 是非 b（或者，事物 a 不是 b）。因为，a 与非 a 是互相矛盾的，而 a 与非 b 不是互相矛盾的。既然事物 a 是非 a，那么，就更有理由说事物 a 是非 b 了。既然事物 a 是非 b，同时，又根据他们的主张——两个互相矛盾的命题（或判断）同时都是真的，那么，事物 a 就应当是 b，例如，反对者主张人是非人（或人不是人），他们就必须承认人是非船（或人不是船）。因为，人与非人是互相矛盾的，而人与非船却不是互相矛盾的。既然人是非人，那么，就更有理由说人是非船。既然人是非船（或者，人不是船），那么，根据反对者的主张，人就应当是船了！同样地，人还应当是一堵墙，一匹马……一个事物既是人又是船又是墙又是马与其他的动物，这就要导致阿那克萨哥拉的理论：万事万物就混同为一了！既然万事万物混同为一，事物就没有确定性了。没有确定性的事物，只能是潜在的存在，而不能是现实的存在。因此，一切事物就都不存在了（1007b18—1008a3，1062a22—29）。

（6.2）反对者主张，同一事物同时既是如此又不如此，肯定命题（或判断）与否定命题（或判断）同时都是真的。他们这个主张，或者是普遍地有效，即是说，对于一切命题（或判断）都适用，或者不是普遍地有效，即是说，只是对有些命题（或判断）适用（1008a8—10）。如果他们的主张，不是普遍地有效，那么，他们就得承认有例外。在这些例外的情况下，事物就有确定的属性，事物就不是既如此又不如此（1008a11）。如果他们的主张是普遍地有效，这又有两种情形：（a）当肯定命题（或判断）真时，否定命题（或判断）同时也真，而且，当否定命题（或判断）真时，肯定命题（或判断）同时也真（1008a12—13）。（b）当肯定命题（或判断）真时，否定命题（或判断）同时也真，但是，当否定命题（或判断）真时，肯定命题（或判断）却不一定真（1008a14—15）。

在（b）情形下，有些否定命题（或判断）真时，而肯定命题（或判断）却不真。这就表示：有些事物确定地没有某个属性，这是不可置疑的与可知的了。既然如此，那么，这些事物确定地有某个属性，就更应当是不可置疑的与可知的了，一切事物就不是既是如此又不如此了，就不是肯定命题（或判断）与否定命题（或判断）同时都真了（1008a15—17）。

在（a）情形下，又可再分为两种情形：

（a1）反对者认为：只有由肯定命题（或判断）与否定命题（或判断）联合而成的命题（或判断）才是真的，而孤立的肯定命题（或判断）本身不是真的，孤立的否定命题（或判断）本身也不是真的。例如，反对者认为，只有"某个事物是白的又不是白的"这个复合命题（或判断）才是真的，但在这个复合命题中的"某个事物是白的"这个命题（或判断）本身，却不是真的；在这个复合命题（或判断）中的"某个事物不是白的"这个命题（或判断）本身，也不是真的。亚里士多德认为，这样就使肯定命题（或判断）与否定命题（或判断）互相抵消，反对者就没有说什么了！同时一切事物就都不存在了！既然一切都不存在了，反对者怎么还能说话与走动呢?！同时，如果一个事物既是如此又不如此，那么，就会如前面所说的，万事万物都会混同为一了（1008a18—27，1007b18—1008a3，1062a16—19）。

（a2）反对者既承认："事物是如此同时事物又不是如此"这个复合命题（或判断）是真的，同时也承认在这个复合命题（或判断）中的"事物是如此"这个命题（或判断）本身也独立地是真的，在这个复合命题（或判断）中的"事物不是如此"这个命题（或判断）本身也独立地是真的。例如，反对者既承认："某个事物是白的，同时，某个事物又不是白的"这个复合命题（或判断）是真的，同时也承认："某个事物是白的"这个命题（或判断）独立地是真的，"某个事物不是白的"这个命题（或判断）独立地是真的。这就是说，肯定命题（或判断）与否定命题（或判断）可以互相独立而真，而不是只有联合在一起才真。亚里士多德认为，反对者这个看法同前面（a1）的看法一样，就会导致万事万物混同为一的荒谬结论。同时，还会导致一切命题（或判断）都真，一切命题（或判断）也都假。既然一切命题（或判断）都假，那么，反对者的主张也是假的了（1008a27—30）。

（6.3）亚里士多德指出，如果反对者认为一切命题（或判断）都既是真的又是假的，如果反对者同时既说"是"又说"否"，那么，他们就没有说任何有意义的话，没有作任何判断，他们只是在那里既这样想又不这样想。假如真是这样，他们与植物何异呢?! 但是，事实上，他们与任何其他的人都绝不是如此。为什么当一个人认为他应当去麦加拉时，他就会往麦加拉走而不停留在家中。为什么当一个人在途中遇到陷阱与悬崖时，他不走入陷阱与坠下悬崖呢? 显然这是因为他认为（或断定）走入陷阱与坠下悬崖并不既是坏事又是好事，显然是因为他认为（或断定）某些事情是好事，而另一些事情是坏事。如果一个人对于好与坏有确定的判断，那么，他在其他方面必然也有确定的判断，他必然会断定：某一个事物是人，而另一事物不是人，某一个事物是甜的，而另一个事物不是甜的。事实上他并不认为（或断定）事物既是如此又不如此，并不断定万事万物都是一样。因为，当他想见人时，他是去找人，而不找别的东西；当他想喝水时，他是去找水，而不找别的东西。很显然，人们事实上对于事物是有所选择的，他们需求某些事物而避免另一些事物。所以，反对者自己的行动与所有人的行动，都证明了反对者的主张是错误的，至少在有关好与坏这个方面，事物不是既是如此又不如此（1008b7—27）。

当医生吩咐病人吃某种食物时，为什么病人就吃这种食物呢？为什么我们认为它是面包，而不认为它又不是面包呢？如果它既是面包又不是面包，那么，我们就既可以吃它，也可以不吃它。事实上，人们遵照医生的吩咐去吃某种食物（如面包），这就表示了事物有确定的属性（1063a29—34）。如果反对者说，他们之所以如此行动，他们之所以有所选择，这不是根据一种知识，来断定事物是如此而不是不如此，而是由于一种权宜的意见。亚里士多德指出，如果这样，那么，反对者就更应当追求真实的知识，因为，真实的知识犹如健康，权宜的意见犹如疾病，以权宜的意见行事的人犹如病人，反对者应当努力追求真实的知识，犹如病人应当努力追求增进自己的健康一样（1008b27—31）。

即使事物是如此又不如此，但是，事物是如此的程度与事物不是如此的程度，仍然是不同的，仍然是确定的。因为，我们不能说，2 与 3 同样地是偶数。一个人把四个东西说成是五个，另一个人把四个东西说成是一千个，我们总不能说他们的错误是同等程度的。如果他们的错误不是同等程度的，那么，显然其中有一个人是较少地错误而较多地正确。既然这样，那么，事物必有某些确定的属性，由于某些命题（或判断）较为近似地断定了这些属性，这些命题（或判断）才能是较为正确的。即使再退一步，如果反对者不承认命题（或判断）所指谓的事物有确定的属性，反对者总得承认，有些命题（或判断）较为正确些，有些命题

（或判断）又更加错误些，这样，思想（命题或判断）这个事物，就有确定的属性，反对者的主张"一切事物既如此又不如此"，就是不正确的（1008b32—1009a5，1005a26—30）。

（6.4）反对者否认了排中律。他们认为，同一事物可以既不是 a，也不是非 a，在两个互相矛盾的属性（或事物）a 与非 a 之间，可以有一个居间的第三者。

亚里士多德指出，假如有两个互相矛盾的属性（或事物）a 与非 a 之间，有一居间的第三者，这个居间者或者是像灰色是黑色与白色之间的居间者那样，或者是像非人非马是人与马之间的居间者那样。在事物的变化过程中，居间者必然向对立的两端变化。事物的变化，必须或者是由非 a 变到 a，例如，由不善变到善，或者是由 a 变到非 a，例如，由善变到不善。但是，按照矛盾的定义，a 与非 a 是矛盾的两端。因此，在两个互相矛盾或对立的属性（或事物）之间的居间者，就既不是 a，也不是非 a。

既然在两个互相矛盾的属性（或事物）之间的居间者不是非 a，那么，这个居间者就不能变到 a，同时，既然这个居间者又不是 a，那么，它又不能变到非 a。因此，假如在两个互相矛盾的属性（或事物）a 与非 a 之间，有一个居间的第三者（令为 I）的话，那么，I 就必然或者要向非 a 或者要向 a 变化。但是现已证明 I 既不能向非 a 变化，也不能向 a 变化。所以，I 是不存在的。所以，在两个互相矛盾的属性（或事物）之间，没有一个居间的第三者（1011b29—1012a1）。

亚里士多德指出：如果否认了排中律，如果认为在任何矛盾两面之间有一居间的第三者，那么，从命题（或判断）方面说，一个命题（或判断）会是既不真也不假；从客观事物方面说，是与不是（或存在与不存在）之间，也会有一居间的第三者。由无（或不是）到有（或是）是生成，由有（或是）到无（或不是）是毁坏。因此，如果在是与不是（有与无）之间有一居间的第三者，那么，在生成与毁坏之间也必有一居间的第三种变化，但是，事实上，在生成与毁坏之间，没有一居间的第三种的变化（1012a5—8，1067b5—25，224b35—225a19）。

亚里士多德指出：一个事物必然具有某两个互相矛盾的属性之一，否定这个事物具有某属性，就是肯定它具有另一属性。例如，数这类事物（这里指整数），必然或者是偶数或者是奇数。否定一个数是偶数，它就必然是奇数；否定它是奇数，它就必然是偶数。

反对者既然认为，在任何两个互相矛盾的命题（或判断）之间有一居间的第三者，在任何两个互相矛盾的属性（或事物）之间有一居间的第三者，那么，他们就得承认，在偶数与奇数之外还有一个数（这里指整数），它既不是偶数，也不是奇数，但是，这是不可能的（1012a8—13）。反对者主张在两个互相矛盾的属性（或事物）之间有一居间的第三者，这就会导致无穷后退，就会虚构出无穷多的客观世界中本来不存在的东西。因为，如果反对者认为，在a与非a之间有一居间的第三者b，那么，在b与非b之间又会有一居间的第三者c，在c与非c之间又会有一居间的第三者d，……以至于无穷。b是不同于a与非a的属性（或事物），c又是不同于b与非b的属性（或事物），d又是不同于c与非c的属性（或事物），……这样，就虚构出无穷多的客观世界中本来不存在的事物了（1012a12—15）。

（6.5）普罗泰哥拉斯认为，人是万物的尺度，事物对每个人的显现都是真实的。"事物既是如此又不如此"这个理论就会导至普罗泰哥拉斯的理论。因此，如果正确的话，那么，这两种理论都正确，如果错误的话，那么，这两种理论都错误（1009a5—6，1062b12—15）。

假如事物对每个人的显现都是真实的，每个人对于事物的意见都是真实的，那么，事物就必然是既如此又不如此。因为，事物对于每个人的显现，每个人对于事物的意见，有时是互相矛盾的。同一个事物，对于某人是美的；但是，对于另一个人又是不美的。同一个事物，对于某人是善的；但是，对于另一个人又是不善的。如果事物对于每个人的显现，每个人对于事物的意见，都是真实的，那么，同一个事物必然既是美的又不是美的，既是善的又不是善的，那么，同一个事物必然既是如此又不是如此（1009a7—12，1062b15—20），这是一方面。另一方面，假如事物既是如此又不如此，那么，事物对每个人的显现，每个人对事物的意见，就都是真实的。因为，所有的意见，只能是或者认为事物是如此，或者认为事物不是如此。假如事物既是如此又不如此，那么，认为事物是如此的意见就是真实的，同时，认为事物不是如此的意见也是真实的（1009a11—14）。

（6.6）"事物既是又不是"这种理论与"事物对每个人的显现都是真实的"这种理论，虽然是同一思想方式的产物，但是，我们对于不同的反对者，就应当用不同的辩论方法。有些反对者是由于在思想上真正感到一些困惑，这些人是容易说服的。我们可以由解决他们的困惑，指出他们的知识不够，来说服他们。还有一些反对者，是为了辩论而辩论，对于这些人，我们只有从他们说话必有确定的意义这个事实出发，来加以说服（1009a15—22，1063b7—14）。

（6.7）亚里士多德认为：有些反对者之所以提出他们的主张，是由于他们看到在感觉世界中同一个事物可以产生两个不同的属性，是由于他们对于如何理解运动变化感到困惑。自然哲学家都说：无中不能生有，有必须从有中产生，这是一方面。但是，另一方面，有又不能变成有，有又必须从无中变来。因为，如果一个事物原来是白的，它就不会再变成白了。反对者真正感到了这样的困难：一方面，事物必须从有中变来；另一方面，事物又必须从无中变来。因此，他们就认为，一个事物必须原来就既是有又是无，既是如此又不如此。因此阿那克萨哥拉认为，一切事物都是互相混杂的；德谟克利特认为，在事物的任何部分，充实与虚空都同时存在（1009a23—30，1062b24—30，191a24—32）。

亚里士多德认为，反对者所感到的这个问题是容易解决的。他指出，"有"（或存在）有两个不同的意义。一个是潜在地有，另一个是现实地有。同一个事物不能同时现实地有两个互相反对的属性，但是，同一个事物可以同时潜在地有两个互相反对的属性（1009a30—35，1062b31—33）。铜只是潜在地是一个雕像，只有经过雕塑以后，铜才现实地是一个雕像（1065b23—26）。在同一时间，同一事物的同一方面，不能现实地既是热又是冷，而只能潜在地是热而现实地是冷（201a19—22）。变化就是由潜在的有到现实的有的现实化（或现实过程）（201a10—12，1065b16，1065b21—23）。因此，事物的运动变化，并不像有些反对者所设想的那样，要求事物同时现实地具有两种互相反对的属性。此外，反对者还应当承认，在存在的事物中，还有既不运动变化，也不生灭的实体；很显然，这些实体不能既是如此又不如此（1009a36—37）。

（6.8）亚里士多德认为，也有些反对者之所以提出他们的主张，是由于他们误认为所有的显现都是真实的。反对者看到，对于同一个事物，有些人感到甜，有些人感到苦。反对者又认为，我们不能根据感到甜的人数的多少与感到苦的人数的多少，来决定谁的感觉是真实的。因为，很可能多数人是病态的、不正常的，而少数人却是健康的、正常的。如果根据人数的多少来决定感觉是否真实，那么，健康的、正常的人的感觉，反而会被认为是不真实的了（1009b1—6）。反对者认为，对于同一个事物，动物的印象与我们的印象是不相同的。而且，甚至对于同一个事物，同一个人的各个感官所得到的印象，也可以是不同的。哪些印象是真实的？哪些印象是虚假的？这是不明显的。因此，不能认为这些印象是真实的，而另一些印象是虚假的；只能认为，所有印象都同样是真实的。这就是为什么德谟克利特要说：或者没有真理或者至少真理对我们是不明显的（1009b7—13）。

亚里士多德指出：这些反对者之所以认为人们的所有感觉或印象都是真实的，这是由于他们把知识等同于感觉，而又把感觉的变化等同于感觉者生理上的变化（1009b13—37）。他还指出，这些反对者把真实世界等同于感觉世界。他们认为：在感觉世界中，一切都是不确定的；在感觉世界中，一切都在不断地运动变化，而对于不断地运动变化的事物，人们就不能作出任何真实的判断。赫拉克利特认为，人们不可能两次涉足同一河流。后来的克拉底鲁更走向极端，他认为涉足河中一次也不可能。克拉底鲁甚至认为，说任何话都是不对的，惟一能作的只是动动手指（1010a1—14）。

（6.9）亚里士多德指出，根据事物的运动变化，并不能证明事物没有确定的属性，并不能证明事物既是如此又不如此。他指出：反对者认为变化的东西（正当它变化的时候）是不存在的，这是有些道理的。但是，毕竟是有问题的。一个事物的变化，就是这个事物失去某个属性而产生另一个属性。当一个事物正在失去某个属性时，这个事物总是具有某种正在失去的东西，而且也总是已经具有某种将要变成的东西。事物正在毁坏，就必然有某种正在毁坏的东西；事物正在生成，就必然有某种由以生成的东西，也必然有某个使它生成的东西（1010a15—22，参看1032a12—15）。每个事物的变化，都是从某一事物 a 变成另一事

物 b。因此，一个事物的变化，必定首先是 a，而后不是 a，向 b
变化，变成 b。因此，事物的变化，并不否定有确定的事物，并
不否定事物有确定的属性；相反地，还必须肯定有确定的事物，
还必须肯定事物有确定的属性。因此，两个互相矛盾的命题（或
判断）不能同时都是真的（1063a18—22，1012b28—29）。

亚里士多德指出：说所有事物都在静止，或者说所有事物都
在变化，都是不正确的。如果所有事物都在静止，那么，一个事
物就会永远是这样或者永远不是这样。这是不合事实的。因为，
反对者自己现在是存在着，但是，以前有一个时间他却是不存在
的，而且以后有个时间他也会失去存在。如果所有事物都在运动，
那么，就没有确定的事物和属性。这样，一切事物就都不存在，
就都不是真实的（1012b23—27）。他还指出：说所有的事物都是
有时在静止有时在运动，而没有永恒的东西，这也是不正确的。
因为，第一推动者永远在推动事物的运动，而它自身却是不动的
（1012b28—32）。

亚里士多德进一步指出，事物在质方面的变化与在量方面的
变化并不是等同的。即使承认事物在量方面的变化是连续不断的
（这点并不是正确的），但是，事物在质方面仍可以保持稳定。反
对者认为事物在量方面是变动不居的，同一事物同时既是又不是
四寸长，就进而断定事物既是如此又不如此，就进而断定两个互
相矛盾的命题（或判断）同时都真。但是，事物的本质或形式，
是根据于事物的质，而不是根据事物的量。即使承认事物的量是
不确定的，但事物的质却是确定的。因此，不能根据事物量方面
的不断变化，就认为事物既是如此又不如此，就认为事物没有确
定的属性（1010a23—25，1063a22—29）。如果我们（感觉者）经
常在变化，那么，在不同时间，我们对事物就有不同的感觉。这
有什么奇怪呢？这正如同由于病人的情况与健康人的情况不同，

病人的感觉与健康人的感觉就会不同一样。这里感觉虽然不同，但是，事物本身并不一定有任何的变化，但是，如果我们（感觉者）并没有变化而保持同一，那么，这就表明有一些事物是稳定不变的（1063a35—1063b7）。反对者们看到我们周围的感觉世界中的事物是在不断地毁坏与生成。但是，这些事物甚至只是可感觉的事物中的一个小部分。就全宇宙来说，它的绝大部分事物都是稳定不变的。我们有什么理由，根据这个极小的部分的情况，来断定全宇宙中的极大部分的情况呢？而不根据全宇宙中的极大部分的情况，忽略这个极小部分的情况呢？（1010a25—33）

我们追求真理，应从稳定不变的事物出发，天体就是稳定不变的事物。用我们地球上的事物的变动不居，作为我们判断的根据，一般地说是荒谬的（1063a10—17）。反对者根据事物是在不断地运动变化，来断定事物既是如此又不如此。但是，假如事物既是如此又不如此，那么，其结果事物就不是在运动变化，相反地是在静止不变了！因为，如果一切事物都既是如此又不如此，那么，一切事物本来就有了一切属性。变化总是由没有某种属性变到有某种属性，或者由有某种属性变到没有某种属性。既然一切事物本来就已具有一切属性，那么，一切事物就根本不能运动变化了！一切事物就静止不变了！（1010a35—37）

（6.10）亚里士多德指出，不能把事物的显现，不能把人们对事物的感觉，等同于客观存在的事物。他指出，并非事物的所有显现都是真实的。即使我们承认感觉（感官对于适合于它的对象的感觉）是真实的，但是，事物的显现，并不同于感觉。因此，不能由感觉是真实的，便认为事物的所有显现也都是真实的（1010b1—3）。

真使人奇怪，反对者竟然提这样的问题：事物的大小与事物的颜色，是如它在远处所显现的那样，还是如它在适当的近处所显现的那样？事物是如它对健康人所显现的那样，还是如它对病人所显现的那样？物体的重量，是如衰弱的人所感到的那样，还是如强健的人所感到的那样？究竟我们在梦中所感到的事物是真实的，还是我们在清醒时所感到的事物是真实的？很显然，上面这些问题事实上并不是反对者不能决定的问题。因为，没有一个人，当他在里比亚时，一个晚上梦到他是在雅典，他清醒时竟会去参加奥第雄的晚会。还有在一个病人将来能否恢复健康这个问题上，反对者对于医生的意见与对于普通人的意见，事实上并不是同等重视的（1010b3—15）。

亚里士多德还指出，不但事物的显现并不都是真实的，而且，就是感觉也并不都是同样可靠的，同样真实的。人们对于熟悉的事物的感觉与对于陌生事物的感觉，就不是同样可靠的。每个感官，都有它适合的对象，眼睛适合的对象是颜色，舌头适合的感觉对象是味道。感官对于适合的对象的感觉，是可靠的，而对于不适合的对象的感觉，却是不可靠的（1010b15—18）。不但同一个感官，在同一时间，对于同一事物，不会感觉到它既是如此又不如此；而且，即使在不同时间，对于同一事物，同一感官先感觉到一个属性 a，后来又感觉到一个相反的属性非 a，这也并不表示属性 a 是属性非 a，而只表示一个事物在不同的时间分别地具有了两个相反的属性 a 与非 a。例如，由于酒本身的变化，或者由于我们身体方面的变化，在某个时间我们感到酒是甜的，在另一个时间我们又感到酒是不甜的。这只表示：酒变化了，在不同时间酒具有甜与不甜这两个相反的属性，而并不表示甜这种属性又是不甜这种属性。甜的东西，当它存在的时候，必然具有所以为甜的那种性质，甜必然不是不甜。因此，就我们在不同时间所感觉到的属性说，一个属性是如此，它就不能又不如此（1010b18—29）。同一个事物，绝不会使某些人感到甜，而另一些人感到苦，除非前一些人或后一些人的感官损坏了。如果某些人的感官损坏了而另一些人的感官是正常的，那么，感官正常的人的感觉就是真实的，就是真实感觉的尺度，而那些感官损坏的人感觉就不是。当我们用手指压迫眼珠时，我们会把一个事物看成两个。认为感官损坏的人的感觉是真实的，就如同把一个事物看作两个一样可笑。所以，认为不同人对于同一事物的相反的感觉或意见都是同样真实的，这是可笑的。在这些相反的感觉或意见中，有一些必然是错误的（1062b33—1063a9）。

由此可见，事物的显现，并不都是事物真实的属性，同时，我们对事物的感觉也不都是事物真实的属性。客观事物与我们的感觉是有分别的。假如世界上只有那些在感觉中的东西存在，那么，没有动物，世界上的一切就都不存在了！因为，感觉和感觉中的内容，都是感觉者的一种感受。感觉者的感受是不能离开感觉者（动物）而存在的。很显然，感觉不是对于它自身的感觉，感觉必须是对于那些存在于感觉之外的客观事物的感觉。客观事物或实体，是引起人们感觉的东西，因而必然先于感觉而存在，独立于感觉而存在。这正如同推动者必然先于被推动者而存在，必然独立于被推动者而存在一样。感觉对象（或引起感觉的事物）与感觉，虽然是相对的名词，但是，并不因此感觉对象就不是独立于感觉而存在的（1010b30—1011a2）。

（6.11）在那些真正感到困惑的反对者当中，或者在那些为了辩论而辩论的反对者当中，有些人会提出这样的难题：谁能判定哪些人是健康的呢？一般地说，谁能够最后判定一切事情的实虚与对错呢？这样的问题正如同"我们是在作梦还是清醒"这类问题一样，这里反对者要求对一切都加以证明，他们要求对证明的出发点也加以证明。我们已经说过，证明的出发点是不能证明的。因此，反对者提出这样的问题是错误的。同时，从他们自己的行动看，事实上他们也并不是真正认为一切都是需要证明的（1011a2—13）。

（6.12）那些真正感到困惑的反对者是容易说服的。因为，我们上面所说的道理是不难理解的。但是，要说服那些为了辩论而辩论的反对者，却是不可能的。因为，要驳倒他们，我们就得提出一个同他们主张相矛盾的命题（或判断），由证明我们的命题（或判断）之真，以证明他们的主张之假。但是，他们一开始就主张两个互相矛盾的命题（或判断）可以同时都真。这样，反驳他们就不可能了。由于这些反对者一开始就主张两个互相矛盾的命题（或判断）同时都真，由于他们拒绝承认任何确定的东西，因而就摧毁了一切辩论与证明的基础，要说服他们就不可能了（1011a14—17，1063b8—14）。虽然那些为了辩论而辩论的人是难以说服的，但是，我们仍可提出下面的论证。

亚里士多德指出，事物的显现，都是相对于人的显现；事物的显现，只能相对于感到这个显现的人，才是真实的。因此，主张事物的所有显现都真实的人，就必得承认事物的显现是相对于人的感觉与意见的。因此，他们不能说，事物的显现本身是真实的；他们应当说：事物的显现，对于感到这个显现的人，在感到这个显现的时间，对于感到这个显现的感官，在这个显现出现的那些条件下，是真实的。如果他们不承认这种相对性，他们就会陷于自相矛盾。因为，同一个事物，对于视觉说，显现如蜜，但是，对味觉说，又不是蜜。一个人的两只眼睛如果不一样的话，同一个事物就会显现成两个样子。这样，同一个事物就会既是蜜又不是蜜，既是这样又不是这样（1011a17—28）。还有，我们在前面提到过的那些反对者，他们根据这样的理由：事物对各个人的显现，并不是同一的，同时，事物对某一个人的显现，也不总是同一的，例如，在触觉方面当手指反常地交叉时，我们会感觉到是两个东西，但是，在视觉方面，我们只看见一个东西，于是认为，所有事物的显现都是真实的，因此，事物既是如此又不如此。这些反对者要维护他们的主张，也必须承认我们上面所提出的相对性。因为，事物只能在某些条件下是如此，而在另一些条件下不是如此。这就是说，事物只能在不同的相对条件下是如此又不如此，是真实的又是虚假的。如果在同一的条件下，即对于同一个人，在同一时间，对于同一的感官，……事物就不能既是如此又不如此（1011a29—1011b1）。

所谓事物的一切显现都是真实的，就是说，事物的一切显现都是事物的真实属性。上面已经说过，事物的一切显现都是相对于人的感觉与意见的。因此，如果事物的一切显现都是真实的，那么，事物及其属性也就是相对于人的感觉与意见的。如果事物及其属性是相对于人的感觉与意见的，那么，没有人的感觉与思想，事物就既不会存在也不会发生。这显然是不合事实的。因此，并非一切事物及其属性是相对于人的感觉与意见的。因此，有独立于人而存在的事物及其属性。因此，并非事物的一切显现都是真实的（1011b1—8）。

有些事物诚然是有相对性的，但是，这些事物所相对的是一些确定的事物，而并不都是人的感觉或意见。同一个事物可以既是一半又是相等。相对于另一个大于它一倍的事物，它是一半，相对于另一个与它相等的事物，它是相等。并不是相对于一个与它相等的事物，它是一半；也并不是相对于一个大于它一倍的事物，它是相等。假如任何事物都是相对于思想者的思想，人就必须也是相对于思想者的思想。这样，人就只能是思想的对象，而不能是思想的主体。同时，假如任何事物都必须相对于一个思想者，那么，思想者也必须相对于另一思想者，……这样就会导致无穷后退，就不可能有思想者（1011b9—13）。

7. 结 束 语

亚里士多德关于矛盾律与排中律的理论，涉及本体论、认识论与方法论中许多根本的和深刻的问题，特别涉及思维与存在、逻辑与辩证法的问题。要对他的理论作出正确的深入的评价，超出了本文的范围。

亚里士多德是古希腊的一位伟大逻辑学家与伟大哲学家。他坚持客观事物的存在、认识的可能性与真理的客观性，从而反对"人为万物的尺度"的怀疑论，也反对"事物既是如此又不如此"的诡辩论，这无疑是正确的。他明确地认识到，思想总是关于思想对象（客观事物）的思想，因而思想的规律必须以客观事物的规律为基础；思想要反映客观事物，思想本身必须有确定性，这无疑也是正确的。

但是，他在强调思想与存在的同一性的同时，却没有充分认识到思想本身的特殊性，没有充分认识到思想反映存在（客观事物）是一个渐进的曲折的辩证过程。这是他关于矛盾律与排中律的理论中的一个重大缺点。

无论如何，他关于矛盾律与排中律的理论，全面地严密地从语义方面、逻辑方面与实践、事实方面论证了矛盾律与排中律的正确性，批评了希腊当时其他哲学流派的观点。因此，他关于矛盾律与排中律的理论，不论对于赞成或不赞成他的理论的人说来，都是一个值得仔细研究的重要文献。

模态逻辑简史[*]

在本章中，我们将对模态逻辑的发展历史作一简略的叙述。我们只能有选择地介绍本世纪约 60 年代以前模态逻辑的重要成果。全面地详尽地介绍直到今天的模态逻辑的成果，既超出了本书预定的范围，也超出作者能力的范围。

1. 亚里士多德的模态逻辑

亚里士多德（公元前 384 或 383 年至 323 或 321 年）是历史上对模态逻辑进行过系统研究的第一位逻辑家。在《工具论》中，他讨论模态逻辑的篇幅超过了他讨论非模态三段论的篇幅。他的模态三段论，由于本身存在着许多难解的问题，曾被有些人认为是"奥秘的学问"。

本世纪三十年代起，一些逻辑家开始应用现代逻辑的知识对亚里士多德的模态逻辑进行深入的研究，不断取得许多重要的成果。卢卡舍维契的《亚里士多德的三段论》[①] 和麦考尔的《亚里士

＊ 这是周礼全《模态逻辑引论》（上海人民出版社，1986 年）一书的第十一章。

① J. Lukasiewicz: *Aristotle's Syllogism*, 2nd ed, 1957.

多德的模态三段论》①是这方面很有价值的著作。

亚里士多德的模态逻辑，主要是一元谓词的模态逻辑，即模态三段论；但有时他也谈到或用到一些关于命题的模态逻辑。

（Ⅰ）必然性

亚里士多德把必然性分为两种，一种是绝对必然性，另一种是相对必然性。

亚里士多德所说的绝对必然性，是用本质、定义与原因这些概念来说明的。

亚氏认为：一个主项 a 具有属性 b 是绝对必然的，如果 a 与 b 之间有本质的联系。亚氏说："本质的属性是必然地属于主项的。"②

主项 a 与谓项 b 之间有本质的联系，如果（1）b 是 a 的本质中的一个因素，或者（2）a 是 b 的本质中的一个因素。③

例如，在"人是动物"这个命题中，谓项"动物"是主项"人"的本质中的一个因素。在"线是直的或曲的"这个命题中，主项"线"是谓项"直的或曲的"的本质中的一个因素。因此，"人"与"动物"之间有本质的联系，"线"与"直的或曲的"之间有本质的联系，从而"人是动物"与"线是直的或曲的"都是有绝对必然性的。

本质是通过真实定义表示的。亚氏说："定义是表示本质的短语"④。因此，如果 b 是 a 的定义、属或固有属性，则"a 是 b"都是有绝对必然性的。

---

① Storrs McCall: *Aristotle's Modal Syllogism*, Amsterdam, North Holland Publishing Co., 1963.

② Aristotle: *Organon*, 73^b22—24, 73^b27—29.

③ 同上书，73^a28—72^b1，73^b16—18。

④ 同上书，101^b37—38。

一个事物的真实定义又与这个事物存在的原因有关。① 因此，事物的绝对必然性也是与事物存在的原因有关的。

在一个正确推理中，前提真则结论必真。这种结论依赖于前提的必然性，叫做相对必然性。

亚氏说："推论是一个议论，在这里某些东西被给定了，另外的东西必然由前一些东西得出"②，这里的"必然"是相对必然性。

例如：所有动物都是白色的

所有人都是动物

所有人都是白色的。

这是一个正确的三段论。这个三段论的结论"所有人都是白色的"有相对必然性，但没有绝对必然性。这就是说，在前提成立的条件下，结论是必然成立的；但是，结论的主项与谓项之间却没有本质的必然的联系。③ 因此，相对的必然性不同于绝对的必然性。

亚氏从事物的本质、定义与原因等方面来说明绝对必然性，从正确推理的前提与结论之间的关系来说明相对必然性。亚氏在《物理篇》的《生存与毁坏》一节中，还应用时间概念来说明必然性。

亚氏说："必然发生，就是经常（always）发生……一事物的存在是必然的，则它是永恒的；如果一个事物是永恒的，则它的存在是必然的。"④

（Ⅱ）可能性

亚氏明确认识到必然与可能之间这样的关系：LA↔→M→A，

---

① Aristotle: Organon, 93^b1—10, 93^b36—94^b1.

② 同上书，24^b18—20, 100^a25—27。

③ 同上书，30^b19—38。

④ 同上书，337^b30—338^b4。

→L→A↔MA。因此，我们从上面亚氏对必然性的看法就可得出他对可能性的看法。

一个命题 A 有绝对可能性，当且仅当非 A 没有绝对必然性。

一个命题 A 对于前提 B 与 C 有相对可能性，当且仅当→A 对于前提 B 与 C 没有相对必然性。

（Ⅲ）模态命题

亚里士多德认为前提或命题可以分为三种：①“a 是 b”，②“a 必然是 b”，③“a 或然是 b”①。①是实然命题，②与③是模态命题。

在亚氏的《工具论》中，“或然”（ε'υδεχο'ευου）是一个含混的语词。亚氏有时把它用作“可能”的意义，有时又用作“偶然”的意义。此后，我们将把这两个意义加以区别。

把“必然”、“可能”与“偶然”这些模态概念分别加到四种实然命题 A、E、I、O 上，就可得十二种模态命题。必然命题有四种，它们是：

“所有 a 必然是 b”，记为 LA_{ab}（L 表示必然），

“所有 a 必然不是 b”，记为 LE_{ab}，

“有的 a 必然是 b”，记为 LI_{ab}，

“有的 a 必然不是 b”，记为 LO_{ab}。

同样地，可能命题也有四种。它们是：MA_{ab}，ME_{ab}，MI_{ab} 与 MO_{ab}（这里 M 表示可能）。偶然命题也有四种：QA_{ab}，QE_{ab}，QI_{ab}，QO_{ab}（这里 Q 表示偶然）。

（Ⅳ）必然命题与可能命题之间的关系

亚氏认识到：LA→A 与 A→MA②。他也认识到：MA 的矛盾

---

① Aristotle: *Organon*, 25^a1—5, 29^b29—35.

② 同上书，23^a21—23。

命题是 →MA 而不是 M→A，LA 的矛盾命题是 →LA 而不是 L →A，LA 与 →M→A 等值，MA 与 →L→A 等值。①

亚氏指出：LI$_{ab}$ 与 ME$_{ab}$ 是互相矛盾的，LO$_{ab}$ 与 MA$_{ab}$ 是互相矛盾的。②

因此，亚氏断定下图中的各种逻辑关系：

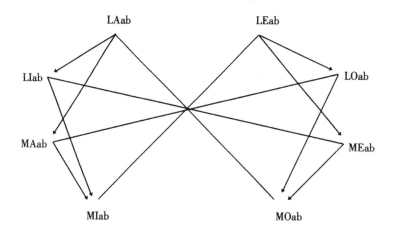

有箭头直线表示蕴涵，例如 LA$_{ab}$ 蕴涵 LI$_{ab}$，LI$_{ab}$ 蕴涵 MI$_{ab}$ 等。无箭头直线表示互相矛盾，例如，LA$_{ab}$ 与 MO$_{ab}$ 互相矛盾，LO$_{ab}$ 与 MA$_{ab}$ 互相矛盾等。

必然命题与可能命题的换位，类似于直言命题的换位。即：

LE$_{ab}$ 换位为 LE$_{ba}$

LA$_{ab}$ 换位为 LI$_{ba}$

LI$_{ab}$ 换位为 LI$_{ba}$

①　Aristotle: *Organon*, 21ª34—23ª36.

②　同上书，30ª25—28 30^{b}29—31；S.McCall: *Aristotle's Modal Syllogism*, p.16.

ME_{ab}换位为ME_{ba}

MA_{ab}换位为MI_{ba}

MI_{ab}换位为MI_{ba}[①]

但LO_{ab}与MO_{ab}不能换位。

（Ⅴ）偶然性

亚氏认为，"偶然的"就是"既不是必然的也不是不可能的"[②]。

亚氏应用 $\epsilon'\upsilon\delta\chi o'\mu \epsilon\upsilon o\upsilon$ 这个语词时，有两个含义：一个含义就是"可能"，这就是我们在上面所讲的可能；另一个含义是"偶然"。亚氏用同一个语词既表示可能又表示偶然，因而产生了许多混乱。

我们由此就可得：

①$QA \leftrightarrow \rightarrow LA \wedge \rightarrow \rightarrow MA$；

去掉双重否定，可得

②$QA \leftrightarrow \rightarrow LA \wedge MA$；

据$\rightarrow L \rightarrow A \leftrightarrow MA$ 与 $M \rightarrow A \leftrightarrow \rightarrow LA$，在②中作等值替换，可分别得：

③$QA \leftrightarrow \rightarrow LA \wedge \rightarrow L \rightarrow A$

④$QA \leftrightarrow M \rightarrow A \wedge MA$

同理，我们也可得：

⑤$Q \rightarrow A \leftrightarrow \rightarrow L \rightarrow A \wedge \rightarrow LA$

⑥$Q \rightarrow A \leftrightarrow MA \wedge M \rightarrow A$

由（3）、（5）或（4）、（6），我们可得：

⑦$QA \leftrightarrow Q \rightarrow A$

（Ⅵ）偶然命题之间的关系

---

① Aristotle：*Organon*，25^a1-25.

② 同上书，32^b18-20。

　　亚氏说："a 偶然是 b"等值于"a 偶然不是 b"；"所有 a 都偶然是 b"等值于"所有 a 都偶然不是 b"；"有的 a 偶然是 b"等值于"有的 a 偶然不是 b"①。

　　我们可用图表示偶然命题的对当关系：

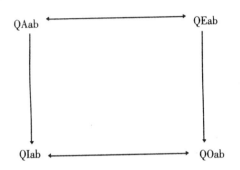

　　这里的"→"表示蕴涵，"↔"表示等值。

　　肯定的偶然命题的换位类似实然肯定命题：

　　QA$_{ab}$换位为 QI$_{ba}$

　　QI$_{ab}$换位为 QI$_{ba}$②

　　关于否定的偶然命题的换位，亚氏的看法是很特别的。他认为，QE$_{ab}$不能换位为 QE$_{ba}$，而只能换位为 QO$_{ba}$；这里因为亚氏把 QE$_{ab}$看作等值于 QA$_{ab}$的结果。由于 QE$_{ab}$等值于 QA$_{ab}$，QE$_{ba}$等值于 QA$_{ba}$，而 QA$_{ab}$不能换位为 QA$_{ba}$而只能换位为 QI$_{ba}$，所以 QE$_{ab}$也不能换位为 QE$_{ba}$，而只能换位为 QO$_{ba}$。亚氏还认为，QO$_{ab}$可以换位为 QO$_{ba}$。这里由于亚氏把 QO$_{ab}$看作等值于 QI$_{ab}$。由于 QO$_{ab}$等值于 QI$_{ab}$，QO$_{ba}$等值于 QI$_{ba}$，而 QI$_{ab}$可换位为 QI$_{ba}$，所以 QO$_{ab}$

　①　*Aristotle*：*Organon*，32^{a}32—36.
　②　Aristotle：25^{a}40—25^{b}2.

也可换位为 QO_{ba}。[①]

很容易看出，在（V）中亚氏对偶然的说法与在（VI）中他的说法是矛盾的。

根据在（V）中亚氏的说法，$QE_{ab} \leftrightarrow ME_{ab} \wedge MI_{ab}$，$QA_{ab} \leftrightarrow MA_{ab} \wedge MO_{ab}$，因而 QE_{ab} 不能等值于 QA_{ab}。但在（VI）中，亚氏却认为 QE_{ab} 等值于 QA_{ab}。

类似地，根据（V）中的说法，QO_{ab} 不能等值于 QI_{ab}；但在（VI）中，QO_{ab} 却等值于 QI_{ab}。

根据（V）中的说法，$QE_{ab} \leftrightarrow ME_{ab} \wedge MI_{ab}$，$QE_{ba} \leftrightarrow ME_{ba} \wedge MI_{ba}$；又由于 $ME_{ab} \leftrightarrow ME_{ba}$ 并且 $MI_{ab} \leftrightarrow MI_{ba}$，则 QE_{ab} 等值于 QE_{ba}。因此，QE_{ab} 可换位为 QE_{ba}。但在（VI）中，亚氏却认为 QE_{ab} 不能换位为 QE_{ba}。

（Ⅶ）模态三段论

亚氏的模态三段论，就是前提中有一模态命题的三段论。亚氏对模态三段论的处理方法是和他对实然（或直言）三段论的处理方法类似的。

亚氏根据前提的情况把模态三段论分为八类：

①两个前提都是必然命题；

②大前提是必然命题，小前提是实然命题；

③大前提是实然命题，小前提是必然命题；

④两个前提都是或然（ἐνδεχόμενου）命题；

⑤大前提是或然命题，小前提是实然命题；

⑥大前提是实然命题，小前提是或然命题；

⑦大前提是或然命题，小前提是必然命题；

⑧大前题是必然命题，小前提是或然命题。

每一类模态三段论的第一格都有四个式。这三十二个式，亚

---

① Aristotle：25^b17—26.

氏叫做模态三段论完美的式。亚氏从这三十二个式，应用下面的方法推出其他的正确的模态三段论：

（1）换位法：如果把一个待证的模态三段论中的命题加以换位，其结果是一个完善的模态三段论或已证的模态三段论，这就证明这个待证的模态三段论是正确的。

例如，要证第二格的模态三段论的式 $LE_{ab} \wedge A_{cb} \rightarrow LE_{ca}$，亚氏就通过把模态命题 LE_{ab} 换位为等值的 LE_{ba} 和把 LE_{ca} 换位为等值的 LE_{ac} 而得出第一格的 $LE_{ba} \wedge A_{ab} \rightarrow LE_{ac}$。后者是一个完善的模态三段论，因而前者也是正确的模态三段论。

（2）归谬法：如果把待证的模态三段论结论的矛盾命题作为前提，再加这个待证的模态三段论的另一个前提，根据一个正确的模态三段论形式，能推出一个与待证的模态三段论的另一前提相矛盾的结论，这就证明了这个待证的模态三段论是正确的（30^b4）。

例如，要证第二类的模态三段论 $LO_{cb} \wedge A_{ca} \rightarrow O_{ab}$。用它的结论的矛盾命题 $\rightarrow O_{ab}$（即 $\rightarrow A_{ab}$）与前提 A_{ca}，根据实然三段论第一格的 AAA，就可推出 A_{cb}。而 A_{cb} 又可推出 $\rightarrow LO_{cb}$。$\rightarrow LO_{cb}$ 与待证的模态三段论的一个前提 LO_{cb} 矛盾。因此，待证的模态三段论是正确的。

（3）显露法（Ecthesis）：例如，要证明第二格的 $LA_{cb} \wedge LO_{ab} \rightarrow LO_{ac}$，亚氏令 a 类中所有不是 b 的分子所组成的那个类为 a′，并把这个待证的模态三段论中的 a 都换为 a′，这就可得 $LA_{cb} \wedge LE_{a'b} \rightarrow LE_{a'c}$。这是一个已证明为正确的模态三段论，因而那个待证的模态三段论也是正确的模态三段论。[①]

[①]　Aristotle: *Organon*, $30^a6—14$.

亚氏的模态三段论理论,同他的实然三段论理论一样,是一个不严格的公理系统。三十二个完美的式是这个公理系统中的公理。由这三十二条公理,应用换位法、归谬法和显露法,推出这个公理系统的定理。就现存的文字资料说,亚氏的实然三段论和模态三段论是人类最早的公理系统。

关于亚氏的模态三段论,最早引起争论的,是亚氏认为第一格的 $LA_{bc} \wedge A_{ab} \rightarrow LA_{ac}$ 是正确的模态三段论,而第一格的 $A_{bc} \wedge LA_{ab} \rightarrow LA_{ac}$ 却不是正确的模态三段论。

亚氏提出下面两点理由说明 $LA_{bc} \wedge A_{ab} \rightarrow LA_{ac}$ 是正确的模态三段论:

(1) 既然所有 b 都必然是 c,而所有 a 都是 b,显然,所有 a 都必然是 c。(30^a21—23)

(2) 应用归谬法,由结论 LA_{ac} 的矛盾命题 MO_{ac} 加上前提之一,即 A_{ab},就可推出 MO_{bc}。而 MO_{bc} 与另一前提 LA_{bc} 矛盾。因此,$LA_{bc} \wedge A_{ab} \rightarrow LA_{ac}$ 是正确的模态三段论。

亚氏认为 $A_{bc} \wedge LA_{ab} \rightarrow LA_{ac}$ 不是正确的模态三段论,理由有二:

(1) 亚氏认为,不能应用归谬法证明 $A_{bc} \wedge LA_{ab} \rightarrow LA_{ac}$。我们可把这个模态三段论写成:

①A_{bc}

②LA_{ab}

③LA_{ac}

②可以换位为

④LI_{ba}

由③、④应用第一格 $LA_{ac} \wedge LI_{ba} \rightarrow LI_{bc}$,可推出

⑤LI_{bc}

假如由①、②推出③是正确的模态三段论，那么，由于③与④都是①与②推出的命题并且③、④推出⑤是正确的模态三段论，①、②推出⑤就应也是正确的模态三段论。假如①、②推出⑤是正确的模态三段论，那么，①、②与⑤的矛盾命题就要推出矛盾。但是，①、②与⑤的矛盾命题 ME_{bc} 却推不出矛盾。因此，①、②推出⑤不是正确的模态三段论。①、②推出③也不是正确的模态三段论，即 $A_{bc} \wedge LA_{ab} \rightarrow LA_{ac}$ 不是正确的模态三段论。[①]

（2）亚氏举出了 $A_{bc} \wedge LA_{ab} \rightarrow LA_{ac}$ 的一个具体例子：

①所有动物都在运动

②所有人都必然是动物

③所有人都必然在运动。

亚氏认为，这个推理的前提真但结论假。因此，$A_{bc} \wedge LA_{ab} \rightarrow LA_{ac}$ 是不正确的模态三段论。

对于亚氏的模态三段论的理论，历来议论很多，有的逻辑家甚至认为它错误百出。六十年代麦考尔在他的《亚里士多德的模态三段论》一书中力图探索亚氏模态三段论的原意，提出了几个模态三段论系统。除了麦考尔所提出的偶然命题的三段论系统与亚氏的偶然命题三段论有些出入外（前者比后者多了二十四个正确的偶然命题三段论），麦考尔所提出的关于必然命题、可能命题的三段论系统都与亚氏相应的系统完全相合。

2. 德奥弗劳斯德

德奥弗劳斯德（Theophrastus）（公元前 371—286 年）是亚里

---

① Aristotle: *Organon*, 30ᵃ28—38; S.McCall's Aristotle's Modal Syllogism, p.12.

士多德的大弟子与亚氏学派的继承人。他对亚氏模态三段论提出了一些反对意见。

德氏认为：①由 QA 不能推出→LA，②QA_{ab} 与 QE_{ab} 不是等值的，③QE_{ab} 不能换位为 QI_{ba}，而是换位为 QE_{ba}。这是由于亚氏用 $\epsilon' \upsilon\delta\grave{\epsilon} \ \chi o' \ \mu\epsilon\upsilon o\upsilon$ 这个字有时是"可能"的意思，有时又是"偶然"的意思，而德氏却把 $\epsilon' \upsilon\delta\grave{\epsilon}' \ \chi o' \ \mu\epsilon\upsilon o\upsilon$ 只了解为可能这个意思。

关于模态三段论，德氏还提出从弱原则，即模态三段论的结论的模态不能强于任一前提的模态（必然强于实然，实然又强于可能）。因此，德氏反对亚氏把 $LA_{bc} \wedge A_{ab} \rightarrow LA_{ac}$ 看作正确的模态三段论。

德氏还举出下面这个具体例子来证明 $LA_{bc} \wedge A_{bc} \rightarrow LA_{ac}$ 是不正确的模态三段论：

所有在走动的东西必然都是在运动的东西，

所有人都在走动，

所有人必然都在运动。

在所有人都在走动的时候，上面这个推理的两个前提显然都是真的，但结论"所有人必然都在运动"却是假的（虽然"所有人都在运动"这个命题是真的）。

对于亚氏和德氏在模态三段论方面的分歧，后来的逻辑家一直有许多的讨论。本世纪的逻辑家，如贝克尔（Becker—Freyseng）、卢卡舍维契、雷谢尔（N.Rescher）和麦考尔等都提出了自己的看法。根据麦考尔对亚氏模态三段论的解释，$LA_{bc} \wedge A_{ab} \rightarrow LA_{ac}$ 是正确的模态三段论，而 $A_{bc} \wedge LA_{ab} \rightarrow LA_{ac}$ 却不是正确的模态三段论。[①]

---

① McCall：*Aristotle's Modal Syllogism*，pp.15—27.

3. 麦加拉和斯多阿学派论必然和可能

麦加拉和斯多阿学派有三个逻辑家深入讨论了模态概念。他们是：第奥多鲁（Diodorus Cronus，公元前 307 年死），菲洛（Philo of Megara）和克吕西普斯（Chrysippus of Soloi，公元前 279 或 278 年生，206 或 207 年死）。第氏和菲氏属于麦加拉学派，菲氏是第氏的学生，克氏则属于斯多阿学派。

（Ⅰ）必然与可能

对于必然与可能，第奥多鲁、菲洛和克吕西普斯各有不同的说法。

第氏认为：“可能的就是（现在）真实的或将来是真实的”。[①] 例如，我现在是在科伦斯，或者我将在以后的某个时间在科伦斯，那么，“我可能在科伦斯”就是真的，也就是说，“我在科伦斯”是可能的或有可能性。

第氏认为：“必然的就是（现在）真实的并且将来也不会是虚假的。”[②] 例如，“人是动物”是必然的或有必然性，因为不仅人是动物（现在）是真实的，而且将来任何时间也不是虚假的。

菲氏认为：可能的就是“根据事物的内在本性会是真实的”[③]。例如，“我今天要重读某书”是可能的或有可能性，因为根据事物（例如，我）的内在本性，我重读某书会是真实的（是可以实现的）。

菲氏认为：“必然的就是（现在）真实的并且根据事物的本性

---

① B.Mates: *Stoic Logic*, p.37.

② 同上。

③ 同上书, p.40。

不会是虚假的"。①

例如，"人是动物"是必然的或有必然性的，因为"人是动物"（现在）是真实的，并且，根据人的本性，人不会不是动物。

克氏认为："一个有可能的命题就是这样的命题，如果没有外在的事物阻止它真实，则它会是真实的。"②

例如，"代阿克里斯活着"，就是一个可能的命题，或者说，代阿克里斯活着是可能的。因为，如果没有外在的事物的阻止，他会是活着的。"地球在飞动"是不可能的命题，或者说，地球在飞动是不可能的，因为即使没有外部事物的阻止，地球也是不会飞动的（当时认为地球是稳定不动的）。

克氏认为："一个必然命题就是这样一个命题，它是真实的，并且不会是虚假的或者虽会是虚假的但外部环境却阻止它是虚假的。"③

例如，"地球不在飞动"就是一个必然命题，因为事实上地球是不在飞动，而且也不会飞动；或者虽会飞动但外部条件却阻止它飞动。

上面三位逻辑家各从不同的角度来说明（或定义）必然与可能。第氏是应用"时间"、"时间量词"和"真实"这些概念来说明必然与可能。菲氏则应用"事物的内在本性"、"会是"和"真实"这些概念来说明"必然"与"可能"。克氏则应用"会是"、"外在的事物"、"外部环境"和"阻止"这些概念来说明必然与可能。

由于现有的有关这三位逻辑家的史料很少，我们很难准确了解他们思想的本来面目。

---

① B. Mates: *Stoic Logic*, p.40.

② 同上书, p.41.

③ 同上。

亚里士多德从时间、事物的本质和推理的前提与结论之间的关系来说明（或定义）必然与可能。麦加拉—斯多阿学派的三位逻辑家大致也是如此。亚里士多德关于必然与可能的思想大概对麦加拉—斯多阿学派的逻辑家有直接的或间接的影响。

（Ⅱ）条件语句

条件语句是与蕴涵有联系的，因而也是和必然有联系的。通常认为，一个真的条件语句的前件和后件之间有必然联系。因此，对一个条件语句的看法，也就涉及对必然性与可能性的看法。

第氏认为，一个条件语句"如果 a 则 b"是真的，当且仅当事实上没有而且也不可能 a 真而 b 假。①

第氏所说的可能与必然，是从时间上考虑的。因此，对第氏来说，一个条件语句"如果 a 则 b"是真的，当且仅当在任何时间都没有出现 a 真而 b 假的情况。②

例如：

①如果这是白天，那么我在谈话；

②如果这是夜里，那么我在谈话；

③如果这是夜里，那么这是白天；

④如果事物的元素不存在，那么事物的元素就存在。

第氏认为：①是假的条件语句。因为，有一个时间，即一个我不在谈话的白天，①的前件真而后件假；②同样也是假的条件语句，因为，有一个时间，即一个我不在谈话的夜里，②的前件真而后件假。③也是假的条件语句，因为，在任何夜里，这个条件语句的前件都是真的而后件都是假的。④是一个真的条件语句，因为，在任何时间，事物的元素总是存在的；因而④的前件总是

---

① W. and M. Kneale：*The Development of Logic*，p.132；B. Mates：*Stoic Logic*，p.44.

② B. Mate：*Stoic Logic*，p.46.

假的而后件总是真的；这就是说，在任何时间都不会出现前件真而后件假的情况。①

值得注意，①、②、③是和④有区别的。①②与③中都有"这"、"我"这样的语词，这样的语词是随着在不同时间与不同的说话者而有不同的意义。我们可以把"这"与"我"看作变元，对于第氏来说，①、②与③的真，要求对"这"、"我"作任何解释时都不出现前件真而后件假。但是④中却没有像"这"与"我"这样的语词，④不随着语境的不同而有不同的意义。

菲氏对条件语句的看法就与第氏的看法不同。菲氏只从前件与后件的真假来考虑条件语句的真假，而不考虑在任何时间前件与后件的真假问题，也不考虑前件真而后件假的可能与否问题。

菲氏认为，一个条件语句"如果 a 则 b"是真的，当且仅当前件是假的或后件是真的。②

例：

⑤如果有神，则世界要按照神的智慧发展；

⑥如果地球在飞动，则地球有翼；

⑦如果地球在飞动，则地球存在；

⑧如果他在活动，则他在走路。

菲氏认为：由于⑤、⑥和⑦的前件和后件分别是真真、假假和假真，因而⑤、⑥和⑦都是真的条件语句；⑧的前件是真但后件是假，因而⑧是假的条件语句。

克氏认为，一个条件语句是真的，当且仅当后件的否定是与前件不一致的。③

---

① W. and M. Kneale: *The Development of Logic*, pp.128—129; B. Mates: *Stoic Logic*, p.44.

② B. Mates: *Stoic Logic*, p.44.

③ 同上书，p.48。

克氏所说的"不一致"大约相当于"逻辑矛盾"。对于克氏来说，条件语句"如果这是白天，则这是白天"是一个真的条件语句。因为后件的否定，即"这不是白天"，是与前件"这是白天"有逻辑矛盾的。条件语句"如果现在是白天，则现在有日光"，也是一个真的条件语句。因为后件的否定，即"现在没有日光"，根据"白天"的定义，是与前件"现在是白天"有逻辑矛盾的。

菲氏、第氏和克氏对条件语句的要求一个比一个强。菲氏只要求在说话的时间不出现前件真而后件假的情况，第氏则要求在任何时间都不出现前件真而后件假的情况。克氏则要求否定后件会和前件不一致。因此，"如果这是白天，则我在说话"，对于菲氏来说，在某个情况下是一个真的条件语句，但对于第氏来说，却是一个假的条件语句。"如果事物的元素不存在，则事物的元素存在"，对于第氏来说，是一个真的条件语句，但对于克氏来说，却是一个假的条件语句。

许多逻辑家都认为，菲氏对条件语句的看法，就是现代逻辑所说的实质蕴涵。也有的逻辑家认为，第氏对条件语句的看法是路易斯所说的严格蕴涵。我们认为，克氏对条件语句的看法也许更像严格蕴涵。

4. 中世纪的模态逻辑

中古西方的模态逻辑，可分成两个部分。一部分是阿拉伯的模态逻辑，另一部分是经院的模态逻辑。

（Ⅰ）中古阿拉伯的模态逻辑

阿拉伯的逻辑家继承了古希腊逻辑的传统，在9至12世纪曾对模态逻辑进行深入的研究。他们把亚里士多德的模态三段论同麦加拉—斯多阿派关于时间的思想结合起来，创造了一种新的模态谓词逻辑。

他们应用了四个模态概念:"必然"、"可能"、"经常"和"有时"。我们用"□"、"◇"、"∀"、"∃"分别表示这四个模态概念。

他们应用了亚里士多德的四种实然命题 A、E、I、O;并且从一个命题的主词所表示的事物的存在时间来考虑这些命题。对于 A 就有下面四种时间命题形式:

①T_1(所有 a 都是 b)。这表示:所有 a,在它存在的所有时间,都是 b。例如,所有人,在他们存在的所有时间,都是动物(或,在人存在的所有时间,所有人都是动物)。

②T_2(所有 a 都是 b)。这表示:所有 a,在 a 满足某种条件的所有时间,是 b。

例如,所有作家,在他们写作的所有时间,都动手指。

③T_3(所有 a 都是 b)。这表示:所有 a,在 a 存在的某个确定的时间,都是 b。

例如,所有的月球,在地球在它们与太阳之间的时间,都有月蚀现象。

④T_4(所有 a 都是 b)。这表示:所有 a,在 a 存在的某个确定的时间,都是 b。

例如,所有人,在他们存在的某个时间,都呼吸。

类似地,对于 E、I、O 也各有四种时间命题形式。

他们还把□、◇、∀、∃ 这四个概念和时间结合起来,构成更复杂的时间模态命题。

例如:

(□T_1)(所有 a 都是 b)。这表示:所有 a,在 a 存在的所有时间,必然都是 b。

(∀T_1)(所有 a 都是 b)。这表示:所有 a,在 a 存在的所有时间,经常都是 b。

（◇T_2）（有些 a 是 b）。这表示：有些 a，在 a 满足某种条件的时间，可能是 b。

他们还构造了更加复杂的时间模态命题。例如：

（∃T_1 ∧ ∀T_1）（有些 a 是 b）。这表示：有些 a，在 a 存在的有些时间，是 b；并且在 a 存在的所有时间，经常是 b。

（□T_2 ∧ → ∀T_1）（所有 a 都是 b）。这表示：所有 a，在 a 满足某种条件的时间，必然都是 b，但并不是在 a 存在的所有时间经常是 b。

他们应用这些复杂的时间模态命题作为前提，得出了许多时间模态三段论。[①]例如，第一格的这种三段论就有：

①（□T_1）（所有 b 都是 c）

　（∃T_1 ∧ → ∀T_1）（所有 a 都是 b）

∴（□T_1）（所有 a 都是 c）

②（□T_2 ∧ → ∀T_1）（所有 b 都是 c）

　（∃T_1）（所有 a 都是 b）

∴（∃T_1 ∧ → ∀T_1）（所有 a 都是 c）

③（∃T_2）（所有 b 都是 c）

　（∀T_1）（所有 a 都是 b）

∴（∃T_1 ∧ → ∀T_1）（所有 a 都是 c）

本世纪 60 年代，雷谢尔（N.Rescher）开始对阿拉伯逻辑进行了系统的研究。[②]从他的这些研究，可看出阿拉伯的模态逻辑是很有创造性的。

（Ⅱ）经院的模态逻辑

---

① N.Rescher: *Studies in the History of Arabic Logic*, 1963; *The Development of Arabic Logic*, 1964; Studies in Modality, pp.17—56.

② 同上。

经院逻辑的形成和发展是在十二至十五世纪。经院逻辑家接受了古希腊模态逻辑的遗产，也受了阿拉伯模态逻辑的影响。他们在模态逻辑的研究方面是有许多成果的。

（1）关于推导的理论　中世纪逻辑家对于推导（consequence）曾经进行了许多的讨论。推导是和蕴涵密切相关的，也是和可能与必然这些模态概念密切相关的。

中世纪逻辑家对于推导的看法不尽一致。伯里丹在他的《论推导》书中所提出的看法是最完整的并且最有影响的。

伯里丹认为，推导是两个命题 A、B 之间的蕴涵关系。我们用"A⊢B"表示一个推导。一个推导 A⊢B，一方面，可看作一个假定（或条件）命题"如果 A，那么 B"；另一方面可看作一个推理"A，所以 B"。这两方面是有联系的。①

经院逻辑家明确区分了范畴词与非范畴词。一个语句（命题）中作主词或谓词的语词（如"人"，"有理性的"）是范畴词，而其他的语词（如"所有的"、"不"、"和"）是非范畴词。非范畴词就是现代逻辑所说的逻辑词。他们还以为：一个命题中的非范畴词构成这个命题的形式，范畴词是这个命题的内容。

应用命题形式和命题内容这些概念，伯里丹把推导分为两类。一类是形式推导，另一类是实质推导。

形式推导，就是这样的推导，以任何一个范畴去替换推导中具有相应形式的命题，其结果都是一个正确的推导。亚里士多德逻辑中的换位、对当关系和三段论都是形式的推导。麦加拉—斯多阿学派命题逻辑中的定理，也都是形式的推导。

实质推导，就是这样的推导，其正确性不能仅仅依靠前件与后件的命题形式，而还要依靠前件与后件的命题内容。②

---

① E.A.Moody：*Truth and in Mediaoval Logic*，p.66.

② 同上书，p.70。

实质推导又可分为无时间限制的实质推导和限于当前时间的实质推导。

（a）无时间限制的实质推导。这种实质推导的前件和后件中包含一些意义上有联系的语词，如把这种意义上联系的命题加到前件上，则这种实质推导就成为形式推导。①

例如，"如果一个人在跑，则一个动物在跑"，这是一个无时间限制的实质推导。它的前件中有"人"这个语词，而后件中有"动物"这个语词。"人"和"动物"是有意义上的联系的。表明这种意义上的联系的命题是："所有人都是动物"。如把这个命题加到前件上，即可得："如果所有人都是动物，并且一个人在跑，则一个动物在跑。"这就是一个形式推导。

（b）限于当前时间的实质推导。这种推导的正确性，既不依靠前件和后件的命题形式，也不依靠前件与后件中某些语词意义上的联系，而是依靠前件和后件所分别表示的事实之间的关系。

例如，"如果一个人在跑，则一条狗在叫"就是一个限于当前时间的实质推导。这个推导的正确性，只是依靠前件所表示的事实（一个人在跑）与后件所表示的事实（一条狗在叫）这两者之间的联系。

伯里丹认为：对于任何一种推导"A⊢B"，不论是形式推导或实质推导，它的前件 A 都蕴涵它的后件 B。这里所谓 A 蕴涵 B，就是不可能 A 而且非 B，或者不可能 A 真而 B 假。② 由于有三种不同的推导，就有三种不同的蕴涵，从而也有三种不同的不可能。

对于一个形式推导 A⊢B，不可能 A 真而 B 假是根据 A 与 B 的命题形式，或者说，是根据 A 与 B 的逻辑语词或逻辑概念。这里的不可能是逻辑的不可能。

---

① E.A.Moody: *Truth and in Mediaoval Logic*，p.66。
② 同上书，p.67；I.M.Bochenski: *A History of Formal Logic*，*p*.190.

对于一个无时间限制的实质推导 A⊢B，不可能 A 真而 B 假不仅是根据 A 与 B 的命题形式或 A 与 B 中的逻辑语词或逻辑概念，而且还根据 A 与 B 中某一或某些逻辑语词的意义。这里的不可能是意义上的不可能。

对于一个限制于当前时间的实质推导 A⊢B，不可能 A 真而 B 假仅仅是根据当前的客观事实。这里所说的不可能 A 真而 B 假，是事实上并非 A 真而 B 假。这里的不可能是事实上的不可能或客观事物的不可能。

显然，相对于三种不同的不可能性，也就有三种不同的可能性和必然性。

（2）命题模态与事物模态，德奥弗劳斯德和亚里士多德在模态三段论方面的分歧，一个原因在于他们对"偶然"的意义有不同的理解。另一个原因，却在于亚里士多德的模态命题的结构有不同的理解。经院逻辑家注意到模态命题的结构，提出了命题模态（De Dicto）与事物模态（De Re）的分别。

彼得·阿伯拉尔（Peter Abelard，1079—1142 年）提出了命题模态与事物模态的分别。命题模态就是用一个模态词作为表述一个命题的谓词。事物模态就是用一个模态词作为表述一个主词（即主词所指谓的事物）的谓词或谓词中的部分。例如，"苏格拉底在跑是可能的"，这里的模态词"可能的"是表述"苏格拉底在跑"这个命题的谓词，因而是一个命题模态。"苏格拉底可能在跑"这里的模态词"可能"是表述苏格拉底这个人的谓词的部分，因而是一个事物模态。

有的逻辑家〔例如尚坡的威廉（William of Champeaux）〕认为，命题模态是基本的，任一有模态词的命题都是一命题模态。也有的逻辑家（例如，彼得·阿伯拉尔）则认为，事物模态是基本的，而命题模态不是真正的模态命题。

亚里士多德在《辨谬篇》中讲到一个命题在合的意义下和在分的意义下的分别。经院逻辑家则把合的意义和分的意义同模态概念结合起来，分别了合的意义下的模态命题和分的意义下的模态命题。这种分别大体上相当于上面所讲的命题模态与事物模态。①

(3) 模态三段论

奥卡姆（William Ockham 1295—1349 年）与伪－斯科特（Pseudo—Scotus，约 14 世纪）研究了在合的意义下和在分的意义下的模态命题的换位和三段论。伪－斯科特提出了两个模态三段论系统：在一个系统中，前提都是合的意义下的模态命题；在另一个系统中，前提都是分的意义下的模态命题。奥卡姆则提出一个模态三段论系统；在每个三段论中一个前提是合的意义下的模态命题，另一个前提是分的意义下的模态命题。②

伪－斯科特与奥卡姆还研究了主观的模态概念（如"相信"、"怀疑"、"希望"等）的逻辑性质。③奥卡姆也认识到义务模态概念"应当"与"可以"之间的某些逻辑关系。④

5. 莱布尼兹关于必然与可能的理论

（Ⅰ）矛盾律与充足理由律

莱布尼兹认为，我们的思想和证明中有两条根本原则，这就是矛盾律与充足理由律。

---

① I.M.Bochenski: *A History of Formal Logic*, p.184.

② 同上书, pp.226—229; W. and H. Kneale: *The Development of Logic*, p.243.

③ W. and H.Kneale: *The Development of Logic*, p.243; I.M.Bochenski: *A History of Formal Logic*, pp.226—228.

④ R.Hilpinen（ed.）: *New Studies in Deontic Logic*, p.236.

　　矛盾律是：两个互相矛盾的命题不能都是真的，其中必有一真一假；一个命题或者是真的或者是假的。

　　充足理由律是：任一真实的命题都有一证明，都有一个根据或理由，由这个根据或理由必然地推出这个命题。

　　莱布尼兹说：

　　"在证明中我应用了两个原则。一个原则是：一切蕴涵矛盾的都是假的；另一个原则是：每一真实的东西，……都有它的理由。"①

　　"对于所有的推理，有两条根本原则，即矛盾原则与必须给出理由的原则。后一原则是：每一真实的命题（如果不是根据它本身就能被认识的话），都有一个必然性的（a priori）证明，或者，每一真实的东西都能有一个理由；或者，如通常所说的，没有一个事物发生而没有一个原因。②

　　"……我们必须记住，对于我们合理的结论，有两个主要的根据，即矛盾律和充足理由律。前者表示：在两个互相矛盾的语句中，有一为真而另一为假。后者表示：没有一个事物发生而没有理由或决定性的原因。"③

　　莱布尼兹认为，矛盾律与充足理由律，不仅是思想和证明的根本规律，而且也是事物与存在的根本规律。莱布尼兹在表述充足理由律时，总是把理由和原因并提，总要提出事物的存在和发生。这就表明充足理由律也是一条事物与存在的根本规律。莱布尼兹在表述矛盾律时，也提出一个存在的事物不能有两个互相矛盾的属性，"动物不是非动物"，"圆的东西不能是方的东西"，"甜

---

　　①　C.I.Gerhardt（ed.）：*Die Philosophischen Schriften Von Gottfried Wilhelm Leibniz*，VII，p.199.

　　②　同上书，VII，p.309。

　　③　同上书，VII，p.127。

的东西不能是苦的东西"。① 莱布尼兹对矛盾律的看法是和亚里士多德的看法一致的。

（Ⅱ）可能世界与现实世界

莱布尼兹提出了可能世界与现实世界的理论。

莱布尼兹认为，一个事物情况 A 是可能的，当且仅当 A 不包含逻辑矛盾。一个由事物情况 A_1、A_2、A_3……形成的组合是可能的，当且仅当 A_1、A_2、A_3……推不出逻辑矛盾。

由无穷多的具有各种性质的事物所形成的可能的事物组合，就是一个可能世界。

莱布尼兹在《神义论》§413 中讲了一个生动的故事来说明可能世界：塞克斯图向朱庇特抱怨他的命运，朱庇特就命令塞克斯图到雅典去。到了雅典，帕拉斯就把塞克斯图带到一个皇宫中。皇宫中有无穷多的房间，在每一个房间中都展示了一个可能世界。在一个可能世界中，展示出塞克斯图住在卡林斯的一所大花园洋房中并有无数财宝，他过着豪华和受人尊敬的生活。在另一可能世界中，展示出他去到色雷斯，他和皇帝的女儿结婚，并且继承了皇位。

莱布尼兹认为，在无穷多的可能世界中，各个可能世界的完美程度是不相同的，有的较为完美，有的较不完美。上帝选择其中最完美的那个可能世界使其实现，这就是现实世界，这就是我们生活于其中的世界。

莱布尼兹说：

"世界是可能的事物组合，现实世界就是由所有存在的可能事物所形成的组合（一个最丰富的组合）。可能事物有不同的组合，有的组合比别的组合更加完美。因此，有许多的可能世界，每一

---

① C.I.Gerhardt（ed.）：*Die Philosophischen Schriften Von Gottfried Wilhelm Leibniz*，V，p.59；VII，p.224.

由可能事物所形成的组合就是一个可能世界。①

"我们的整个世界可以成为不同的样子，时间、空间与物质可以具有完美不同的运动和形状。上帝在无穷的可能中选取了他认为最合适的可能。"②

（Ⅲ）两种真理（或两种真实性）

莱布尼兹认为，有两种真理（或真实性），一种是必然的真理，另一种是偶然的真理（事实真理）。

任一命题 A 是必然真理，如果 A 的否定包含逻辑矛盾。

例如，"b 是 b"，"b 不是非 b"，"如果 b 不是 c，则 b 不是 c"，"三角形是三角形"，"等边三角形是三角形"都是必然的真理。因为这些命题或命题形式的否定都包含了逻辑矛盾。

任一命题 A 是偶然真理，如果 a 是真实的但 a 的否定又不包含逻辑矛盾。

逻辑的、数学的规律是必然真理；物理学的规律以及一切关于存在的真实命题（上帝存在除外）都是偶然真理或事实真理。

莱布尼兹说：

"一种真理是必然的，如果它的否定导致矛盾；一种真理是偶然的，如果它不是必然的。上帝存在，所有的直角都互等，是必然的真理，而我存在，具有直角的物体的存在，都是偶然的真理。"③

必然真理的否定是逻辑矛盾，因而根据矛盾律就能建立必然的真理。偶然真理或事实真理是现实世界的情况和规律。现实世界的情况和规律是上帝根据充足理由律规定的。因此，偶然真理

---

①　C. I. Gerhardt（ed.）: *Die Philosophischen Schriften Von Gottfried Wilhelm Leibniz*, IV, p.593.

②　同上书，Ⅲ, p.400。

③　同上。

或事实真理要遵守充足理由律。

矛盾律是理性的规律，因而根据矛盾律的必然真理又叫做理性的真理。

莱布尼兹说：

"数学的主要基础是矛盾律。……这条根本规律本身就足够证明全部的算术和全部的几何，即所有的数学定理。但是，为了由数学进到自然哲学，就还需要另一根本规律，我说的是充足理由律。"①

"通过直观得到的基本真理，和导出的真理一样，可以分为两种。它们是理性真理或事实真理。理性真理是必然的，而事实真理是偶然的。我把基本的理性真理，普遍地叫作同一命题，因为它们看来只是重复同一的东西而没有告诉我们别的东西。具有肯定形式的同一命题是：任何东西都是它自己。其他的例子还有：a是a，等边三角形是三角形，……如果正四边形是等边四边形，则它是等边四边形。"②

（Ⅳ）必然性、可能性和偶然性

莱布尼兹说：

"理性真理是必然的，而它的否定是不可能的。"③

在这里，莱布尼兹认为"理性真理的否定是不可能的"；在前面的引文中，莱布尼兹又说"理性真理的否定导致逻辑矛盾。"因此，我们可以得出：

①必然 A，当且仅当 A 的否定导致逻辑矛盾；

②不可能 A，当且仅当 A 导致逻辑矛盾；

---

① C. I. Gerhardt (ed.): *Die Philosophischen Schriften Von Gottfried Wilhelm Leibniz*, Ⅶ, p.355.

② 同上书，Ⅴ, p.343。

③ 同上书，Ⅵ, p.612。

③可能 A，当且仅当 A 不导致逻辑矛盾。

莱布尼兹把上述这种必然性叫做逻辑的、形而上学的或数学的可能性。

莱布尼兹说："事实真理是偶然的并且它的否定是可能的。"①"一种真理是偶然的，如果它不是必然的。"② 莱布尼兹这里所说的必然性和可能性是逻辑的必然性和可能性。因此，我们可以得出：

④偶然 A，当且仅当：A 是真实的，但 A 的否定并不导致逻辑矛盾。

我们也可以由可能世界来说明（逻辑）必然性、（逻辑）可能性和偶然性：

由于所有可能世界（包括现实世界）不容许逻辑矛盾，又由于必然 A 的否定是逻辑矛盾，我们可以得出：

⑤必然 A，当且仅当 A 在所有的可能世界中都是真实的。

⑥不可能 A，当且仅当 A 在所有的可能世界中都不是真实的。

⑦可能 A，当且仅当 A 在有的可能世界中是真实的。

⑧偶然 A，当且仅当 A 在现实世界中是真实的，但并非在所有的可能世界中都是真实的。

偶然性是现实世界中的情况和规律。现实世界经过上帝根据充足理由律选定之后，现实世界中的一切就要按照上帝的安排产生，因而现实世界中的情况和规律有一种确定性。物理学的规律和具体事实（如凯撒大帝决心渡卢北河），虽不具有逻辑必然性，但却具有确定性或事实必然性。③

---

① C.I.Gerhardt（ed.）: *Die Philosophischen Schriften Von Gottfried Wilhelm Leibniz*, VI, p.612.

② 同上书，III, p.400。

③ C.I.Gerhardt（ed.）: *Die Philosophischen Schriften Von Gottfried Wilhelm Leibniz*, IV, p.438, VI, p.319.

莱布尼兹有时还说，现实世界中的一切都有一种道德的必然性。现实世界是上帝应用其智慧从无穷的可能世界中造出的一个最完美的可能世界。由于上帝的绝对智慧和现实世界的完美性，上帝就必然要选择它作为现实世界。在此意义下，现实世界中的一切都有道德的必然性。

逻辑的、形而上的或数学的必然性是在所有的可能世界中都遵循的必然性，因而它是无条件的、绝对的必然性。事实必然性和道德必然性，只是现实世界所遵循的必然性，而不是在所有的可能世界中都遵循的必然性，因而是有条件的必然性。[①]

莱布尼兹说：

"我们必须区别绝对的必然性和有条件的必然性。我们必须区别：（a）那种其否定是逻辑矛盾的必然性，这种必然性又叫作逻辑的、形而上学的或数学的必然性；（b）道德的必然性，依据这种必然性，智慧者就选择最好的东西而每个心灵就顺从最强烈的意愿。"[②]

逻辑的、数学的规律具有绝对的必然性，适用于所有的可能世界，而物理学的规律只具有有条件的必然性，只适用于上帝选择的这个现实世界。[③]

莱布尼兹关于必然性和真实性的理论对休谟和康德的批判理论有重大的影响。莱布尼兹的可能世界理论，成为本世纪模态逻辑的语义理论中的基本内容。

---

① C.I.Gerhardt (ed.): *Die Philosophischen Schriften Von Gottfried Wilhelm Leibniz*, IV, p.437.p.438.

② 同上书，VII, p.389。

③ 同上书，III, p.54; VI, p.319。

6. 休谟论必然性

休谟认为，命题有两种，一种是关于事物现象的命题。另一种是关于观念之间的关系的命题。

休谟认为，关于观念间关系的命题有必然性，这种必然性是通过人们的理智对观念进行考虑和比较而得到的。例如，"2＋2＝4"、"三角形内角之和等于180°"，就具有必然性。我们考虑和分析"2＋2"、"＝"、"4"、"三角形内角之和"、"等于"、"180°"这些概念，就必然地得出这两个命题。①

关于事物现象的命题，休谟以为没有必然性。他特别详细讨论了因果必然性的问题。他的主要论点是：

（1）人们所说的因果的"必然性"，是不能从人们对外界事物的印象中得到的。具有因果关系的两个现象 a 与 b 之间，事实上只有先后相继和经常联系的关系，而且这种关系只是人们已经观察到的情况，并不能保证 a 与 b 之间将来也有这种关系。这就是说，现象 a 与 b 之间没有客观方面的必然联系。②

（2）休谟认为，人们的一切观念和命题，不是来源于对外界的印象，就是来源于心灵本身。既然人们所说的因果"必然性"不能由对外界事物的印象中得到，则它必是来源于心灵本身。休谟说："（因果的）必然性存在于心灵中，而不存在于事物中。"③

（3）因果的"必然性"与观念间关系的必然性虽然都来源于心灵，但这二者又迥然不同。观念间关系的必然性是人们从考虑

---

① D. Hume: *A Treatise of Human Nature*, Book I, part III, XIV, of the Idea of Neccessary Connection.

② 同上。

③ 同上。

和分析有关的观念得到的，它是确实无误的，不会被将来的经验推翻的，而因果的"必然性"只是人们观察了相当数量的经常相继出现的现象而形成的心理习惯，它不是确实无误的，它是可以被将来的经验推翻的。[①] 这就是说，因果没有观念间关系（如 2＋2 ＝4）的那种必然性，或没有思想本身的必然性。

休谟只承认关于观念间关系的命题有必然性。他实质上是只承认思想本身有逻辑的必然性，而否认事物有客观必然性。

7. 康德论必然性与可能性

康德实质上提出了三种不同的必然性。

（Ⅰ）逻辑的必然性

康德接受了莱布尼兹和休谟对命题的分类，他把判断分为分析判断和综合判断：

（1）分析判断是这样的判断，它的主词所表达的概念包含了谓词所表达的概念。例如，"物体是有广延的"，就是一个分析判断。我们从"物体"这一概念中就可分析出"有广延的"这一概念。

（2）综合判断就是这样的判断，它的主词所表达的概念不包含谓词所表达的概念。例如，"物体是有重量的"，就是一个综合判断。我们不能从"物体"这一概念中分析出"有重量的"这一概念[②]。

康德认为，分析判断的真实性，只需要通过对概念本身的分析并根据矛盾律就可建立起来。因此，分析判断具有必然性。这种必然性就是我们所说的逻辑必然性。

---

① D. Hume: *A Treatise of Human Nature*, Book I, part III, XIV, of the Idea of Neccessary Connection.

② 康德：《纯粹理性批判》，"分析判断和综合判断的区别"。

（Ⅱ）先验的必然性

康德认为，在综合判断中有一种是先天综合判断。例如，数学中的判断"5＋7＝12"，物理中的判断"物体是有重量的"。人的经验是把知性范畴应用于直观材料的结果。先天综合判断是根据知性范畴形成的，因而先天综合判断在人的经验范围内具有普遍性、必然性。

先天综合的必然性不是来源于事物（或对象）的客观规律，而是来源于人的主观方面的先验范畴。我们把先天综合判断的必然性叫做先验的必然性。

（Ⅲ）认识的必然性

康德把十二个范畴分为四组，即质的范畴、量的范畴、关系的范畴和模态的范畴。质、量关系的范畴都是构成判断本身的成分。但模态范畴，却不是构成判断本身的成分，而只表示思想对判断的相信程度。康德说："判断的模态是一种非常特别的功能，它与判断的成分无关（因为，除了量、质和关系，判断的成分中不包含任何其他的东西），它只涉及判断的联词相对于一般思想所具有的性质。"①

康德认为，或然判断（problematishe Urteil）表示一种不确定的性质或可能性，例如，假言判断中的前件和选言判断中的选言又表示可能性。实然判断（assertorishe Urteil）表示真实性，例如，直言判断表示真实性。确然判断（apodeictische Urteil）是确实无疑的，它表示必然性，例如，由两个真前提根据推理得出的结论就是必然的。

康德认为或然、实然和必然相应于认识中的三种不同程度的认识。他说："意见是或然的判断，相信是实然的判断，而知识是

---

① 康德：《纯粹理性批判》，A：73—76，216—219。

必然的判断。"①

相应于上述的逻辑必然性和先验的必然性，也可得康德的逻辑可能性和先验的可能性。

8. 麦克柯尔

麦克柯尔（H.Maccoll）是近代研究模态逻辑的先驱。1880 年他在《心灵》杂志上发表了他的论文《符号推理 I》②，提出了下面这些关于命题的运算：

A、B、C…表示命题；

′表示否定，A′表示 A 的否定；

×表示合取，A×B×C 表示 A、B、C 的合取，可简写为 ABC；

+表示析取，A+B+C 表示 A、B、C 的析取；

:表示蕴涵，A:B 表示 A 蕴涵 B；他说："符号':'可读作蕴涵。它表示：如果在它前面的那个命题是真的，那么，在它后面的那个命题必然（must）也是真的。"他举了一个例子："一切外国人都无资格接受这一任命。"

他还提出，A:B 与 A′+B 是不相等的，因为（A:B）:（A′+B）成立，但（A′+B）:（A:B）却不成立。

麦克柯尔的":"，实质上就是后来路易士的严格蕴涵。

隔了十七年之后，即在 1897 年，麦克柯尔又在《心灵》杂志上发表了《符号推理 II》。此后又连续地在 1900 年，1902 年，1903 年，1905 年，1906 年的《心灵》杂志上发表《符号推理 III》、……、《符号推理 VIII》。1906 年他出版了他的一本《符号

① Kant: *Introduction to Logic*, translated by T.K.Abott, p.56.
② H.Maccoll: "Symbolic Reasoning I", in *Mind*, 1880.

逻辑及其应用》①。此书是他以前发表的那些论文的汇编。

麦克柯尔在 1897 年的《符号推理 II》② 中，就明确地提出了关于命题的模态概念。他认为，命题除了有真值和假值之外，还有必然（certainty）、不可能（impossibility）和不确定（variability）这些值。

他说："我们经常不仅必须考虑一个命题是真或是假，而且还必须考虑一个命题是不是必然的（像 $2+3=5$ 那样），是不是不可能的（像 $2+3=8$ 那样），是不是不确定的，即既不是常真的，也不是常假的（像 $x=4$ 那样）。"

他用 J、L、ɛ、η 与 θ 分别地表示真、假、必然、不可能和不确定。以 A^J、A^L、A^ε、A^η、与 A^θ 分别地表示 A 是真的、A 是假的、A 是必然的、A 是不可能的和 A 是不确定的。

命题的这些值可以重叠。例如

$A^{\eta L}$ 表示：（A 是不可能的）是假的。这可以简化为：A 是可能的。

$A^{\eta L\varepsilon}$ 表示：〔（A 是不可能的）是假的〕是必然的。这可以简化为：A 必然是假的。③

到了 1903 年的《符号推理》中，麦克柯尔就明确地说明了"·"的意义，说明了"＜"（即罗素所说的实质蕴涵）与"："之间的区别：

$A < B = (A' + B) = (AB')'$

$A:B = (A' + B)' = (A < B)'$。④

在他 1906 年的书中，麦克柯尔说："符号 $A^B : C^D$，叫做蕴

① H.Maccoll：*Symbolic Logic and Its Application*，London，1906.

② H.Maccoll："Symbolic Reasoning II"，in *Mind*，1897.

③ H.Maccoll："Symbolic Reasoning III"，in *Mind*，1900，p.75.

④ H.Maccoll："Symbolic Reasoning V"，in *Mind*，1903，p.355，p.358.

涵；它表示（$A^B C^{-D}$）或者（$A^{-B} + C^B$）'。这可读为：（1）A^B 蕴涵 C^D，……，（3）可能 A 属于 B 而 C 不属于 D"。[1] 他还说："……$A^B : C^D$ 表示（$A^B C^{-D}$）$^\eta$ 或（$A^{-B} + C^D$）'，它比（$A^B C^{-D}$）^{L}，也比（$A^{-B} + C^D$）^{J} 断定了更多的东西，因为，对于任一命题 α，α^η 和 α^ϵ 分别地比 α^L 和 α^J 断定更多。"[2]

麦克柯尔在他的著作中，也提出了一些常真的模态命题，例如：

（$A : B : C$）：（$A : C$）

$A^\eta : A^L$

（$x : \alpha$）（$x : \beta$）＝ $x : \alpha\beta$

（$A^\epsilon + A^\eta + A^\theta$）$^\epsilon$。

但是，他没有构造出一个模态逻辑的演算。因此，虽然后来的路易士的许多重要概念都来源于麦克柯尔，但麦克柯尔只能算是现代模态逻辑的先驱。现代逻辑的真正创始人却是路易士。

9. 路易士的模态逻辑

路易士（C. I. Lewis）在麦克柯尔的影响之下，发展了现代的模态逻辑。他是现代模态逻辑的创始人。

罗素和怀特海在他们合写的《数学原理》中，提出了实质蕴涵。$P \supset Q$（P 实质蕴涵 Q）的定义是 $\neg P \lor Q$，而这里的析取 $\lor$ 是不要求 P 与 Q 之间有意义上的联系的。因此，在罗素和怀特海的命题演算中，就有下面的定理：

①$\neg P \supset$（$P \supset Q$）

②$P \supset$（$Q \supset P$）。

---

①　H. Maccoll: *Symbolic Logic and Its Application*, p.7.

② 同上书, p.8。

③ (P⊃Q) ∨ (Q⊃P)

①表示：一个假命题（P）实质蕴涵任何命题（Q）。②表示：一个真命题（P）为任何命题（Q）所实质蕴涵。③表示：对于任何两个命题P、Q，P实质蕴涵Q或Q实质蕴涵P。这些定理，人们叫做实质蕴涵的怪论。

路易士在他的《蕴涵和逻辑代数》[①]一文中认为，罗素的实质蕴涵根本不符合日常的蕴涵的意义。根据实质蕴涵的定义，"凯撒不死"这个命题蕴涵"月亮是绿奶酪作成的"这个命题，"巴黎在法国"为"伦敦不在英国"这个命题所蕴涵。这是很可笑的。为了纠正实质蕴涵的缺点，路易士提出了严格蕴涵的概念。根据严格蕴涵的定义，"P严格蕴涵Q"表示：Q能从P正确地推出来。路易士认为他的严格蕴涵表现了日常的蕴涵的意义。

1914年路易士又发表了两篇论文，一篇是《严格蕴涵的演算》[②]，另一篇是《蕴涵的矩阵代数》[③]。这两篇论文都提出了严格蕴涵的命题演算，内容基本相同。

路易士在这两篇论文中，以P、Q……作为命题变元，以~作为模态的基本概念。~P表示：不可能P。此外，还应用了否定和合取作基本概念。—P表示：不P（或P是假的）；PQ表示：P并且Q（或P是真的并且Q是真的）。应用~与—，就可定义可能与必然。—~P表示：可能P；~—P表示：必然P。

应用上面这些概念，通过定义又引入了下面这些概念：

(1)实质蕴涵<，其定义是

$(P<Q) =_{Df} -(P-Q);$

---

① C. I. Lewis: "Implication and the Algebra of Logic", in *Mind*, 1912.

② C. I. Lewis: Calculus of Strict Implication, in *Mind*, 1914.

③ C. I. Lewis: The Matrix Algebra of Implication, in *Journal of Philosophy, Psychology and Methodology*, 1914.

P<Q 表示:(P 真而 Q 假)是假的,(或者,并非 P 真而 Q 假);

(2)实质析取＋,其定义是

$(P+Q) =_{Df} -(-P-Q);$

(3)实质相等≡,其定义是

$(P≡Q) =_{Df} (P<Q)(Q<P);$

(4)严格蕴涵⊃,其定义是

$(P⊃Q) =_{Df} \sim(P-Q)$。

P⊃Q 表示:不可能(P 真而 Q 假),〔或者。(P 真而 Q 假)是不可能的,或者,Q 能从 P 推出〕;

(5)严格折取∨,其定义是

$(P∨Q) =_{Df} \sim(-P-Q)$。

P∨Q 表示:(P 假而且 Q 假)是不可能的;

(6)相容 O,其定义是

$(POQ) =_{Df} -\sim(PQ)$。

POQ 表示:(P 真并且 Q 真)是可能的;

(7)严格相等＝,其定义是

$(P=Q) =_{Df} 〔(P⊃Q)(Q⊃P)〕$。

在《严格蕴涵的演算》中,路易士应用了下面 11 条公理。

$S_1 : (P⊃Q) = (-P∨Q)$

$S_2 : (PQ) = -(-P+-Q)$

$S_3 : (P∨Q)⊃(Q∨P)$

$S_4 : (P+Q)⊃(Q+P)$

$S_5 : (P+Q)⊃P$

$S_6 : Q⊃(P+Q)$

$S_7 : (P∨Q)⊃(P+Q)$

$S_8 : 〔P∨(Q∨r)〕⊃〔Q∨(P∨r)〕$

$S_9:[P \vee (Q+r)] \supset [Q \vee (P+r)]$

$S_{10}:(Q \supset r) \supset [(P \vee Q) \supset (P \vee r)]$

$S_{11}:(Q \supset r) \supset [(P+Q) \supset (P+r)]$

但在《蕴涵的矩阵代数》中，路易士只用了下面 9 条公理：

$P_1:(PQ) \supset (QP)$

$P_2:(PQ) \supset P$

$P_3:P \supset (PP)$

$P_4:[P(Qr)] \supset [Q(Pr)]$

$P_5:[P \supset (Q \supset r)] \supset [Q \supset (P \supset r)]$

$P_6:(P \supset Q) \supset [(Q \supset r) \supset (P \supset r)]$

$P_7:P = -(-P)$

$P_8:(P \supset Q) = (\sim Q \supset \sim P)$

$P_9:\sim P \supset -P$

运算规则是下面三条：

（1）替换规则：每一命题变项（如 P，Q）可用任何命题或命题函项来替代；等值的两个命题可以互相替换；

（2）如果断定了 P 并且断定了 P $\supset$ Q，那么就断定了 Q；

（3）合断规则：如果分开地断定了 P 并且断定了 Q，那么，就断定了（P，Q）。

1918 年，路易士出版了他的《符号逻辑综述》[①]。这是他第一部讲模态逻辑的书。此书大部分是讲符号逻辑历史的，其中的第 5 章"严格蕴涵系统"是他所构造的模态命题演算。这个模态命题演算与前面我们介绍的他 1914 年的系统大致相同；不同的只是，前者应用了一些新的符号，公理的数目也减

---

① C.I.Lewis: *Survey of Symbolic Logic*，1918.

少了。

在《符号逻辑综述》第 5 章中，基本符号或基本概念是：

1. 命题：P，Q，……

2. 否定：—P（表示 P 是假的）

3. 不可能：～P（表示 P 是不可能的，或者不可能 P 是真的）

4. 逻辑积：P×Q（或写作 PQ）（表示：P 和 Q，或者，P 是真的并且 Q 是真的）

5. 相等：P＝Q（表示：P 的定义是 Q）

在这里，作为定义关系的"＝"与作为严格相等的"＝"没有分别。但我们把作为定义的符号写成"＝$_{Df}$"。

应用基本符号作出了下面的定义，

(a)相容：POQ＝$_{Df}$—～(PQ)

(b)严格蕴涵：P $\prec$ Q＝$_{Df}$～(P—Q)

在这里,路易士第一次用"$\prec$"表示严格蕴涵。以前他是用"⊃"表示严格蕴涵。

(c)实质蕴涵：P⊂Q＝$_{Df}$—(P—Q)

这里用"⊂"表示实质蕴涵,而罗素则用"⊃"。

(d)严格逻辑加(即严格折取)：(P∧Q)＝$_{Df}$～(—P—Q)

(e)实质逻辑加(即实质析取)：(P+Q)＝$_{Df}$—(—P—Q)

(f)严格相等：(P＝Q)＝$_{Df}$(P $\prec$ Q)(Q $\prec$ P)

(g)实质相等：(P≡Q)＝$_{Df}$(P⊂Q)(Q⊂P)

公理有 8 条,比 1914 年他的系统少了一条：

1.1　PQ $\prec$ QP

1.2　QP $\prec$ P

1.3　P $\prec$ PP

1.4　P(Qr) $\prec$ Q(Pr)

1.5　P $\prec$ —(—P)

1.6　$(P \rightarrow Q)(Q \rightarrow r) \rightarrow (P \rightarrow r)$

1.7　$\sim P \rightarrow —P$

1.8　$(P \rightarrow Q) = (\sim Q \rightarrow \sim P)$

运算规则基本上还是以前的那三条，但他把形成规则也包括在运算规则中。

《符号逻辑综述》出版后，E.L.Post 指出：在《符号逻辑综述》的模态演算中，由于有公理 1.8，就可推出定理 $\sim P = —P$，因而路易士的模态命题演算就可归化为通常的二值命题演算。路易士在他 1920 年的论文《严格蕴涵——一个修正》[①] 中，把 1.8 改为

$(P \rightarrow Q) \rightarrow \sim \diamond Q \rightarrow \sim \diamond P)$

1932 年路易士和兰福德合写的《符号逻辑》[②] 出版了。在此书的第 IV 章中，他们提出了模态命题演算 S_1 和 S_2。在 S_1 中，他们应用了否定（$\sim P$）、合取（$P \cdot Q$ 或 PQ）和可能（$\diamond P$）作为基本符号或基本概念。通过定义，再引入必然（$\square P$）、析取（$P \lor Q$）和严格蕴涵（$P \rightarrow Q$）。

在公理方面，他们吸取了波斯特（Post）的研究成果，提出下面 7 条：

11.1　$PQ \rightarrow QP$

11.2　$PQ \rightarrow P$

11.3　$P \rightarrow PP$

11.4　$(PQ)r \rightarrow P(Qr)$

---

① C.I.Lewis: Strict Implication—Emendation, *Journal of Philosophy*, *Psychology and Methodology*, 1920.

② J.C.C.Mekinsey 在 "A Reduction in the Number of Postulates for C.I.Lewis's System of Strict Implication" 中证明了公理 11.5 是不独立的。见 *Bulletin of American Society*, p.934, pp.425—427。

11.5 $P \prec \sim (\sim P)$

11.6 $[(P \prec Q)(Q \prec r)] \prec (P \prec r)$

11.7 $[P \cdot (P \prec Q)] \prec Q$

在运算规则方面，除了没有包括形成规则外，其余与《符号逻辑综述》同。

在 S_1 的公理上再加下面的公理

$$\diamondsuit (PQ) \prec \diamondsuit P$$

就得出 S_2。

在《符号逻辑》的附录中，他们又提出另外三个模态命题演算 S_3、S_4 和 S_5。

在 S_1（或 S_2）的公理再加下面这条公理：

$$(P \prec Q) \prec (\sim \diamondsuit Q \prec \diamondsuit P)$$

就得出 S_3。

在 S_1 的公理上再加下面公理：

$$\sim \diamondsuit \sim P \prec \sim \diamondsuit \sim \sim \diamondsuit \sim P$$

就得出 S_4。

在 S_1 的公理上再加下面的公理：

$$\diamondsuit P \prec \sim \diamondsuit \sim \diamondsuit P$$

就得出 S_5。

他们应用了四个值的母式方法证明了 S_1、S_2、S_3、S_4 和 S_5 之间的关系，前者是后者的真子系统。

10. 路易士以后到本世纪 60 年代的模态逻辑

自从路易士提出严格蕴涵的模态命题演算之后，模态逻辑的研究朝着几个方向发展。

（Ⅰ）在路易士之后，不少逻辑家应用不同的公理和推理规则而构造出许多不同的严格蕴涵的模态命题演算。哥德尔（K.Go-edal）在他的《直觉主义的命题演算的一个解释》[1] 中，提出了一个模态命题演算。它实际上就是本书中的模态命题演算 T。在他的演算中，哥德尔把含有模态词的公理和推理规则同不含有模态词的公理和推理规则分开。这使人容易看出模态命题演算同通常的命题演算之间的关系。费斯（R.Feys）、霍尔登（S.Hallden）、莱蒙（E.J.Lemmon）、索博森斯克（B.Sobocinski）、冯·奈特（Von Wright）等人也提出了他们的模态命题演算。[2]

从 50 年代起，一些逻辑家把自然推理应用到模态命题演算。莫绍揆的《推导定理和两类新的逻辑系统》[3]、柯里（B.H.Curry）的《形式推导论》、菲奇（F.B.Fitch）的《符号逻辑》、坎格尔（S.Kanger）的《逻辑中的可证明性》、大西（M.Ohnishi）的《模态演算中的甘岑方法》，先后提出了许多自然推理的模态命题演算。[4]

（Ⅱ）严格蕴涵，像实质蕴涵一样，也有它的所谓怪论，例如：

(a)　$Q \rightarrow (P \lor \lnot P)$

(b)　$(P \land \lnot P) \rightarrow Q$

(c)　$LP \rightarrow (Q \rightarrow P)$

---

[1]　Gödel: Eine Interpretation des Intuitionischen Aussagenkalküls, in *Ergebnisse eines Mathematischen Kolloquium*, vol.4, 1933.

[2]　参看 Haughes and Cresswell: *Introduction to Modal Logic*，第 14 章。

[3]　Moh Shaw Kwei: "The Deduction Theorem and Two New Logical Systems", in *Methods*, 1950.

[4]　H.B.Curry: *A Theory of Formal Deducibility*, University of Notre Dame Press, 1951.

F.B.Fitch: *Symbolic Logic*, New York, Ronald Press Co., 1952.

S.Kanger: *The Probability in Logic*, Stockholm Almquist & Wiksell, 1957.

M.Ohnishi: Gentzen Method in Modal Logic, in *Osaka Mathematical Journal*, 1957.

(d)　→MP→(P ⌐< Q)

(e)　LP ⌐<(Q ⌐< P)

(f)　→MP ⌐<(P ⌐< Q)

30 年代哈佛大学的一些年轻的逻辑家就注意到严格蕴涵的怪论。为了避免这些怪论，他们企图构造新的模态命题演算。内尔森（E.J.Nelson）发表了他的论文《内涵逻辑》，帕里（W.T.Parry）写出了论文《蕴涵》[1]。

修改严格蕴涵的工作，一直在进行着。阿克曼（W.Ackermann）1959 年发表了《严格蕴涵的基础》[2]。安德森和贝尔纳普（A.R.Anderson & N.D.Belnap）构造了一个模态命题系统 E[3]。在 E 中避免了上述那些严格蕴涵的怪论。但在 E 中〔（P∨Q）∧→P〕→Q 却不是定理（这里的→表示"推出"（entail））。而〔（P∨Q）∧→P〕→Q 就是人们常用的选言推理形式。

（Ⅲ）兰福德在他与路易士合著的《符号逻辑》的第 4 章中，就谈到一些模态词与量词结合的命题形式。但是，模态谓词演算却是巴坎（R.C.Barcan）与卡尔纳普（R.Carnap）在 1946 年才分别提出的。[4]

巴坎所构造的模态谓词演算实质上是在路易士的 S_2 上加进量词∃、个体词和谓词。在这个模态谓词演算中，有 11 条公理和 4

---

[1]　E.J.Nelson: International Relation, in *Mind*, 1930; International Logic of Proposition, in *Monist*, 1933; W.T.Parry: *Implication*, 1931, 存哈佛图书馆，未公开发表。

[2]　W.Ackermann: Begrundung einer Strengen Implication, in *Journal of Symbolic Logic*, 1956.

[3]　A.R.Anderson & N.D.Belnap: Tautological Entailment, in *Philosophical Studies* 1962; The Pure Calculus of Entailment, in *Journal of Symbolic Logic*, 1962.

[4]　R.C.Barcan: A Functional Calculus of First Order Based on Strict Implication, in *Journal of Symbolic Logic*, 1946.

R.Carnap: Modalities and Qualification, *Journal of Symbolic Logic*, 1946.

条推理规则。其中一条公理是：

$$\Diamond\ (\exists x)\ A \dashv\ (\exists x)\ \Diamond A$$

这个命题形式后来叫做巴坎公式。

卡尔纳普的模态谓词演算 MPC 实质上是建立在路易士的 S_5 上的模态谓词演算。

50 年代以后，不少逻辑家对模态谓词逻辑进行了深入的研究，构造了许多不同的模态谓词演算。

（Ⅳ）现代模态逻辑，在它的开始阶段，是着重在研究模态逻辑的语形方面。从 40 年代开始，逻辑家才开始对模态逻辑的语义方面的研究。卡尔纳普是这方面的先驱。而卡尔纳普的基本思想又来源于莱布尼兹和维特根斯坦。

维特根斯坦在他的《逻辑哲学论》①中，提出了"事物情况"、"可能的事物情况"和"世界"的概念，也说明了"必然（certain)"与"可能"的概念。

他说："一个事物情况，就是对象（事物）之间的关系"。"如果所有对象都给完了，则所有的可能事物情况也给完了。"

他说："存在的事物情况的总和，就是世界。""存在的事物情况的总和，决定了哪些事物情况是不存在的。""存在的和不存在的事物情况就是实在。""实在的总和就是世界。"②

他还说："如果所有的真的简单命题都给出了，其结果就是对世界的一个完全的描述。通过给出了所有的简单命题，并指出哪些简单命题是真的和哪些简单命题是假的，我们就完全地描述了世界。"③

维特根斯坦没有明确提出"可能世界"的概念，但从他的上

---

①　L. Wittgenstein: *Tractatus Logico—Philosophicus*, London, 1922.

②　同上书，2.01, 2.0124, 2.04, 2.05, 2.06, 2.063。

③　同上书，4.26。

述思想中很容易发展出这一概念。

他提出真值表，并且定义了常真命题和矛盾命题。由此他又说明了必然、可能和不可能这些概念。

他说："一个常真命题的真实性是必然的，一个命题的真实性是可能的，一个矛盾命题的真实性是不可能的。"①

卡尔纳普在他 1946 年的《模态性和量化》② 和 1947 年的《意义和必然性》③ 中明确地阐明了逻辑的必然性和逻辑的可能性。

在一个语言 S 中，有个体常元和谓词常元。一个 n 元谓词后面跟着几个个体常元，就是一个基本语句。

在一个语言 S 中的一个情况描述，就是这样一个语句集合：对于任一基本语句，这个语句集合或者包含 P 或者包含 P 的否定，但不包含二者。④

一个语句 P 在一个情况描述中成立，如果，当这个情况描述是真的，P 就是真的。

任一语句 A 在一个语言 S 中是 L 真的，当且仅当 A 在 S 的任何情况描述中都成立。这也就是说，仅仅根据 S 的语义规则就能表明 A 是真的。

卡尔纳普应用 L 真来定义逻辑必然（他用 N 代表逻辑必然）。

他说："对于任何语句 A，NA 是真的当且仅当 A 是 L 真的。"⑤

①　L. Wittgenstein: *Tractatus Logico—Philosophicus*, London, 4.464.

②　R. Carnap: *Modalities and Qualification*, *in* Journal of Symbolic Logic, 1946.

③　R. Carnap: *Meaning and Necessity*, The University of Chicago Press, 1947.

④　R. Carnap: Meaning and Necessity, p.9; "Modality and Quantification", p.50.

⑤　R. Carnap: Meaning and Necessity, p.174.

一个语言 S 中的任一语句 A 是逻辑真的或逻辑必然的，如果 A 在每一可能情况中都是真的。A 是逻辑假的或不可能的，如果 A 在任一可能情况中都是假的。对于任何两个语句 A 和 B，A 逻辑地推出 B 或 A 逻辑蕴涵 B，如果在 A 成立的所有可能情况中 B 都成立。①

卡尔纳普虽没有明确提出可能世界这一术语。但他对可能的情况的描述实质上就是可能世界。

50 年代起，一些逻辑家，如坎格尔（S.Kanger）、欣蒂卡（Hintikka）和克里普克（S.A.Kripke）等人提出了完整的模态逻辑的语义理论。其中克里普克的模态逻辑的语义理论是较为流行的。本书前几章中所采用的关于模态命题演算和模态谓词演算的语义理论实质上就是 Kripke 的理论。

（V）路易士所讲的模态逻辑是关于逻辑必然与逻辑可能的。在他的模态逻辑系统中有□P→P，P→◇P，□P↔～◇～P 和◇P↔～□～P 这些定理。我们把路易士这样的模态逻辑叫做标准的模态逻辑。

但是，还可以有一些其他的逻辑系统，它们不是关于逻辑必然和逻辑可能的，但它们却具有某些类似于标准的模态逻辑的性质。我们把这些逻辑系统叫做非标准的模态逻辑。

自路易士的标准模态逻辑出现以后，就陆续地发表了一些非标准的模态逻辑系统。在本世纪 60 年代以前，发表的非标准的模态逻辑系统，主要是关于义务逻辑、认识逻辑和时态逻辑。

义务逻辑

1926 年麻里（Ernst Mally）出版了他的《意愿的根本规

---

① R.Carnap: "Modality and Quantification", p.50.

律——意愿逻辑纲要》①。在这本书中，麻里构造了第一个义务逻辑公理系统。

在麻里这个义务逻辑的公理系统中，出现了一些奇怪的定理，特别是出现了：(1) OP⊃P，(2) P⊃OP 与 (3) OP≡P。(1) 的解释是：如果（应当 P）是真的，那么 P 就是真的（或 P 就是事实）。(2) 的解释是：如果 P 是真的（或 P 是事实），那么（应当 P）就是真的〔或（应当 P）就是事实〕。(3) 的解释是：（应当 P）与 P 等值。

(1)、(2)、(3) 都是违反人们对应当（或必须）的直观的。而且这些定理就使义务逻辑等值于通常的命题逻辑，因而义务逻辑就失去了它自身的特性。

麻里以后，在 1939 年门格尔（Karl Menger）发表了《怀疑逻辑，愿望和命令的逻辑》②，这个逻辑系统是建立在三值（即真、假与怀疑）之上的。同年，哈夫斯塔特（Albert Hafstadter）与麦肯舍（J.C.C.Mekinsey）发表了《命令逻辑》③；兰德（Rose Rand）发表了《命令句逻辑》④；格雷林（Kurl Grelling）也发表了《命令句逻辑》⑤。这些逻辑系统都有类似于麻里的逻辑系统的缺点。

1951 年冯·奈特（Von Wright）发表了他的论文《义务逻

---

① Ernst Mally: *Grundgesetze des Willens*, *Elemente der Logik des Willens*, Leuchner & Lubensky Graz, 1926; 参看 R.Hilpinen: *Deontic Logic*, *Introductory and Systematic Readings*, 1971.

② Karl Menger: A Logic of the Doubtful.On Optative and Imperative Logic, Report of a Mathematical Colloquium 2, in *Notre Dame University*, Indiana University Press, 1939.

③ Alber Hafstadter & J.C.C.Mckinsey: On the Logic of Imperative, in *Philosophy of Science*, 1939.

④ Rose Rand: Logik der Forderungssatze, in *Revue Internationale de la Theorie du Droie* 1, 1939.

⑤ Kurl Grelliny: Zur Logik der Sollsätze, *Unity of Science Forum*, 1939.

辑》① 和专书《模态逻辑》②。在这两个著作中，他提出两种非标准的模态逻辑。

在他的义务的模态逻辑，即义务逻辑中，冯·奈特应用 A、B、C……表示动作（或行为）；应用～（不）、∨（或）、&（和）、→（蕴涵）和↔（等值）作为逻辑联结词；应用 P 作为运算词。PA 表示：A 是许可的；～PA 表示：A 是禁止的；～P～A 表示：A 是应当的（或必须的）。～P～A 可简写为 OA。O（A→B）表示：A 要求 B。

冯·奈特既用～、∨、&、→、↔作为表示动作的词项的联结词，如～A，A∨B；也用它们作为命题的联结词，如～PA，（PA&PB）→PC。

冯·奈特关于义务逻辑提出了下面两条原则：

义务分配律：如果一个动作是两个动作 A 和 B 的析取，那么，这个动作是许可的就是 A 是许可的与 B 是许可的这二者的析取。

根据义务分配律，就可得出公式 P（A∨B）↔（PA∨PB）。

许可律：对于任一动作 A，A 是许可的或～A 是许可的。

由许可律，就可得出公式 PA∨P～A；也可得出公式：～P～A→PA。

P 因子是冯·奈特义务逻辑中的一个重要概念。

如果 Pα 是一义务命题，α 是一简单动作或复合动作的名称，$\alpha_1 \vee \alpha_2 \vee \cdots\cdots \vee \alpha_k$ 是 α 的完全析取范式，则 $P\alpha_1$、$P\alpha_2$、……$P\alpha_k$ 是 Pα 的 P 因子。

例如，义务命题 P（A∨B）中的 A∨B 的完全析取范式是（A&B）∨（A&～B）。应用等值替换，由 P（A∨B）可得 P（A&B）∨（A&～

---

① G.H.Von Wright: Deontic Logic, in *Mind*, 1951.

② G.H.Von Wright: *An Essay in Model Logic*, in North—Holland Publishing Co., Amsterdam, 1951.

B)∨（～A&B）。再应用义务分配律,就可得 P(A&B)∨P(A&～
B)∨P(～A&B)。P(A&B)、P(A&～B)和 P(～A∧B)就是 P(A∨
B)的 P 因子。

由于任一义务命题是它的 P 因子的真值函项,冯·奈特应用一
个义务命题的 P 因子就可作出义务命题的真值表。

1964 年,冯·奈特发表了他的论文《义务逻辑的新系统》[1]。

这篇论文包括两个部分。在第一部分中,他把 1951 年的义务
逻辑改成公理系统。A、B、C……改为表示事物情况的命题变元,
并用 O（应当或必须）作为运算词。其余符号都照旧。

公理是下面两条:

A_1: ～（OA&O～A）

A_2: O（A&B）↔（OA&OB）

推理规则有四条:

R_1　公理或定理中的任一命题变元可用不包括 O 的任何合式
公式去（普遍地）代替。

R_2　分离规则

R_3　公理或定理中的任一不包含 O 的合式公式可用它的（重
言式的）等值公式去替换。

R_4　应用任一合式的义务命题去（普遍地）代替命题逻辑的
常真式中的命题变元所得到的命题是本系统的定理。

在第二部分,冯·奈特提出了一个条件义务逻辑演算,这就是
他的新系统。

在新系统中,条件义务命题的形式是 O(S/U)。这里的 S 和 U
是任何不包括 O 的合式公式。例如,O(A/B)、O(A/B∨C)、O(A∨

① G.H.Von Wright: A New System of Deontic Logic, in *Danish Yearbook of Philosophy* 1, 1964.

B/C∨D)。O(S/U)可以理解为:在 U 这一事物情况(条件)之下应当使 S 这一事物情况实现。

新系统的公理是下面三条:

B_1：~〔O(A/B)∧O(~A/B)〕

B_2：O(A∧B/C)↔〔O(A/C)∧O(B/C)〕

B_3：O(A/B∨C)↔〔O(A/B)∧O(A/C)〕

推理规则还是第一部分中的第四条。

对于任一条件的义务命题 O (S/U)，如果 S 的完全合取范式为 $S_1 ∧ S_2 ∧ …… S_d$，U 的完全析取范式为 $U_1 ∨ U_2 ∨ …… ∨ U_e$，那么，任一 O (S_i/U_j) （1≤i≤j≤e） 就是条件义务命题 O (S/U) 的 O 因子。

应用一个条件的义务命题的所有 O 因子作基项，就可画出这个条件义务命题的真值表。

在真值表中给各个基项赋值时，应遵守一些限制。

如果任一个条件义务命题，在它的真值表中全得 t （真）值，那么，它就是常真的条件义务命题，它就是条件义务逻辑的定理。

根据任一条件的义务命题的真值表就可决定这个义务命题是或不是义务逻辑的定理。因此，条件义务逻辑系统是可判定的。

1965 年冯·奈特对他 1964 年的条件义务逻辑的新系统提出一个修正。[①] 在 1964 年的新系统中，会推出 O(A/B)→~O(~A/C)这样的定理。这条定理解释后就可得出这样的命题:如果下雨时(B)应当关窗(A)，那么，天晴时(C)就不应当开窗(~A)。这样的命题显然是荒谬的。

冯·奈特认为，这里的问题是出在 B1 这条公理。他认为 B1 这

---

① G.H. Von Wright: A Correction to a New System of Deontic Logic, in *Danish Yearbook of Philosophy* 2, 1965.

条公理应改为：

B′1：～(O(A/A)∧O(A/～A)∧O(～A/A)∧O(～A/～A)。

冯·奈特在 1965 年以后，还发表了他关于义务逻辑的新研究成果。

从 50 年代后期开始，有的逻辑家例如坎格尔、欣蒂卡等人开始了对义务谓词逻辑的研究。[①]

义务命题逻辑，像实质蕴涵或严格蕴涵的命题逻辑一样，也有它的所谓怪论。

在义务逻辑的标准系统中，例如冯·奈特的系统中，都有下面这样的定理和元定理：

①$P(p\lor q)\leftrightarrow Pp\lor Pq$

②$O(p\land q)\leftrightarrow Op\land Oq$

③等值替换。

因此，我们很容易推出

(A)$Op\rightarrow O(p\lor q)$

证：①$Op\rightarrow Op$(命题演算)

②$Op\rightarrow O((p\lor q)\land(p\lor\neg q))$(在(1)中作等值替换)

③$O((p\lor q)\land(p\land\sim q))\rightarrow O(p\lor q)\land O(p\lor\sim q)$〔根据定理(b)〕

④$O(p\lor q)\land O(p\lor\sim q)\rightarrow O(p\lor q)$　　(命题逻辑)

⑤$Op\rightarrow O(p\lor q)$　　〔由(2)、(3)、(4)两次应用蕴涵传递律〕

我们也很容易推出：

(B)$Pp\rightarrow P(p\lor q)$

(C)$\sim Pp\rightarrow O(p\rightarrow q)$

(C)很像实质蕴涵的$\neg P\rightarrow(P\rightarrow Q)$和严格蕴涵的$\neg MP\rightarrow L(P\rightarrow Q)$。

---

① S.Kanger: *New Foundation for Ethical Theory*, Stockholm 1957; J.Hintikka: Modality and Quantification, in *Theoria* 1961.

从直观上看,(A)是有些奇怪的。我们若用"把这封信送到邮局去"代入(A)中的P,用"把这封信烧掉"代入(A)中的Q,就可得"如果应当把这封信送到邮局去,就应当把这封信送到邮局去或把它烧掉。"(B)、(C)在直观上也同样是有些奇怪的。

如何处理和解释这些所谓怪论,从而构造出新的义务逻辑系统,是近年来义务逻辑家的一个重要研究课题。

认识逻辑

冯·奈特在他的《模态逻辑》这本书中提出一个命题认识逻辑系统(De Dicto)。他用A、B、C……作为命题变元,V作为运算词。此外,还有逻辑联结词。Vα(α是不包含V的任何的命题认识逻辑的合式公式)是基本公式。

Vα解释为:命题α被知道为真,或命题α被证实。通过定义$Fα \underset{Df}{=} V\sim α$引入F。Fα的解释是:命题$\sim α$被证实,也就是被证伪。

冯·奈特认为,这里的V、F、~F之间的逻辑关系相当于标准模态逻辑中的必然、不可能和可能之间的逻辑关系。从而他提出了几条命题认识逻辑的原则,并根据这些原则可以找出任一命题认识逻辑的命题的~F因子。应用~F因子,就可作出任一命题认识逻辑的命题的真值表。根据这样的真值表,就可判定任一命题认识逻辑的命题是或不是命题认识逻辑的常真公式。

冯·奈特也简单谈到事物认识逻辑(De Re)。例如,"琼斯被知道是死了",就是事物认识逻辑的基本公式的例子。他也提到知道这一认识逻辑的概念相对于认识者的问题。

60年代以后,欣蒂卡、奇泽姆等人也开始了对认识逻辑的研究。[1]

---

[1] J.Hintikka: *Knowledge and Belief*, 1962; R.N.Shisholm: "The Logic of Knowledge", *Journal of Philosophy*, 1963.

时态逻辑

1955 年,朴奈尔(A.N.Prior)发表了论文《第奥多鲁的模态》[1],提出了时态逻辑。在 1957 年又发表了专著《时态与模态》[2]。

朴奈尔用 P 表示过去;$P_n p$ 表示:过去 n 天(如以天为时间单位)有情况 p。他用 F 表示将来;$F_n p$ 表示:将来 n 天有情况 p。他用 F 表示将来;$F_n p$ 表示:将来 n 天有情况 p。用 $F_n p$ 表示:现在有情况 p。

在《时间与模态》这本书中，他构造下面这个时态逻辑系统。

（Ⅰ）公理：

任一组完全的命题逻辑的公理，再加上

1. $F_n \neg p \to \neg F_n p$

2. $\neg F_n p \to F_n \neg p$

3. $F_n(p \to q) \to (F_n p \to F_n q)$

4. $F_n p \to p$

5. $F_m F_n p \to F_{mn} p$

6. $F_m(\exists_n)F_n p \to (\exists_n)F_m F_n p$

（Ⅱ）推理规则：

R1：替换规则

R2：分离规则

R3：量词规则

R4：如果 A 是定理，则 $F_n A$ 是定理。

（Ⅲ）定义：

$Lp =_{Df} (\forall_n)F_n p$

$Mp =_{Df} (\exists_n)F_n p$

这个系统可推出定理：

[1]　A.N.Prior："Diodoram Modalities",in *The Philosophical Quarterly*.1955.

[2]　A.N.Prior：*Time & Modality*,Oxford at Clarrendon Press,1957.

①$Mp \rightarrow \rightarrow L \rightarrow p$

②$\rightarrow L \rightarrow p \rightarrow Mp$

③$Lp \rightarrow p$

④$L(p \rightarrow q) \rightarrow (Lp \rightarrow Lq)$

⑤$Lq \rightarrow LLp$

⑥如果 A 是定理,则 LA 是定理。

⑦如果 $L(A \rightarrow B)$ 是定理,则 $F_n A \rightarrow F_n B$ 是定理。

我们可以把 L 和 M 分别解释为必然和可能。LA 表示:现在 A 真并且将来任何时间 A 都真。MA 表示:现在 A 真或将来有的时间 A 真。这个系统中的 L 和 M 就分别是第奥多鲁的必然和可能,因而这个系统就是第奥多鲁的模态逻辑系统。朴奈尔认为这个系统相当于路易士的 S_4。但以后在他的《第奥多鲁与模态逻辑》①这篇论文中,他认识到这是一个比 S_4 强但比 S_5 弱的模态逻辑系统。

朴奈尔在《时间与模态》这本书中,还提出一个相当于模态逻辑演算 T 的时态逻辑系统,并且也构造了一个相当于 S_5 的时态逻辑系统。

自冯·奈特提出义务模态和认识模态,朴奈尔构造了时态逻辑以后,许多逻辑家对非标准的模态逻辑发生了浓厚兴趣,并取得了许多新的有价值的成果。这二三十年已形成了一种研究各种各样的非标准模态的热潮。标准的模态逻辑和各种各样的非标准逻辑,现在统称为哲学逻辑。

---

① A. N. Prior: Diodorus and Modal Logic, A Correction, in *The Philosophical Quarterly*, 1958.

作 者 年 表

1921 年 12 月 8 日，出生于湖南吉首。

1933 年，入长沙兑泽中学上初中。

1937 年春，考入湖南省立长沙高级中学（第一中学）。

1941 年，考入西南联合大学哲学系。

1946 年，大学毕业；考上清华大学研究院哲学系读研究生，导师金岳霖。

1949 年，清华大学研究院研究生毕业，获哲学硕士学位，并留校在哲学系任教。

1952 年，院系调整，调北京大学哲学系任教。

1954 年，与张瑞芝结婚。

1955 年，中国科学院哲学研究所（中国科学院学部）成立，调入该所逻辑研究室工作，任学术秘书，主任金岳霖，副主任汪奠基。

1956 年，发表《论概念发展的两个阶段》。

1958 年秋，到河南七里营下放劳动三个月。

1960 年，到山东曲阜下放劳动一年。

1961 年，发表《〈论"所以"〉的几个问题》；参加文科教材《形式逻辑》编写组，同组成员共 9 人，主编金岳霖；出版译著《逻辑与演绎科学方法论导论》。

1962 年，晋升为副研究员（上报后，高级职称未审批）。

1963 年，《形式逻辑》教科书初稿完成。

1965 年，修改《形式逻辑》一书。

1966年，"文化大革命"开始，随院所搞运动。

1970年5月，到河南息县"五七"干校劳动。

1972年7月，从河南干校回到北京。

1976年，"文化大革命"结束，重新开始科研工作。

1977年，在逻辑组作"模态逻辑的判定方法等问题"的讲演，共三次；中国科学院哲学社会科学部改名为中国社会科学院，哲学研究所为其下属单位，逻辑组改为逻辑研究室，主持逻辑室的科研工作。

1978年5月，出席全国逻辑讨论会，作了关于自然语言逻辑的专题报告；同年9月，招收王路、王仁雨作硕士研究生，并提议沈有鼎先生招生（这是沈有鼎先生惟一的一次招收硕士研究生）；给逻辑专业研究生讲课："论A、E、I、O的逻辑意义"，"几种预设"，"论定义"，"斯特劳森的《逻辑理论引论》"，"介绍C.I.路易斯的意义方式"等。

1979年，任中国社会科学院哲学所学术委员会委员；同年8月，成立中国逻辑学会，当选为副会长；任逻辑与语言研究会顾问；11月，出席上海市逻辑学会成立大会并作专题报告；12月，在北京市逻辑学

会作"模态公式的常真性及其判定方法"的讲演；出版译著《语义学引论》。

1982年4月，中国逻辑与语言函授大学成立，任顾问；8月，符号逻辑研究会成立，任顾问；10月，出席金岳霖先生从事教学和科研工作56周年庆祝大会；到美国密支安大学作访问教授，为期一年。

1983年3月，《中国大百科全书哲学卷》编写工作启动，任该卷编委，逻辑编写组副主编；7月，晋升为研究员；10月，出席中国逻辑学会第二次代表大会，当选为中国逻辑学会会长。

1984年，招收韦济华为硕士研究生；任哲学所学术委员会副主任。

1985年，出席金岳霖学术思想研讨会，并作"金岳霖同志的哲学体系"的讲演。

1986年，出版专著《模态逻辑引论》；12月，从哲学所离休。

1987年，金岳霖学术基金会成立，任学术委员会主任；出席中国逻辑学会第三次全国代表大会并致开幕词，继续当选为中国逻辑学会会长。

1988年，在中国社会科学院哲学研究所的学术报告会上作"黑格尔辩证逻辑的形式主义"的讲演；

任哲学所学术委员会主任；应邀出席在旧金山举行的美国哲学会年会，并作题为"1978 年以来中国马克思主义哲学的巨大变化"的讲演。

1989 年，主持国家社科基金"七五"项目"逻辑——正确思维和成功交际的理论"，并在杭州进行了初稿讨论会；10 月，招收邹崇理、蔡曙山为博士研究生。

1990 年，金岳霖学术基金会举行首次金岳霖学术奖（逻辑学科）评奖活动，任评委会主任，出席颁奖大会，向获奖者颁奖并与他们座谈；主持国家社科基金项目"逻辑百科辞典"，并在密云召开初稿讨论会；10 月，在武汉大学作"哲学家的使命"的讲演；出版专著《黑格尔的辩证逻辑》，译著《指号、语言和行为》。

1992 年，出席中国逻辑学会第四次全国代表大会，继续当选为中国逻辑学会会长；11 月，赴美国，看望病重的夫人。

1994 年，主编的《逻辑百科辞典》出版；10 月 25 日，夫人张瑞芝病逝。

1995 年，出席金岳霖百年诞辰学术研讨会及第二届金岳霖学术奖（现代西方哲学）颁奖大会；主编的《金岳霖文集》（四卷本）出版。

1996 年，出席中国逻辑学会第五次全国代表大会，被推举为名誉会长。

2000 年，金岳霖学术基金会举行第三次金岳霖学术奖（逻辑学科）评奖活动，任评委会主任。

作者著作目录

专　　著

《论概念发展的两个主要阶段》科学出版社 1957 年版。

《模态逻辑引论》上海人民出版社 1986 年版。

《黑格尔的辩证逻辑》中国社会科学出版社 1989 年版。

合　　著

《逻辑通俗读本》（合著）中国青年出版社 1962 年版。1979 年第四版改为《形式逻辑简明读本》，后被翻译为日文和哈萨克文出版。

《形式逻辑》（统稿）金岳霖主编，人民出版社 1979 年版。

《逻辑——正确思维和成功交际的理论》（主编）人民出版社 1994 年版。

《逻辑百科辞典》（主编）四川教育出版社 1994 年版。

译　　著

《逻辑与演绎科学方法论导论》（主要译者）商务印书馆 1961 年版。

《语义学引论》商务印书馆 1979 年版。

《指号、语言和行为》上海人民出版社 1989 年版。

主要论文

《我的答复》，《哲学研究》1957 年第 2 期。

《形式逻辑应在马克思主义指导下大力修正》，《哲学研究》1959 年第 9 期。

《〈论"所以"〉中的几个主要问题》，《哲学研究》1961 年第 5 期。

《亚里士多德关于推理的逻辑理论》，《光明日报》1962 年 3 月 22、23 日。

《形式逻辑应该尝试分析自然语言的具体意义》，《光明日报》1962 年 5 月 26 日。

《边干边学加强自然语言逻辑的研究》，《逻辑与语言研究》第 1 辑，中国社会科学出版社 1980 年。

《亚里士多德论矛盾律和排中律》，《哲学研究》1981 年第 11 期、第 12 期。

《论 A、E、I、O 的逻辑意义》，《逻辑与语言研究》第 3 辑，中国社会科学出版社 1983 年。

《金岳霖同志的哲学体系》，《哲学研究》1985 年第 1 期。

《几种预设》，《逻辑与语言研究》第 5 辑，中国社会科学出版社 1989 年。

《介绍 C.I. 路易斯的〈意义的方式〉》，《逻辑与语言新论》，语文出版社 1989 年。

Great Changes in Marxist Philosophy in China Since 1978, in *Philosophy, East and West*, vol.38, 1988, No.1. （中译文：《1978 年以来中国马克思主义哲学的巨大变化》，《社会思想战线》1989 年第 3 期，陈静译）

《逻辑》，《中国大百科全书哲学卷》，中国大百科全书出版社 1990 年。

《形式逻辑和自然语言》，《哲学研究》1993 年第 12 期。